STUDIEN ZUM DEUTSCHEN WELTLICHEN KUNSTLIED DES 17. UND 18. JAHRHUNDERTS

CHLOE
BEIHEFTE ZUM DAPHNIS

Herausgegeben von
Barbara Becker-Cantarino - Martin Bircher - Leonard Forster
Ferdinand van Ingen - Eberhard Mannack - Alberto Martino
Hans-Gert Roloff - Blake Lee Spahr - Gerhard Spellerberg
Marian Szyrocki - Jean-Marie Valentin

Band 12

STUDIEN ZUM DEUTSCHEN WELTLICHEN KUNSTLIED DES 17. UND 18. JAHRHUNDERTS

Herausgegeben von

Gudrun Busch und
Anthony J. Harper

Amsterdam - Atlanta, GA 1992

CIP-GEGEVENS KONINKLIJKE BIBLIOTHEEK, DEN HAAG

Studien

Studien zum deutschen weltlichen Kunstlied des 17. und 18.
Jahrhunderts / hrsg. von Gudrun Busch, Anthony J. Harper.
— Amsterdam - Atlanta, GA 1992 : Rodopi. — Ill. — (Chloe, ISSN
0168-9878 ; Bd. 12)
Met reg.
ISBN 90-5183-319-9 geb.
Trefw.: liedkunst ; Duitsland ; geschiedenis ; 17e eeuw
/ liedkunst ; Duitsland ; geschiedenis ; 18e eeuw.

INHALTSVERZEICHNIS

EINLEITUNG

Die Einheit von Wort und Weise im Lied hat in allen seinen Entwicklungsstadien nicht nur die Dichter und die Musiker herausgefordert, sondern auch den Philosophen und Philologen Gelegenheit gegeben, sich Gedanken über die gemeinsamen Wurzeln von Sprache und Musik zu machen, Gedanken, die in Zeiten stilistischer Umbrüche besonders virulent wurden. Ist so per definitionem auch die Geschichte des deutschsprachigen Liedes einer der prädisponierten Orte für die interdisziplinäre Zusammenarbeit von Literatur- und Musikwissenschaft, so haben sich doch in diesen zum Thema "Lied" unterschiedliche Schubkräfte entwickelt. Seit den grundliegenden Arbeiten von Friedlaender, Kretzschmar, Moser und Vetter und der eminent musikalisch urteilenden Liedgeschichte von Günther Müller ist die Musikwissenschaft da zurückgefallen, wo die Germanistik gerade in den letzten Jahrzehnten Ergebnisse geliefert hat, z.B. in der Arbeit von Hinton Thomas und verschiedenen Einzelforschungen zur Lyrik von Dichtern wie Opitz, Fleming und deren Nachfolgern, die einen wesentlichen Beitrag zur Entwicklung des Barockliedes geleistet haben. Grenzt man die Thematik auf das deutschsprachige weltliche Kunstlied des 17. und 18. Jahrhunderts ein (d.h. schließt man die sonst nötige Ausdehnung der Zusammenarbeit auf Hymnologie und Volkskunde diesmal aus), so bleibt doch gerade in der Musikwissenschaft ein Rest falschen Fortschrittsdenkens, den es zu vermeiden gilt, nämlich die Lieder Franz Schuberts als Ziel- oder Höhepunkt einer Entwicklung anzusehen, durch die alles Vorhergehende in eine Vorläuferrolle abgedrängt wird.

Eine erneute interdisziplinäre Bestandsaufnahme erschien vonnöten, bedurfte jedoch eines regionalen Kristallisationspunktes. Es war ein Glückfall, daß sich in den letzten beiden Jahrzehnten die Bestände und großzügigen Forschungsmöglichkeiten der Herzog August Bibliothek Wolfenbüttel zu diesem Punkt entwickelt haben. So konnte hier in Form eines Arbeitsgesprächs an ein Kolloquium und an eine Veröffentlichung zum geistlichen Lied des

17. Jahrhunderts angeschlossen werden [Alfred Dürr u. Walther Killy (Hrsg.): Das protestantische Kirchenlied im 16. und 17. Jahrhundert. Text-, musik- und theologiegeschichtliche Probleme. Wiesbaden 1986 (= Wolfenbütteler Forschungen 31)]. Einen ähnlichen Gravitationspunkt hatte die Erforschung von Dichtung und Musik des Ostseeraums entstehen lassen, der die Universitäten von Kiel und Lund verpflichtet sind, und so hat für unsere Thematik die Veröffentlichung der Konferenzergebnisse von Lund eine Fülle von Anregungen gegeben [Dieter Lohmeier u. Berndt Olsson (Hrsg.): Weltliches und Geistliches Lied des Barock. Studien zur Liedkultur in Deutschland und Skandinavien. Amsterdam 1979 (= Beihefte zum *Daphnis* 2)]. Beide Kolloquia waren, wenn auch in verschiedener Hinsicht, Vorgänger unseres Arbeitskreises zum Thema "Das deutsche weltliche Kunstlied des 17. und 18. Jahrhunderts", der Februar/März 1990 in der Herzog August Bibliothek zusammentrat und an dem Wissenschaftler aus den (damals noch getrennt existierenden) beiden deutschen Staaten, Dänemark, den Niederlanden, Großbritannien und den USA teilnahmen.

Selbstverständlich ergibt ein solches Arbeitsgespräch eher Stichproben als eine Bestandsaufnahme, und so werden wir damit zufrieden sein müssen, wenn Anregungen und Fragen weitere Kreise ziehen und in den drei Themenbereichen weiterwirken, von denen wir ausgegangen sind, zum ersten der "Interaktion poetischer und musikalischer Formen", vor allem den Wirkungsmechanismen der Kontrafaktur, die im Lied zwischen Wort und Weise, Sing- und Instrumentaltanz, Gesellschafts-, Solo- und Bühnenlied sowie zwischen weltlichem und geistlichem Lied eine immer aufs neue vermittelnde Rolle gespielt haben.

In der Liedweise manifestiert sich die Formgeschichte der Lyrik gleichzeitig als Musikgeschichte, ob als sprachliche Ausfüllung einer vorgegebenen Melodie, als Suche nach neuen sprachlich-rhythmischen Möglichkeiten oder als dem Text dienende bzw. ihn interpretierende Neuvertonung. Erstaunlich oft mündeten die hier aufgegriffenen Probleme in die Frage nach dem "Wort-Ton-Verhältnis", sei es nun in den Vertonungen der Lieder Philipp von Zesens (Van Ingen), den von Harper aufgezeigten, durch das Mittel der Kontrafaktur geebneten Rezeptionswegen zwischen mitteldeutschem und norddeutschem Barocklied, der durch Grijp's

Computerkatalog in immer feinerem Raster erfaßten Verzahnung von niederländischem und deutschem Lied oder der erstaunlich breiten und langgdauernden Wirkung Voigtländerscher Modelle im dänischen Lied, wie Arndal nachwies. Schließlich benutzte Busch die Kontrafaktur als Arbeitshypothese, um den verlorenen Singspielmelodien auf Dichtungen Anton Ulrichs nachzuspüren. Im 18. Jahrhundert mußten noch einmal, ähnlich wie bei Voigtländer, textierte Tänze wie das Menuett die Lieddichtung in den populären Bereich zurückzuführen (Schwab). Ein veränderter Stilwille beginnt sich jedoch zu zeigen: Den Komponisten anakreontischer Lieder wurden luftig-sangbare Strophenformen dichterisch vorgegeben, die zwar allmählich auf Tanzkontrafakturen verzichten konnten, jedoch gleichzeitig die Aufgabe hatten, "witzig" zu sein, d.h. rationale Pointen zu vertonen, die an die Grenzen der Musik stießen (Gronemeyer). Für Klopstock wird die vorgegebene Melodie weniger zum Kontrafakturvehikel als zur sprachmusikalischen Anregung (Marx-Weber), und am Ende unseres Zeitraumes entdeckt der junge Schubert, der sich in einer an Zumsteegs berühmten Schillervertonungen orientierten Ballade den Problemen des allmählich als Fessel empfundenen Strophenliedes stellt, die eigenen Möglichkeiten (Dürr).

Als zweiter intendierter Themenkreis sei jener der "Kulturellen Standortfaktoren und Wirkungsmechanismen" genannt, d.h. der "Liederschulen" an hervorgehobenen Plätzen der Liedtradition, und der räumlichen Verbreitungsmechanismen. Überschneidungen mit den anderen Themenkreisen liegen in der Natur der Sache, so bei Untersuchungen zur Auslöserfunktion des niederländischen Liedes (Van Ingen, Grijp). Den barocken deutschen Liedzentren begegnen wir hier bei Harper (Leipzig), Wade (Dresden mit Auswirkung auf den Kopenhagener Hof), Smart (Braunschweiger und Hamburger Opernlied und -arie) und Busch (Nürnberger und Hamburger Einflüsse auf das Wolfenbütteler Opernlied). Von den Liedzentren des 18. Jahrhunderts wird Berlin durch Ottenberg sehr gründlich rezeptionsgeschichtlich belegt. Danckwardt und Dürr erhellen den oft eher unterbewerteten südwestdeutschen Raum gegen Ende unseres Zeitraums. Im deutschen Singspiellied dieser Periode, dessen buntscheckige und durch die Wandertruppen bewegliche Landschaft erst in jüngster Zeit durch die Repertoire- und Librettoforschung eingehender untersucht wird, schlummern noch viele Möglichkeiten für Rezeptionsuntersuchungen.

"Vertikale" Rezeption in Form von "Popularisierung der Lieddichtung" (unser dritter Themenkreis) ging nicht nur mit der Kontrafaktur einher (Arndal, Schwab) oder von Liedzentren aus (Ottenberg); sie wirkte auch auf verschlungeren Wegen, und ein Bestandskatalog nach der Grijpschen Methode, auf die deutschen Liedbestände ausgedehnt, wird uns in hoffentlich absehbarer Zukunft auch im Kunstlied die Augen für die Wanderung von Texten und Melodien öffnen. Ein weiterer Aspekt der Popularisierung konnte hier nicht mehr abgedeckt werden, nämlich der stilistische Einfluß von Liedern oder Liedtypen (man denke z.B. an die Romanze) auf die Instrumentalmusik.

Wort *und* Weise bilden zusammen das in-divi-duum des Liedes, dessen Erscheinungsformen im Bereich des weltlichen Kunstliedes des 17. und 18. Jahrhunderts wir uns hier exemplarisch annehmen wollen. Über alle interdisziplinär brauch- oder unbrauchbaren Stilbegriffe hinaus ist diese Zeitspanne der Liedgeschichte durchaus klar umrissen. In die niederländisch-deutsche Liedtradition des im Tenorsatz stilisierten Volksliedes, des Humanistenliedes und erster madrigalischer Einflüsse bricht zu Beginn des 17. Jahrhunderts vor allem das italienische populäre Tanzlied mit seiner Oberstimmenbetonung und seiner rhythmischen Leichtfüßigkeit (Regnart, Hassler, Schein). Es wird zum Geburtshelfer eines neuen deutschen dichterischen Selbstbewußtseins (Opitz, Fleming und Nachfolger), eines Liedes, das trotz der Nöte des Dreißigjährigen Krieges zum einigenden Band zwischen den Gebildeten wird, die schon in ihren studentischen Collegia musica oder in der Camera ihrer höfischen Erziehung gelernt haben, es nicht nur zu handhaben, d.h. zu singen und zu dichten, sondern auch untereinander auszutauschen.

Der gleiche Neuaufbruch wiederholt sich noch einmal mit dem Leipziger Studentenlied des 18. Jahrhunderts, mit dem Berliner und dem Göttinger Hainbund-Lied. Wenn jedoch das 18. Jahrhundert zur Neige geht, ist das Strophenlied in seiner Kunst-Form schon einer Zerreißprobe zwischen historisierender Volkslied-Nostalgie und psychologisierender Einzeldeutung ausgesetzt, die die Einheit von Wort und Weise zu sprengen droht.

Wir danken dem Leitenden Direktor der Herzog August Biblio-

5

thek Wolfenbüttel, Herrn Prof. Dr. Dres. h.c. Paul Raabe, und
seinen Mitarbeitern für die umfassende organisatorische und fi-
nanzielle Unterstützung unseres Arbeitsgesprächs; unter den letzteren seinen stellvertretend Frau Dr. Sabine Solf und Herr Prof.
Dr. Friedrich Niewöhner genannt. Dank sei auch jenen zwei
Kollegen ausgesprochen, die inmitten des gesamtdeutschen Um-
bruchs des Jahres 1990 ihre Beiträge mündlich, aber nicht mehr
schriftlich einbringen konnten, Beiträge, die wir hier vermissen:
Heinz Entner (Akademie der Wissenschaften der DDR, Berlin)
mit dem Thema "'Zu Oden habe ich besser Glücke als zu anderer
Art Versen': Paul Flemings Dichtung zwischen Lied und Lyrik";
Eitelfriedrich Thom (Kultur- und Forschungsstätte Michaelstein)
über "Das Liedschaffen Telemanns und Adolf Carl Kunzens".

Während unserer Arbeitstagung wurden die Beiträge der Kolle-
gen durch klingende und/oder schriftliche Musikbeispiele ergänzt,
die dann zum größeren Teil in ein abendliches, "Wolfenbütteler
Liederstrauß" genanntes Konzert im Gartensaal des Lessing-
Hauses eingebunden waren. Die Ausführenden waren Ulrich
Petermann, Tenor, und Gabor Antalffy, Cembalo und Klavier
(Robert-Schumann-Hochschule Düsseldorf). Im Rahmen des editorisch Möglichen wurde wenigstens ein Teil der Beispiele in diesen
Band aufgenommen. In den Dank-Kehrreim dieses kurzen Prologs
schließen wir Herausgeber und Redaktion dieser Zeitschrift ein,
die uns mit großem Verständnis für unser interdisziplinäres An-
liegen die Möglichkeit zur Veröffentlichung gaben.

Gudrun Busch
Anthony J. Harper

Mara R. Wade

DAS LIED ALS CARTELL

Das große Beylager

Im Oktober 1634 fand die Hochzeit des dänischen Erwählten Prinzen Christian (1603-1647) mit der sächsischen Kurprinzessin Magdalena Sibylle (1617-1668) in Kopenhagen statt. Für die prächtigen Festivitäten, die sich über drei Wochen ausdehnten, gab der Vater des Bräutigams, König Christian IV. von Dänemark (1577-1648), über 2 Millionen Reichstaler aus.[1] Die festlichen Theaterveranstaltungen, die im Rahmen dieser Hochzeit aufgeführt wurden, standen auf dem Gipfel der damaligen europäischen Kunst und bildeten einen Höhepunkt des höfischen Festes, der erst nach dem Ende des Dreißigjährigen Krieges übertroffen werden konnte. Vertreter aller europäischen Mächte wurden eingeladen, nur das englische Königshaus war — wegen Schiffbruchs — bei dem fürstlichen Beilager nicht vertreten. Die Kronen Frankreichs, Schwedens, Polens und Spaniens schickten prächtige Embassaden nach Kopenhagen, während Herzog Friedrich III. von Schleswig-Holstein-Gottorf Kaiser Ferdinand III. vertrat.[2] Der gesamte dänische, holsteinische und schleswigsche Adel wurde nach Kopenhagen auf die Hochzeit geboten. Kurfürst Johann Georg I., der selber nicht nach Kopenhagen gereist war, ließ die Kurfürstin und die zwei Kurprinzen Johann Georg (1613-1680) und August (1614-1680) seine Tochter Magdalena Sibylle in einer Reisegesellschaft

1. Ludwig Daae: Om Humanisten og Satirikeren Johann Lauremberg. Christiana 1884. S. 19.
2. Die Mutter von Friedrich war Augusta, die Schwester Christians IV. 1630 hatte Friedrich Marie Elisabeth, eine Tochter Johann Georges I., in Dresden geheiratet.

von 529 Personen und 479 Pferden nach Dänemark begleiten.[3] Den Eingang der theatralischen Aufführungen bildete ein Ballett des Tanzmeisters an der königlichen Akademie in Sorø, Alexander Kückelsom.[4] Zwei musikalische Komödien, die der Hofdichter und Professor der Mathematik in Sorø, Johann Lauremberg, nach der Hochzeit zusammen drucken ließ, bildeten den Kern der Darbietungen im Kopenhagener Schloß.[5] Der zunehmenden Öffentlichkeit der Festivitäten entsprechend, fand die nächste Aufführung, die eines pyrotechnischen Dramas, auf dem Platz vor dem Schloß statt.[6] Anschließend wurden sowohl ein Fußturnier als auch ein Ring- und Ballienrennen veranstaltet.

Vertonte Texte für die dänisch-sächsische Hochzeit

Zu den außerkirchlichen Festlichkeiten, für die Musik komponiert wurde, gehörten der Einzug der Braut in die Residenzstadt Kopenhagen, das Ballett, die zwei musikalischen Komödien und zwei Aufzüge beim Ringrennen.[7] Die Texte zu den insgesamt 16 deutschen Liedern, die im Rahmen der dänisch-sächsischen Hochzeit aufgeführt worden sind, sind heute noch erhalten, während die Musik lediglich zu zwei Liedern auf uns gekommen ist.

Das erste musikalische Ereignis dieser Hochzeit war das Absingen eines Liedes für den Einzug der Braut in Kopenhagen. Der Komponist dieses Liedes war der Königsberger Heinrich Albert, der seinem berühmten Vetter Heinrich Schütz nach Kopenhagen gefolgt war, um bei der königlichen Hochzeit mitzuwirken. Dieses

3. Furierzettel, sig. DKA, A² Prins Christian (V) og Magdalena Sibylle, Bryllup 98ᵈ, Königliches Archiv, Kopenhagen.
4. Kurtzer Einhalt und Bedeutung des Balletts ... Copenhagen 1634.
5. [Johann Lauremberg]: Zwo Comoedien/ Darinnen fürgestellet I. Wie AQUILO/ der Regent Mitternächtigen Länder/ die Edle Princessin Orithjam heimführet: II. Wie die HARPYIÆ von zweyen Septentrionalischen Helden verjaget; vnd König Phinéus entlediget wird. Copenhagen 1635.
6. Tragoedia von den Tugenden und Lastern. o.O. o.J.
7. In fast jedem der 18 Aufzüge beim Ringrennen gab es Musik. Zu nur zwei Aufzügen gibt es aber noch erhaltene Liedtexte.

Lied findet man als Parodie gedruckt im fünften Buch von Alberts *Arien* zu einem Text von Simon Dach.[8] Der Textdichter des Kopenhagener Begrüßungsliedes war der gleichfalls aus Königsberg stammende Student der Theologie an der Universität Wittenberg Michael Behm (1612-1650). In einer Auflage von Alberts Arien erscheint das Lied nämlich mit dem Vermerk "Erster Text selbigen Liedes, worauff anfangs diese Composition von mir verfertigt worden zu Copenhagen beym Einzug des Churfl. Fräuleins aus Sachsen, 1634. 30. Septemb."[9] Darauf folgt der Text von Behm.[10] Neben dem von Albert und Behm verfaßten Lied wurden auch andere deutschsprachige Lieder anläßlich der Hochzeit in Kopenhagen vorgetragen. In den zwei Komödien befinden sich acht weitere Lieder. Als Lieddichter kommen hier Martin Opitz, Paul Fleming und Johann Lauremberg in Frage.[11] Den Komponisten (bzw. die Komponisten) dieser Lieder kann man auf Grund der Überlieferung noch nicht ermitteln.

Sieben besondere Lieder müssen wohl schon damals eine breitere Aufmerksamkeit auf sich gezogen haben, denn sie scheinen eine

---

8. Heinrich Albert: Arien, hrsg. Eduard Bernoulli. Denkmäler Deutscher Tonkunst, Bde. 12-13. Rpt. Wiesbaden 1958. Bd. 12, S. ix und Bd. 13, S. 154-57. Der Text von Dach heißt "Bekehrung zum Herren Christo."

9. Gedichte des Königsberger Dichterkreises aus Heinrich Alberts Arien und musikalischer Kürbshütte (1638-1650), hrsg. v. L.H. Fischer. Halle 1883. S. 157. Für den Hinweis auf den Nachdruck des Textes bei Fischer möchte ich Dr. Wolfram Steude, Dresden, danken.

10. Siehe Anhang.

11. Das von der Forschung bisher unbeachtete "JagdtLied" von Opitz findet man in dem zweiten Drama Laurembergs (I, iii). Lappenberg äußert die Vermutung, daß das "Liedt der Rhodope/ von der schönen Orithjâ" aus demselben Werk von Paul Fleming ist. Siehe Johann Lauremberg: Scherzgedichte, hrsg. J. M. Lappenberg. Stuttgart 1861. (= Bibliothek des Litterarischen Vereins in Stuttgart. LVIII) S. 172.

12. In einem früheren Aufsatz wurde von der Vf. gezeigt, daß diese sieben Lieder als Texte zu musikalischen Kompositionen von dem sächsischen und zu der Zeit auch königlich-dänischen Kapellmeister Heinrich Schütz betrachtet werden können. Mara R. Wade: Heinrich Schütz and 'det store Bilager' in Copenhagen (1634). In: Schütz-Jahrbuch 11 (1988) S. 32-52. Siehe SWV 278, "O der großen Wundertaten".

weite Verbreitung gefunden zu haben.[12] Alle sieben wurden als
Anhang zu den deutschsprachigen Festbeschreibungen veröffentlicht. In einem Fall, auf den wir später zurückkommen werden,
wurden sowohl der Text als auch die Musik als fliegende Blätter
separat gedruckt und unter den Zuschauern verteilt. Drei von
diesen Liedern wurden bei dem Ballett aufgeführt, das für unsere
Zwecke eher die Bezeichnung "Singballett" tragen sollte, da das
Werk sowohl choreographische als auch gesungene Elemente
gleichermaßen betont. Zwei der Lieder hatten eine besondere Rolle
bei den beiden musikalischen Komödien von Lauremberg. Diese
Lieder dienten jeweils als gesungener Prolog und Epilog zu den
beiden allegorischen Dramen und fungierten somit als musikalische Klammern für diesen Teil der theatralischen Aufführungen.
Die letzten der sieben den Festbeschreibungen angehängten Lieder
wurden als Teil der maskierten Festaufzüge bei dem Ringrennen
aufgeführt.

Dies ist also der Liedbestand bei dem sogenannten "großen
Beilager." Bei dieser Untersuchung gilt unsere Aufmerksamkeit
aber besonders der Liedproduktion und -rezeption am Beispiel
dieses Kopenhagener Hoffests. Welche musikalischen Kräfte außer
Schütz und Albert gab es zu der Zeit in Kopenhagen, die sich an
der Produktion, d.h., an der Komposition und Aufführung solcher
Lieder hätten beteiligen können? Wurde etwa an andere europäische Festtraditionen angeknüpft? Wer gab den Impuls zu dieser
Produktion? Eine Untersuchung des breiteren Kontexts dieses
Fests läßt Träger der deutschen Liedproduktion im Norden her-
vortreten, die für die Geschichte des deutschen Liedes in Dänemark nicht uninteressant scheinen. Dabei wird auch eine bisher
unbekannte Rolle des Liedes im höfischen Fest deutlich, der für
die Entwicklung der Oper und des Balletts besondere Wichtigkeit
beizumessen ist.

Das strophische Lied beim Ringrennen

Wie oben erwähnt, wurden zwei von den Liedern beim Ringrennen
aufgeführt. Im Folgenden möchte ich an dieser Stelle die Festaufzüge zum Ringrennen im allgemeinen und die zwei Festinventionen bei dieser Hochzeit im besonderen näher untersuchen.

Es war allgemein üblich für das Ringrennen an nordeuropäischen Höfen, theatralische Tableaux zu erfinden, die eine allegorische oder sogar emblematische Bedeutung enthielten. Oft bezog sich das Thema auf die dynastische Gelegenheit, bei der das Ringrennen gehalten wurde, z.b. bei einer Kindtaufe, bei einer Krönung, oder eben bei einer Hochzeit. Die Ordnung der Festaufzüge bei dem Ringrennen entsprach der des Hofzeremoniells. Nur Adlige durften an dem Ringrennen teilnehmen; wir haben es also nur mit tragenden Schichten der gesellschaftlichen Ordnung zu tun. Bei dieser Kopenhagener Hochzeit wurde z.b. der erste Aufzug von dem König und dem Erwählten Prinzen auf die Bahn gebracht, der nächste von den Brüdern der Braut — den zwei Kurprinzen Johann Georg (II.) und August — und der dritte von Herzog Frederik, dem zweiten Sohn des dänischen Königs. Sechs dänische Adlige haben diejenige Festinvention veranstaltet, bei der eins von den zwei erhaltenen Liedern zu finden ist. Das zweite Lied beim Ringrennen ist in der achten Invention zu finden, die ebenfalls von dänischen Adligen auf die Bahn gebracht wurde. Insgesamt wurden 18 Festaufzüge im Rahmen des Ringrennens aufgeführt. Bei zwei von diesen Inventionen oder Aufzügen finden wir die gesungenen Lieder, die das Thema dieser Untersuchung bilden.

Sowohl instrumentale als auch gesungene Lieder sind in Dänemark schon bei der Krönung Christians IV. im Jahre 1596 als Bestandteile eines Festaufzuges belegt.[13] Die musikalische Gestaltung eines Festaufzuges galt überhaupt als eine besonders prächtige Form der Darbietung, die zugleich die theatralische und

13. Kurtze ... Relation/ der fürnembsten Geschichten vnnd Spectacul/ so newlich zu Koppenhagen die gantze zeit der Krönung des ... Herrn CHRISTIANI QUARTI ... Rostock 1596. sjg. C$_i$A "[der Triumphwagen] war voll Münche/ die hatten bei sich allerley Seytenspiel. (...) Die Münche ... spieleten gar lieblich/ etliche sungen darein." [HAB: G 668 Helmst.. 4° (16)] Vgl. auch Dennemärckische Krönung/ Das ist/ Kurtze doch gründliche beschreibung ... o.O. 1597. sig. B$_{iiij}$B, "Unten [im Triumphwagen] aber sassen die Spielleut in gantz weis bekleidet/ welche auff ihren Instrumenten gantz lieblich spieleten. Uber das wurd noch ein Camel darauff vier Jungfrawen sassen/ vnd schön vnd lieblich singen/ mit auffgeführet." [HAB: 110 Quodlib. (5)]

12

poetische Funktion der "Invention" unterstreichen sollte. Die
Liedtexte für die Krönung kennen wir nicht, da sie weder einzeln
veröffentlicht noch in der gedruckten Beschreibung selbst repro-
duziert wurden. Aus den Festbüchern zur Krönung geht die
Bedeutung des Lieds für die theatralische Aufführung beim Ringrennen eindeutig hervor. Obwohl es Instrumentalmusik bei anderen Inventionen gab, wurden nur bei den zwei Aufzügen des
neugekrönten Königs Lieder abgesungen.

Weitere Beispiele für die Lieder bei Festen im deutschsprachigen
Raum findet man in zwei von den Festinventionen zum Ringrennen bei den sogenannten Stuttgarter Hoffesten, die 1609 für die
Hochzeit von Herzog Johann Friedrich von Württemberg (1582-
1628) mit der Markgräfin Barbara Sophia von Brandenburg (1584-
1636) gehalten wurde. Der Bräutigam, Herzog Johann Friedrich,
und der Onkel der Braut, Markgraf Joachim Ernst von Brandenburg-Ansbach (1583-1625), benutzten je ein strophisches Lied in
ihren Festaufzügen.[14] Nur diese zwei Festaufzüge hatten musikalische Begleitung, die offensichtlich zur Steigerung des repräsentativen Charakters solcher Festinventionen eingesetzt wurde. Allein
die höchsten fürstlichen Teilnehmer hatten etwas Musikalisches
beim Ringrennen dargeboten. In der Stuttgarter Festbeschreibung
werden die Liedtexte mit in die Prosabeschreibung eingefügt, die
Musik jedoch ist verschollen.

Es war bei höfischen Aufzügen allgemein üblich, daß eine
gedruckte Erklärung der Invention, ein sogenanntes Cartell, zum
Ringrennen verteilt wurde.[15] Diese fliegenden Blätter deuteten den

14. Siehe Johann Oettinger: Wahrhaffte Historische Beschreibung Der
Fürstlichen Hochzeit/ vnd deß Hochan-sehnlichen Beylagers/ So Der ...
Herr Johann Fridrich ... Mit Der ... Frewlein Barbara Sophia Marggrävin
zu Brandenburg ... Anno 1609. dem 6. Novembris ... Celebrieret vnd
gehalten hat ... . Stuttgart 1610. S. 107-110 und 115-120. [HAB: Gm 4°
1158]
15. Dies wird auch für das Ballett oder Maskenspiel belegt: "Wie in
Frankreich zu Beginn des 17. Jahrhunderts war es Sitte, für die Erklärung
einzelner Szenen durch kurze Gedichte zu sorgen, die nicht rezitiert,
sondern auf fliegenden Blättern gedruckt, unter die Zuschauer verteilt
worden." Siehe Rudolf Brotanek: Die englischen Maskenspiele. Wien
1902 (= Wiener Beiträge zur englischen Philologie. XV). S. 297.

allegorischen Inhalt des Aufzuges für die Zuschauer. Nur selten befanden sich Gedichte in dem Prosatext des Cartells. Bei den Stuttgarter Hoffestlichkeiten kommt die genaue Rolle des Liedes im Aufzug zum ersten Mal deutlich zum Vorschein, die wohl bei der Kopenhagener Krönung ähnlich war, ohne daß in der Festbeschreibung darauf explizit Bezug genommen wird. Bei dem Aufzug "Von der Germania" in Stuttgart kommen zwei "Teutsche singer in altfränkischer Kleidung vnd Manier/ die haben nachfolgendes Liedlin mit einander gesungen."[16] Ein genauer Vergleich des Liedtextes mit der Beschreibung des Aufzuges zeigt, daß das Lied die Funktion des Cartells übernimmt. Der Liedtext erklärt die von dem Bräutigam vorgeschlagene Interpretation seiner Invention. Der feste Cartellcharakter des Liedes wird aber in der Beschreibung von dem Aufzug des Markgrafen Joachim Ernst deutlich hervorgehoben:

> Als nur Fraw Venus mit solcher stattlicher Gesellschafft sich der F. Hochzeitterin/ dem gantzen Frawenzimmer/ vnd den Herrn Judicierern mit gebührender Ehrerbiettung auff der Rennbahn erzeigt/ hat sie ein Liedlin von der Lieb/ welches sie im auffziehen auff das lieblichest gesungen/ **an statt ihres gegen Cartels**/ den Herren Judicierern Presentieren lassen/ dasselb hat von Wort zu Wort gelautet/ wie hernach folget.[17]

Die Umfunktionierung des Liedes zum Cartell für das Ringrennen galt hier als fürstliches Vorrecht und diente dazu, den Zuwachs an politischer Macht der beiden Häuser durch die dynastische Verbindung dieser Ehe künstlerisch hervorzuheben. Das weltliche Lied beanspruchte für sich hiermit nicht nur eine wichtige Funktion als Bestandteil des Dramas oder Balletts im engsten höfischen Kreis, sondern auch eine bedeutende Rolle in der öffentlichen Darstellung des Fürstenhauses vor einem großen Publikum im Freien.

Neu bei der dänisch-sächsischen Hochzeit ist die Veröffentlichung der Texte als Anhang zur Festbeschreibung, wobei die Rolle der Lieder als eines der Hauptereignisse der Festlichkeiten sich stärker herauskristallisieren läßt. Die zwei Lieder zum Ringrennen haben den gleichen Stellenwert wie die Lieder für das

16. Oettinger. S. 109. Siehe Anhang.
17. Fettdruck von der Vf. Siehe Oettinger. S. 117. Siehe Anhang.

Ballett und für die zwei Komödien. Die Gleichstellung dieser Lieder zeigt die ebenbürtige künstlerische Anerkennung dieser Kunstform, egal ob im Ballett, im musikalischen Drama oder im Ringrennen. Die Festaufzüge zum Ringrennen werden also den anderen theatralischen Aufführungsformen gleichgestellt. Die Beschreibung des einzelnen Aufzugs innerhalb der gedruckten Festbeschreibung erlaubt es, die Funktion des Liedes als Bestandteil der theatralischen Invention genauer zu bezeichnen.

Die vierte Invention bei dem "großen Beilager" 1634 nennt sich "Thronus Veneris" oder "Venus Berg" und wird in der deutschen Festbeschreibung von 1635 folgendermaßen beschrieben:

Erstlich
4 Persohnen zu Fueß/ absonderlich gekleidet/ in Gestalt der vier Zeiten deß Jahrs/ die trugen Schilde an den lincken Arm/ darauff war gemahlet mit güldenen Buchstaben/ Ver, Æstats, Autumnus, Hyems.
Darnach kam
Thronus Veneris oder Venus Berg/ der wardt gezogen von vier Pferden/ die neben ein ander lieffen. Auff dem Berge sassen sieben weiß gekleidete schöne Knaben/ die sungen sehr lieblich vnd schon beygelegtes Lied/ sub littera I. welches die Knaben von dem Berge herab vnter die Leute würffen.
Nach dem Berge folgte
Einer/ saß auff ein erschrecklich Meerwunder.
Folgte
Ein schöner TriumpffWagen/ darinnen saß die Göttin venus/ hielt ein brennend Fackel in der rechten Hand/ in der lincken ein flammend Hertz. Am vorder Theil deß Wagens war ein Schwan/ darauff saß ein kleines schönes Kind/ war Cupido.
Diesen Wagen folgten
6 Advanturier/ führten all in der Hand einen Stab/ oben auff war ein flammend Hertz geschnitzet/ und roth angestrichen. (...)[18]

Im Anhang der Festbeschreibung findet man den ganzen Text des Liedes, "O Der großen Wunderthaten/ Die die Lieb verrichten kann ...."[19] Dieses Lied wurde von Heinrich Schütz komponiert, und die Musik dazu ist die einzige weltliche Festkomposition des deutschen Meisters für eine fürstliche Hochzeit, die heute noch

18. Christian Cassius: Relation von dem Hochfürstlichen Beylager ... . Hamburg 1635. S. 36-37. [HAB: Gs 132]
19. Cassius. S. 128-29.

erhalten ist. (Vgl. SWV 434, komponiert für die spätere Verlobung derselben Prinzessin.) Die Musik ist in einer einzigen gedruckten Kopie überliefert, die sich jetzt in der Landesbibliothek Schleswig-Holstein (Kiel) befindet. Dieser Gelegenheitsdruck trägt folgende Überschrift:

An HochPrintzlicher Durchläuchtigkeit // zu Dennenmarck vnd Norwegen/ etc. // Beylager/ // Gesang der VENUS-// Kinder in der Invention // genennet // THRONVS VENERIS // Mit 4. Discanten vnd zweyen Violini über den // Bassum Continuum gestellet // Durch // Henrich Schützen/ // Capellmeistern.[20]

Der Festbeschreibung zufolge müssen wir annehmen, daß der Druck als Cartell diente, das von den singenden Knaben von dem Triumphwagen aus in das Publikum geworfen wurde. Die Behauptung von Gudewill, Schütz hätte den Druck sechs dänischen Adelsmännern gewidmet, weil er "der Veröffentlichung offensichtlich repräsentativen Charakter verleihen" wollte, ist irreführend.[21] Als Hauptbestandteil des Festaufzugs hat das Lied ohnehin repräsentativen Charakter gehabt. Die sechs Adligen, die als Widmungsträger des Separatdruckes von Schütz erscheinen, sind eben die gleichen sechs "Advanturier", die die Invention des Venusbergs beim Ringrennen unter mythologisch-allegorisierenden Namen über die Bahn gebracht haben. Diesen sechs Dänen ist also ein großer Anteil an der Erfindung (Invention) des Aufzugs in Zusammenarbeit mit dem Kapellmeister Schütz zuzusprechen. Sie haben Schütz wohl beauftragt, das Lied zu ihrem Aufzug zu komponieren.

Das von Schütz komponierte Lied zu diesem vierten Aufzug besteht aus vier gleichen Strophen von je sechs Zeilen trochäischer

20. BASSO CONTINVO. Gedruckt zu Kopenhagen/ bey Heinrich Krusen/‖ Im Jahr M.DC.XXXIV. Landesbibliothek Schleswig-Holstein; SWV 278. Dieser Druck ist ausführlich besprochen worden: Kurt Gudewill: Der 'Gesang der Venuskinder' von Heinrich Schütz. In: Schütz-Jahrbuch 6 (1984) S. 72-92.

21. Kurt Gudewill: Der "Gesang der Venuskinder' von Heinrich Schütz (1634). In: Berichte und Beiträge der Schleswig-Holsteinischen Landesbibliothek. Kiel 1978. S. 7-36, ist eine frühere Fassung des oben zitierten Artikels im Schütz-Jahrbuch. Hier S. 15.

Vierheber mit dem Reimschema (*ababcc*).[22] Dieses Lied bildet den theatralischen Kern des Aufzuges und hat mehr als eine rein dekorative Rolle. Die vier Strophen des Lieds erklären den Sinn des Aufzuges und funktionieren dabei als Cartell dieser Festinvention. Diese Feststellung wird durch die Tatsache unterstützt, daß es als fliegendes Blatt gedruckt und unter den Zuschauern verteilt wurde, genau so wie z.b. das "Cartell der Herzöge von Sachsen," das auch bei dem Ringrennen als Erklärung der sächsischen Festinvention veröffentlicht wurde.[23] Der Tradition, daß man das Cartell eines Festaufzuges publizierte, verdanken wir es, daß wir die Musik zu diesem weltlichen Lied des deutschen Meisters heute noch haben.

Von dem achten Aufzug beim Ringrennen ist ebenfalls der Text — aber leider nicht die Musik — zu einem zweiten Lied überliefert. Die achte Invention weist inhaltlich große Ähnlichkeiten mit der eben besprochenen vierten auf und behandelt auch das Thema "Liebe." Das "Lied von der Macht der Liebe" dient hier als musikalisches Cartell zu diesem Aufzug, der von Cassius folgenderweise beschrieben wird:

Der ander Auffzug war vom Hercule/ vnnd seinem Weibe der Omphale,
Erst kam
Mercurius zu Fueß.
Darnach
2 Musicanten zu Pferd wol gekleidet/ der ein mit der Lauten/ vnd der ander mit der Geigen. 2 kleine Knaben leiteten die Pferde/ vnd sungen alle massen lieblich in dem Seitenspiel.
Folgte.
Der TriumpffWagen/ drinnen saß Hercules/ vnd sein [sic] Fraw die Omphale. Phoebus vnd Luna leiteten die Pferde/ die vor den Wagen giengen/ die Omphale führte deß Herculis Kolben in der Hand/ vnd er muste ihren Spindel halten/ vnd fein artig spinnen/ auch führte sie an einem Strick hinter den Wagen her die 3 vornembsten Stände der Welt/ Geistlichen/ Weltlichen vnd Haußstand/ der ein war gekleidet wie ein Münch/ der ander wie ein Soldat/ vnd der dritte wie ein Baur: anzuzeigen/ daß sich die Weiber vber all der Herrschafft anmassen/

22. Siehe Anhang.
23. Cassius. S. 130-32.

oder auch der Liebe weichen vnnd Raum geben müssen alle Stände der Welt/ **solches wird genugsamb angezeiget durch beygelegtes Lied sub littera L. welches gemachet ist auff diesen Auffzug.**

Darnach kamen

2 Patrinen

2 Advanturier/ waren alle gekleidet/ wie die Amazonsche Weiber gemahlet werden/ sehr Herrlich/ köstlich vnd prechtig.

2 Handpferde.[24]

Sowohl die thematischen als auch strukturellen Ähnlichkeiten der beiden Inventionen werden hiermit sichtbar. Das gesungene Lied steht nämlich hier wie da im Mittelpunkt des Festaufzuges und dient zur Deutung des allegorisch-mythologischen Inhalts, wobei in dem achten Aufzug direkt darauf angespielt wird, daß das Lied als Cartell funktionieren sollte. Viel wichtiger ist aber die Tatsache, daß beide Lieder denselben strophischen Aufbau aufzeigen, obwohl das zweite Lied mit seinen elf Strophen fast dreimal so lang ist.[25] Schon Moser hat die Vermutung geäußert, daß wohl beide Lieder von Schütz hätten komponiert werden können.[26] Seine Meinung stützt sich auf die überzeugende Tatsache, daß beiden Liedern dieselbe strophische Struktur zugrunde gelegt wird. Dazu können wir jetzt den Kontext des höfischen Festes als weiteren Beweis heranziehen.

Wie schon vorher erwähnt, wurden die zwei Lieder, die beim Ringrennen gespielt wurden, mit fünf anderen Liedern als Anhang zur Festbeschreibung zusammen gedruckt und somit als Gruppe behandelt. Das erste und damals auch sehr gelobte Sololied in dem Ballett "Klaglied deß Orphei vber seine Euridice" hat, abgesehen von einer leichten Änderung des Reimschemas (*ababcc*), dieselbe Struktur wie die zwei Lieder zum Ringrennen.[27] Herzog Frederik (1609-1670) veranstaltete bei der Hochzeit seines Bruders dieses Ballett, das als Verkörperung der neuesten europäischen Mode gepriesen wurde. Cassius beschreibt die Szene folgenderweise:

"... [Orpheo] erinnert ... sich abermal seines verlohrnen Ehegemahls/ setzet sich auff ein Hugel [sic] der ihn umb den Sael führte/ vnd

24. Fettdruck von der Vf. Cassius. S. 39-40.
25. Siehe Anhang. Cassius. S. 132-34.
26. Hans Joachim Moser, Heinrich Schütz.[2] Kassel 1954. S. 138.
27. Siehe Anhang. Cassius. S. 63-65.

fenget an ein trawriges Klaglied vber sein auß der Gewaldt des plutonis bey nahe erlösetes Ehegemahl/ die Euridice mit klaglicher/ doch solcher lieblicher vnd anmutiger Stimme in seiner Geigen zu singen ...."[28]

In musikgeschichtlichen Kreisen ist bis jetzt angenommen worden, daß Schütz wohl die Musik zu diesem Ballett geschrieben hat, obwohl keine festen Indizien dafür vorliegen. Nur die Ähnlichkeit des Themas — Orpheus und Euridice — bietet einen Vergleich zu dem späteren Werk von August Buchner, das Schütz für eine Dresdener Hochzeit knapp vier Jahre darauf komponierte.[29] Die nahe Verwandtschaft dieser drei Lieder, zu deren einem Schütz bestimmt die Musik komponiert hat, erhärtet die Vermutung, daß Schütz wohl alle sieben Lieder komponierte.

Wenn man die musikalischen Kräfte in Kopenhagen zu der Zeit betrachtet, die bei der Hochzeit mitgewirkt haben könnten, kommen eine ganze Reihe bedeutender Musiker ans Licht. Wenn man den musikalischen Anspruch dieser drei Lieder und diese Liste nebeneinanderstellt, kann man gute Hypothesen für die Besetzung der einzelnen Rollen aufstellen. Alle drei Lieder verlangen Spieler von Saiteninstrumenten. Orpheus spielt die Geige im Ballett; eine Geige und eine Laute werden im achten Aufzug vorgeschrieben, und in dem Druck der Musik der Venuskinder zum vierten Aufzug steht "Canzonetta a 4 Soprani con Sinfonie di duoi Stromenti." Ob es sich bei den zwei hier verlangten Instrumenten um eine Geige und eine Laute handelt, oder um zwei Violinen, wie aus dem Separatdruck der Musik zu entnehmen ist, bleibt offen, weil die Quellen uns das nicht mitteilen. Die großen Ähnlichkeiten der Lieder untereinander legen die Vermutung aber nahe. Als Geiger kommen zwei bekannte Musiker in Frage. Als erster kommt der Hamburger Johann Schop (ca. 1590-1667) in Betracht, der schon vorher (1615-1619) in dänischen Diensten gestanden hatte und eigens für diese Hochzeit nach Kopenhagen gereist war. Der zweite Geiger (oder Lautenist?) war wohl der Engländer John Price, der

28. Cassius. S. 24.
29. Das Ballett wurde am 20. November 1638 für die Hochzeit des späteren Kurfürsten Johann Georg II. mit der Brandenburger Kurprinzessin Magdalena Sibylle aufgeführt. Siehe H. Hoffmann von Fallersleben: August Buchner. In: Weimarisches Jahrbuch II (1855) S. 1-39.

schon 1609 bei den vorher erwähnten Hoffesten in Stuttgart und
Anfang der dreißiger Jahre des 17. Jahrhunderts bei der kur-
prinzlichen Kapelle in Dresden sich einen Namen gemacht hatte.
Er war aus Dresden nach Kopenhagen für die Festivitäten ange-
reist. Auch die königlichen Kapellknaben wirkten mit, die schon
im Dezember 1633 nach Kopenhagen befohlen worden waren.[30]
Da an den Aufzügen allein 85 Instrumentalmusiker und Sänger
beteiligt waren,[31] von denen gewiß einige mehr als einmal auf-
getreten sind, beschränken wir uns hier auf die musikalische
Besetzung der drei besprochenen Lieder.

Der soziale Kontext des deutschen Liedes in Dänemark

Als Träger des deutschsprachigen Liedes in Dänemark um 1634
kommen nur die obersten Schichten in Frage. Das Ballett wurde
von dem Prinzen Frederik veranstaltet und als einer der prächtig-
sten Beiträge zu den Festlichkeiten geschildert. Beide Aufzüge zum
Ringrennen wurden vom dänischen Adel geboten. All sechs Männer, die an der Invention des Venusbergs beteiligt waren, hatten
entweder führende Rollen in der Regierung Christians IV. schon
inne oder sollten nach der Hochzeit bedeutende Stellungen entweder bei dem König oder bei dem neuen Hof des Erwählten
Prinzen in Nykøbing auf Falster einnehmen. Die sechs Dänen
waren die drei Brüder Jørgen, Frederik und Sivert Urne, Falck
Gøye, Frederik Reedtz, und Wentzel Rothkirck.[32] Das gleiche gilt
für Niels Krabbe und Otto Thott, die die achte Invention "von der
Macht der Liebe" auf die Bahn gebracht haben. Alle standen dem
König und dem Erwählten Prinzen nah und gehörten zu den
politisch führenden Kräften der Gesellschaft. Frederik Urne

30 C.F. Bricka und F.A. Fredericia. Kong Christian den Fjerdes
egenhandige Breve 1623-1645. Bd. 3. Rpt. Kopenhagen 1969. Item 235.
S. 235-36.
31. Angul Hammerich: Musiken ved Christian den Fjerdes Hof.
Kopenhagen 1892. S. 111.
32. Sowohl für diese sechs Männer wie auch für Niels Krabbe und Tage
Thott siehe die entsprechenden Artikel in: Dansk Biografisk Leksikon.
Kopenhagen 1979-84.

(1601-1658) wurde 1627 Lehnsmann auf Kronborg und Frederiksborg; er hatte 1621-22 in Straßburg, Genf und Bourges studiert, 1622-24 als Hofjunker und Kanzleisekretär gedient, und war 1625 mit Christian IV. in den Krieg nach Deutschland gezogen. Sein Bruder Jørgen (1598-1642) war Edelknabe bei Königin Anna Katharina, diente im Kalmarkrieg, reiste mit Christian IV. nach Braunschweig und London und studierte Sprachen und Kriegswesen in Frankreich und Holland, bevor er 1632 Reichsmarschall wurde. Jørgen Urne reiste 1633 nach Sachsen, um die Prinzessin für den Erwählten Prinzen Christian zu werben. Sivert Urne (1603-1661) war in den Jahren vor der Hochzeit Hofjunker sowohl bei dem König selbst als auch bei dem Erwählten Prinzen. In späteren Jahren diente er als Marschall bei höfischen Festen. Wentzel Rothkirck (1597-1655), dessen Familie aus Schlesien stammte, wurde 1609 zusammen mit seinem älteren Bruder nach Dänemark geschickt, wo sie vom Hofmarschall Ditlev Rantzau erzogen wurden. Nach Reisen nach England, Frankreich und Italien wurde er 1619 Rittmeister und Lehrer des Erwählten Prinzen Christian. Bei der Schlacht vor Lutter (1626) rettete er den dänischen König vor der Gefangenschaft, indem er Christian IV. das eigene Pferd übergab. Rothkirck war als Generalmarschall bei dieser Hochzeit tätig. Frederik Reedtz (1586-1659), der mit Rothkirk verschwägert war, studierte in Wittenberg, Genf, Basel und Orléans, war 1605-1608 Hofjunker und diente auch im Kalmarkrieg. 1644 wurde Reedtz Mitglied des Reichsrats. Falck Gøye (1602-1653) wurde von dem Gelehrten Holger Rosenkrantz erzogen, unternahm ausgedehnte Studienreisen ins Ausland und reiste später nach Frankreich, wo er dem Herzog von Nevers als Hofjunker diente. Gøye diente dem dänischen König im Dreißigjährigen Krieg und wurde 1649 Hofmeister in Sorø. Ähnlich glänzende Karrieren durchliefen die Veranstalter des achten Aufzuges. Niels Krabbe (1603-1663) besuchte 1622-1626 eine Reihe europäischer Universitäten — Wittenberg, Orléans, Bourges, Padua, Rom. Er war Kammerjunker bei dem 1633 verstorbenen Prinz Ulrik.[33] Ab 1636 nahm er bedeutende Stellungen am dänischen Hof ein. Als Sohn

---

33. Der Dichter Martin Opitz, der den dänischen Prinzen Ulrik 1633 kennenlernte, widmete ihm sein "Trostgedichte in Widerwärtigkeit des Krieges".

des Reichsrats Tage Thott war Otto Thott (1607-1656) eine große Karriere in Staatsdiensten vorausbestimmt. 1627-1630 war er in Frankreich und den Niederlanden, 1632 wurde er Kammerjunker, 1634 Lehnsmann auf Bahus. Er wurde 1655 in den Reichsrat aufgenommen. Wenn man die Entwicklungslinie von Kopenhagen nach Stuttgart und zurück nach Kopenhagen betrachtet, kommt auch eine soziale Entwicklung zum Vorschein, wobei in der späteren Form nicht nur der Fürst, sondern auch der höhere Adel sich des Liedes beim Festaufzug bedienen konnte.

Weitere Auswirkung des Liedes als Cartell nach 1634

Wie die spätere Verwendung des Cartells am Dresdener Hof deutlich zeigt, blieben die Kopenhagener Festivitäten nicht ohne Echo bei den Gästen aus Dresden. Knapp vier Jahre darauf findet man das Lied als Cartell zum Ballett bei der Hochzeit des Kurprinzen Johann Georg, der in Kopenhagen selbst am Ringrennen teilgenommen hatte und bei allen Festlichkeiten dabei gewesen war. Der Dresdener Chronist Anton Weck berichtet folgendes über die Hochzeit:

"Und am 20. hujus [November] nach aufgehabener [sic] Taffel/ aufm Riesen-Saal ein stattliches Ballet mit unterschiedenen Abwechselungen und 10 Balleten/ auch einer wohl disponirten action, von dem Orpheo und der Eurydice vollnbracht/ worüber die Calliope, als Obriste der Musen ein Cartell ausgeworfen/ und der Innhalt ... auf folgende maße von Herrn Buchnern P.P. zu Wittenberg begriffen worden."[34]

Die Lieder funktionierten hier als Cartell zum Ballett von Eurydice und Orpheus von August Buchner und Heinrich Schütz.[35]

Das deutsche Lied in Dänemark hat dazu beigetragen, die Verfestigung des Liedes als Cartell zum Ringrennen herbeizuführen. Die 1634 in Kopenhagen gefeierte Braut Magdalena Sibylle kehrte 1652 in zweiter Ehe mit Herzog Friedrich Wilhelm II. von Sachsen-Altenburg in die Heimat zurück. 1654 feierten sie

34. Anton Weck: Der Chur-Fürstlichen Sächsischen Residentz- und Haupt-Vestung Dresden. Nürnberg 1680. S. 365-67. [HAB: Gm 4° 270]
35. Siehe oben Nr. 29.

die Taufe eines Erben mit einem Ringrennen.[36] Bei jedem der sechs Aufzüge wurde ein Lied abgesungen, das als Cartell funktionieren sollte. Am Ende wurde ein Lied als Gesamtcartell, das den übergreifenden allegorischen Inhalt dieses Ringrennens auslegt, allen sechs adligen Damen vorgesungen, die an diesem Ringrennen im Schlitten teilgenommen hatten. Das Ganze wurde mit einem Schlußlied abgerundet, an dem alle Musikanten teilnahmen. In dem Vorwort zu dem Druck der Festbeschreibung erklärt Adam Olearius, daß diese acht Lieder zum Ringrennen das Verstehen der "hieroglyphischen" Bedeutung der Festinventionen erleichtern sollten, "wie dann der Autor der Lieder über die Entreen mit mehrem außleget ...." Hier sollte man auch die neue Terminologie bemerken; die Gleichsetzung des Aufzuges mit "Entrée" ist nicht zufällig. Dabei kommt die nahe Verwandschaft des Aufzuges beim Ringrennen mit dem im Singspiel oder im Ballett wiederum zum Vorschein. Der soziale Trend im Gebrauch des Liedes bei höfischen Festivitäten weist auch hier neue Merkmale auf, indem eine Frau, also die Herzogin Magdalena Sibylle, sich des Liedes als Cartell bedient.

Eine Weiterentwicklung des Liedes als Cartell bemerkt man anhand späterer Dresdener Feste, vor allem bei der sogenannten "Durchlauchtigsten Zusammenkunft" im Jahre 1678.[37] Hier kann man das Cartell zum Ringrennen im Freien als Gegenstück zu dem zur Oper im neuen "Comoedien-Haus" nachvollziehen. Um nur ein Beispiel zu nennen, sei auf das Cartell von der Wirkung der sieben Planeten zum Ringrennen und die darauf folgende "Musikalische Opera und Ballet von Wirkung der Sieben Planeten" hingewiesen.[38]

36. [Magdalena Sibylle]: Auffzug Ihr. Durchl. Der Princessin M.S. Hertzogin zu Sachsen ... In welchem vorgebildet wird Ein Im Glück vnd Unglück Frewde vnd Trawrigkeit Gedult vnd Hoffnung zum gewünschten Ende Geübter Mensch ... Im Fürstlichen Sächsischen Schloß Garten zu Altenburg ...præsentiret Am 29. Junij 1654. Schleswig 1654. [HAB: 36.13.2 Geom. 2°]

37. Gabriel Tzschimmer: Die Durchlauchtigste Zusammenkunft. Nürnberg 1680. [HAB: Gm 4° 952]

38. Tzschimmer. S. 60-76.

i

Ringrennen, Ballett, Singspiel

Schon 1596 bei der Krönung Christians IV. kommen gesungene Lieder im Ringrennen vor, wobei erst 1609 in Stuttgart die Rolle des Liedes im Festaufzug sich genau bezeichnen läßt. Die Aufzüge bei der Kopenhagener Hochzeit 1634 weisen deutsche Lieder als Inventionscartell auf, während der Druck der Lieder als Teil der Festbeschreibung die Wechselwirkung zwischen Ringrennen, Ballett und Singspiel eindeutig hervorhebt. Dabei wird zur gleichen Zeit der Zusammenhang aller theatralischen Aufführungen, einschließlich des Ringrennens, als programmatische Bestandteile des höfischen Festes unterstrichen. Da Dänemark während des Dreißigjährigen Krieges als bedeutendes Zentrum deutscher Kultur galt, ist diese Beobachtung von größter Wichtigkeit für die Entfaltung der programmatischen Durchformung des Gesamtablaufs eines höfischen Festes, die man schon 1634 in Kopenhagen, aber erst ab 1650 in deutschsprachigem Raum, z.B. in Dresden findet.

Die Lieder zu den Festaufzügen dienen auch als bedeutende Quellen für das Studium der Entwicklung des Balletts und der Oper im deutschsprachigen Raum, weil die Kombination von maskierter Darstellung, szenischer Aufführungsweise, choreographischer Bewegung, Gesang und Instrumentalmusik schon sehr früh bei Festaufzügen vorhanden ist. In diesem Zusammenhang darf auch die Mitarbeit an dänischen und sächsischen Festen des Kapellmeisters Schütz, dessen Einfluß auf das höfische Festwesen auch nach dem Ende seiner Amtszeit weiterhin existierte, nicht unterschätzt werden.

24

ANHANG

Stuttgarter Hoffeste 1609
Lied zum ersten Aufzug von Herzog Johann Friedrich[39]
Von Germania
Mit 118 Personen.

1
Frisch auff du Teutsche Nation/
Laß dein gut Lob nicht vndergahn/
Erhalt dein guten Namen:
In Sturmen [sic]/ Schlachten/ manchem streit/
Hastu fast obgesiegt allzeit/
Wo man im Feld beysamen.
2
Frisch auff/ du Edles Teutsches Blut/
Erzeig noch Heut dein Helden Mutt/
Es soll dir wol gelingen.
Vertraw du Gott/ nimb den zum Schild/
Und wer dein Feind gleich noch so wild/
Den Preiß wirst davon bringen.
3
Frisch auff du Teutsches Vatterland/
Bleib noch in deinem alten Stand/
Dein Fleiß thu du nicht sparen:
Der Teutschen Sitten/ Höffligkeit/
Steth noch so wol zu diser Zeit/
Als vor viel hundert Jahren.
4
Frisch auff du Teutsche werde Macht/
Halt deine Schantz in guter acht/
Laß dich nicht vndertrücken:
Dann wo der alt gut Name dein/
Und dein Teutsch Hertz wird bstendig sein.
So wird dirs gwiß wol glücken.
5
Frisch auff ihr Teutschen allzu gleich/
Die ihr durch reißt manch Königreich/

39. Oettinger. S. 109-110.

25

Laßt ewr gut Lob nicht fallen.
Wagt daran Ehr/ Leib/ Gut vnd Blut/
So wird ewr Ritterlicher Mut/
In aller Welt erschallen.
6
Zu Ehren Teutscher Nation/
Ist diß Gedicht gemachet schon/
Doch soll man gleicher massen/
All ander Nation vnd Sitt/
In kein Weg verachten nit/
Eine jede bleiben lassen.

Stuttgarter Hoffeste 1609
Lied zum vierten Aufzug von Markgraf Joachim Ernst von Brandenburg[40]
Von Venere vnd der Lieb
Mit 50 Personen

OMNIA VINCIT AMOR, etc.
1
Rund ist des Himmels throne/
Mit Sternen schönen gezieret/
Ist VENUS vnderthone/
Der Gott/ so alls regiert.
Mußt Adlers Federn schwingen
Sein Lieb zu ende bringen/
Mit Ganymede schön.
2
Als die Götter aus nichten
Gemacht Himmel vnd Erd/
Wie die Histori brichten/
Haben Lieb hochgeehrt/
Das Lieb ob allem schwebe/
Und alles was da lebe
Die VENUS vberwindt.
3
Bedenckt ihr Göttin schöne
Der Lieb größt Gwalt vnd Ehr/

40. Oettinger. S. 117-120.

Mit lieblichem Gethöne
Macht ihr der Frewd noch mehr/
Ihr grosse Macht helfft preisen/
So wird sichs woll erweisen/
Das Lieb alls vberwindt.

4

Betrachtet auch darneben/
Die Erd an allem End/
Alls was darauff thut leben/
Steht in vier Element/
Fewr/ Lufft/ Wasser vnd Erde
Die Götter groß vnd werthe/
Die VENUS vberwindt.

5

Habt ferner zu vernemen/
die vier Zeit in dem Jahr/
Nichts kan die Lieb bezähmen/
Ist frey von aller Gfahr
Bey jungen vnd bey Alten/
Lieb thut den Sieg erhalten/
Schont keines Alters nicht.

6

Ringen nach Preiß vnd Ehren
Ist MARTIS Muth vnd Sinn/
Durch Streit sein Gwalt vermehren/
Acht er vor größten Gwinn/
Dannoch thut er vergessen/
Deß/ so ihm macht vermessen/
In süsser Liebes Brunst.

7

Dann Ritterspihl vnd Rennen/
Dahin gerichtet sein/
Damit geben zur kennen/
VENUS kindern in gmein/
Das heimlich groß verlangen/
Dadurch man ligt gefangen/
In Liebes banden hart.

8

Obgleich der Gott im Meere/
Neptunus mächtig ist/
Mit Wällen tobet sehre/
Der Lieb doch ghorsamb ist/

Dieweil er nicht kan dämmen/
Noch mit Wasser verschwämmen
Die grosse Liebes Flamm.

9

In der Luft thut auch machen/
MERCURIVS der Gott/
Groß vngestümb vnd krachen/
Dannoch durch Liebes Noth/
Auß Gott ein Knecht muß werden/
Zurlangen Lieb auff Erden/
JOVI dem Vatter sein.

10

PLVTO ein Gott im Fewr/
Mit Rauch vnd Fewersglut/
Ob er gleich vngehewer/
Der Lieb kein schaden thut.
Im Fewr wird Lieb erhalten/
Liebs Fewr kan nicht erkalten/
Ist Salamanders Art.

11

Ist jemand der ohn zagen/
Der Lieb nachstellen woll/
Der thue nicht weit nachfragen/
Diesem Rath folgen soll.
Lieb trägt nach Lieb verlangen/
Lieb wird durch Lieb gefangen/
Lieb sonst alls vberwindt.

12

Also habt ihr vernommen/
Ihr Göttin schön von gstalt/
Wie Lieb hat vberkommen/
Die größte Macht vnd Gwalt/
Drumb thut nur frölich singen
Lieb herscht in allen dingen/
Lieb alles vberwindt.

13

Des Dancks thun brünstig warten/
Die Ritterliche Ständ.
Der steth in der gar zarten
Vnd schönen VENUS Händ/
Der wird von ihr auch geben/
Den Edlen Ritter eben/
So ihn erworben han.

28

14
Wer nun will Preiß erjagen/
Durch Ritterliche That/
Oder in Wasserwagen/
Hoffnung gesetzet hat/
Durch list MERCVRI bhende/
Sein Lieb bringen zu Ende/
Auch durch PLVTONIS hilff.
15
Der wird ein Fehler setzen
Ohn VENUS Lieb vnd Gnad.
Ohn Hund das Wildbrät hetzen
Mit grossem Spott vnd Schad/
Drumb wem es soll gelingen/
Muß VENVS Liedlin singen
Der Edlen Königin.

Das grosse Beilager Kopenhagen 1634
Begrüssungslied beim Einzug der Braut
von Heinrich Albert und Michael Behm[41]
1
Wem darffstu am Glücke weichen
O du weitberühmter Belt?
Du, vnd was dein Strand enthält?
Dennemarck, wer kan dir gleichen?
Weil GOTT der gestalt dich liebet
Vnd dir so viel gutes giebet:
2
Er schenckt dir vnd deinen Städten
Bis daher sein reines Wort,
So hat billig deinen Port
keine frembde Macht betreten,
Du allein bleibst vnbekrieget
Da die Welt in Waffen lieget.
3
Reichlich hat er Dich begütet
Auff dem Land vnd auff dem Meer,
Auch von vielen Jahren her

41. Siehe oben Fischer. S. 157-58.

Deinem Vater dir behütet,
So muß es dem Land ergehen
Welchem Gott pflegt beyzustehen.

4

Schaw, jetzt hat er auch erwehlet
Eine Fürstin, die bey dir
Nachmals lebe für und für
Die, was etwa noch gefehlet
Künfftig doppelt sol ersetzen
und dein hohes Haupt ergetzen.

5

Nun du Hoffnung vnsrer Zeiten,
Held, dem niemand gleichen kan
Nimm dein wehrtes Fräulein an
Das sich macht zu deiner Seiten,
Seht, der Himmel wird euch geben
Fruchtbar, lang vnd wol zu leben.

Das grosse Beilager Kopenhagen 1634
Lied zum sechsten Aufzug THRONUS VENERIS.
Gesang der Venuskinder
von Heinrich Schütz[42]

1

O Der grossen Wunderthaten/
Die die Lieb verrichten kan/
Die ein Frewde weis zu rathen/
Wenn sie hat gezündet an/
Unser Hertzen/ vnsern Muth/
Denn sie mechtig trösten thut.

2

Kein Sterbliches kan entbehren/
Ihrer Gunst vnd wunder Krafft/
Ihre Flamme thut verzehren/
Alles was Natura schafft/
Alles ding von Liebe weiß/
Alles giebt der Lieb den Preiß.

42. Cassius. S. 128-29.

3

Schaw die Sonne/ Phoebi Krone/
Was vor Liebe thut sie nicht?
Aller Blumen hübsch vnd schone/
Allen Kräutern giebt sie Liecht/
Wann sie kommen nackt vnd bloß/
Auff der Erden tunckeln Schoß.

4

Ey wohlan/ so last uns gehen/
Keuscher Liebe zu gefall/
Wo die hohen Bäwme stehen/
in ein grünen kalten Thal/
Daß ein jeder rühmen kan/
Was die Lieb bey ihm gethan.

Das grosse Beilager Kopenhagen 1634
Lied von der Macht der Liebe[43]

1

GOttin [sic]/ die vor tausendt Jahren/
Auß dem wüsten wilden Meer/
Auß den Wellen seyd gebohren/
Vnd gebracht die Liebe her.
Ewer gflügelt kleines Kind
Ist das sterckste so man find.

2

Da die Sonn' jhrn Lauff beginnet/
Und gar früe am Himmel steht/
Da sie ihren Ziel gewinnet/
Und gar spet zu Bette geht/
Da ist Amor, vnd sein' Handt/
Und sein Bogen wolbekanndt.

3

Sieht man hin auff alle Helden
So vor Zeit gewesen sind/
Niemandt hat sie können fellen/
Alß nur Amor Venus Kind/
Ja die Götter groß von Macht
Hat er an sein Joch gebracht.

43. Cassius. S. 132-34.

4

Wie offt hat er/ doch zum possen/
Jupiter den Himmel auß
Mit sein Pfeil vnd Bog gestossen?
Er ließ das gestirnte Hauß
Und sein Firmament da stehn/
Wann er wol zur Liebsten gehn.

5

Amor war es/ der ihn triebe
Und bethörte seinen Sinn/
Da er müst Alcmenen lieben/
Da er ging zu Leda hin/
Wars icht Amor der ihn führt/
Der sein Hertz vnd Augen rührt?

6

Nun ich muß dich hier auch melden
O du grosser Jovis Sohn/
Hercules/ du Blum der Helden/
Alß du Scepter dir vnd Kron
Hast gemachet vnterthan/
Amor gleich dich vberwan.

7

Geh zu rück in dein Gedancken
Wie der Lyden Königin
HAt gespannen in die Schrancken
Deinen vnerschrocknen Sinn/
Da sie dir durch Liebes=flam
Dein Gemüth vnd Hertz einnahm.

8

Hat sie nicht den starcken Knoten
Auß der Faust gedrungen ab?
Da sie lehret dich die Pfoten
Setzen an ein Spinnerad?
Da sie dir durch Liebes Flamm
Deine Stärck vnd Freyheit nam.

9

Hastu nicht zu ihren Füssen/
(O der vnerhörten Schand!)
Wie ein Schlawe liegen müessen?
Da sie dich mit frecher hand
Starcker rieß/ ohn allen fueg
Offtmahln vmb die Ohren schlug?

10

Alle Monster sind verjaget
Durch dich auß der gantzen Welt:
Amor allein wie man saget/
Hat behalten nur das Feld/
Gegen seine List vnd Kunst
War all deine Macht vmbsonst.

11

Gleubet frey ihr grosse Helden
Es ist Venus vnd ihr Kindt
Die vns alle können fellen/
Sie verwundet/ Er verbind.
Himmel/ Erde Lufft vnd Meer
Stelln sich vnter ihr Gewehr.

Das grosse Beilager Kopenhagen 1634
Klaglied deß Orphei vber seine Euridice[44]

1

AUff mein Geige/ ich wils wagen/
Auff mein Freude/ auff mein Zier/
Weil mein Licht ist weit von hier/
Wil ich heben an zu klagen
Von dem Todt/ vnd Todes Macht/
Die sie schleunig umbgebracht.

2

Seyt daß du mir bist genommen/
Seyt daß wir geschieden seyn/
Liebste/ leb ich hie allein/
Und kan niemand zu mir kommen/
Weder nur die wilden Thier
Die sich finden stets bey mir.

3

Nun was hilfft es das ich singe
Kläglich durch den gantzen Wald/
Daß die Vögel männigfald
Und die Büsche wiederklingen
Du hergegen O mein Licht
Die ich klage hörst es nicht?

44. Cassius. S. 63-65.

4

Berg vnd Thäler hört man ruffen
Schone [sic] Nymfe schon Göttin/
Wo bistu gekommen hin?
Aber nein/ wer kan es hoffen
Daß du hier bey mir allein
Mögest bald vnd jmmer sein?

5

Täglich geht die Sonne nieder/
Steht auch täglich wieder auff/
Und helt ihren alten Lauff/
Aber wann seh ich dich wieder?
Werd ich sehen wol den Tag
Da ich dich vmbfangen mag?

6

O wie bistu so verdrungen/
Wo ist nun dein Zierligkeit?
Hat dann alle meine Frewd
Auff einmahl der Tod verschlungen?
Hat dann alle meine Frewd
Sich so bald verkehrt in Leyd?

7

Alle Lust hab ich verlassen/
Lebe noch in Einsambkeit/
Und warvmb ein Mensch sich frewt
Hab ich alles müssen hassen/
Alle Trawrigkeit vnd Pein
Fühl' ich nur von wegen dein.

8

Nun weil es nicht ist gelungen/
Daß ich mir dich machte frey
Von des Pluti Tyranney/
Da ich durch die Höll gedrungen/
Und in einem Augenblick
Dich verlohr vnd alle mein Glück.

9

Wil ich fort mein junges Leben
Weil all Hoffnung ist dahin/
Und erstorben Muth vnd Sinn
Stäter Einsambkeit ergeben.
Berg vnd Wiesen Büsch vnd Wald
Sollen seyn mein Auffenthalt.

10

Hier in dieser öden Wüsten/
Wilde Thieren in gemein
Meine Liebe werden sein/
Und die Vogel so hier nisten
Sollen hören mein Gethön/
Hoch biß an die Wolcken gehn.

11

Was ich jmmer kan erzwingen
Nur vor Klag/ vor Leid/ vnd Pein/
Wil ich lehren Holtz vnd Stein/
Und die Berge widerklingen:
Allerschönste Euridice/
Deine Lieb ist ACH vnd WEH!

Anthony J. Harper

ZUR VERBREITUNG UND REZEPTION DES WELTLICHEN LIEDES UM 1640 IN MITTEL- UND NORDDEUTSCHLAND

Wir werden nie ein vollständiges Bild davon haben, wie die Lieder des 17. Jahrhunderts produziert und rezipiert wurden, es besteht jedoch die Aussicht, daß sich im Laufe der Zeit dieses Bild etwas klarer herauskristallisieren wird. In einem erstmals 1979 erschienenen Aufsatz mit dem Titel "Die Verbreitungsformen des Liedes im Barockzeitalter" hat Dieter Lohmeier in gewisser Weise festen Grund unter den Füßen geschaffen.[1] Hier unterscheidet er, abgesehen von mündlicher Überlieferung, was zwischen Freunden oder Dichterkreisen auch für das Kunstlied von Wichtigkeit sein kann, zwischen vier schriftlichen Medien: 1. Fliegende Blätter, 2. Gelegenheitsdrucke, 3. Bücher und 4. Sammelhandschriften. Die in diesem Aufsatz angeführten Beispiele stammen hauptsächlich aus Büchern oder Gelegenheitsdrucken. Auf Lohmeiers Darstellung kann hier nicht im einzelnen eingegangen werden, aber als Ausgangspunkt ist es nützlich, die schon am Anfang seines Aufsatzes festgestellte Unterscheidung zwischen der Situation im Lied des 17. und frühen 18. Jahrhunderts einerseits, und der im Kunstlied des 18. Jahrhunderts andererseits zu erwähnen: "Die Melodie ist hier [im 17. Jahrhundert] nicht Interpretation des Textes, sondern Medium zu seiner Verbreitung". Das gilt wahrscheinlich in jedem Fall, sei es, daß die Melodie schon vor ihrem bestimmten Text existierte, sei es, daß sie später zu einem Text komponiert wurde. Wir werden beide Fälle im folgenden untersuchen.

Wie steht es mit dem Verhältnis von Text und Musik, und was hat dieses Verhältnis mit der Verbreitung von Liedern zu tun?

1. Dieter Lohmeier: Die Verbreitungsformen des Liedes im Barockzeitalter. In: Dieter Lohmeier & Bernt Olsson, Weltliches und Geistliches Lied des Barock. Studien zur Liedkultur in Deutschland und Skandinavien. Amsterdam 1979 (= Beihefte zum Daphnis 2). S.41-66.

36

Traditionell spricht man von der Vorrangstellung des Textes in dieser und der folgenden Zeit, und zunächst scheint das seine Richtigkeit zu haben. Um ein bekanntes Beispiel zu nehmen: Martin Opitz schrieb Lieder, zu denen Nauwach später Melodien komponierte, etwa das bekannte Beispiel "Ach Liebste laß uns eilen", das von Hinton Thomas in seinem Buch *Poetry and Song in the German Baroque* analysiert wurde.[2] Das Beispiel von Dichtern, die selbst Liedkomponisten waren, wie Johann Hermann Schein in Leipzig mit seinen mehrstimmigen Liedern, Heinrich Albert in Königsberg oder später Adam Krieger in Leipzig, ändert im Grunde dieses Bild nicht.

Das könnte einerseits bedeuten, daß sich der Text verbreitete, ehe er komponiert wurde, andererseits und wahrscheinlicher, daß Text und Musik erst als Ganzes bekannt wurden. Bei Opitz könnte ersteres der Fall gewesen sein; denn dessen Dichtung verbreitete sich jedenfalls als literarisches Modell, und es ist möglich, wie Ferdinand van Ingen bemerkt hat, daß Opitz, und vielleicht auch Fleming, ihre Lyrik hauptsächlich als Buchlyrik zum Lesen in der humanistischen Tradition verstanden haben;[3] bei anderen weniger bekannten Dichtern trifft dies wohl weniger zu, ihre Lieder werden sich als Lieder, d.h. Text plus Melodie, verbreitet haben.

Dennoch scheint das Bild komplizierter zu sein. Ins Auge fällt das Vorhandensein von Melodien, offensichtlich in sehr vielen Gedichtsammlungen des früheren 17. Jahrhunderts vorausgesetzt; in der ersten Sammlung von Martin Opitz, den *Teutsche Poemata* von 1624 z.B. findet man oft, gerade bei den Liedern, im Untertitel Angaben wie "Im Thone" usw., wo vorhandene, oft ausländische, etwa französische oder niederländische Melodien erwähnt werden.[4] Hier folgt er Modellen aus vielen niederländischen Lieder-

2. R. Hinton Thomas: Poetry and Song in the Baroque. Oxford 1963. S.36-41, S.139.
3. Ferdinand van Ingen: Der Stand der Barocklied-Forschung in Deutschland. In: Lohmeier & Olsson. Lied des Barock. S.6.
4. Martin Opitz: Teutsche Poemata 1624. (Hrsg. Witkowski) 2. Aufl. Halle 1967. S.123-144. Die Melodienangaben stammen hauptsächlich aus Frankreich; zum Problem der Unzulänglichkeit romanischer Metrik und darauf gebauter Melodien zu Opitzschen Versen siehe Siegfried Kross: Geschichte des deutschen Liedes. Darmstadt 1989. S.25. Solche Angaben

37

büchern von Hooft, Heinsius, Bredero usw., die ihm offensichtlich gut bekannt waren. Das Problem, bestimmen zu können, ob der Text oder die Melodie Vorrang hat, ist also in dieser Zeit nicht so einfach zu lösen, wie viele Literatur- bzw. Musikwissenschaftler betont haben: es sei hier ein Wort von John Smeed erwähnt, der im Kontext des 18. Jahrhunderts darauf hinweist, daß frühere Komponisten einfach Tanzmelodien nahmen und einen Text dazu erfanden, worauf er kommentiert: "The matching of words and music has the character of a lottery".[5]

Das Vorhandensein einer Melodie wurde demnach oft *explizite* von den Dichtern erwähnt, mit anderen Worten, sie dichteten mit einer Melodie, also mit einem Versmuster, einem Rhythmus,, einem strophischen Muster im Auge, oder besser: im Ohr. Das hätte, und hat sicher tatsächlich, zu der schnellen Verbreitung und Rezeption von Liedern in dieser Zeit beigetragen. Aber auch wo keine Melodie vom Dichter selbst erwähnt wird, mag er doch eine Melodie bzw. mehrere Melodien *implizite* im Sinn gehabt haben. Man denke in diesem Zusammenhang an Horst Joachim Franks *Handbuch der deutschen Strophenformen*.[6] Darin beschreibt Frank verschiedene Strophenformen, darunter viele, die in der Barockzeit besonders beliebt waren, etwa die Strophe 6.23, den trochäischen Sechszeiler, mit Reimschema ababcc und verschiedenen möglichen Versendungen. Diese wird als eine "barocke Liedstrophe" beschrieben, mit Beispielen bei Opitz, im Kirchenlied, bei Hochzeitsliedern und schließlich bei Günther. Nach der Barockzeit ist sie angeblich verschwunden. Eine ähnliche Strophe, aber mit Reimschema abbacc, wird von Ferdinand van Ingen als Opitzens 'Coridon'-Strophe bezeichnet, eine Strophe nach der Courante-

---

setzten schon verbreitete Melodien voraus (Lohmeier: Lied des Barock S.43).

5. John Smeed: German Song and its Poetry 1740-1900. London 1987. S.2. Vgl. auch Kenneth Whitton: 'Großes wirket ihr Streit, Größeres wirket ihr Bund' — On the Wort/Ton problem in the German Lied, in: German Life and Letters 42 (1989) S.394-409, wo er die Bücher von Smeed und Margaret Stoljar (Poetry and Song in Late Eighteenth century Germany) kommentiert.

6. Horst Joachim Frank: Handbuch der deutschen Strophenformen. München 1980. Str.6.23, 6.27, 6.29, 6.36, 6.38 und 6.39.

Tanzform, die unzählige Nachahmungen im Barock erfahren hat, teilweise durch den Einfluß von Opitz als Vorbild.[7] Daraus läßt sich folgern, daß eine ganze Reihe von Liedern in solchen Strophenformen nicht einmal den Untertitel "im Thone" oder Ähnliches brauchten, um es den Zeitgenossen leicht zu machen, sie nach einer bekannten Melodie zu singen, zu summen oder zu pfeifen. Aus diesem Grunde könnten auch literarische Lieder, d.h. Lieder, die ursprünglich in einem hochliterarischen Kontext, nämlich in der Gedichtsammlung eines gelehrten Dichters, erschienen waren, leicht zu Gassenhauern werden. Dazu kommt, daß in vielen Liederbüchern der Zeit verschiedene Lieder reihenweise zu der selben Melodie gesungen werden sollten — das gilt z.B. für das Liederbuch von Johann Göring[8] — und daß Parodien von den Liedern anderer natürlich zu jeder Zeit zur selben Melodie gesungen werden konnten.

Dabei stellt sich die Frage, ob die Art des Textes etwas mit der Rezeption von Text und Musik in der Einheit "Lied" zu tun hat. Man sollte hier bedenken, daß das weltliche Lied des 17. Jahrhunderts sich normalerweise nicht auf der höchsten rhetorischen Stilebene, dem genus sublime, bewegt, sondern schon nach Opitz' Definition in dem Buch von der deutschen Poeterey und nach dessen Praxis von der Sammlung von 1624 an auf der mittleren Stilebene (genus medium) bzw. bei anderen Dichtern auf der niedrigen Stilebene (genus humile). Das ermöglicht die Widerspiegelung der Alltagswirklichkeit im Lied, ermöglicht satirische und humorvolle Lieder; wenn man die Rolle der Musik bei der praktischen Ausführung in Betracht zieht, so läßt sich behaupten, daß das Element von delectare eher als prodesse im weltlichen Lied der Zeit wichtiger ist. Die niedere Stilebene ermöglicht natürlich die Produktion und schnelle Verbreitung von Gassenhauern, die zum größten Teil mündlich verbreitet werden.

In diesen Anfangsbemerkungen wurden einige allgemeine Probleme erörtert; in einer Reihe von Beispielen sollen nun das Problem des Verhältnisses von Text und Musik sowie das der

---

7. Van Ingen: Barocklied-Forschung. S.9.
8. Johann Christoph Göring: Liebes=Meyen=Blümlein. Hamburg 1645. S.63-65 und passim.

Verbreitung von Liedern in der Praxis konkretisiert werden. Diese Beispiele betreffen die Verbreitung und Rezeption von Liedern in der Zeit um 1640 im geographischen Raum von Mittel- und Norddeutschland. Betrachten wir zunächst eine interessante Gestalt aus Mitteldeutschland, Andreas Hammerschmied oder Hammerschmidt. Dieser war ein vielgereister Mann; im Jahre 1611/12 in Brüx/Böhmen geboren, verließ er Böhmen wahrscheinlich unter dem Druck der Gegenreformation in der Zeit nach der Schlacht am Weißen Berg (1620) und wurde 1635 Organist in Freiberg/Sachsen. Ende 1639 wechselte er seine Stelle nach Zittau in der Lausitz. Freunde hatte er auch in Görlitz in Schlesien; Kontakte bestanden also zu vielen Kulturzentren der Zeit. In der Musikgeschichte scheinen seine geistlichen Werke großes Interesse geweckt zu haben, während die weltlichen viel seltener behandelt worden sind.[9] Seine *Weltlichen Oden oder Liebes-Gesänge* erschienen 1642 und 1643 in Freiberg, wo sie auch 1650 und 1651 nachgedruckt wurden. Ein dritter Teil erschien 1649 in Leipzig, allerdings zusammen mit moralischen und geistlichen Liedern.[10] Aus dem ersten Teil seiner Sammlung wählen wir als Beispiel seine Vertonung von Paul Flemings Gedicht "Wie er wolle geküsset sein":[11] (Notenbeispiel)

Flemings Ode ist Teil seines langen Epithalamiums aus dem Jahr 1635 für den Revaler Gymnasialprofessor für Griechisch, Reiner Brockmann, und Dorothee Temme; in dem Revaler Druck dieses Jahrs, der von Gregorius Ritzsch in Leipzig nachgedruckt wurde, wird sie lediglich durch den Titel "Wie er wolle geküsset

9. Vgl. Kross: Geschichte des Liedes. S.41.

10. Andreas Hammerschmidt: Weltliche Oden oder Liebes=Gesänge. Freyberg I,1642, II,1643 und Dritter Theil Geist= vnd Weltlicher Oden und Madrigalien. Leipzig 1649. Vgl. H.J. Moser: Andreas Hammerschmidt: Weltliche Oden oder Liebesgesänge. Mainz 1962 (=Das Erbe Deutscher Musik 43).

11. Hammerschmidt: Oden I. S. D 4 r. Vgl. Kross: Geschichte des Liedes. S.43, wo dieser die Vertonung als "eine der entzückendsten Schöpfungen in der Geschichte des Liedes überhaupt" nennt. Hammerschmidt bringt drei 8-versige Strophen statt der sechs 4-versigen von Fleming (siehe Anm. 12). Der Universitätsbibliothek Würzburg verdanke ich die Erlaubnis, dieses Lied aus der 2. Ausgabe der "Oden" I (1651) hier nachzudrucken.

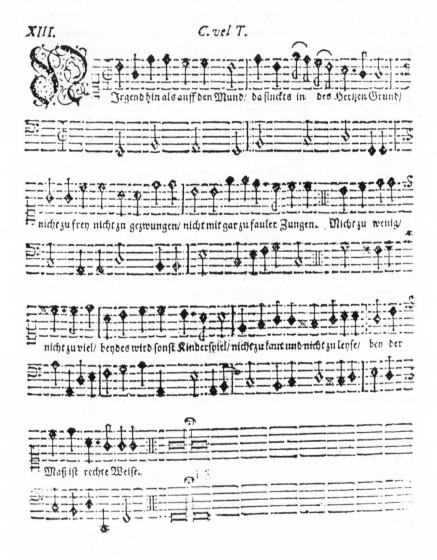

40

XIII.   *C. vel T.*

Irgend hin als auff den Mund/ da sincks in des Hertzen Grund/

nicht zu frey nicht zu gezwungen/ nicht mit gar zu fauler Zungen. Nicht zu wenig/

nicht zu viel/ beydes wird sonst Kinderspiel/ nicht zu laut und nicht zu leyse/ bey der

Maß ist rechte Weise.

XIII.   *Violin*

1.

Irgend hin als auff den Mund/
Da sincks in des Hertzen
Grund/
Nicht zu frey/ nicht zu gezwungen/
Nicht mit gar zu fauler Zungen/
Nicht zu wenig/ nicht zu viel/
Beydes wird sonst Kinderspiel/
Nicht zu laut und nicht zu leyse/
Bey der Maß ist rechte Weise.

2.

Nicht zu nahe/ nicht zu weit/
Diß macht Kummer/ jenes Leid/
Nicht zu langsam/ nicht zu schnelle/
Nicht ohn Unterscheid der Stelle/
Nicht zu harte/ nicht zu weich/
Bald zugleich/ bald nicht zugleich/
Nicht zu trucken/ nicht zu feuchte/
Wie Adonis Venus reichte.

3.

Halb gebissen/ halb gehaucht/
Halb die Lippen eingetaucht/
Nicht ohn Unterscheid der Zeiten/
Mehr alleine/ denn bey Leuten/
Küsse nun ein iederman/
Wie er weis/ will/ soll und kan/
Ich nur und die Liebste wissen/
Wie wir uns recht sollen küssen.

Nirgends hin als auff den Mund

1. Nirgends, hin als auf den Mund/ da sinkts in des Hertzens Grund/

nicht zu frey nicht zu ge-zwungen/nicht mit gar zu fau-ler Zungen/

Nicht zu lve-nig/ nicht zu viel/ bey des wird sonst Kinderspiel/

nicht zu laut und nicht zu leise/ bey der Maß ist rech-te Wei-se/

seyn" ohne Text angekündigt. Flemings erste Gedichtsammlung erschien erst 1641/42 nach seinem Tode, und ohnehin ohne dieses Gedicht; Hammerschmidts Vertonung des Lieds jedoch erschien bereits im ersten Band seiner *Oden* von 1642. Man muß annehmen, daß Hammerschmidt entweder über Verbindungen zu Leipzig oder durch sonstige private Kontakte zu seinem Text kam.[12] Was die Zeitspanne der Verbreitung des Textes im allgemeinen betrifft, so scheint sie ein ziemlich typisches Beispiel der schnellen, aber nicht ungewöhnlich schnellen Rezeption eines bekannten, wenn auch im Ausland verweilenden Dichters jener Zeit zu sein. Andere Lieder Flemings, auch bekannte, werden hier von Hammerschmidt vertont, z.B. "Ein getrewes Hertze wissen" und "Will sie nicht, so mag sie's lassen". Hammerschmidts Vertonungen hatten selbst, wie Kross meint, eine "außerordentliche Wirkung durch die große Verbreitung seiner Werke".[13] Es würde also so aussehen: der Text selbst wurde durch die Kontakte bzw. den Ruhm des Verfassers bekannt und innerhalb relativ kurzer Zeit vertont, worauf das Lied als Ganzes schnell verbreitet wurde.

In Hammerschmidts 1642er Sammlung findet man auch zwei Lieder von dem Thüringer Ernst Christoph Homburg, dessen *Schimpff- und Ernsthaffte Clio* in zwei Ausgaben von 1638 und 1642 erschien.[14] Beide Ausgaben verzichten auf Notensatz. Das erste Lied ist die Opitz-Parodie "Kom Schönste las uns eilen", das andere, "O Lesbie/ du Hirten-Lust"; Hammerschmidt könnte diese Texte von einer oder der anderen der *Clio*-Ausgaben gekannt haben. Möglicherweise könnte er Homburg auch persönlich kennengelernt haben; denn lezterer hielt sich 1638 in Dresden auf, von

---

12. Paul Fleming: Deutsche Gedichte (hrsg. Lappenberg). Stuttgart 1865. Darmstadt 1965. I, S.72-94, II, S.483. Heinz Entner verdanke ich den Hinweis auf die Rezeption Flemings; vgl. ders.: Paul Fleming. Ein deutscher Dichter im Dreißigjährigen Krieg. Leipzig 1989. S.403-406. Der einzige Text Flemings, der während seines Lebens als vertontes Lied erschien, ist sein "Hortulan und Lilie" von 1634; siehe dazu Marian R. Sperberg-McQueen: Leipzig pastoral: two epithalamia by Martin Christenius, with a note on Paul Fleming. In: Chloe 10 (1990) S.501-503.

13. Kross: Geschichte des Liedes, S.41.

14. Hammerschmidt: Oden I. S. A 4 v. Ernst Christoph Homburg: Schimpff= und Ernsthaffte Clio. Jena 1638 & 1642.

wo er dann nach Jena und Naumburg ging.[15] Jedenfalls hatte Hammerschmidt diese Lieder innerhalb von vier Jahren kennengelernt und vertont, und es handelt sich hier nicht einmal um einen bekannten Dichter mit dem weitverbreiteten Ruf eines Fleming. Wieder ist es nicht ersichtlich, auf welche Weise der Komponist so schnell zu seinem Text kam.

Mit dem nächsten Beispiel beziehen wir nicht nur Mittel-, sondern auch Norddeutschland in unsere Untersuchungen ein.[16] Die Texte sind in der vermuteten chronologischen Folge behandelt. Im Jahre 1642 veröffentlichte Gottfried Finckelthaus seine dritte Liedersammlung, *Dreyssig Teutsche Gesänge*, in Leipzig ohne Notensatz. Da findet man als Lied Nr. XXVII "Manbarer Jungfern Klage".[17] Dieses Lied — anders als viele andere von Finckelthaus — kommt nur in dieser einzigen Sammlung vor und behandelt mit Humor den alten Topos der alternden Jungfer, die vergeblich nach einem Mann sucht. Im selben Jahr veröffentlichte Gabriel Voigtländer, ehemals Trompeter in Lübeck und Gottorf und nun Hoftrompeter in Kopenhagen, in seiner in Sohra (Dänemark) erschienenen Sammlung *Oden und Lieder* als Nr. LX das Lied "Diese kan keinen Mann kriegen" (mit Notensatz), viel länger als das Gedicht von Finckelthaus, aber mit derselben Strophenform und auffallend ähnlichen Strophen, besonders am Schluß.[18] Als Stichproben seien hier lediglich die Schlußstrophen des langen Liedes in den Fassungen von Finckelthaus und Voigtländer zitiert:

> Lengst schon hab ich alle Sachen
> Zu der Hochzeit lassen machen/
> Alles Zeug vnd Bettgewand
> Hab ich mir gelegt zur Hand:

---

15. Siehe ADB 13. S. 43-44. NDB 9. S.588.
16. Vgl. Heinrich W. Schwab: Zur Liedkunst Gabriel Voigtländers, in: Lohmeier & Olsson: Lied des Barock. S.185.
17. Gottfried Finckelthaus: Dreyssig Teutsche Gesänge. Leipzig 1642. S. C 2 v - C 4 r.
18. Gabriel Voigtländer: Oden und Lieder. Sohra 1642. S.76-78, hier aus der Ausgabe Lübeck 1647. S.82-84 zitiert. Der Notensatz zu diesem Lied erschien schon bei Schwab: Liedkunst. S.196.

Hauben Tücher/ Küssen/ Quehlen
Kan ich wol bey Dutzend zehlen:
Keines derer fehlt mir nicht/
Nur allein der Mann gebricht.

Alle Nacht/ vnd alle Morgen/
Hab ich satt darumb zu sorgen/
Eh der Wurm die Kleider frist/
Vnd weil alles new noch ist.

Eh die Schüsseln/ eh die Pfannen/
Eh die Krüg/ vnd eh' die Kannen/
Eh der Bratspieß/ eh der Topff/
Eh die Haar/ vnd eh der Kopff/

Eh der Haußrath gar veraltet/
Vnd die Küste gantz zerspaltet/
Vnd das Schloß verdürbt vom Rost/
Welches so viel Geldes kost.

***

Nun bin ich so arm nicht eben/
Ich hab Gnug für mich zu leben
Ist es schon nicht Land vnd Sand/
Hab ich doch gutt BettGewand.

Vorhäng/ Kammertuch vnd Küssen/
Was die Jungfern haben müssen/
Schleyer/ Seiden/ Flachs vnd Woll
Hab ich gantze Laden voll.

Haußrath/ Kreuse/ Kessel/ Kannen/
Schüsseln/ Grapen/ Becken/ Pfannen/
Decken/ Bänckpfül vnd was mehr
Man bedarff zur Noth vnd Ehr.

Ohne das was ich sonst habe/
Welches Kleinod/ Pfand vnd Gabe
Meine Mutter mir erspahrt/
Vnd ich hab mit Müh verwahrt.

Soll ich lang auch bleiben liegen/
Biß ich einen werde kriegen/
Dem wil ich zum LiebePfand
Trewlich lieffern in die Hand.

Also darf ich mich nicht schemen/
Möcht ich nur heut einen nehmen/
Eh mein Leinen Zeug verliegt/
Schimmel oder Würmer kriegt.

Eh ich möchte gar veralten/
Eh mein Angesicht kriegt Falten/
Eh mir alles schrumpet ein/
Vnd vergeht das Marck im Bein.

Eh die BrautKist wil zerspalten/
Weil das Schloß noch Was kan halten/
Eh es mir gar frist der Rost/
Welches mich doch viel gekost.

Die Behauptung, es sei Voigtländer, der das Gedicht von Finckelthaus ausgebaut und vertont habe, stützt sich einmal auf die
bekannte Tatsache, daß der erstere Melodien und wohl auch Texte
von anderen Autoren geplündert hat, zum andern auf eine ganz
ähnliche Praxis der Bearbeitung von zwei weiteren, noch zu
besprechenden Texten von Finckelthaus. Aber auch wenn es
umgekehrt gewesen wäre, wie kam es so schnell dazu? Wenn
Finckelthaus der Urheber war, dann hat die Musik keine Rolle
dabei gespielt. Zwar hatte Finckelthaus Kontakte zum Norden
—eine seiner Sammlungen erschien in Hamburg, eine spätere in
Lübeck, und er reiste wahrscheinlich über Hamburg nach Amsterdam, als er 1640 seine Reise nach Brasilien antrat — und Voigtländer hatte vielleicht Kontakte zu Sachsen, wie Kretzschmar
erwähnt,[19] aber es scheint zweifelhaft, ob es ausreicht, diese
schnelle Rezeption zu erklären. Dazu kommt, daß ein Jahr später
der schon erwähnte Andreas Hammerschmidt Voigtländers Lied
neu vertonte, wobei er die Länge der Strophen verdoppelte, so daß
er für Voigtländers 35 Strophen vier neue Verse am Schluß

19. Hermann Kretzschmar: Geschichte des neuen deutschen Liedes.
Leipzig 1911 & Hildesheim 1966. S.67.

hinzudichten mußte, um 18 Strophen zu erreichen.[20] Das bedeutet natürlich größere Variation als die etwas übertriebene 35-fache Wiederholung derselben Strophe bei Voigtländer, obwohl man in diesem Falle wie anderswo im Barocklied Selektivität von seiten des Aufführenden vermuten darf. Eher scheint dies darauf hinzuweisen, daß der Text selbst besonders beliebt war, vielleicht weil er in ein Stereotyp paßte. Hammerschmidts Text basiert auf Voigtländers, nicht auf dem von Finckelthaus, obwohl dieser ihm geographisch näher war. Wie sich diese Fassungen zueinander verhalten, ist also nicht eindeutig klar, klar aber ist die schnelle Verbreitung von populären Liedern.

Zwei weitere Lieder in Voigtländers Sammlung von 1642 basieren auf Finckelthaus-Liedern, die schon 1638 erschienen waren. (Bis vor kurzem galt die 1640er Ausgabe von dessen Gedichten als die früheste, jetzt ist jedoch eine Sammlung von 1638 entdeckt worden, wo viele dieser 1640er Gedichte schon erstmals gedruckt worden waren.) Das erste Gedicht von Finckelthaus heißt: "Er lobet sein Bawer-Mägtgen";[21] es wurde auch in eine spätere Sammlung in geänderter Form aufgenommen. Im Gedicht lobt der Dichter sein Bauernmädchen auf Kosten des bürgerlichen Mädchens, "Chloris aus dem Bürger Hauffen", mit humorvollen Antithesen. Vier Jahre später, 1642, erscheint bei Voigtländer das Lied Nr. LXVII, "Dieser helts mit seinen redlichen BawersMädgen".[22] Die Idee und die Strophenform stammen offensichtlich von Finckelthaus, obwohl bei Voigtländer der Refrain nicht bei jeder Strophe vorkommt. Speziell auffallende Ähnlichkeiten finden sich zwischen bestimmten Strophen.[23] Allerdings gibt es Unterschiede im Ton: Voigtländer ist noch derber als Finckelthaus, und der Vergleich bei Voigtländer besteht nicht zwischen dem Bauernmädchen und dem bürgerlichen Mädchen wie bei Finckelthaus, sondern zwischen dem Bauernmädchen und der Adligen.

Das zweite Lied ist ein noch bekannteres Bauernlied von

20. Hammerschmidt: Oden II. S. C 1 v.
21. Finckelthaus: Deutsche Oden oder Gesänge. Leipzig 1638. S. A 5 r, auch in: Lustige Lieder. Lübeck 1645. S. D 7 r.
22. Voigtländer: Oden. S. 82-84 [1642: S.78-79].
23. Finckelthaus: Str.12, Voigtländer: Str.8; F:6, V:18; F:7, V:19.

Finckelthaus, "Der Schäffer Blax an die Allo-Mode Brüder", wie
es in der bekannten Fassung von 1640 heißt; Voigtländer jedoch
hatte es bereits aus der 1638er Sammlung kennengelernt, wo es
einfach "Corimbo" hieß.[24] Das erweist sich aus einer Variante in
der 5. Strophe (Finckelthaus 1638, später gestrichen in der 1640er
Fassung), die sich in Voigtländers 6. Strophe wiederfindet. Seine
Version steht 1642 genau vor dem oben erwähnten Lied über das
Bauernmädchen; offensichtlich waren ihm diese beiden, bei
Finckelthaus nicht als Paar vorkommenden Lieder im Verlauf
mehrerer Jahre ins Auge gefallen. Nun vertont er sie, zu seinem
Zweck umgeformt, und stellt sie nebeneinander.[25] Wir zitieren hier
einige Anfangsstrophen aus beiden Liedern (das von Finckelthaus
in der ersten Fassung):

> Ich bin ein guter Bawers-Mann/
> Der sich gar nichts lest fechten an.
> Behalte meinen freyen Sinn
> Drumb bleib [ich] jmmer wer ich bin.

> Trag ich gleich keinen Biberhut/
> So thut die Zippelmütze gut.
> Hab' ich auch keine Feder drauff/
> So knüff[!] ich einen Strohseil auf ...

> An Borten vnd der Zancken statt
> Mein Ermel nur zwo Näthe hat.
> Was sonst verbrämmt ist hin vnd wieder
> Das tragen AlloMode Brüder.

> Am Kurtzen Wambst mit bunten Rosen/
> Den Eng vnd langgestielten Hosen/
> An güldnen Knöpffn vnd andern Schelln
> Erkenn ich vnsere HofgEselln ...

> An statt der Otter vnd der Katz
> Steck ich die Hand in meinen Latz.
> An statt der Rosen knüpff ich zu
> Mit Stroh vnd Baste meine Schu.

24. Finckelthaus: Oden 1638. S. C 4 r - C 6 r. Auch in: Deutsche
Gesänge. Hamburg c.1640. S. D 3 v - D 7 r.
25. Voigtländer: Oden. S.80-82 [1642: S.76-77].

Kein Elend-Koller trag ich an/
Weil ich das Bockfell haben kan.
Niemahls bin ich dadurch verwund/
Weil ich dem Feind entlauffen kunt.

***

Ich bin ein freyer BawersKnecht/
Ob schon mein Stand ist eben schlecht/
So deucht ich mich doch wol so gut/
Als einer an dem Hofe thut/
Traltirala ich wil es nicht achten/
Ob schon die Hoffleut auch mich verlachten.

Trag ich gleich keinen Bieber-Hut/
So ist ein raucher Filtz mit gut/
Darauff ein grüner Pusch geneht/
So wol als thewre Federn steht/
Traltirala ich wil auch nichts fragen/
Was von mir dort die Hoffschrantzen sagen ...

Ist meine Joppen eben nicht
Zerhackt/ verbremt/ verknüppelt dicht/
So bund/ als wie man jetzt kan sehn/
Die ala Modo Kerels gehn/
Traltirala so darff ich nicht sorgen/
Daß micht der Krahmer mahnt alle morgen.

Mein Wammes ist rund vmb nicht voll
Von Rosen/ ich geh auch nicht toll
In lang gestehlten Hosen rein/
Die voller Knöpff vnd Schellen seyn/
Traltirala/ ich aber mir lasse/
Die Kleider fein machen recht zu passe ...

An statt der Otter vnd der Katz/
Steck ich die Händ in meinen Latz/
Ich mag nicht unnütz Leinewand/
Vor Lappen tragen vmb die Hand/
Traltirala/ ich trag vmb die Finger
Keine Reiff oder sonst blancke Dinger.

> Kein Ellend Leder trag ich an/
> Weil ich das Bockfell haben kan/
> Dadurch hat mich kein Feind verwund/
> Das machte weil ich ihm nicht stund/
> Traltirala/ was nutzen die Binden
> Als ein Quehl den Leib zu bewinden.

Starke Ähnlichkeiten gibt es in anderen Strophen.[26] Die Strophenform hat Voigtländer jedoch geändert: anstatt der vier Verse von Finckelthaus hat er zwei weitere hinzugefügt mit einem variierten Refrain. Ursprünglich galt die Kritik an den Allomode Brüdern bei Finckelthaus eher dem Hofe, was Voigtländer hier wieder aufnimmt; in der späteren Fassung von Finckelthaus ist das nicht so ohne weiteres ersichtlich, es könnte auch den Neureichen und Eleganten im Bürgertum gelten. Voigtländers Ton ist noch sorgloser als der von Finckelthaus und die Kritik am Hofleben deutlicher und schärfer. Diese beiden Beispiele bestätigen den Eindruck der schnellen Rezeption der Finckelthaus-Gedichte im Norden.

Schließlich gibt es ein anscheinend umgekehrtes und deshalb besonders interessantes Beispiel, ein Lied, von dem die erste Fassung mit Notensatz bei Voigtländer vorkommt, die zweite ohne Musik bei Finckelthaus. Das Lied heißt "Ein gute Dierne"/ "Die gute Dirne", 1642 bei Voigtländer als Nr. LXXXIX, drei Jahre später, aber zum ersten Mal in Finckelthaus' Werk, in den *Lustigen Liedern*.[27] Zur Probe hier die ersten Strophen dieser beiden langen Lieder:

> Alle die jenen die heimlich nachfragen/
>   Was ich vor eine Dierne sey/
> Ich bin die Warheit euch gäntzlich zu sagen
>   Recht eine gute glaubet frey/
>   Vnd wolt jhr mehr wissen/
>   So werdet jhr müssen/
> Mich gute Dierne hören an.
>   Ich wil euchs recht sagen/

---

26. Finckelthaus: Str.2, Voigtländer: Str.2; F:10 & 4, V:5; F:6,7 & 11, V:7; F:9, V:9.

27. Voigtländer: Oden. S.107-108 [1642: S.100-101]; Finckelthaus: Lustige Lieder. S. C 5 v.

Weil wegen viel fragen/
Ich das nicht vnterlassen kan ...

Wil jrgendts einer vmb mich sich befragen/
Was ich vor eine Dirne sey/
Dem wil ich selber die Warheit recht sagen
Gantz offenhertzig/ rund vnd frey:
Deßhalben mir eben
Ein Zeugnüß wird geben/
Als ich verhoff/ ein jederman.
Drumb sollet jhr hören/
Wie ich mich mit Ehren/
Bey allen wol verhalten kan ...

Die Fassungen sind ähnlich; es handelt sich um eine kunstvolle und komplizierte, wahrscheinlich wie so häufig bei Voigtländer einem Instrumentaltanz unterlegte Strophenform — obwohl Voigtländer es sich leichter macht, als es im gedruckten Text dem Leser vorkommt — aber Finckelthaus hat trotzdem Änderungen vorgenommen. Sollte aus diesem Beispiel hervorgehen, daß der Einfluß in beiden Richtungen ging? Die Frage ist besonders interessant, weil der Text technisch sowie auch weltanschaulich vom normalen Stil der beiden Dichter abweicht: der Nachdruck auf ausgeglichenes Verhalten, rationales Benehmen ohne Exzesse, ein vernünftiges Verhältnis zwischen den Geschlechtern usw. scheint die Haltung der aufklärerischen Zeit am Ende des Jahrhunderts ein wenig vorwegzunehmen. Es handelt sich um eine Kritik an den Manieren der Zeit und stellt eine Auffassung von Tugend als ausgeglichenes, entspanntes Verhalten mit etwas Humor dar. Man kommt nicht umhin zu sagen, daß Finckelthaus dieses Lied in der Vertonung von Voigtländer gekannt haben muß, also gerade das umgekehrte Verfahren wie in unseren früheren Beispielen; wiederum sieht es aus, als seien persönliche Verbindungen oder schnelle Verbreitungsmittel im Spiel.

Die Vermutung liegt nahe, daß bei der schnellen Verbreitung von Liedern der musikalische Aspekt bedeutsam ist. Liedtexte und Lieder mit Notensatz, ob in Gelegenheitsdrucken oder Sammlungen, scheinen schnell rezipiert worden zu sein. Wenn ein Text ohne Musik erscheint, dann ist entweder oft eine Melodie für die Strophenform zu Hand, oder dieser Text verlockt zu einer Neukomposition. Selbst wenn der Notensatz beigefügt ist, kann dessen Text einen Komponisten zu einer neuen Melodie reizen. Und überall in diesem vergnügungsfreudigen Jahrhundert bietet gerade das Lied in seinem mittleren oder niederen Stil das Element von *delectare* nach der Kunstdefinition des Horaz. Die Vermittlung von Liedern von einer Region Deutschlands zu einer anderen ist ein interessanter Aspekt des literarischen Lebens der Zeit, wobei man nicht vergessen sollte, daß die Musik, im Gegensatz zu der Sprache, es leicht findet, auch nationale Grenzen souverän zu überschreiten.

Ferdinand van Ingen

PHILIPP VON ZESEN UND DIE
KOMPONISTEN SEINER LIEDER

Meinen Ausführungen ist die Bemerkung vorauszuschicken, daß sie nicht den Anspruch einer musikwissenschaftlichen Analyse erheben — dafür sei auf die einschlägigen Studien von Hermann Kretzschmar und Walther Vetter verwiesen[1] —, aber an den Interessen des Literarhistorikers orientiert sind. Die Fragestellungen lauten konkret: Was bedeutet die Liedgebundenheit von Zesens Lyrik, welche Musiker hat er engagiert und welche Bedeutung hatten sie im zeitgeschichtlichen Rahmen; ferner: was hatte er den Komponisten zu bieten bzw. sie ihm, und schließlich: wie verhält sich die Eigenart von Zesens Liedtexten zur Musik?

Die Literaturwissenschaft pflegt sich wenig zu kümmern um die musikalischen Aspekte der barocken Lieddichtung, sie beschränkt sich auf den puren Text und behandelt diesen, als handle es sich um 'Buchlyrik'. Die Studien von Günther Müller und Richard Hinton Thomas[2] sind nahezu ohne Wirkung geblieben. Andererseits beschäftigt sich die Musikgeschichte kaum mit den Liedtexten und hat außerdem in dem uns interessierenden Bereich empfindliche Lücken aufzuweisen. Das erschwert eine Untersuchung von Zesens Liedsammlungen, die ohne Ausnahme in Hamburg erschienen sind. So ist etwa die Geschichte des Hamburger Liedes im 17. Jahrhundert, zweifellos ein Ruhmesblatt in der Geschichte der

1. Hermann Kretzschmar: Geschichte des neuen deutschen Liedes. Leipzig 1911. Reprint 1966; Walther Vetter: Das frühdeutsche Lied. Bd. I/II. Münster 1928.
2. Günther Müller: Geschichte des deutschen Liedes vom Zeitalter des Barock bis zur Gegenwart. München 1925, Reprint 1959; Richard Hinton Thomas: Poetry and Song in the German Baroque. A Study of the Continuo Lied. Oxford 1963.

Hansestadt, bislang nicht geschrieben, obwohl die Komponisten zu den herausragenden Künstlern ihrer Zeit gehörten. Dietrich Becker, Johann Schop, Matthias Weckmann, — es sind Namen, die über die Stadtgrenzen hinaus klangvollen Respekt hatten.

> Wann ich nun mich wollte in der Musik üben, so wollte ich deswegen eben nicht auf eine Deutsche, in einem kleinen Landstädtchen gelegene Universität ziehen, sondern wollte zu Hamburg suchen den edlen Scheidemann, den vortrefflichen Matthias Weckmann, den wohlberühmten Johann Schopen und andere Künstler, deren gleichen in etlichen Königlichen Chur- und Fürstlichen Capellen nicht anzutreffen sind.[3]

Jakob Schwieger (*Liebesgrillen* 1654, *Flüchtige Feldrosen* 1655) stellt seine Komponisten als Meister der Orgelkunst vor. Es sind Organisten und Violisten, die den Ruhm Hamburgs als Musikstadt begründet haben. Nicht umsonst war Hamburg die Orgelstadt par excellence und war die Violine das neue, beliebte und ausdrucksstarke Instrument der Zeit. In der Regel spielten die Organisten auch die Violine, das Zusammengehen beider Instrumente galt als das non plus ultra des Musikgenusses, sofern es um 'Lieder ohne Worte' ging:

> Bin ich denn im Geist' entzükkt? Welcher kan mein Hertz so beugen
> Durch so süsses Pfeiffenwerk? wessen ist der schöne Thon/
> Der durch alle Sinnen dringt? bist du es/ Hipparchien/
> Und dein Mitgesell Nusin/ der mit einer sanften Geigen
> Das gekünstelt' Orgelspiel noch beliebter machen kan?
> Nein/ Ihr seid zu schlecht darzu. Es ist Schop und Scheidemann.[4]

Das besagte musikalische Ereignis spielt auf die in den Hamburger Kirchen zur Sitte gewordene "Musik auf der Orgel" an. Unabhängig vom Musizieren des Kantors mit seinem Figuralchor, konzertierte der Organist unter Mitwirkung von Instrumentalisten

---

3. Johann Mattheson: Grundlage einer Ehrenpforte. Hamburg 1740. Neudruck hrsg. von Max Schneider. Berlin 1910 (Reprint Graz o.J.). S. 304. Mattheson zitiert hier J.B. Schupp.
4. Georg Neumark: Fortgepflanztes Musikalisch-Poetisches Lustwaldes Dritte Abtheilung. Jena 1657. S. 34: "Als der weitberühmte Organiste Herr Heinrich Scheidemann/ und der weltbekannte Geigenkünstler Herr Johann Schop in Hamburg sich beiderseits mit einander in der Vesper hören liessen."

und/oder Sängern. Berühmt war das Auftreten Johann Schops mit dem Organisten Heinrich Scheidemann im sonntäglichen Gottesdienst in der Katharinenkirche.[5] Wie Neumark, war auch Philipp von Zesen in seinen Hamburger Jahren Zeuge solcher Aufführungen; sein Loblied "An den weit-berühmeten Hn. Johan Schopen: als er ihn auf der geigen spielen hörete" richtet sich an beide Musiker.[6] Unter den Komponisten von Zesens Liedern werden wir Schop wiederbegegnen und finden wir auch weitere Namen aus der Geschichte der Hamburger Kirchenmusik. Das ist kein Zeichen besonderer Gottesfürchtigkeit, es erklärt sich einfach daraus, daß bis zum Gründungsjahr des Collegium Musicum (1660) der Ruhm Hamburgs als Musikstadt auf der Musikpraxis in den Kirchen beruhte. Die Kirchenmusiken an Sonnabenden und Sonntagen waren bis in die sechziger Jahre die einzigen öffentlichen Musikveranstaltungen; die Stadt war auf sie nicht wenig stolz, und der Rat hatte nicht gegeizt, um eine Kirchenmusik mit aller Pracht zu ermöglichen.[7] Von der Musik in den Hauptkirchen, aber auch in den kleineren Kirchen und Kapellen, gingen sicher wesentliche Impulse aus, die in der Pflege der Hausmusik zum Ausdruck kamen. Man kennt ja die zahlreichen Abbildungen mit einer zur Laute oder zum Cembalo singenden Schönen.

Hamburg war nicht die einzige Stadt mit einem derart blühenden Musikleben. Wohl aber war sie, die weltoffene und mächtigste des deutschen Nordens, tonangebend, hier konnte das Gesellschaftslied florieren. Das bezeugen die vielen Liedsammlungen, die damals bei Hamburger Druckern erschienen und an denen sich in der Stadt tätige Musiker beteiligten. — Damit ist in wesentlichen Punkten der Raum angegeben, in dem Zesens Lieder anzusiedeln sind, und die Verhältnisse, an denen er sich orientierte, auch dann noch, als er

5. Lieselotte Krüger: Die Hamburgische Musikorganisation im XVII. Jahrhundert. Straßburg 1933. Reprint 1981. S. 122 ff.

6. Philipp von Zesen: Sämtliche Werke. Unter Mitwirkung von Ulrich Maché und Volker Meid hrsg. von Ferdinand van Ingen. Band I/1. Hrsg. von F. van Ingen. 1980. S. 304 f. (Vgl. auch Johann Rist in seinen "Monatsgesprächen": II, 1658, S. 164 ff.). Im laufenden Text wird für die "Frühlingslust" und die "Jugend-Flammen" nach dieser Ausgabe verwiesen bzw. beim "Rosen- und Liljen-tahl" Bd. II, 1984.

7. Vgl. Krüger: Musikorganisation. S. 64 ff.

Hamburg auf lange Jahre verlassen und mit Amsterdam vertauscht hatte.

Anders als etwa in Königsberg, wo im Kreis um Simon Dach der bekannte Heinrich Albert wirkte und das mehrstimmige, polyphone Lied vorherrschte — es ist in Alberts achtbändiger Arien-Folge (1638-1650) deutlich sichtbar — ist in Hamburg das monodische Lied führend. Hier stehen Gabriel Voigtländer (*Allerhand Oden und Lieder*, 1642) und der "Ristkreis" mit Musikern wie Thomas Selle, Schop, Peter Meier, Jakobi, Scheidemann am Anfang einer Entwicklung, die dem Sololied zum Durchbruch verhalf. Der insbesondere von Scheidemann weiterentwickelte Typus des Orgelchorals mit koloriertem Cantus-Firmus auf dem Rückpositiv ist als instrumentales Pendant zum Sololied anzusehen, wenn man darin nicht gar eine "Transcription des Sologesangs mit Continuo für die Orgel" erblickt.[8] Hatte Voigtländer sich noch mit dem Parodieverfahren begnügt, d.h. Melodien aus deutscher und ausländischer Vokal- und Instrumentalmusik einen strophischen Text unterlegt,[9] bediente sich Rist dagegen von Originalkompositionen. Rist konnte dafür aus dem Vollen schöpfen, er war ein sehr produktiver Textdichter mit unverkennbarem Gespür für die Bedürfnisse der populären Gattung. Einfachheit und — im besten Sinn — Volkstümlichkeit zeichnen die Texte aus, die vom Komponisten eine monodische Textbehandlung verlangten. Als Höhepunkte betrachtet man in der Regel die Rist-Sammlungen weltlicher Lieder von 1651: *Florabella* (meist von Peter Meier komponiert) und geistlicher Lieder von 1654: *Alltägliche Hauß-musik* (komponiert von Schop). An die Tradition der Hamburger

8. Werner Breig: Art. Scheidemann, in The New Grove. Dictionary of Music and Musicians. Ed. S. Sadie, 1980. 16. Bd. S. 601-603; weiter ders.: Die Orgelwerke von Heinrich Scheidemann. Wiesbaden 1967; Friedrich Blume: Das monodische Prinzip in der protestantischen Kirchenmusik. Leipzig 1925. Reprint 1975.

9. Allerdings geschah das nicht mechanisch, sondern durch kunstvolle Umformung und Anpassung. Vgl. Heinrich W. Schwab: Zur Liedkunst Gabriel Voigtländers. In: Daphnis Bd. 8, Heft 1, 1979: Weltliches und Geistliches Lied des Barock. Studien zur Liedkultur in Deutschland und Skandinavien. Hrsg. Von Bernt Olsson und Dieter Lohmeier. S. 183-207, bes. 192 ff.

Liedmonodie schlossen sich Jacob Schwieger (1642-1660) und später auch Kaspar Stieler (1632-1707) an, aber Philipp von Zesen überragt sie in der Vielfalt der poetischen Möglichkeiten, die er in seinem *Helicon* (1640, 1641, 1649, 1656) theoretisch abzusichern bemüht war.

Zesens erste große Sammlung erschien in Hamburg 1642: die *FrühlingsLust*. Überraschenderweise wird nur zu fünf Liedern ein eigener Melodiesatz abgedruckt; bei vielen anderen begnügt sich der Autor mit der Angabe "auf vorige Melodey zu singen" und dergleichen, bei wieder anderen wird auf eine bekannte Melodie verwiesen. Zesen kommt in einer Nachbemerkung auf diese nicht ganz befriedigende Lösung zu sprechen. Er entschuldigt sich mit der bei ihm schon notorischen Eile, teilt mit, daß zwei Melodien aus "des Cimbrischen Dafnis Galateen" übernommen wurden und verspricht: "Es soll aber ins künfftige ein jedes Lied seine eigne und sonderliche Melodey bekommen/ wo uns anders der Himmel das Leben fristet" (I/1, S. 200). Die Bezugnahme auf die Galatee ist von Interesse. Man hat darin wohl weniger ein testimonium paupertatis als eine Eigenempfehlung zu sehen. War doch die Sammlung *Des Daphnis aus Cimbrien Galathee* des befreundeten Johann Rist gerade erschienen, und sie war ein großer Erfolg geworden, an den sich anzuhängen für einen jungen Dichter nur Vorteile versprach. Allerdings hatte die Sache einen Haken. Zesen hat es unterlassen, in seiner ersten Sammlung den Komponisten anzugeben. Wollte er damit etwa den Eindruck erwecken, als sei er selber der 'inventor musicae'? Unmöglich ist es natürlich nicht, daß er tatsächlich selber die Melodien erfunden hat. Rists Freunde, die das Buch ohne sein Wissen in die Öffentlichkeit gebracht hatten, gaben nämlich im Nachwort zu verstehen, der Dichter träte hier auch als Komponist in Erscheinung:

> ... nach dem er auch ein grosser Liebhaber der Music: Als hat er zwar etliche Melodeyen selber gesetzet/ dieweil er sich aber vor keinen Componisten ausgibt/ werden ihm die Music Verständigen zu gute halten/ im Falle er wieder die Gesetze der Music etwa gesündigt hätte/ dieweil er niemahls Willens gewesen/ solche Sachen offentlich drucken zu lassen/ besondern nur vor sich und seine gute Freunde in geheim zu behalten.

Ob Zesen, ehrgeizig wie er war, mit Absicht die Dinge im Dunkeln beließ, ist nicht zu entscheiden. Anzumerken ist, daß sich auch in seinen späteren Sammlungen anonyme Melodien finden. Dann aber ist es innerhalb einer Sammlung die Ausnahme.

Das zeigen schon die 1651 bei Johann Naumann unter dem Titel *Dichterische Jugend-Flammen* veröffentlichten "Lob- Lust- und Liebes-Lieder". Hier haben zwar nicht alle Lieder eigene Melodien, aber den zweistimmigen Sätzen von Malachias Siebenhaar (11 Stück), Johann Lange (4 Stück), Heinrich Albert und Peter Meier (je 2 Stück), von Johann Schop und Johan Martin Rubert (je 1 Stück) sind einige Lieder beigegeben, die nach populären Melodien gesungen wurden (Nr. 18, 21, 22, 24, 25), drei weitere verwenden eine Melodie doppelt.[10] An dieser Aufzählung läßt sich eines deutlich ablesen: Zesen war entschlossen, fortan mit der Zeit zu gehen. Melodiesätze gehören von da an zum festen Bestand seiner Liedsammlungen. Anonyme Kompositionen finden sich in den *Jugend-Flammen* nur noch vereinzelt (Nr. 13, 28).

Für den zwei Jahre später veröffentlichten schmalen Band geistlicher Lieder *Gekreutzigter Liebsflammen Vorschmack* (1653) wurden sogar ebensoviele Komponisten bemüht wie für die *Jugend-Flammen*, wobei in Kauf genommen werden mußte, daß unter den sechs Musikern auch einige unbekannte waren. Neben Johann Schop (zwei Lieder) und Peter Meier (sieben Lieder) finden wir Johann Weichmann und Tobias Michael — die die Musikgeschichte allerdings noch kennt —, ferner Martin Frensdorf und Georg Wolfgang Drukkenmüller.

Von den Komponisten in *Geistliche Wohl-lust oder Hohes Lied* (Amsterdam 1657) hätte man gern mehr gewußt, nicht zuletzt im Hinblick auf den Druckort, der nicht länger die vertraute Hamburger Szene ist. Nur eine Komposition ist mit Sicherheit Peter Meier zuzuschreiben; sie eröffnet die "Geistliche Seelen-Lust", den Lieder-Anhang des Bandes, der noch drei weitere Liedkompositionen ohne Angabe des musikalischen Verfassers enthält. Obwohl der erste Teil der Hohe-Lied-Sammlung von Johann Schop vertont wurde, ist doch nicht auszuschließen, daß die nicht näher bezeichneten Lieder von Peter Meier stammen. Dafür spricht schon die Anordnung. Aber damit stünde Meier gleichsam gleichrangig neben Schop und wäre solcherart sein Ansehen merklich gestiegen.

10. I/1, S. 289 = S. 364, S. 319 = S. 374, S. 346 = 284.

Angesichts der spärlichen biographischen Fakten muß sich die Argumentation auf eine Hypothese stützen. — Zesens Publikation fällt in seine zweite Amsterdamer Periode (1656-1677), — sollte er sich nicht an einen niederländischen Komponisten gewandt haben? Es gab tatsächlich einen Musiker namens Pieter Meyer, der in Amsterdam drei Bände Musik für Violine publiziert hat: *'t Konstigh Speeltooneel* (1658-1660). Es ist bezeugt, daß der niederländische Pieter Meyer taub geworden war, ebenso wie sein deutscher Namensvetter, wie u.a. aus einem Gedicht von Johann Rist hervorgeht. Kürzlich wurde in einer mit kriminalistischem Spürsinn verfaßten Studie die vorsichtige Vermutung geäußert, daß Pieter Meyer und Peter Meier als identisch anzusehen wären.[11] Wenn das stimmen sollte, wäre es nur naheliegend, daß Zesen sich an Peter Meier alias Pieter Meyer gehalten hat, den er aus seiner Hamburger Zeit gut kannte und der dann zur gleichen Zeit in Amsterdam lebte.

Im Jahr 1668 — Zesen war wieder in Hamburg — erschienen im Verlag von Rebenlein zwei schmale Bändchen: die *Schöne Hamburgerin* (mit Melodien van Malachias Siebenhaar, Matthias Weckmann und Dietrich Becker) und die *Reinweisse Hertzogin* (mit Melodien von Siebenhaar und Weckmann). Sie waren nur der Auftakt zur der umfangreichen Sammlung, die alte Lieder in überarbeiteter Form mit neuen mischte: *Dichterisches Rosen- und Liljentahl*, 1670 ebenfalls im Verlag Rebenlein publiziert. Das schön gedruckte Buch hat zu fast allen Liedern eine Melodie, und zwar in der üblichen Form von Oberstimme und Grundstimme. Folgende Komponisten haben sich beteiligt: Dietrich Becker (5), Martin Frensdorf (3), Peter Meier (2), Gottfried Christan Nüsler (16), Siebenhaar (25), Schop (4) und Weckmann (5). Enttäuschend groß ist jedoch die Anzahl anonymer Kompositionen, nämlich 37. Acht Lieder verwenden eine Melodie doppelt,[12] wobei auffällt, daß Zesen eine Vorliebe hatte für eine Komposition von Siebenhaar (Nr. 34). Auffällig ist ferner das Übergewicht von Musikern, die Mitglied von Zesens Deutschgesinneter Genossenschaft waren: Nüsler und Sie-

11. Rudolf Rasch: P(i)eter Meyer, Musician in Hamburg, Amsterdam, Sulzbach, and Hamburg. In: Tijdschrift voor Nederlandse Muziekgeschiedenis 40 (1990), S. 36-74.
12. Bd. II, Nr. 43 = 42, 47 = 46, 51 = 50, 56 = 53, 88 = 34, 94 = 34, 104 = 44 resp. 50, 105 = 34.

benhaar. Zesens Vorliebe für Siebenhaar, den "Siebenfältigen", wird noch dadurch unterstrichen, daß dieser alle Melodiesätze in der fünf Jahre später erschienenen Sammlung religiöser Lieder *Andächtige Lehrgesänge* beisteuerte.

An diesem ersten Durchgang sind folgende Ergebnisse festzumachen:

1. Zesen versteht sich von Anfang an als Lieddichter, seine Gedichttexte sind, mit ganz wenigen Ausnahmen, für den gesungenen Vortrag bestimmt, also "poesia per musica";
2. unter den Komponisten findet man mit stetem Regelmaß Hamburger, neben dem auch von Zesen bewunderten Johann Schop also Dietrich Becker und Matthias Weckmann;
3. der Zesensche 'Hauskomponist' war von Anfang an Malachias Siebenhaar.

Zum letzten Punkt läßt sich einen Passus aus der Vorrede zum *Rosen-und Liljentahl* anführen, der sicher nicht ohne Absicht in dieser von Zesen als repräsentativ betrachteten Ausgabe seiner Lieder eine Rangordnung vornimmt:

... so ist zur erfindung ihrer Sangweisen der fürnehmsten Sangmeister fleis angewendet worden. Doch der fürnehmste unter allen ist der weitberühmte Herr Malachias Siebenhaar (...). Diesem hastu den anmuhtigen klang vieler meiner Rosenlieder/ und Liljengesänge zu danken. Ja Dem danke hiervor zu allererst: und dan den übrigen Sangmeistern; derer nahmen vor jedem Liede/ das sie durch ihre kunst beseelet/ mehrenteils angezeichnet stehen. Herr Dietrich Bäkker (...) wird ihren reihen führen. Den folgenden teile Du selbst ihren vorzug und preisdank zu/ nach deinem urteile/ und ihrem verdienste.

Aufs ganze gesehen, hat Zesen erstklassige Komponisten zu verpflichten gewußt. Daß er mehrere heranzog, war nichts Ungewöhnliches, auch hier galt: "variatio delectat". Die Frage, ob Zesen auf seine Komponisten Einfluß genommen hat, wie wir es etwa von Johann Rist wissen,[13] läßt sich nicht mit letzter Sicherheit beantworten. Kretzschmar spricht ohne Einschränkung von Zesens "Instruktionen", weil die "ganze Musikergruppe" so auffällig "auf

13. Wilhelm Krabbe: Johann Rist und das deutsche Lied. Ein Beitrag zur Geschichte der Vokalmusik des 17. Jahrhunderts. Diss. Berlin 1910. S. 68 ff.

des Dichters rhythmische Besonderheiten" eingegangen sei.[14] Ein genauer Vergleich mahnt indessen eher zur Vorsicht. Soweit ersichtlich hat Zesen weder besondere Wünsche geäußert noch sich auf Experimente eingelassen. Er fügte sich im Gegenteil ganz dem in Hamburg üblichen musikalischen Formtypus und hat dessen Besonderheiten Rechnung getragen. So ist er zeitlebens der Dichter des einfach gebauten strophischen Liedes geblieben. Sonette sucht man bei ihm — von Ausnahmen abgesehen — vergebens, und die komplizierte Odenform, die er gut beherrschte, spielt nur eine untergeordnete Rolle.[15]

II

Nach dieser notwendig summarischen Übersicht sind in gebotener Kürze die Komponisten vorzustellen. Da es immerhin dreizehn an der Zahl sind, wähle ich die alphabetische Reihenfolge und bespreche zuerst die Hamburger.

Dietrich Becker (Hamburg 1623-Hamburg 1679) war Organist und Violist. Er war seit 1658 Violist in der Hofkapelle von Herzog Christian Ludwig in Celle, kehrte aber 1662 nach Hamburg zurück. Hier rückte er bald zum Leiter der Ratsinstrumentalisten (1667) und zum Musikdirektor am Dom auf (1674). Becker genoß hohes Ansehen. Über ihn urteilt die MGG: "Seine Sonaten und Suiten gehören zu den bedeutendsten Werken des deutschen Instrumentalschaffens zwischen Rosenmüller und Buxtehude. (...) Seine Lieder (...) stehen mit denen Weckmanns auf gleicher Stufe, reichen aber an die besten von Schop nicht heran."[16] Auf Beckers Tod verfaßten

14. Hermann Kretzschmar, Geschichte des neuen deutschen Liedes. S. 72.
15. Das trifft selbstverständlich nur auf die *Lied*-Sammlungen zu, das strophische Lied erhält dadurch in Zesens Gesamtschaffen das Übergewicht.
16. Die Musik in Geschichte und Gegenwart. Bd. I. Sp. 1485. Werkverzeichnis: The New Grove 2, S. 338. — Max Burkhardt: Beiträge zum Studium des deutschen Liedes. Diss. Leipzig 1897. S. 49 f.; E.H. Meyer: Die mehrstimmige Spielmusik des 17. Jahrhunderts in Nord- und Mitteleuropa. Kassel 1934. S. 186 ff.; G. Linnemann: Celler Musikgeschichte. Celle 1935.

fünf Mitglieder von Zesens Genossenschaft je ein Trauergedicht;[17] er wurde im Dom beigesetzt. Von seinen "Musicalischen Frühlingsfrüchten" (1668) erschien 1932 eine Neuedition.

Von *Peter Meier* war im Vorbeigehen die Rede. Über seine Lebensdaten ist wenig mit Sicherheit bekannt. Jedenfalls war er als Liedkomponist sehr fruchtbar. Außer für Zesen und Rist hat er für Johann Balthasar Schupp gearbeitet. Walther Lipphardt nennt ihn einen "der besten Vertreter des monodischen Liedstils".[18] Erwähnenswert ist noch die Sammlung "Collectanea. Auff Hoher (...) Herren Tauff- und Zunahmens Buchstaben (...) in Harmonia canto vel tenore solo concertweise gesetzt" (Hamburg 1677; mit Widmungen von Reinken und D. Becker). Im gleichen Jahr und im gleichen Hamburger Verlag wie Zesens *Jugendflammen* publizierte Meier "Geistliche Musicalische Klag- und Trost-Sprüche" (1651, mit 3 und 4 Stimmen und Generalbaß), zu denen Rist das oben erwähnte Gedicht — eine "Lob- und Trostrede" — beitrug.

Johann Martin Rubert (geb. um 1614 in Nürnberg, gest. 1680 in Stralsund) war ein geschätzter Komponist. Nach seiner Ausbildung in Hamburg und Leipzig wurde er 1640 Organist an der Hamburger St. Nikolaikirche. In Stralsund erschienen 1647 "Musicalischer Arien Erster Theil" und 1664 die "Musicalische Seelen-Erquickung", zu der Rist ein Widmungsgedicht schrieb; in Hamburg die Sammlung vierstimmiger Arien "Friedens-Freude" (1645) und die Instrumentalstücke "Sinfonien, Scherzi, Balleten, Allamanden, Couranten, Sarabanden" (2st. mit Generalbaß, 1650). Johann Mattheson behandelt Rubert 1740 ausführlich in seiner *Ehrenpforte*.[19]

Mit *Johann Schop* (ca. 1600 in Hamburg-Hamburg 1667) erreichen wir den vielbewunderten Mittelpunkt von Rists Musi-

---

17. Krüger: Musikorganisation. S. 220 f.

18. Art. "Lied" in MGG, S. 757.

19. Grundlage einer Ehrenpforte. S. 296-300. Über seinen Stil: "mehr hart und ernsthafft, als einnehmend und lieblich (...). Hieran mag sein gallreiches Temperament (...) auch Schuld gewesen seyn." Rists Gedicht abgedruckt S. 198/9. Rubert war auch an Stielers "Geharnschter Venus" als Komponist beteiligt. Werke: siehe Die Musik Hamburgs im Zeitalter Seb. Bachs. Ausstellung anläßlich des neunten deutschen Bachfestes zu Hamburg 1921. Hamburg 1921. Nr. 133, Nr. 153.

kerkreis. Schop erhielt seine Ausbildung bei William Brade, war Mitglied der Wolfenbütteler Hofkapelle (1615), hielt sich einige Jahre in Kopenhagen auf (1615-1619), war dann Hamburger Ratsmusikant und (bis 1665) Leiter der Ratskapelle. Bekannt wurde die mit Heinrich Schütz und Heinrich Albert unternommene Reise an den Kopenhagener Hof (1634), wo glänzende Feste zur Hochzeit des Kronprinzen Christian viele Künstler anzogen. Obwohl der dänische Hof ihn gern behalten hätte, ging Schop nach Hamburg zurück. Seine Tanzstücke waren überall gefragt, als Komponist von Sololiedern zählte er mit Selle als Begründer der Hamburger Schule. Heute singt die Kirche noch einige seiner Lieder, z.b. "Werde munter, mein Gemüte" und "Ermuntre dich, mein schwacher Geist". Schop schrieb ebenso treffsicher Melodien zu weltlichen Liedern wie für religiöse Zwecke. Rists *Himmlische Lieder* haben Schop zu 50 Melodien angeregt. Danach kühlte das Verhältnis zwischen Dichter und Komponist ab; die *Haußmusik* von 1654 hat Schop nur noch teilweise vertont.[20]

Über *Matthias Weckmann* (geb. 1621 in Offershausen/Thüringen-Hamburg 1674), den bedeutendsten Hamburger Organisten in der zweiten Hälfte des 17. Jahrhunderts, läßt sich in wenigen Sätzen kaum Sinnvolles sagen. Nur soviel: Nach seiner dreijährigen Lehrzeit in Hamburg (1637-1640, bei dem Sweelinck-Schüler Jacobus Praetorius) wurde Weckmann Hoforganist in Dresden. Nach einem Zwischenspiel an der Hofkapelle des Kronprinzen Christian II. in Nyköping ging er nach Dresden zurück und war seit 1655 Organist an St. Jacobi in Hamburg. Weckmann hatte eine ungewöhnliche improvisatorische Begabung und war die treibende Kraft hinter dem Collegium Musicum. In der Trauerfeier bei seinem Begräbnis erklang unter der Leitung Christoph Bernhards Weckmanns möglicherweise zu diesem Zweck komponiertes Werk "In te Domine speravi".[21]

---

20. Artikel und Werkverzeichnis: The New Grove Bd. 16, S. 732. Über Schops Liedsätze vgl. W. Krabbe, o.c. S. 124-149. Krabbe vermutet, daß Rists Einfachheitsideal Schops Kunst zu sehr eingeschränkt habe, was zu Spannungen führen mußte.
21. Mattheson: Ehrenpforte, S. 394-398. Werkverzeichnis: The New Grove Bd. 20, S. 285 f. Max Seiffert: Matthias Weckmann und das

Von *Johann Lange* ist wenig bekannt. Er war vielleicht Ratsmusikant. Der "Klag (...) Schrifft (...) Johann Langen (...) Violisten" (bei Jacob Rebenlein 1644 erschienen) ist zu entnehmen, daß er am 9. Februar 1622 geboren wurde und am 15. Mai 1644 gestorben ist.[22] Kretzschmar bescheinigt ihm "anmutige Leistungen im Tanzstil."

Die nicht in Hamburg beheimateten Komponisten werden (nach dem Alphabet) von zwei Männern angeführt, zu denen lediglich Eitners Quellen-Lexikon kurze Angaben bringt. *Georg Wolfgang Druckenmüller* war Organist in Schwäbisch Hall und verfaßte neben kleineren Arbeiten "Musicalisches Taffel-Confect" (1668). Von *Martin Frensdorf* weiß man gar nichts.

Dagegen ist *Tobias Michael* (gest. 1657) im Musikleben Leipzigs von Bedeutung gewesen. Er kam 1601 als Discantist in die Dresdener Hofkapelle, bezog 1613 die Universität Wittenberg, wo er Theologie und Philosophie studierte, und wandte sich 1619 nach Jena, wurde aber von den Reichsgrafen zu Schwarzburg und Hohenstein zum Kapellmeister der Neuen Kirche nach Sondershausen berufen. Nach dem Tode Hermann Scheins (1630) bewarb Michael sich um das Thomaskantorat und wurde 1631 ohne Probe in sein Amt eingeführt. Er hat sich besonders um die Leistungsfähigkeit der Thomaner bemüht. Sein Hauptwerk ist die umfangreiche, zweibändige "Musicalische Seelen-Lust" (1634 und 1637), die u.a. 50 geistliche Konzerte enthält.[23]

Über *Georg Christian Nüsler*, "unter den Deutschgesinnten der Findende", verzeichnet auch Eitner nichts, obwohl die 16 zweistimmigen Zesen-Kompositionen in der Melodiefindung durchaus beachtenswert sind. Sie zeigen das Bemühen, dem Text expressiven Ausdruck zu verleihen.

Collegium Musicum in Hamburg. In: SIMG II (1900-1901). S. 76 ff.; G. Ilgner: Matthias Weckmann. Sein Leben und sein Werk. Wolfenbüttel/Berlin 1939; F. Dietrich: Geschichte des deutschen Orgelchorals im 17. Jahrhundert. Kassel 1932. S. 39 ff.

22. Krüger: o.c. S. 217. Der genannte Titel nach Die Musik Hamburgs, Nr. 547. Kretzschmar, Zitat S. 71.

23. Mattheson: Ehrenpforte, S. 224 f. Werkverzeichnis: The New Grove Bd. 12. S. 262.

Mit *Malachias Siebenhaar*, "unter den Deutschgesinnten der Siebenfältige" genannt, würde sich die Literaturgeschichte erst recht nicht befassen, nähme sie Kenntnis von den Elaboraten der Deutschgesinnten zur Aufnahme in die Genossenschaft und zu der von Zesen vorgenommenen Dichterkrönung (1667) —

> Dis tuht die Rosenzunft. Darzu komt noch der Keiser/
> Der/ der befiehlet mir die Edlen Lorbeerreiser/
> zu beugen üm dein haar. So nim dan hin den Krantz/
> der dir sol eignen zu der Edlen Dichterglantz.

Die tatsächlichen Verdienste dieses vielseitigen Mannes lagen aber auf anderen Gebieten. Geboren 1616 in Creibitz, besuchte er das Gymnasium in Zerbst, danach die Universität Wittenberg (1637-1641), wo er mit Zesen Freundschaft schloß. Wir finden Siebenhaar 1644 in der Nachfolge von Christoph Crusius als Kantor in Magdeburg; er unterrichtete auch an der Stadtschule. Er diente der von Tilly zerstörten Stadt (1631) fast sieben Jahre, ging dann (1651) wieder nach Sachsen, und zwar nach Nischwitz ins Diakonat von St. Ulrich. Im Magdeburg-Artikel der MGG wird Siebenhaar von Erich Valentin lobend erwähnt: "Ihm gebührt der Ruhm, das Musikleben wieder aufgebaut zu haben."[24] Siebenhaar kehrte schließlich als Pfarrer wieder nach Magdeburg zurück, wo er 1685 starb.[25]

Neben schlichten Sololiedern komponierte Siebenhaar große Motetten in Hammerschmidts Manier, wie das 8-stimmige Concert "Himmlische Liebsflammen" (Magdeburg 1659). Man wird nicht sagen dürfen, daß Zesen aus Gefälligkeit und Freundestreue einen Amateurkomponisten gefördert hat; das geht auch aus Siebenhaars Liedkompositionen hervor. Vielleicht war Siebenhaar der einzige, der von Anfang an Zesens Intentionen genau gekannt und in ihrer Entwicklung verfolgt hat. Jedenfalls hat das langjährige Verhältnis zu Zesen auffallende textorientierte Kompositionen ergeben; er kommt ihm darin entgegen, daß er in der Motivfindung die rhythmischen und metrischen Besonderheiten des Textes genau

---

24. Die Musik in Geschichte und Gegenwart, Bd. 8. Sp. 1472.

25. Vgl. Artikel und Werkverzeichnis in MGG, Bd. 12. Sp. 670/71, The New Grove, Bd. 17. S. 295. O. Riemer: Musik und Musiker in Magdeburg. Magdeburg 1937.

berücksichtigt. Von musikwissenschaftlicher Seite hat Hermann Kretzschmar schon darauf hingewiesen.[26] In der Wahl seiner Mittel ging Siebenhaar mit seiner Zeit. So fügte er in Zesens *Lehrgesängen* der Singstimme zum Basso continuo noch eine Sologeige hinzu. Zesens Vorliebe für diesen Komponisten war deshalb nicht unbegründet, sie beruhte wohl auf künstlerischer Wesensverwandtschaft. Der Siebenfältige nimmt im historischen Rahmen des deutschen Liedes im 17. Jahrhundert einen durchaus eigenen Platz ein.

Johann Weichmann (geb. 1620 in Wolgast, gest. 1652 in Königsberg) war ein Jahr Organist am St. Petri in Danzig (1639-1640), studierte in Königsberg (1640-1643), wurde dann Organist in Wehlau und kehrte schließlich 1647 nach Königsberg zurück, wo er bis zu seinem frühen Tod Kantor und Musikdirektor an der Altstädtischen Kirche war. Als verloren gelten seine Werke "Neue geistliche und weltliche Lieder" (Königsberg 1643) und "Musica, oder Singekunst" (ebd. 1647). Außer zwei Bänden mit Tanzstücken (1644 und 1649) brachte er eine große Sammlung von 64 strophischen Liedern (u.a. mit Texten von Opitz und Johann Franck) heraus: "Sorgen-Lägerin/ das ist Etliche Theile geistlicher und weltlicher Lieder" (Königsberg 1648). Man bedauert, daß Weichmann bei Zesen nur einmal vertreten ist.[27]

Gleiches gilt für *Heinrich Albert*, den musikalischen Führer des Kreises um Simon Dach in Königsberg, zu dem auch Weichmann gehörte. Albert (geb. 1604 in Lobenstein, gest. 1651 in Königsberg) war in Dresden Schüler von Heinrich Schütz (1622) und studierte Jura in Leipzig (1623-1626). Bekanntlich hatte er im Dreißigjährigen Krieg abenteuerliche Erlebnisse. Von 1630 an war er in Königsberg als Musiker tätig, als Organist am Dom genoß er hohen Ruhm. Jedem Kenner der Barockliteratur ist selbstverständlich die Sammlung "Musicalische Kürbs-Hütte" bekannt (Königsberg 1641), aber nicht jeder kennt die große Arbeit, die Albert zu Opitz' Besuch in Königsberg 1638 komponiert hat. Es ist ein für die dortige Musikkultur charakteristisches Werk mit vielen Rezitativen und Instrumentalpassagen, abgeschlossen von einem

---

26. Kretzschmar, o.c. S. 71.
27. The New Grove, Bd. 20. S. 294.

Chor. Es findet sich in den "Arien" (II, Nr. 20), die in acht Bänden von 1638 bis 1650 erschienen (insgesamt 170 Kompositionen).[28]

Mit diesen wenigen Angaben dürfte Zesens Stellung in der Geschichte des frühdeutschen Liedes etwas 'griffiger' geworden sein. Aber das Bild wäre höchst unvollständig, würde man sich mit der Skizzierung des musikalischen Umfelds begnügen. Denn Zesens Liedsammlungen sind nicht nur faktisch mit den musikalischen Entwicklungen der Zeit auf engste verbunden, sondern haben diese zugleich mit getragen, indem sie das Ohr für den richtigen musikalischen Akzent in Übereinstimmung mit dem Wortakzent schärften. Und umgekehrt verpflichtet Zesen den Dichter auf die Bedürfnisse der Musik, er unterbaut seine Prosodie mit dem Hinweis auf die Erfordernisse der musikalischen Praxis. Damit werden Opitz' Neuerungen mit Blick auf die Vertonung mit Entschiedenheit weitergeführt; Zesen hakt die Poesie gleichsam an der so beliebten Schwesterkunst fest und verschränkt folgerichtig auch die Poetik mit der Musik. Eine so enge Beziehung zwischen Musik und Verskunst, die sich auch in der poetischen Theorie niederschlägt, ist in jener Zeit zweifellos einmalig. Sie muß an dieser Stelle näher betrachtet werden, denn sie führt in den Kern von Zesens poetischen Überlegungen.

III

Die von Martin Opitz eingeleitete Versreform zielte zunächst auf die Beachtung des natürlichen Wortakzents. Zesen feiert das in seiner Poetik als einen ersten Schritt über die Kunst der antiken Dichter hinaus. Denn "hetten sie so viel gewust von dem accent als wir uns anjetzt durch hülffe des nunmehr unsterblichen Opitzens/ nechst Gott bewust finden", wären ihre Gedichte "noch anmuhti-

---

28. Werkverzeichnis: The New Grove, Bd. 1, S. 210. Ferner: J. Müller-Blattau: Heinrich Albert und das Barocklied. In: Deutsche Vierteljahrsschrift XXV (1951). S. 401 ff. J.H. Baron: Foreign Influences on the German Secular Solo Continuo Lied of the Mid-seventeenth Century. Diss. Brandeis University 1967.

ger und geistreicher gewesen" (Helicon 1641).[29] Unmittelbar
anschließend bezieht Zesen die Musik ein:

> Hierinnen irren auch die Componisten sehr offt/ und setzen den
> Singe-toon (ACCENTUM MELICUM) auff die sylbe/ da der verß-
> accent (ACCENTUS METRICUS) nicht steht/ da doch beyde gleich
> fallen sollen. (...)
> Derhalben ist auch die Deutsche Poesie den Capellmeistern und
> Componisten auch hoch von nöthen/ daß sie hernach nicht den Sing-
> accent anders setzen als die Natur des Verses und der toon der worte
> erfodert: muß also ein trochäischer Vers auff lautern reinenTrochäis/
> und ein Jambischer auff lautern reinen Jambis bestehen/ welches die
> Componisten auch wissen und in acht nehmen sollen.

Die Stelle zeigt, daß Zesen an *gesungene* Verse denkt. Im weiteren
Verlauf seiner Ausführungen geht er deshalb auf das strophische
Lied ein und fordert das Durchhalten des selben Metrums in allen
Strophen. Wo die erste jambisch ist, dürfen die anderen nicht
Trochäen einschmuggeln, "da sich denn die melodey des accents
halben nicht schicket": "In diesem fall ist dem Componisten nicht
die schuld beyzumessen/ sondern dem Verßmacher/ der den
accent und toon der wort nicht in acht genommen." Hatte Opitz
sich mit der Bemerkung begnügt, "die folgenden strophen (...)
müssen wegen der Music (...) auff die erste sehen",[30] mißt Zesen
dagegen dem Punkt ungleich mehr Gewicht bei, und zwar mit
ständigem Rekurs auf die Musik. So faßt er an anderer Stelle noch
einmal zusammen:

> ... wann die andern folgenden Strophen der ersten nicht gleich/ so
> könte das Lied auf keine rechte melodey gebracht werden/ sondern
> müste ein jeder Verß eine sonderliche bekommen; ja wenn auch in der
> einen Strophe nur ein wort oder Verß jambisch were/ und in der
> andern Trochäisch/ so were die melodey schon unrecht und falsch/
> weil der Verß-accent in dieser anders als in jener.[31]

Der *Deutsche Helicon* erschien 1640 in erster, bereits 1641 in

---

29. Sämtliche Werke. Bd. IX, Deutscher Helicon (1641). Bearbeitet
von Ulrich Maché. Berlin/New York 1971. S. 26. Die folgende Zitate hier
und S. 27.
30. Buch von der Deutschen Poeterey. Hrsg. von Cornelius Sommer.
Stuttgart 1970 (RUB Nr. 8397/98). S. 56.
31. Band IX. S. 59.

zweiter Auflage mit einem umfänglichen Exempelfundus aus
eigenen Versen. Wenn man bedenkt, daß die Veröffentlichung zu
einem Zeitpunkt erfolgte, als die ersten wichtigen Liedsammlungen gerade im Entstehen begriffen waren und Zesens Poetik das
erste Buch dieser Art nach Opitz' knapper Anleitung (1624)
darstellt, ist die große Wirkung schon erklärlich.[32]

Aus dem von Opitz im Zusammenhang mit dem Akzent
behandelten Problem der Metrik in deutschen Versen resultierte
sein folgenreiches Eintreten für Jamben und Trochäen, das seine
Versreform fürs erste komplettierte. Metrische Fragen standen im
Brennpunkt des Interesses aller am Aufschwung der deutschen
Literatur Beteiligten, sie bildeten das Kernstück der modernen
Versbehandlung, die Zesen in Verbindung mit der Musik disku-
tierte. Seine Orientierung an der musikalischen Praxis dürfte daher
zu gleichen Teilen der Dichtkunst wie der Liedkunst zugute
gekommen sein. Das gilt ebenfalls für die Verfeinerungen, die
Zesen an Beispielen erörterte, wie für die von ihm mit Verve
verteidigten Erweiterungen der rhythmisch-metrischen Möglichkeiten. Auch hier verfährt Zesens Argumentation nicht innerlitera-
risch und greift auf den Bereich der Musik über. Das ist in der
Geschichte der Poetik ein wesentlicher Punkt.

Zesens Position am Neubeginn einer poetologischen Entwicklung nach Opitz wird vor allem durch sein Plädoyer für metrische
Erneuerungen markiert. Er hat die Palette der modernen Metren,
wie sie Opitz theoretisch und praktisch bekannt gemacht hatte,
erheblich erweitert. Schon in seiner ersten Liedsammlung von 1642
finden wir neben jambischen und trochäischen Versen auch
anapästische und vor allen Dingen daktylische und gemischte.
Theoretisch mußte Zesen umsichtig die von seinem Lehrer
vorgenommene Legitimierung des Daktylus durchsetzen: Augu-
stus Buchner war klug genug gewesen, das von Opitz abgelehnte
und deshalb auch von der Fruchtbringenden Gesellschaft ver-
worfene Versmaß nicht in einer gedruckten Poetik zu vertreten,
—er hatte sein Manuskript zurückgehalten. Erst in der zweiten

---

32. Vgl. dazu Ulrich Maché: Zesens Bedeutung für die Entwicklungsgeschichte der Poetik im 17. Jahrhundert. In: Philipp von Zesen 1619-
1969. Beiträge zu seinem Leben und Werk. Hrsg. von Ferdinand van
Ingen. Wiesbaden 1972. S. 193-220.

Helicon-Fassung wagt Zesen es, Buchners Erfindung allgemein zugänglich zu machen, was dann durch die Poetiken von Titz (1642), Schottelius (1645) und Harsdörffer (1647) so kräftig unterstützt wird, daß in der dritten Helicon-Ausgabe von 1649 die "rollende Palmen- oder Dattelreime" den Sieg davon tragen:

> Wie die Palmen- und Dattel-bäume (...) keine last noch bürde auf ihren zakken leiden können/ sondern ihr/ ie mehr sie selbige fühlen/ und ie mehr man sie unter zu trukken gedenket/ ie mehr sie auch widerstand tuhn; so ist es auch mit unseren Palmen-reimen beschaffen/ die laßen sich in ihrem flüchtigen lauffe nicht hämmen und auf-halten/ sondern setzen und springen mit einer gleichsam rollenden und feurigen hitze hindurch/ bis sie zu ihrem gewünschten ende gelanget/ und die sieges-palmen verdienet.[33]

Entwicklungsgeschichtlich ist interessant, daß Zesen mit Hilfe des Terminus Vers*fuß* (*pes*) den Jambus und den Trochäus mit dem Gehen und dem Laufen als Beherrschung natürlicher Fähigkeiten vergleicht, während er den Daktylus dem Tanzschritt gleichsetzt und somit als Ergebnis der Kunst hinstellt:

> Hierbei möchte man (...) fragen/ wie solches sich zum rollenden schikken und reimen könne? Dem geben wier zur antwort/ daß in diesem falle die Dicht- und reim-kunst/ dem tantzen nicht ungleich sei. Dan wie ein fußgänger bloß von natur gehen/ und ein läuffer ebenmäßig von sich selbst lauffen lernet/ der täntzer aber sein zierliches tantzen/ nicht allein von der natur/ sondern auch aus der kunst/ haben und lernen mus; so kan auch zwar mancher mensch/ aus eingebung der natur und natürlichem einflüßen/ ohne zutuhung der kunst des lehr-meisters und unterweisers/ bisweilen/ in steigenden und fallenden reimahrten/ aber niemals in der rollenden Dattel- und Palmen-ahrt/ welche mehr kunst erfordert/ zum dicht-meister werden.[34]

Der *Helicon* greift den Vergleich immer wieder auf, und Zesen wird nicht müde, den von ihm favorisierten Vers mit seinem tänzerischen Schritt an die Musik anzuschließen —

> weil die tantz-kunst der Dichterei schwester so wohl/ als die Singe-

---

33. Zitiert nach Helikon 1656: Sämtliche Werke, Band X/1, bearbeitet von Ulrich Maché. Berlin/New York 1977. S. 129 f.
34. Ebd., S. 60.

kunst/ ist/ und eine ohne die andere/ wan man zur fol-kommenheit gelangen wil/ fast nicht sein kan.[35]

Man hat diese Zusammenhänge bisher kaum beachtet. Es wurde infolgedessen übersehen, daß die rasche Durchsetzung des daktylischen (und anapästischen) Metrums in den vierziger Jahren sich wesentlich dem Umstand verdankt, daß es der damaligen Vorliebe für instrumentale Tanzfolgen ("Suiten") entsprach. Was die Prediger als "Tanzwut" verurteilten, gehört zum Signum der Zeit. Zesens Bemühungen wurden von den musikalischen Modetrends unterstützt, eine Kunst trägt die andere. Auch Johann Rist hatte (zu seinem Erstaunen) den engen Zusammenhang zwischen dem neuen Metrum und der Tanzform entdeckt:

> Es fällt mit jetzt ein das jenige/ was mir selber vor vielen Jahren schon mit dieser Art Versen einsmals ist wiederfahren: Denn als mir ungefehr eine lustige Sarabande (...) zu Handen kam/ und ich einen Text auf selbige fröliche Melodey zu setzen/ ward gebeten/ befand sichs/ daß nach Verfertigung desselben/ ein recht Dactylisch Lied darauß war geworden/ unangesehen/ ich zu der Zeit noch keinen eintzigen Dactylischen Verß weder gesehen noch etwas davon gehöret hatte. (...) es hatte sich nur ungefehr also zugetragen/ in deme ich weiter nicht gegangen/ als wohin mich meine zu der edlen Poesy sehr geneigte Natur/ und die springende Art der Frantzösische Sarabande hatte geführet ...[36]

Rist hat bekanntlich den Gebrauch des Daktylus stark eingeschränkt. Dagegen entwickelte Zesen den Tanzschritt weiter; er überbot auch theoretisch Buchners ursprüngliche sechs Muster und erhöhte sie im *Helicon* 1649 auf zwölf. Das Versmaß brachte neuen Schwung in die Liedkunst. Zesen hat die Zeichen der Zeit richtig gedeutet. Der Brief einer jungen Dame, abgedruckt vor den *Jugend-Flammen* (I/1, S. 265 f.), bringt den geschickt placierten Hinweis mit Bezug auf die "sangweisen": "Für allen (...) gehet das tantz-lied/ so Johann Langen gesetzet/ (...) weit für."

Am Detail werden die modernen Tendenzen von Zesens Bestrebungen sichtbar. Der Einzug des Daktylus in die deutsche Verslehre ermöglichte eine Weiterentwicklung in Richtung der

---

35. Ebd., S. 182.
36. Himlische Lieder. Das dritte Zehn. Lüneburg 1648. Vorrede, Fol. A vi[v].

"gemischten" Versarten, die bisher der antiken Dichtung vorbehalten gewesen waren. Es betrifft also ein zentrales Anliegen der
auf das Überbieten der Alten zielenden deutschen Metrik.[37] Die
Sapphische Ode, von Opitz noch mit Vorbehalt behandelt, wird
für Zesen Ausgangspunkt einer Versart, die jambische, trochäische
und daktylische Verse mischt. Ein Blick in die Poetiken zwischen
der ersten und der dritten Ausgabe des *Helicon* bestätigt das
angestrengte Bemühen, mit den antiken Formen zu wetteifern.
Opitz hatte bei der Sapphischen Ode noch die traditionelle
Wendung gebracht, daß für diese "unebenen" Verse die aus-
gleichende Wirkung der Musik hinzukommen müsse.[38] Zesen
bedarf jedoch solcher Schutzformel nicht mehr, er münzt sie im
Gegenteil zum Vorteil der neuen Form um. Die Pindarische Ode,
die er im *Helicon* als Musterbeispiel bringt, ist ein "Tantz- oder
reihen-lied/ zwischen einem mans- und einem weibes-bilde".[39] Es
hat die Form, die in vielen Liedern Zesens begegnet, es ist ein
virtuoses Spiel voller Bewegung; gesungen und getanzt, entspricht
es der rhythmisch-metrischen wie der Klangstruktur:

> Er fähet an nach zwei steigenden oder mänlichen reimen/ mit
> forsetzung des rechten fußes/ auf der rechten seite des saales/ vom
> morgen nach dem abende zu/ singende zu tantzen; Sie aber/ die
> unterdessen stille gestanden ist/ fähet an nach 2 fallenden oder
> weiblichen reimen/ auch fallend/ d.i. mit forsetzung des linken fußes/
> auf der linken seite des saales/ von morgen nach dem niedergange zu/
> da Er indeßen auf Sie wartet/ auch singende zu tantzen. Da geben sie
> dan einander die hände/ und tantzen das gesetze mitten auf dem saale/
> nach rollenden Palmen- oder Dattel-reimen follend hinaus/ als:

> (Er)   Wo ist doch meine Rosemund/
>   die mier mein hertz macht wund?
> (Sie)   Schau! hier kömt sie/ dier ihr leben
>   gantz zu geben.
> (Beide) Der himmel mag stürmen/ mag hitzen und blitzen/
>   wan unter dem schirme der liebe wier sitzen.
>   wier können uns lieben/

37. Vgl. Ulrich Maché: Zesens Bedeutung ... (Anm. 32). S. 201 f.
38. Opitz, o.c. (Anm. 30). S. 58.
39. Sämtliche Werke, Bd. X/1. S. 180 f. Vgl. S. 61 f., wo ein solches
'Ballett' eingeleitet und beschrieben wird.

ohn alles betrüben/
dieweil uns die liebe so lieblich anblikt/
ja weil es sich alles zur fröligkeit schikt.

Darauf mag die Bezeichnung "lyrisches Ballett" zutreffen.[40] Es ist
die folgerichtige Krönung eines in Poetik und dichterischer Praxis
zielstrebig angesteuerten metrischen Entwicklungsprozesses, der
auf der Jahrhundertmitte den ersten Höhepunkt einer Erneuerung
der Verskunst erreicht. Daß diese, wie am Beispiel Zesen ersichtlich, in enger Anlehnung an Musik und Tanz bewirkt wurde,
unterstreicht die zentrale Bedeutung der Schwesterkünste für die
deutsche Poetik.[41]

IV

Zum Abschluß seien noch einige bescheidene Bemerkungen zu den
Melodien angefügt. Eine systematische Behandlung muß der
Musikwissenschaft überlassen werden, sie wäre auch nur im
größeren historischen Zusammenhang zu leisten. Eine Analyse der
Melodiebildung, wie sie Walther Vetter vorgelegt hat, kann daher
nicht unsere Aufgabe sein.[42] Die Aufmerksamkeit gilt dagegen den

40. Renate Weber (Die Lieder Philipp von Zesens. Diss. Hamburg
1962) hat (allerdings ohne Berücksichtigung des poetologischen Rah-
mens) auf das stark motorische Element in Zesens Versen hingewiesen
und die musikalische Wirkung sogar über deren semantische Ebene
gestellt: "Wichtig ist die Beobachtung, daß Zesen sich solcher Strophen-
und Liedformen bedient, welche seinem motorischen und musikalischen
Impuls entgegenkommen, indem Tanz, Gesang und geselliges Spiel neben
das Wort treten, welches dabei als Träger einer begrifflichen Aussage an
Bedeutung und Spannung verlieren darf" (S. 125). Vgl. auch R. Weber:
Die Lautanalogie in den Liedern Philipp von Zesens. In: Philipp von
Zesen 1619-1969 (Anm. 32). S. 156-181.
41. Für die Odenform hebt Zesen tatsächlich eine gesteigerte Wirkung
bei Anteilnahme von Musik und Tanz hervor: "... daß es ohren und
augen überaus annähmlich/ wan dise dreierlei reim-ahrten (...) mit
singen/ klingen und springen vermählet/ d.i. her-gesungen/ her-geklun-
gen oder gespielet/ und her-getantzet werden" (Bd. X/1, S. 61).
42. W. Vetter (s. Anm. 1) bespricht im 1. Band Kompositionen im
"Rosen- und Liljentahl": D. Bäkker (S. 273 ff.), Schop (S. 277 ff.), Nüsler

74

Möglichkeiten, die Zesens Texte den Komponisten boten. Nicht umsonst hat Günther Müller Zesens Klangfreude hervorgehoben — Zesen sei "stark klangformal" eingestellt — und zählt er ihn zu den wirklich genialen Dichtern der Zeit mit Blick auf die Bedürfnisse des gesungenen Liedes.[43] Insbesondere muß dann die Sammlung *Rosen- und Liljen-tahl* von 1670 von Interesse erscheinen, denn erst um 1660 hat sich das monodische Prinzip konsequent durchgesetzt; daher nimmt dieses Buch einen besonderen Platz ein, aber es wurde doch, dem Sammelcharakter gemäß, in den früheren Bänden, d.h. von langer Hand, vorbereitet.

Es ist wohl am besten mit Heinrich Albert zu beginnen, der gleichsam nur zum Gastspiel bei Zesen auftritt. Schon das eine Lied: "Felsensohn/ mein andres Ich" (*"Jugendflammen*, I/1, S. 294) zeigt die Besonderheit seiner Kunst. [**Nr. I**] Den Einsatz (auf den Namen) bilden zwei muntere Terzschritte in gleichen Längen, es schließen sich rasche Achtelfolgen an, die sich am Ende in Sechzehntel-Melismen zu expressivem Ausdruck steigern — "feiren *meinen nahmens-tag.*" Solche Vertonungen, die sich in die Richtung eines ariosen Koloraturstils bewegen, sind die Ausnahme. Die meisten Lieder in Zesens Liedsammlungen bleiben in der Tradition des Hamburger Liedes, sind also fast immer kurz und verfahren in der Regel syllabisch-metrisch. Sie wahren dabei einen wenig anspruchsvollen Charakter. So vermeiden sie etwa größere Intervalle. Wo ein Oktav- oder Quintsprung erscheint, geht es meist um eine Aufforderung zum Anfang. Ein gutes Beispiel ist das Lied "Auf/Hamburg/eil" (RL Nr. 16), das mit einem steigenden Melodiesprung über die Dominante zur Oktave einsetzt. Aber das ist nicht ungewöhnlich, im übrigen passen sie sich einer gehobenen Deklamation an und beschränken sich auf bequem zu treffende Intervalle. Die Melodik ist unkompliziert, manchmal nicht ganz ohne Biederkeit; aber das macht für ein strophisches Lied, das ohnehin jeweils die Deklamation neu der Melodie anpassen muß,

---

(S. 279 ff.), Siebenhaar (S. 281 ff.). Über Schop: "Seine Betonung des monodischen Charakters muß ohne Einschränkung als vorbildlich bezeichnet werden" (S. 277). — Im laufenden Text bezieht sich das Kürzel RL auf die Sammlung "Rosen- und Liljen-tahl".

43. G. Müller (s. Anm. 1), S. 82 ff.

Notenbeispiel I:

Das neunde Lied.

an seinen stand-fåsten / getråuen

Felsensohn /

Herrn zur Ehrenburg / uam.
als er von ihm abschied nahm.
gesetzt
durch Heinrich Alberten.

nicht einmal soviel aus. Und dann fehlt ja auch die moderne Taktangabe, so daß man eine freiere Akzentuierung anzunehmen hat. Wortmalerische Effekte in eigentlichem Sinn — wie die verminderte Quarte zum Ausdruck des Schmerzes — sind selten. Eher machen die Melodien den Eindruck bewußter Zurückhaltung. Nirgends ziehen Melismen wie bei Albert die Aufmerksamkeit auf sich, es bleibt bei einfach steigenden Melodien, Dreiklangmotiven etc. Offenbar wurde der Sangbarkeit das größte Gewicht beigemessen, — die Melodie sollte gefällig sein, ohne jeden Anflug des Virtuosen. Ansonsten wird, in Übereinstimmung mit dem Textausdruck, durchaus differenziert. Bei ausdrucksstarken Liebesliedern zum Beispiel — wobei der Name Rosemund mit seinen drei Syllaben für einen wirkungsvollen Einsatz Anregungen genug bringt — wird ein gravitätisches Schreiten bevorzugt, das einen 'schmelzenden' Vortrag ermöglicht. Rhythmisch verhält sich die Melodie ruhig, sie soll offensichtlich nicht auf-, sondern nur anregen.

Die Mehrzahl der jambischen und trochäischen Verse in der ersten Sammlung von 1642 bewegen sich in den traditionellen Bahnen, sie stellen an den Komponisten keine hohen Anforderungen. Die rhythmische Gliederung führt fast zwangsläufig zu Kadenzierung am Reimwort. Jedoch bringt die gleiche Sammlung auch daktylische und anapästische Verse, in denen Zesen eine so glückliche Hand hatte. Hier tritt das Neue und Attraktive sofort in Erscheinung, sehr früh also — Zesen war noch ein junger Dichter — und mit bemerkenswerter Sicherheit. Eine charakteristische Gliederung ist die, welche aus vier vierhebigen und nachfolgenden fünf zweihebigen Verszeilen besteht, die mit einem vierhebigen beschlossen werden:

Verzihet noch etwas ihr liebblichen Sterne/
Ach wincket und blincket ein wenig uns zu/
Bleib Röthin/ du güldnes Kind bleibe von ferne/
Weil itzo sich findet die süßeste Ruh.
　In dem ich im Arme
　Der Liebsten erwarme/
　Halt/ Sonne/ dein Licht/
　Ein wenig verborgen/
　Verjage den Morgen/
Weil itzo mir leuchtet der Liebsten Gesicht. (I/1, S. 182)

Notenbeispiel II:

36.

Freudenlied /

als Er von der Edelen

Weisheit /

den trauring / zu samt der ehrenkrohne / empfangen
solte.
Die sangweise setzte Johan Schoop.

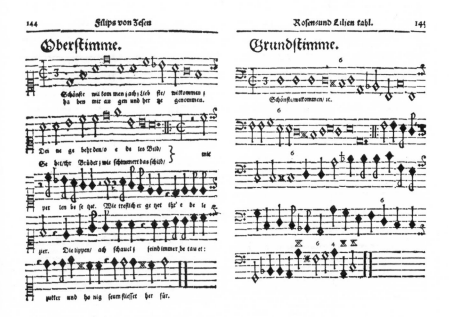

Solche vom Text vorgegebene Gliederung erfordert nicht ein gefälliges Dahinplätschern, sondern eine zugleich schwungvolle wie strenggefügte Komposition.[44]

Der einzige, der aus dem Rhythmus Kapital zu schlagen weiß, ist Johann Schop. Das zeigt das "Freudenlied" zu Ehren der Weisheit (RL Nr. 36) [**Nr. II**] Der erste Teil — die vier Langzeilen — ist in langen, ruhigen Werten gehalten: "Schönste/ wilkommen! ach! Liebste/ wilkommen" etc. Der zweite, der aus Kurzzeilen besteht, um mit einer Langzeile wieder abzuschließen, wird entsprechend komponiert: ein schneller Wechsel von Achtel- und Viertelnoten, der sich in der letzten Zeile mit den letzten Worten beruhigt. Das ist unbestritten wirkungsvoll und wurde wohl auch so empfunden. Aber so betont kunstvolle Kompositionen, die vom Text vorge-prägt sind, finden sich relativ wenig.

Hier ist noch zu erwähnen, daß bei Zesen nicht selten Echo-Effekte auftreten. Das Echo war in Hamburg in der Instru-mentalmusik sehr beliebt (in der Nachfolge von Sweelincks Echo-Fantasien), es erfreute sich auch in der Vokalmusik, ältere Traditionen fortsetzend, großer Beliebtheit, — man denke an die ersten Barockopern in Italien und in Deutschland.[45] Von dieser Vorliebe machte Zesen geschickt Gebrauch, der Klangeffekt war ohnehin das Markenzeichen seiner Verse. Ein weiteres Beispiel möge zeigen, daß wiederum der Text zu einigen hübschen kompositorischen Schlenkern Anlaß gibt, die Zesens Reimfreude in rhythmisch interessanter Position musikalisch zu entsprechen suchen [**Nr. III**]:

1 Ach! Schönste/ wie kan so blenden
2 dein sonnenliechter glantz/
3 der mich ümgeben gantz?
4 Wie kanstu mein hertze wenden/
5 du Herscherin meiner sinnen?

44. Uwe Haenschel weist darauf hin, daß manchem Komponisten gerade aus Zesens metrischer Neuerung Probleme entstanden, im Gegensatz zur konservativeren Form bei J. Rist: Musikalische Form-probleme der Hamburger Liedschule. Dargestellt an Rist- und Zesen-Vertonungen. In: Weltliches und Geistliches Lied des Barock (s. Anm. 9). S. 209-228.

45. Vgl. Artikel "Echo" in The New Grove, 5. Bd. S. 822 f.

Notenbeispiel III:

4.

Noch ein anders
auch an dieselbe
nie genug gepriesene

Weisheit.

Die sangweise setzte der Findende.

6   Wie kanstu mich so gewinnen/
7   durch deiner strahlen macht/
8   zu tag und nacht?   (RL Nr. 4)

Das Lied setzt mit einem steigenden Quartsprung ein, wie es sich deklamatorisch anbietet. Die Reimzeilen 2 und 3 bzw. 5 und 6 werden vollständig wiederholt, d.h. das Echo beschränkt sich nicht auf den Halbsatz. Mit einem fallenden Oktavsprung setzt die abschließende Periode ein, die in metrischem Anstieg von intensiver Kantabilität auf der Terze ausruht — "zu tag und nacht." Die Komposition zeigt musikalisch-poetische Entsprechungen, die zu den auffälligsten Erscheinungen in Zesens Liedschaffen gehören. Es ist eine beachtliche Leistung, und auch hier gilt, was Walther Vetter zu einem anderen Lied des Komponisten — es ist Nüsler — bemerkt: es ist der Text, der "die besondere kompositorische Behandlung erheischt."[46] Vetter hat auch an einem anderen Beispiel, dem "Klagelied" mit der Echozeile am Schluß (RL Nr. 9), Nüslers Echoeffekte gerühmt. Es ist für die Geschichte des deutschen Liedes nicht ohne Interesse, daß solche Überraschungen gerade in Zesens Liedern anzutreffen sind.

Auf ähnliche Weise, aber weit bescheidener, hat Siebenhaar sich des Echoeffekts bedient, um eine exponierte Reimposition musikalisch wiederzugeben (RL Nr. 27):

Ludwiche/ weine nicht/ mein trautes bild/ *schweig stille*
halt inne/ dan mein wille
.....

Das "Reimecho" wird in der Komposition wiederaufgenommen, und so ist der musikalische Effekt ein ähnlicher wie der poetische. Dieser Befund stimmt zu dem frühen, ebenfalls von Siebenhaar komponierten Echolied "Wie mag das Rosen-kind verzühen/ Es wird blühen" (I/1, S. 284 f.) und dem auf die gleiche Melodie gesungenen Lied "Wo geht ihr hin/ ihr augen-sterne?/ Gar nicht ferne" (I/1, S. 347 f.).

Aus diesen Beispielen geht hervor, daß Zesens dichterische Eigenart sich ansatzweise in der Komposition widerspiegelt, insofern das wenigstens technisch machbar ist, ohne die erforder-

---

46. W. Vetter, o.c., S. 281. Zu diesem Lied ferner U. Haenschel, a.a.O., 222 f.

liche Schlichtheit des Hamburger Liedtypus aufzugeben. Die Beispiele zeigen auch, daß ein Dichter wie Zesen dem Komponisten im Idealfall in die Hand arbeitete. Aber hier lagen auch die Grenzen, die dieser Liedtypus nicht überschreiten durfte, wenn er sich selber treubleiben wollte und sich im Rahmen des Bewährten verwirklichen sollte. Die Hamburger Liedmonodie, die syllabisch arbeitete, war auf Volkstümlichkeit eingeschworen. Das bedeutet für Zesen, daß er dieser Besonderheit Rechnung zu tragen hatte. Seine Vorliebe für daktylische Verse mit ihrem Tanzschritt kamen dem Bedürfnis entgegen, insbesondere auch deshalb, weil in der Regel der Spannungsbogen inhaltlich wie rhythmisch-metrisch einen gewissen Umfang nicht überstieg und so auch melodisch überschaubar blieb.

Die Eigenart von Zesens Liedtexten liegt jedoch nicht nur im Rhythmisch-Metrischen, sondern in dessen Verbindung mit dem Klang. Die "hüpfende Reimart" entfaltet ihre Reize erst voll im Klanglichen. Oben wurde am Beispiel angedeutet, daß die Komponisten sich jenes Besonderen bewußt waren und sich vereinzelt bestrebt zeigten, es mit den Mitteln ihrer Kunst wiederzugeben und ihm musikalisch adäquat nachzueifern. Auf jeden Fall läßt sich feststellen, daß viele von Zesens Liedtexten einen poetisch-klanglichen 'Mehrwert' besitzen, der sie über die üblichen Texte des strophischen gesungenen Liedes hinaushebt.

Hallet/ ihr felder/
erschallet/ ihr wälder:
singet/ ihr sähler/ ihr tähler erklingt.

Solche Texte können natürlich komponiert werden. Dennoch leben sie in sich selber, dank einer sorgfältig aufgebauten Klangwirkung. Ein weiteres Beispiel möge das zeigen:

Glimmert ihr sterne/
schimmert von ferne/
blinkert nicht trübe/
flinkert zu liebe
dieser erfreulichen lieblichen zeit.
Lachet ihr himmel/
machet getümmel/
regnet uns segen/

segnet den regen/
der uns in freude verwandelt das leid.[47]

Texte wie diese bedürfen nicht der Musik, sie sind nicht auf sie angewiesen. Ihr klanglicher Eigenwert macht die andere Kunst überflüssig, denn sie sind selber auf dem Weg zur Musik. Anders gesagt: sie sind musikalisch sui generis. In dieser Entwicklung, die Zesen mit den Nürnbergern (Johann Klaj!) verbindet, steht Zesen an der Schaltstelle. Bei keinem anderen Dichter der Zeit läßt sich so deutlich nachweisen, daß der Liedtext in nur wenigen Jahren solche Eigenständigkeit gewinnt, daß er sich von der Musik emanzipiert. Treffend bemerkt Hinton Thomas: "Poetry itself would sing and dance".[48] Der auf Vertonung hin verfaßte Text stellt nachdrücklich die Wort-Kunst unter Beweis, — er ist zur Lyrik geworden, im Wortsinn einer nachfolgenden Zeit, aber doch ohne je ihre Anfänge vergessen zu machen. Diese liegen rhythmisch-metrisch zu gleichen Teilen in der musikalischen und poetischen Entwicklung der Zeit. Bei Zesen gehen sie eine glückliche Symbiose mit dem Wortklang ein, der unverkennbar mit dem musikalischen Klang wetteifert.

47. Sämtliche Werke Bd. II, S. 103 bzw. 36.
48. Thomas (s. Anm. 2), S. 72. Auch Haenschel spricht von Zesens "Ehrgeiz", "die Sprache selbst zum Klingen zu bringen", verbindet damit jedoch das nicht zutreffende Urteil: "Musik war für Zesen eben nur schmückendes Beiwerk" (a.a.O., S. 211 bzw. 212).

Steffen Arndal

ÜBERSETZUNG, PARODIE, KONTRAFAKTUR. ZUR REZEPTION DES DEUTSCHEN BAROCKLIEDES IN DÄNEMARK

Bei der Aufnahme der ästhetischen Normen und der stilistischen Anforderungen der deutschen Barockdichtung in die dänische Literatur spielt das deutsche Generalbaßlied eine nicht unerhebliche Rolle. Die Melodie eines Liedes braucht man nicht zu übersetzen. Sie überschreitet kraft ihrer Neuheit unschwer die Sprachgrenzen, fordert aber gleichzeitig eine Textunterlage, die durch verschiedene Formen der Umtextierung hergestellt werden kann. Neben der Übersetzung ist auch die Parodie und nicht zuletzt die Kontrafaktur bei der Rezeption des deutschen Liedes in Dänemark von Bedeutung. Gerade die Vielfalt der Rezeptionsformen bedingt ein produktives Zusammenwirken von Musik und Text, das bedeutende Beispiele barocker und nachbarocker Liedkunst in dänischer Sprache entstehen ließ.

In der erste Hälfte des 17. Jahrhunderts erfolgte die Entwicklung eines dänischen monodischen Liedes nur zögernd.[1] Man beschäftigte sich überwiegend theoretisch mit prosodischen Fragen, und das akzentuiernde Prinzip setzte sich in der Praxis erst allmählich durch. Im Jahre 1642 erschienen aber jeweils in Dänemark und in Deutschland zwei Liedersammlungen, die für die Entwicklung des dänischen Barockliedes von überragender Bedeutung sein sollten, nämlich Gabriel Voigtländers *Allerhand Oden und Lieder*,[2] und Johann Rists *Des Daphnis aus Cimbrien*

---

1. Vgl. Nils Schiørring: Det 16. og 17. århundredes verdslige danske visesang I-II. København 1950. S. 354 ff.
2. Erster Theil Allerhand Oden unnd Lieder/ welche auff allerley/ als Italiänische/ Frantzösische/ Englische/ vnd anderer Teutschen guten Componisten/ Melodien vnd Arien gedichtet/ Hohen vnd NiederStands Persohnen zu sonderlicher Ergetzlichkeit/ in vornehmen Conviviis vnd

Galathee.[3] Diese beiden Liedersammlungen erlauben interessante Aufschlüsse über die Liedkultur der höfischen Kreise in Dänemark und der bürgerlichen Kreise im benachbarten Hamburg.

Der wahrscheinlich aus Lübeck stammende Gabriel Voigtländer wirkte als "Hoff-Feld-Trommeter(n) vnd Music(us)" in Nykøbing Falster am Hofe des erwählten Prinzen Christian, der leider, bevor er seinem Vater Christian IV. auf dem Thron nachfolgen konnte, dem übermäßigen Genuß von Speis und Trank erlag. Es war offenbar Voigtländers Aufgabe, diese vornehme Gesellschaft bei "Convüss und Zusammenkünften"[4] mit unterhaltenden Liedern zu bedienen. Der Inhalt der Sammlung steht aber in einem merkwürdigen Gegensatz zur Exklusivität des Empfängerkreises. Wahrscheinlich ist nur ein Lied von Voigtländer selbst komponiert. Sonst bediente er sich gängiger Tanzsätze, Arien und Chansons, die er bearbeitete und mit selbstgedichteten Texten versah.

Voigtländer scheint im Besitz einer gewissen literarischen Bildung gewesen zu sein. In formaler Hinsicht stehen die Lieder auf der Höhe der deutschen Lieddichtung nach Opitz, ja einige verwenden sogar Binnenreim oder das Summationsschema. Die Topik bewegt sich mühelos im Bereich der antiken Mythologie, des Petrarkismus und der Schäferdichtung. Ein Lied, Nr. XLV,

---

Zusammenkünften/ bey Clavi Cimbalen/ Lauten/Tiorben/ Pandorn/ Violen di Gamba gantz bequemlich zu gebrauchen/ vnd zu singen/ Gestellet vnd in Truck gegeben/ Durch Gabrieln Voigtländer/ Ihrer Hoch-Printzlichen Durchleuchtigkeit zu Dennemarck vnd Norwegen/ etc. wollbestelten Hoff-Feld-Trommetern vnd Musico. Sohra [Sorø] Gedruckt auff der Königl. Adelichen Academy/ Von Henrich Krusen/ bestalten Buchdrucker daselbst. Im Jahr M.DC.XLII.

3. Des DAPHNJS aus Cimbrien GALATHEE HAMBURG. Bey Jacob Rebenlein.

4. Vgl. den Titel von Voigtländers Liedersammlung, Anm. 2, wo allerdings auch "NiderStands Persohnen" in den Wirkungskreis der Lieder einbezogen werden. Der Prinz war mit Voigtländers Leistung so zufrieden, daß er sich die ganze Auflage zum Privatgebrauch vorbehielt. Vgl. die Diskussion der Popularität von Voigtländers Liedern in Heinrich W. Schwab: Zur Liedkunst Gabriel Voigtländers. In: Weltliches und Geistliches Lied des Barock. Studien zur Liedkultur in Deutschland und Skandinavien. Hrsg. v. Dieter Lohmeier u. Berndt Olsson. Amsterdam 1979 (=Beihefte zum *Daphnis* 2).

"An einem vornehmen Herrn Bräutigam", verwendet eine anspruchsvolle, hohe Stillage, aber sonst sind die Lieder einem niederen, einfachen Stilniveau zuzurechnen. Dem entspricht der Inhalt der Lieder. Voigtländer beschreibt seine Aufgabe als Dichter folgendermaßen:

> Ich soll Lust machen/
> Vnd singen drüber man
> Was müsse lachen/
> Vnd bringen auff die Bahn
> Was man verschweigt doch denken kan/
> Ich solls nun rühren
> Daß es nicht möge gantz
> Der Bawer spüren/
> Doch soll es seyn so klar/
> Daß man es auch verstehet zwar/[5]

Diese Doppelbödigkeit wird mit Vorliebe auf den Bereich der Erotik angewandt, indem die Formeln des Petrarkismus und des Schäferliedes in einer solchen Weise verwendet werden, daß ein frivoler, zuweilen derber Sinn nicht zu überhören ist.[6]

Als Beispiel kann auf das allerdings zahmere, aber für die dänische Literatur bedeutsame Hirtenlied Nr. XXXVIII, "Als er guten Bescheid von seiner Damen empfangen", verwiesen werden, das die Freude eines Hirten über die wiedererwachte Gegenliebe seiner "Cloris" zum Ausdruck bringt. Dieses dreistrophige Lied ist für Voigtländers Parodieverfahren charakteristisch. Musikalisch handelt es sich um die Bearbeitung eines Tanzes, wo ein geradtaktiger Teil, ein kurzes Zwischenstück und ein ungeradtaktiger Nachtanz jeweils wiederholt werden. Dadurch entsteht eine lebendige, kontrastreiche Strophenform von sechs jambischen, vier daktylischen und, obwohl der musikalische Takt hier ungerade ist, acht jambischen, Zeilen ungleicher Länge. Die syntaktische Gliederung der Strophen ist den Abschnitten der Melodie genau angepaßt, und auch inhaltlich ergibt sich eine gewisse Übereinstimmung, insofern die ungeradtaktigen Melodie-

---

5. Nr. IV, Str. 2.
6. Z.B. die bekannten Lieder Nr. XXXIII "Ein junger Schäffer ging einmahl" und Nr. LXVIII "Fillis saß in einem Böttgen".

abschnitte in der ersten und zweiten Strophe die Freude des Hirten beschreiben.

Dabei entsteht eine gewisse Steigerung in der übrigens ganz konventionellen Verwendung der Schäfertopik und der petrarkistischen Motivik. Am Schluß der ersten Strophe freut sich der Schäfer, weil ihn Cloris "uffs new an-lachet ohne Schew", am Schluß von Strophe 2, weil er "ihr Mündelein Mag wieder küssen fein", und am Ende des Gedichtes erscheint das *carpe-diem*-Motiv:

> Brauch nun Barmhertzigkeit/
> Denn es ist hohe Zeit/
> Weil ich fast bin halb Todt/
> Dann hats nicht Nodt.

Diese ins Frivole hinüberspielende Schlußpointe bezieht sich auf die am Eingang der Strophe beschriebene Situation, wo der Schäfer die Schäferin "bei der Hand (kriegt)" aber — sprachlos — nur die drei Worte "Möcht ich eins" auszusprechen vermag. Dies könnte sich auf das Küssen in der vorhergehenden Strophe beziehen, aber die Formulierung erlaubt es dem Publikum, sich noch mehr dabei zu denken. Die unterhaltende Wirkung des Liedes scheint vor allem mit dieser doppelbödigen Erotik zusammenzuhängen, und in vielen mit sprichwörtlicher Lebensweisheit gewürzten Liedern, wie etwa "Weiber nehmen ist kein Pferdekauf"[7] oder "Speck und Kohl will gern beysammen sein"[8], weicht die spielerische Erotik des Hirtenliedes einer eher volkstümlich derben Darstellung der Beziehungen zwischen Mann und Frau. Von einer veredelnden Wirkung der Lieder kann am lebenslustigen Hofe des erwählten Prinzen kaum die Rede gewesen sein. Voigtländers Lieder dienten vor allem unterhaltenden Zwecken und zeigen deshalb in literarischer Hinsicht eine artistische Ansprüche und volkstümliche Derbheit umfassende Variationsbreite.

Demgegenüber haben die Lieder Johann Rists ein einheitlicheres Gepräge. Es handelt sich hier fast durchgehend um Hirtenlieder,[9] die aber die erotische Doppelbödigkeit und realisti-

7. Nr. XVI.
8. Nr. XLVIII.
9. Einige davon sind Übersetzungen und Bearbeitungen französischer Vorbilder, vgl. W. Vetter: Das frühdeutsche Lied. Münster 1928. S. 198.

sche Derbheit Voigtländers vermeiden und dafür die Schäfertopik und die petrarkistische Motivik mit einer gewissen idealisierenden und veredelnden Tendenz verwenden. Dem entspricht, daß die rhetorisch-artistischen Ansprüche an die Dichtung konsequenter durchgeführt sind als bei Voigtländer. Rist ist bestrebt, eine von Tonbeugungen freie, gedanklich klare Verssprache zu verwenden und vermeidet eine auffallende oder ausgeklügelte Bildlichheit. Auf diesem Hintergrund die Lieder Rists wegen ihrer Volkstümlichkeit zu rühmen[10], scheint aber irreführend. Die Einfachheit der Lieder ist gattungsgebunden und von der Forderung nach Sangbarkeit diktiert. Das verhältnismäßig niedrige Stilniveau — *genus humile* oder *genus medium* — ist deshalb keineswegs mit der primitiven Schlichtheit des Volksliedes gleichzusetzen, sondern auf eine der musikalischen Seite des Liedes angepaßte Verwendung der rhetorischen Stillehre zurückzuführen, so wie es auch in Rists Kirchenliedern beobachtet werden kann.[11]

Ähnlich wie bei den Kirchenliedern handelt es sich hier im Unterschied zum Parodieverfahren Voigtländers um eigentliche Lieder, die von Rist selbst und seinen Hamburger Musikerfreunden, u.a. Johann Schop, mit neugeschaffenen Melodien versehen wurden.[12] In diesem bürgerlichen Kreis von Freunden der Dichtung und der Musik scheinen die Hirtenlieder Rists nicht nur unterhaltende Funktion gehabt zu haben. Sie waren ein wichtiger Faktor in der kulturellen Selbstdarstellung des gehobenen, akademisch gebildeten Bürgertums. Im Gegensatz zu Voigtländers Liedern, die auf die höfische Unterhaltung abzielten, kann den Liedern Rists in ihrer Einheit von Text und Melodie eine gewisse kulturell erhebende und bildende Wirkung nicht abgesprochen werden.

Die beiden Liedersammlungen Voigtländers und Rists gaben den Anstoß zur Entwicklung des Generalbaßliedes in der däni-

---

10. Vetter, op. cit. S. 212.
11. Vgl. zur Frage der Stilebene des Kirchenliedes Hans-Henrik Krummacher: Der junge Gryphius und die Tradition. Studien zu den Perikopensonetten und Passionsliedern. München 1976. S. 393 ff.
12. Vgl. Uwe Haensel: Musikalische Formprobleme der Hamburger Liederschule. Dargestellt an Rist- und Zesen-Vertonungen. In: Dieter Lohmeier (ed.): op. cit. S. 209 ff.

88

schen Literatur. In diesem Zusammenhang spielte die Übersetzertätigkeit des in Glückstadt als Elbzöllner tätigen Søren Terkelsen
eine wesentliche Rolle. Er gehörte zum Kreis um Johann Rist und
versuchte durch unterschiedliche publizistische Unternehmen seine
Einkünfte als Zöllner zu mehren und, als der Elbzoll aufgehoben
wurde, zu ersetzen. Bei Terkelsen stehen also von Anbeginn an
rein geschäftliche Rücksichten im Vordergrund. U.a. übersetzte er
Honoré d'Urfés Hirtenroman *Astrée*. Dieser Roman enthält viele
Lieder. Da Terkelsen aber über die originalen französischen
Melodien nicht verfügte, wurden die Liedertexte den Melodien
Voigtländers und Rists angepaßt, und da es mit dem Absatz des
Romans nicht voranging, kam er auf die Idee, die Lieder gesondert
herauszugeben, diesmal aber mit Übersetzungen der ursprünglichen Texte Voigtländers und Rists. So erschien 1648 in Glück-
stadt *Astree Siunge-Choer ... Første Snees*,[13] dem 1653 und 1654
zwei weitere Bändchen folgten.

Obwohl man davon ausgehen darf, daß die Lieder Voigtländers
und Rists in ihrer Einheit von Text und Melodie Terkelsen bekannt
waren, ist er offenbar nicht davor zurückgewichen, diese ursprüngliche Einheit vorerst zu trennen, um sie dann nachträglich durch
seine Übersetzungen wiederherzustellen. Bei den Übersetzungen
kann damit von einem Primat der Melodie gesprochen werden.
Terkelsen hat mit der Melodie im Ohr übersetzt, und es fragt sich
deshalb, ob es ihm gelingt, seine Übersetzungen den Melodien
anzupassen und den Anforderungen der deutschsprachigen Barockliteratur zu genügen.

In der bisherigen Forschung wird Terkelsens Leistung wegen
sinnverändernder Umschreibungen, Germanismen u.Ä. sehr ab-
schätzend beurteilt.[14] Demgegenüber muß aber festgehalten werden, daß die Übersetzungen trotz aller Primitivität wesentliche

---

13. Søren Terkelsen: Astree Siunge-Choer. Første Snees. 1648. Die
dänischen Lieder mit ihren deutschen Vorlagen von Gabriel Voigtländer
und Johann Rist. Hrsg. von Erik Sønderholm in Zusammenarbeit mit
Dieter Brandt und Dieter Lohmeier. Neumünster 1976. (Kieler Studien
zur deutschen Literaturgeschichte, hrsg. von Erich Trunz, Bd. 12).
14. Vgl. Erik Sønderholms Nachwort zur Neuausgabe von *Astree
Siunge-Choer*, Terkelsen: op.cit. S. 170, und den Anmerkungen zu den
einzelnen Übersetzungen.

Aspekte der deutschen Liedertexte in die dänische Sprache übertragen. Im Verhältnis zu der früheren dänischen Lieddichtung ist
es von Bedeutung, daß Terkelsen sich metrischen Fragen gegenüber nicht unkritisch verhielt und, obwohl er in der Vorrede das
Fehlen einer zeitgemäßen dänischen Prosodie beklagt,[15] eine
regelmäßige Metrik in dänischer Sprache — von nicht seltenen
Ausnahmen abgesehen — wiederzugeben vermag. Das Reimen
fällt Terkelsen schwerer. Er verwendet optische Reime, unreine
Reime oder wiederholt dieselben Reimwörter mehrmals in demselben Text.[16] Dafür gelingt es ihm aber, wesentliche Aspekte der
Schäfertopik und der petrarkistischen Motivik wiederzugeben.
Zwar geht vieles verloren, wenn Reimgründe eine Umschreibung
notwendig machen, aber an anderer Stellen werden Motive der
petrarkistischen Liebesauffassung selbständig eingeführt.[17] Von
einer Idealisierung der Frau kann aber kaum gesprochen werden.
Überhaupt scheinen vor allem die derberen Lieder Voigtländers
Terkelsen zu selbständiger sprachlicher Kreativität angeregt zu
haben und zwar oft in einer Weise, die eine frivole Andeutung
durch eine ziemlich direkte Ausdrucksweise ersetzt.[18]

Die Bedeutung von Terkelsens *Astree Siunge-Choer* liegt darin,
daß er nicht nur das deutsche Generalbaßlied in Dänemark
bekanntmacht, sondern gleichzeitig auch die petrarkistische und
die pastorale Motivik in die dänische Sprache einführt und zwar in
einer Form, die trotz primitiver Züge einer gewissen rhetorischen
Schulung vor allem in metrischer Hinsicht nicht entbehrt. Terkelsen gab damit der Enwicklung des Generalbaßliedes in Dänemark einen entscheidenden Anstoß.[19]

15. Terkelsen: op. cit. S. 10.
16. Z.B. die Reimwörter "mø/dø" in einer Ristübersetzung, Nr. X,
Str. 1 und 2, Terkelsen: op. cit. S. 67.
17. Z.B. in Nr. X, Str. 2 und 3, Terkelsen: op. cit. S. 67.
18. Vgl. vor allem Nr. XVIII, eine von antipetrarkistischen Zügen
durchzogene Beschreibung einer häßlichen Frau, von der Terkelsen
offenbar so angetan war, daß er mehrere Strophen hinzugedichtet hat.
19. Neben Terkelsen wirkte auch der als Dichter weit bedeutendere
Anders Bording für die Verbreitung des deutschen Generalbaßliedes,
indem er als Lautenist und Sänger eigene Dichtungen und Übertragungen
aus dem Deutschen in dänischen Herrenhäusern vortrug. Da seine Lieder

Neben Terkelsens Übersetzungen haben auch die deutschen Lieder, vor allem Voigtländers Oden, einen direkten Einfluß auf die dänische Literatur gehabt. Dies ist im Falle der früher weit verbreiteten und wegen seiner dichterischen Bedeutung auch heute noch geschätzten Liedes "Chrysillis"[20] von Thomas Kingo zu beobachten. Das Gedicht ist eine Parodie des oben behandelten Hirtenliedes Nr. XXXVIII von Voigtländer, das von Terkelsen nicht übersetzt wurde, dem Kingo aber Melodie und Strophenform seines Liedes entnahm. Daneben haben aber auch die Ristübersetzungen aus *Astree Siunge Choer* ihre Spuren im Text hinterlassen.[21] (Notenbeispiel 1.)

Dies gilt in erster Linie den Hirtennamen Chrysillis, Corydon und Myrtillo. Ein entscheidender Unterschied im Verhältnis zu Terkelsen besteht aber darin, daß diese Namen bei Kingo nicht bloß gedachte Idealgestalten, sondern wirkliche Personen bezeichnen. Mit dem Namen Myrtillo meinte Kingo sich selbst, und mit Corydon den betagten Pfarrer Peder Jacobsen Worm, in dessen Haus er wohnte und dem er als Hilfsgeistlicher beistand. Dabei verliebte sich Kingo in die junge Frau seines Vorgesetzten, die aus Norwegen stammende Pastorentochter Sille Balkenborg. Im Jahre 1668 starb der alte Corydon. Kingo bekam gleichzeitig das Pfarramt Slangerup, und als das Trauerjahr zu Ende war, heiratete er die junge Witwe, die Chrysillis des Liedes, das wahrscheinlich in der qualvollen Wartezeit des Trauerjahres entstanden ist.

Die Einleitungsstrophe thematisiert deshalb die Beständigkeit von Myrtillos Liebe und das Schicksal, das im Gedicht in einer solchen Weise beschrieben werden soll, daß Chrysillis und Myrtillo einander wie in einem Spiegel schauen werden. Im Gegensatz zu Terkelsens Übersetzungen ist Kingos Parodie damit keine unfreie

---

aber erst 1736 herausgegeben wurden, erlangten sie nicht die literarhistorische Bedeutung von Terkelsens Übersetzungen. Vgl. Schiørring: op. cit. S. 376 ff. und Erik Sønderholm: Anders Bording am Scheidewege. In: Lohmeier (ed), op. cit., S. 81 ff.

20. Thomas Kingo: Samlede Skrifter. Hrsg. v. Hans Brix, Paul Diderichsen und F.J. Billeskov Jansen. København 1975 -. Bd. I. S. 79 ff.

21. Vgl. die detaillierten Angaben im Kommentar zu "Chrysillis" in Kingo: op. cit. Bd. VI. S. 69 ff. Die Melodie ist aus Bd. VII. S. 56 abgedruckt, vgl. auch S. 36.

Notenbeispiel 1:

Chrysillis

Nachahmung des deutschen Hirtenliedes, sondern verwertet dessen
gattungsspezifische Züge in einer Verarbeitung biographischer
Tatsachen aus dem Leben des Paares. Dabei ist Kingos Lied in
künstlerischer Hinsicht weit anspruchsvoller als die Übersetzungen
Terkelsens. Kingo war von der fortgeschrittenen Barockdichtung
der Nürnberger tief beeinflußt.[22] Die Stillage seines Hirtenliedes ist
deshalb im Verhältnis zu Voigtländer und Terkelsen gehobener.
Dies erreicht Kingo vor allem durch einen kräftigeren Bild-
schmuck, der aber nicht der manieristischen Kompliziertheit der
Nürnberger verfällt, sondern durch den ihm eigenen Realismus im
Bereich des Alltäglichen und Allgemeinverständlichen verbleibt.
Bestimmend für das Gedicht als Ganzes ist deshalb eine Ver-
knüpfung von Musikalität, Motivik und rhetorisch-artistischer
Sprachbehandlung des Hirtenliedes einerseits mit biographischer
Konkretheit und lebendiger Wirklichkeitsnähe andererseits.

Diese Doppelheit prägt vor allem den ersten Hauptabschnitt des
Gedichts (Str. 2-7), der Chrysillis' Kindheit in der norwegischen
Gebirgslandschaft beschreibt. Als Tochter eines Hirten (ihr Vater
war ja Pastor) lebt sie hier in sorgloser Geborgenheit. Der Reiz des
Liedes beruht nicht zuletzt darauf, daß Kingo die Mannigfaltigkeit
des täglichen Lebens und der Natur gleichzeitig in eine räumliche
und in eine zeitliche Dimension einordnet. Chrysillis' Kindheit
wird als ein langer Tag beschrieben, wo sie beim Sonnenaufgang
vom Berge herab die Schafe im Tale beobachtet und später das
Leben auf dem Meere und die Fische im Wasser betrachtet. Am
Mittag sucht sie im Walde vor den Sonnenstralen Schutz, freut sich
über Pflanzen und Tiere und sieht am Abend die Schafe von der
Weide zurückkehren, während sich die Sterne in ihrem Milcheimer
spiegeln. Schon in Str. 2 wird auf ihren geborgenen Schlaf im
Schoße der Hirtin, ihrer Mutter, vorausgedeutet, und Chrysillis'
Kindheit rundet sich damit zu einem zyklischen Verlauf, der auf
die Bewegungen der Himmelskörper bezogen wird, so daß — wie
aus Str. 7 hervorgeht — die Übereinstimmung zwischen dem
unschuldigen Kinde und einem vom Himmel gesteuerten Schicksal
dargestellt wird. "Lychen", das Glück oder das Schicksal,

---

22. Kingos Bibliothek enthielt u.a. Werke von Harsdörffer und Sigmund von Birken, vgl. Kingo: op. cit. Bd. VI B. S. 355.

bezeichnet damit nicht die wechselnde *fortuna,* sondern die göttliche Vorsehung, die am Ende dieses Lebensabschnittes Chrysillis aus der norwegischen Heimat nach Dänemark führt. Im zweiten Hauptabschnitt (Str. 8-14) ändert sich die zyklisch aufgefaßte Zeit in eine lineare, aus der einzelne Episoden herausgegriffen und beschrieben werden. Zunächst erfolgt die Heirat mit Corydon (Str. 8). Str. 9-11 beschreiben die erste Begegnung von Chrysillis und Myrtillo. In diesem Zusammenhang wird durch eine Anlehnung an die Ristübersetzung Nr. XIX "Corydons Klagevise"[23] bei Terkelsen eine petrarkistische Motivik eingeführt, während Str. 12 die Situation aus der 3. Str. von Voigtländers Lied übernimmt ("Newlich kriegt ich sie bei der Hand"):

> Du mindis vel den afftenstund
> Jeg dig ved haanden fick
> Og ene hos dig gich
> endog at Maanens røde Mund
> Vdblæste Kuld og vind
> dog bluået frit dit sind
> Afftens tvang
> Var ey lang
> Time var som øye blich
> Tiden flød
> Talen brød
> Begge hierters schiulte nich
> Da blef dend Dulte glød
> Oppusted Klar og rød
> Jndtil vor hierte blod
> J lue stoed
> Da bandtes venschabs baand
> Da rachtis mund og haand
> God nat tog hver da glad
> Og schiltis ad.[24]

23. Terkelsen: op. cit. S. 113, besonders Str. 2 und 3.

24. Du entsinnst dir wohl des Abends/ als ich dich bei der Hand kriegte/ und allein bei dir ging/ obwohl der rote Mund des Mondes/ Kälte und Wind ausblies/ loderte frei dein Sinn/ der Zwang des Abends/ war nicht lang/ Stunde war wie Augenblick/ die Zeit verfloß/ die Rede brach/ die verborgene Neigung beider Herzen/ da wurde die heimliche Glut/ klar und rot angefacht/ bis unser Herzblut/ in Flammen stand/ da

Sowohl bei Voigtländer als auch bei Kingo ist von einer erwiderten Liebe die Rede. Die Sprödigkeit der Geliebten und die erotische Doppelbödigkeit des deutschen Liedes wird aber bei Kingo in ein freies, gegenseitiges Liebesgeständnis umgebogen, wobei die Treue betont wird ("venschabs baand"). Nach einer Darstellung der ersten Beglückung durch die Liebe (Str. 13) erfolgt, wiederum durch eine Anlehnung an die Ristübersetung,[25] eine Darstellung der Widerwärtigkeiten, denen das junge Paar, wahrscheinlich durch Corydons Sohn aus erster Ehe, Jacob Worm, ausgesetzt wurde. Wiederum wird aber die stoische Beständigkeit von Myrtillos Liebe betont, womit zum dritten und letzten Abschnitt des Liedes (Str. 15 und 16) hinübergeleitet wird.

Die zeitliche Perspektive wechselt hier von der Vergangenheit in die Zukunft. Vertrauend auf Chrysillis' Liebe verpflichtet sich Myrtillo, die von der Vorsehung bestimmte Zeit, wahrscheinlich das Ende des Trauerjahres, geduldig abzuwarten (Str. 15), und nach einem Gelübde stoischer Unerschütterlichkeit kehrt die Schlußstrophe zu der einleitenden Thematisierung des Schicksals zurück. Im Gegensatz zur formelhaften, zum Teil von derber Frivolität nicht unberührten Liebesauffassung des Voigtländerschen Liedes vertritt Kingos Lied damit durchgehend eine ethisch überhöhte Liebe, die mit unverbrüchlicher Treue festgehalten und der Führung der göttlichen Vorsehung untergeordnet wird.

Damit ändert sich die ästhetische Funktion der Melodie. Die spielerische Lebendigkeit des ursprünglichen Tanzsatzes, die in Zusammenhang mit dem Text Voigtländers dem Lied sein Gepräge gab, wird durch Kingos Parodie ein Ausdruck redlicher Gefühle und religiös begründeter Aufrichtigkeit, was möglicherweise auch die Art der Vorführung, etwa durch ein langsameres Tempo, bestimmt haben mag. Das Lied Gabriel Voigtländers und die Übersetzungen Terkelsens haben damit sowohl musikalisch als textlich den Anstoß zu einer kreativen Rezeption des deutschen Hirtenliedes gegeben.

---

wurde das Band der Freundschaft geknüpft/ da wurden Mund und Hand gereicht/ dann sagte jeder froh gute Nacht/ und schied.

25. Str. 8, "der bleiche Haß", vgl. "Chrysillis", Str. 14, "dend blege had".

In der dänischen Literaturgeschichte ist Kingo vor allem als Kirchenlieddichter bekannt. Auch auf diesem Gebiet ist das deutsche Hirtenlied von maßgeblicher Bedeutung gewesen. Im Jahre 1674 publizierte Kingo ein geistliches Gegenstück zu Terkelsens *Astree Siunge-Choer,* nämlich *Aandelig(t) Siunge-Koor,*[26] dessen Melodien weitgehend weltlichen Liedern entnommen sind. Neben zwei Melodien von Lully und einer von Adam Krieger finden sich u.a. zwei Melodien von Johann Schop, die aus *Astree Siunge-Choer* übernommen sind, nämlich die Melodien zu der oben herangezogenen Ristübersetzung Nr. XIX und zu der Ristübersetzung Nr. VII aus dem dritten Band von Terkelsens "Astree"[27], die beide aus Rists "Galathee" stammen.

Die geistliche Umtextierung eines weltlichen Liedes — die Kontrafaktur — ist eine in der Geschichte des Kirchenliedes und des geistlichen Liedes weit verbreitete Technik, zu der sich Kingo in der Vorrede an den Leser äußert. Die Verwendung weltlicher Melodien begründet er aber nicht in der seit Luther üblichen Weise, nach der es darum geht, die Jugend durch anmutige Melodien vom Singen sündiger Liebeslieder abzuhalten und der christlichen Lehre zugänglicher zu machen. Vielmehr ist es Kingos Absicht gewesen, durch geistliche Texte "die wohlklingenden und angenehmen Melodien um so himmlischer zu machen" und zwar mit der Intention, das "Gemüt ... desto andächtiger"[28] zu stimmen. Im Zentrum steht also weder die Erziehung noch die

26. Im Jahre 1677 folgte eine zweite mit Leseversen erweiterte Ausgabe, der 1681 ein zweiter Teil hinzugefügt wurde. In diesem zweiten Teil sind die Melodien überwiegend geistlicher Herkunft. Ein großer Teil der Lieder wurde in *Den forordnede Huus-Andagts Psalmebog,* 1703 aufgenommen, während Kingo für seine Kirchengesangbücher meist neue Lieder dichtete, vgl. dazu Kingo: op. cit. Bd. VI B. S. 431 ff. und 515 ff.

27. *Astree Siunge-Choer ... Tredie snees,* København 1654. Für diese Melodie ist Schops Autorschaft nicht eindeutig gesichert. Eine dritte Melodie von Johann Schop ist die aus Rists *Himlische Lieder ... Das dritte Zehn,* Lüneburg 1648 stammende "Werde munter mein Gemüte", vgl. den Kommentar zu den Melodien in: Kingo: op. cit. Bd. VII.

28. Kingo: op. cit. Bd. III. S. 7: "Jeg haver dermed vildet giort de velklingende og behagelige Melodier saa meget mere Himmelske, og dit sind (om det dig befalder) dis mere Andægtigt."

Belehrung, sondern der Begriff der Andacht,[29] die aufmerksame Betrachtung und persönliche Aneignung objektiver Heilstatsachen. Die weltlichen Melodien sind damit in den Dienst einer seelischen Vertiefung der Frömmigkeit getreten. Dies ist für die dichterische Seite der Lieder von Bedeutung. In der Vorrede an den König unterstreicht Kingo mit barockem Nationalstolz, daß die dänischen Dichter es nicht nötig haben, von den Deutschen zu borgen, oder ihnen in der Dichtkunst das Geringste nachzugeben.[30] Es ist mit anderen Worten sein Ziel, den Kunstanspruch der Barockdichtung auf das geistliche Lied anzuwenden und die dänische Lieddichtung auf das Niveau anderer Völker zu heben. Dadurch entsteht ein gewisser Widerspruch zwischen Kunstanspruch und frömmigkeitspsychologischer Funktion des geistlichen Liedes. Der Kunstanspruch hätte eine durch Figuren und Tropen geschmückte hohe Stillage erfordert. Da es aber nicht angeht, die Andacht und die christliche Demut des sündigen Menschen durch künstlerische Glanzleistungen zu stören, erscheint eine niedrige, einfache und allgemeinverständliche Stillage dem geistlichen Lied angemessen.

Diese Spannung ist für die geistlichen Lieder Kingos bestimmend. Zu jeder der angewandten Melodien dichtet er jeweils ein Morgenlied, ein Abendlied und eine Paraphrase eines Davidpsalms. Die Melodie ist also relativ selbständig. Sie besitzt einen gewissen Eigenwert und gibt durch die von ihr bestimmte metrische Form dem Lied ein künstlerisches Niveau. Syntax und Wortwahl der Lieder ist aber bedeutend einfacher als in der

29. Carl-Alfred Zell: Untersuchungen zum Problem der geistlichen Barocklyrik mit besonderer Berücksichtigung der Dichtung Johann Heermanns (1585-1647). Heidelberg 1971, (Probleme der Dichtung, Bd. XII) behandelt S. 79 ff. die Andacht als Stilprinzip der geistlichen Barocklyrik, allerdings mit der irreführenden Ansicht verbunden, daß die Andacht eine Absage an die Rhetorik bedeute, vgl. dazu die in Anm. 11 genannte Abhandlung von Hans-Henrik Krummacher.

30. Kingo: op. cit. Bd. III. S. 6: "Saa vi og her i Danmark, saavelsom de Tydske og andre Landsfolk (af hvilke vi hverken have behov at laane, eller udi Riime-kunsten det ringeste at eftergive) kunde have Psalmer og Sange, til gudfrygtigheds daglige øvelser, som ikke ere taad og udlaant af deris."

Chrysillislied. Die Natureingänge der Morgen- und Abendlieder sind kurz und anschaulich und werden in allgemeinverständlicher Weise auf das Menschenleben und den christlichen Glauben bezogen. Überhaupt bewegen sich die Lieder im Bereich des Alltäglichen. Der Mensch steht auf und verrichtet am Bettpfosten sein Morgengebet, begibt sich zu seinem Tagewerk, oder zündet Licht an, legt die Kleider ab und geht zu Bett, wobei die alltäglichen Verrichtungen Gegenstand religiöser Betrachtungen über die Kürze des Lebens und die Hoffnung auf ewige Seligkeit werden.

Ähnlich wie im Falle von Kingos Parodie des Voigtländerschen Liedes ändert sich dabei die Rolle der Melodie. Die Kontrafaktur bedeutet, daß die emotionale Ausdruckskraft der Melodie, etwa die Liebesklage in Terkelsens Ristübersetzung, zu einem Ausdruck des Sündenbewußtseins und der religiösen Sehnsucht umgebogen wird. Die weltlichen Melodien bedeuten keineswegs eine Veräußerlichung des Glaubens, sondern geben den Liedern in künstlerischer Hinsicht eine zeitgemäße Gestalt und unterstützen gleichzeitig die Andacht. Sowohl die Melodie als auch der Text sind relativ einfach und stehen in einem ausgewogenen Verhältnis zueinander, was der Sangbarkeit der Lieder zugute kommt. Neben seiner Parodie des Liedes von Voigtländer[31] sind Kingos Kontrafakturen damit Beispiele eines produktiven Zusammenwirkens von Musik und Dichtung.

Wie bekannt resultierte die Weiterentwicklung des Generalbaßliedes um 1700 in einer Auflösung der Liedform. Sowohl die Melodien als auch die Texte verloren ihre Einfachheit und damit auch ihre Sangbarkeit, indem sie dem italienischen Arienstil beziehungsweise dem spätbarocken Manierismus verfielen. Obwohl im Bereich des Pietismus der Einfluß des weltlichen Liedes nicht unbedeutend war, entstanden hier sangbare Lieder. Die Funktion des geistlichen Liedes und des Kirchenliedes in den Konventikeln und in der Kirche brachte es mit sich, daß die Forderung der

---

31. In diesem Zusammenhang muß auch das zweite Verlobungsgedicht Kingos, das an Birgitte Balslev gerichtete Lied "Candida" genannt werden (Kingo: op. cit. Bd. I. S. 95 ff.). Kingo dichtete zu dieser Melodie, deren Ursprung nicht geklärt ist, auch sein berühmtes Kirchenlied "Far, Verden, far vel", vgl. Kingo: op. cit. Bd. VII. S. 33.

Allgemeinverständlichkeit und der Einfachheit innerhalb dieser
Gattung ein besonderes Gewicht bekam, und die Sangbarkeit der
pietistischen Lieder ist damit nicht zuletzt auf ihre Verwurzelung in
der reformatorischen Liedtradition zurückzuführen.
Das Lied des deutschen Pietismus wurde durch H.A. Brorson in
die dänische Literatur eingeführt.[32] Auch im Falle der literarisch
bedeutenden Lieddichtung Brorsons spielen das weltliche Lied und
das Zusammenwirken von Übersetzung, Parodie und Kontrafaktur
eine wesentliche Rolle. Er wirkte in den dreißiger Jahren des 18.
Jahrhunderts in der zweisprachigen Stadt Tondern in Westschles-
wig, wo er eine Reihe kleiner Hefte mit Kirchenliedern herausgab,
und nachdem er 1737 nach Ripen, wo er zuerst Stiftsprobst und
1740 Bischof wurde, übergesiedelt war, erschien 1739 sein bekanntes Gesangbuch *Troens rare Klenodie*[33] (Des Glaubens seltenes
Kleinod), das wichtigste Erbauungsbuch des Pietismus in Dänemark. Zwei Drittel der Lieder dieses Gesangbuches sind Übersetzungen aus dem Deutschen und zwar meistens aus dem 1731 von
Johann Hermann Schrader herausgegebenen "Tondernschen Gesangbuch",[34] dessen Lieder zum größten Teil aus den beiden von
J.A. Freylinghausen in Halle herausgegebenen Gesangbüchern
stammen,[35] aus denen Brorson aber auch direkt übersetzt hat.
Ähnlich wie bei Søren Terkelsen haben die Melodien bei der
Übersetzung eine entscheidende Rolle gespielt. Die Verbreitung der
pietistischen Frömmigkeit wurde nicht zuletzt von den neuen
Halleschen Melodien getragen, und Brorson wurde bei seiner
Übersetzertätigkeit wahrscheinlich von der Absicht geleitet, Text-
grundlagen für die Aufnahme der neuen Melodien und damit auch
der pietistischen Erweckung in den dänischsprechenden Teilen der
Bevölkerung Westschleswigs zu schaffen. Von ganz seltenen Aus-

32. Vgl. Steffen Arndal: "Den store hvide Flok vi see ..." H.A.
Brorson og tysk pietistisk vækkelsessang, Odense 1989. (Odense University Studies in Literature, Vol. 24).
33. Hans Adolph Brorson: Samlede Skrifter I-III. Hrsg. im Auftrag
von Det danske Sprog- og Litteraturselskab von L.J. Koch. København
1951 -. Bd. I und II.
34. *Vollständiges Gesangbuch*. Tondern 1731.
35. *Geist-reiches Gesang-Buch* .... Halle 1704 und *Neues Geist-reiches
Gesang-Buch* .... Halle 1714.

nahmen abgesehen, ändert er deshalb nicht die Melodien der Vorlagen, die für Form und Metrik der Übersetzungen bestimmend bleiben. Was die Sprache und den Inhalt der Lieder betrifft, sieht es anders aus. Im Gegensatz zu Terkelsen besaß Brorson eine nicht unbedeutende literarische Bildung, und seine Lieder sind vor allem durch den künstlerisch anspruchsvollen Stil Thomas Kingos geprägt. Dieser spätbarocke Ausgangspunkt verbindet sich aber mit einer für den pietistischen Erweckungsgesang charakteristischen, improvisatorischen Spontaneität. Ähnlich wie im deutschen Pietismus bahnt sich dadurch eine beginnende Abwendung von der Rhetorik an. Brorson verwendet das ganze Arsenal spätbarocker Bildlichkeit in einer oft unbekümmerten Weise, wobei er die Wirklichkeitsnähe der Kingolieder mit der vertieften religiösen Emotionalität der deutschen Vorlagen[36] verbindet.

Durch diese Übersetzungen wurden die Melodien der halleschen Gesangbücher in die Tradition des dänischen geistlichen Liedes und des dänischen Kirchenliedes eingeführt. Seine eigenen Lieder dichtete Brorson aber auf schon eingebürgerte Melodien, unter denen neben solchen älteren Ursprungs auch viele ursprünglich weltliche Melodien aus Kingos *Aandelig(t) Siunge-Koor* zu finden sind. Diese Parodien belegen die Durchschlagskraft der Kingoschen Melodien, verhalten sich aber den Texten Kingos gegenüber ganz selbständig, indem sie nur Melodie und Strophenform für ein ganz neues Lied pietistischen Inhalts benutzen.

In einem Lied scheint eine Variation im Strophenbau auf die Existenz bearbeiteter Nebenformen der Melodie aus *Anndelig(t) Siunge-Koor* hinzudeuten. Das Lied "Halleluja! jeg har/ Min JEsum funden"[37] hat als Melodieangabe "Nu rinder solen op etc."

36. Neben einer größeren Gruppe von Liederdichtern des Barock, unter denen Johann Rist, Paul Gerhardt und Johann Scheffler vertreten sind, übersetzt Brorson Lieder bekannter pietistischer Liederdichter wie Christian Friedrich Richter, Laurentius Laurenti u.a. Vgl. auch Steffen Arndal: H.A. Brorson und die Tradition des reformatorischen Liedes in Deutschland. In: Das protestantische Kirchenlied im 16. und 17. Jahrhundert, Text-, musik- und theologiegeschichtliche Probleme. Hrsg. v. Alfred Dürr und Walther Killy. Wiesbaden 1986 (Wolfenbütteler Forschungen, Bd. 31) S. 109 ff.

37. Brorson: op. cit. Bd. II. S. 240.

aus *Aandelig(t) Siunge-Koor* I,6, eine möglicherweise von Johann Schop komponierte Melodie zu Johann Rists "Zerbrich, o traurigs Hertz", die Kingo aus Terkelsens *Astree Siunge-Choer* III,7 übernommen hatte.[38] (Notenbeispiel 2.)

Die Variation der achtzeiligen Strophe bei Brorson hat aber die längere fünfte Zeile in zwei gereimte Hälften aufgeteilt und die Übereinstimmung zwischen Strophenform und Melodie durch eine Wiederholung der vorletzten Zeile wiederhergestellt. Das Lied bekommt dadurch einen einfacheren, ernsteren Charakter, der mit dem pietistischen Heiligungsstreben der wiedergeborenen Seele übereinstimmt:

> Halleluja! jeg har
> Min JEsum funden,
> Hans naades glands er klar
> I mig oprunden,
> Nu seer jeg veyen til
> GUds frydebolig,
> Nu kand, nu skal, nu vil:,:
> Jeg vandre trolig.[39]

Mit seiner Verknüpfung von melodischer und sprachlicher Simplizität mit verinnerlichter religiöser Emotionalität zeigt diese Strophe eine pietistische Variante der Rezeption des deutschen weltlichen Liedes in Dänemark.

Neben der Übersetzung und der Parodie ist auch die Kontrafaktur in *Troens rare Klenodie* vertreten und zwar in der Form eines Morgenliedes und eine Abendliedes,[40] die als Melodieangabe die erste Zeile von Kingos *Chrysillis* verzeichnen, und von denen vor allem das erste, nicht zuletzt wegen einer Reihe textlicher Anklänge, als ein Gegenstück zu dem Verlobungsgedicht Kingos aufzufassen ist. Gegenüber dem langen, beschreibenden Lied Kingos zeichnet sich das fünfstrophige Morgenlied durch eine klarere Übereinstimmung der syntaktischen und semantischen Glieder mit der

38. Kingo: op. cit. Bd. VII. S. 29 und 46.

39. Halleluja! ich habe/ meinen Jesus wiedergefunden,/ Der Glanz seiner Gnade ist klar/ in mir aufgegangen,/ Nun sehe ich den Weg zu/ Gottes Freudenwohnung,/ Nun kann, nun muß, nun will/ ich treulich wandern.

40. Brorson: op. cit. Bd. II. S. 346 ff.

Notenbeispiel 2:

Den sjette Morgensang

Nu rin-der So-len op Af Ø-ster-li - de, For-

gyl-der Klip-pens Top Og Bjer-gets Si - de, Vær glad, min

Sjæl, og lad din Stem-me klin - ge, Stig op fra Jor-dens

Bo, Og med din Tak og Tro Til Him-len svin - ge.

metrischen Form aus. Wo Kingo manchmal den Gang der Melodie durch einen syntaktischen Einschnitt unterbricht, ist Brorsons Text der Melodie durchgehend angepaßt und nutzt damit in höherem Maße den Ausdruckswert der melodischen Abschnitte zu einer Profilierung der semantischen Bezüge innerhalb der Strophe. In dieser Weise wird in der ersten Strophe der Tagesanbruch auf das Aufwachen des Herzens bezogen:

> See dagen bryder fremd med magt,
> Giør himlen lys igien,
> Og driver mørket hen.
> Op hierte paa din morgen-vagt!
> Lad ingen trygheds blund
> Formørke naadens stund;[41]

Durch den gleichen melodischen Bau der beiden Abschnitte wird der Parallelismus zwischen Licht und Dunkel in der Natur und Wachsamkeit und Schlaf der Menschen hervorgehoben. Im Gegensatz zu ähnlichen Gedankengängen in Kingos Morgenliedern betont Brorson die pietistische Erweckungspsychologie und den geistigen Zustand des Menschen, der weiter unten auf die Nähe des Todes aufmerksam gemacht wird. In gleicher Weise werden in der zweiten Strophe Jesu Wunden eingeführt:

> Kom morgen-røde rosen-skiøn!
> Giør himlen lys og blaa,
> At mørket vige maa!
> Min morgen-røde er GUds søn,
> Hans vunders røde glans
> Forfrisker sind og sands,
> JEsu død,
> Purpur-rød
> Giør mig sielen himmel-blaa,[42]

41. Siehe der Tag bricht mit Macht hervor,/ Macht den Himmel wieder hell,/ Und vertreibt die Dunkelheit. Auf Herz auf deine Morgenwache!/ Laß keinen Schlummer der Sicherheit/ die Stunde der Gnade verdunkeln.

42. Komm Morgenröte rosenschön!/ Mach den Himmel licht und blau,/ Daß die Dunkelheit weichen muß!/ Meine Morgenröte ist Gottes Sohn,/ Der rote Glanz seiner Wunden/ erfrischt Gemüt und Sinn, Jesu Tod/Purpurrot/ Macht mir die Seele himmelblau.

Jesu Wunden werden als eine Morgenröte in der Seele erlebt, und das Licht und die Farben Rot und Blau werden sowohl mit der Natur, mit Jesu Wunden und mit ihrer Wirkung in der Seele verknüpft. Ähnlich wird am Schluß der Strophe der Morgentau, der nach damaliger Ansicht aus der Morgenröte kommt und eine besondere reinigende Wirkung besitzt, mit Jesu Blut verbunden.

Das innige Verhältnis zwischen Jesus und der Seele steigert sich in der folgenden Strophe zu einer Tag und Nacht andauernden Lebensgemeinschaft, die während der Nacht ihren Höhepunkt erreicht, indem die Seele vor dem Vergehen der Nacht Jesu Kuß empfängt. Dieses Motiv aus der bernhardinischen Mystik[43] leitet zu der vierten Strophe über, wo Brorson seine Dankbarkeit und Treue Jesus gegenüber zum Ausdruck bringt und in einer an Kingos Lied erinnernden Weise die stoische Ausdauer der Liebe betont, während die Schlußrede einen Ausblick in die Ewigkeit hinzufügt.

Wo Kingos Parodie die frivole Doppelbödigkeit der Liebesauffassung in dem Lied Voigtländers ethisch überhöht, geht Brorsons Kontrafaktur einen Schritt weiter, indem sie die Liebe auf die Jesusgestalt überträgt und in Übereinstimmung mit pietistischer Erweckungspsychologie spiritualisiert. Die ursprüngliche spielerische Leichtigkeit der Voigtländerschen Melodie, die bei Kingo in einen Ausdruck freier und redlicher Gefühle umgebogen worden war, wandelt sich dadurch erneut und zwar in eine an die geistlichen Hirtenlieder Johann Schefflers erinnernde naive Inbrunst der glaubenden Seele.

In *Troens rare Klenodie* stehen die beiden Kingo-Kontrafakturen vereinzelt neben den Übersetzungen und den Parodien geistlicher Lieder. In dem 1765 postum herausgegebenen *Svane-Sang*[44] (Schwanengesang), das nur zwei Übersetzungen enthält, spielt die Kontrafaktur aber eine beherrschende Rolle. Nach Aussage des Herausgebers[45] handelt es sich um Lieder, die Brorson in den letzten Jahren seines Lebens gedichtet hatte, um in seinen oft

---

43. Brorson wegen seiner Verwendung einer Terminologie aus der bernhardinischen Tradition als Mystiker zu bezeichnen, wäre aber verfehlt, vgl. die in Anm. 32 genannte Arbeit des Verf.
44. Brorson: op. cit. Bd. III.
45. Brorson: op. cit. Bd. III. S. 29.

großen seelischen und körperlichen Leiden sich selbst und seine Familie im Glauben zu ermuntern.

Dabei verwendete er Melodien, die von Angehörigen der Familie fast alle als "altmodische lustige Gesellschaftslieder"[46] beschrieben wurden. Leider sind die ursprünglichen Melodien bis auf wenige Ausnahmen nicht überliefert. Arthur Arnholtz[47] hat aber den Versuch unternommen, von den Strophenformen der Lieder ausgehend mögliche Melodien zu identifizieren. Während die Lieder in *Troens rare Klenodie* meistens eingebürgerte Strophenformen des Kirchenliedes benutzen, sind die Lieder in *Svane-Sang* in großem Ausmaß Arien in A:B:A-Form, Duette oder kleine Kantaten, und als Melodien kann Arnholtz Stücke u.a. aus Sperontes *Singende Muse an der Pleiße* (1736-1745) wahrscheinlich machen. Bekanntlich verwendet diese Sammlung die schon von Voigtländer benutzte und für "die liederlose Zeit" am Anfang des 18. Jahrhunderts charakteristische Technik, in Ermangelung eigentlicher Lieder gangbare Instrumentalsätze, Tänze und Arien zu bearbeiten und mit Texten zu versehen. Ein großer Teil der Melodien in Brorsons *Svane-Sang* sind wahrscheinlich solche von Durchgangsnoten und Verzierungen geprägte Gebilde, die wegen ihrer spielerischen Leichtigkeit in einer geistlichen Liedersammlung überraschen.

Dementsprechend haben die Texte der Lieder einen geradezu virtuosen Charakter. Brorson versteht es, mühelos mit komplizierten Strophenformen, metrischen Variationen und ineinander verschlungenen Reimen umzugehen, und verwendet Binnenreim, Assonanz und Alliteration in großem Ausmaß. Dieser spätbarocken Artistik gegenüber sind Syntax und Gedankengang der Lieder verhältnismäßig einfach. Es entstehen dadurch Lieder, die durch ihre Verknüpfung von gedanklicher Einfachheit mit spielerischer Virtuosität nicht ohne Grund dem Rokoko zugerechnet werden.

Die Eigenart von Brorsons *Svane-Sang* ist aber vor allem darauf zurückzuführen, daß diese Rokokolieder die pietistische Er-

---

46. "Gammeldags muntre Selskabssange", Brorson: op. cit. Bd. III. S. 12.

47. Vgl. die Abhandlung *Brorsons sangkunst*, in: Brorson: op. cit. Bd. III. S. 483 ff.

weckungsfrömmigkeit aus *Troens rare Klenodie* konsequent weiterentwickeln. Da es sich um Lieder zum Privatgebrauch handelt, treten der missionarische Aspekt der Lieder und damit die oft kraß naturalistischen Beschreibungen der Sünde oder der Hölle zurück. Dafür wird die Jesusliebe bis an die Grenze mystischer Inbrunst gesteigert und verbindet sich mit einer visionären Ewigkeitssehnsucht, die den Tod als Befreiung aus den irdischen Leiden herbeiwünscht und die eschatologische Perspektive betont, wobei der Untergang der Welt in nächster Zukunft erwartet wird.

Als Beispiel kann auf das Lied "Den store hvide Flok vi see"[48] hingewiesen werden. Zu diesem Lied gibt es in einem Exemplar der Universitätsbibliothek Kopenhagen als Melodieangabe die handschriftliche Eintragung "Studenter Mars" (Studentenmarsch), die Arthur Arnholtz mit großer Wahrscheinlichkeit als die Melodie des Liedes "Der Abschiedstag bricht nun herein" aus Sperontes *Singende Muse an der Pleiße* identifiziert hat. Der Text beschreibt in Anlehnung an Offb. 7,9-12 den Lobgesang der erlösten Scharen im Himmel auf dem Hintergrund der Leiden ihrer irdischen Pilgerschaft. Dabei verbinden sich die visionäre Perspektive, die lebendige Naturmetaphorik, die Pilgerschaft und der Gesang der Erlösten in eindrucksvoller Weise mit dem Schwung der Marschmelodie:

> Den store hvide Flok vi see,
> Som tusind' Bierge fuld af Snee,
> Med Skov omkring
> Af Palme-Sving,
> For Thronen. Hvo er' de?
> Det er en Helte-Skare, som
> Af hiin den store Trængsel kom,
> Og har sig toed
> I Lammets Blod
> Til Himlens Helligdom.
> Der holde de nu Kirke-Gang,
> Med u-ophørlig Jubel-Klang,
> I høje Chor,
> Hvor GUd han boer,
> Blant alle Englers sang. (Str. 1)[49]

48. Brorson: op. cit. Bd. III. S. 123.
49. Die große weiße Schar wir sehen,/ Wie tausend Berge voll von

Die beiden folgenden Strophen des dreistrophigen Liedes variieren dieselbe Thematik, so daß dieses Lied mit seinem Ewigkeitsenthusiasmus eine Hauptgruppe von Liedern in *Svane-Sang* vertritt.[50]

Daneben gibt es aber auch eine von tiefer Innerlichkeit und verhaltener Jesusliebe getragene Gruppe von Liedern, die das Verhältnis zwischen Jesus und der glaubenden Seele in einer mit der Mystik verwandten Weise gestalten, und von denen viele mit Vorliebe die Motivik des Hohenliedes verwenden.[51] In diesen Liedern verwandelt die Klangvirtuosität Brorsons die Sprache in eine Wortmusik, die mit der spielerischen Leichtigkeit der ursprünglich weltlichen Melodien verbunden ein eigenartiger Ausdruck vergeistigter Erotik wird.

Die Lieder in Brorsons *Svane-Sang* sind damit ein hervorragendes Beispiel der schöpferischen Vielfalt, die von Terkelsens Übersetzungen über Kingos Parodien und Kontrafakturen bis hin zu Brorsons Übersetzungen und Originalliedern die Rezeption des deutschen weltlichen Liedes in Dänemark im 17. und 18. Jahrhundert charakterisiert.

Schnee,/ Mit Wald herum/ Von Palmen-Schwung,/ Vor dem Throne. Wer sind sie?/ Es ist eine Heldenschar, die/ Aus jener großen Bedrängnis kam,/ Und sich gereinigt hat/ Im Blut des Lammes/ Für das Heiligtum des Himmels./ Da halten sie jetzt Kirchgang,/ Mit unaufhörlichem Jubel-Klang,/ Im Höhern Chor,/ Wo Gott wohnt,/ In dem Gesang aller Engel.

50. Vgl. z.B. die Lieder Nr. 284, 285, 286, 299 und 302 in: Brorson: op. cit. Bd. III.

51. Vgl. z.B. die Lieder Nr. 308, 310, 314 und 327 in: Brorson: op. cit. Bd. III.

Louis Peter Grijp

'FUSSBANK': STROPHENVERGLEICHUNG ALS HEURISTISCHES VERFAHREN, GEPRÜFT AN EINIGEN DEUTSCHEN BAROCKLIEDERN NACH HOLLÄNDISCHEN MUSTERN

Dieser Beitrag enthält eine Vorführung der sogenannten Fußbank (auf holländisch: *Voetenbank*), ein heuristisches Instrument aufgebaut im Rahmen eines Forschungsprojekts, das seit 1990 im niederländischen Volksliedarchiv des P.J. Meertens-Instituts in Amsterdam weitergeführt wird. Es handelt sich um einen Elektronischen Datenverarbeitungskatalog mit Strophenformen von etwa 6.000 holländischen Liedern aus der ersten Hälfte des 17. Jahrhunderts, erstellt mit der Absicht, Melodien von Liedern ohne Tonangabe oder ohne lösbare Tonangabe aufzufinden. Dabei wurde von der Prämisse ausgegangen, dass viele strophische Texte ohne Tonangabe Lieder sind, speziell Kontrafakte, z.b. gewisse Reyen in den Tragödien Hoofts und Vondels. Diese Vermutung hat sich inzwischen für das holländische Repertoire weitgehend bestätigt.[1]

Ein besonderes Merkmal der benutzten Kodierung ist die Gleichberechtigung dreier strophischen Parameter, nämlich die Zahl der Hebungen, der Reimklang und das Reimgeschlecht, im Gegensatz zu deutschen Arbeiten von z.b. Zahn, Schlawe und Frank, die die Zeilenzahl als ersten Sortierschlüssel nehmen.[2] Wenn man die Parameter gleichberechtigt, wird die Heuristik kaum beeinflußt

1. L.P. Grijp: VOETENBANK. Een methode om melodieën te zoeken bij Liedteksten, beproefd op de reien in de "Geeraerdt van Velsen" van P.C. Hooft (1613). In: Tijdschrift van de Vereniging voor Nederlandse muziekgeschiedenis 34 (1984) S. 26-48. Umfassender in L.P. Grijp, Het Nederlandse Lied in de Gouden Eeuw. Het mechanisme van de contrafactuur. Amsterdam 1991. Ab S.227.

2. J. Zahn: Die Melodien der deutschen evangelischen Kirchenlieder. Gütersloh 1889-93, Reprint 1963. Ordnung nach Zeilenzahl, Verstyp,

von formellen Änderungen, die es am Ende der Strophen gibt. Bei unserer Methode ist es ziemlich unwichtig, ob die Zeilenzahl bei der Kontrafaktur genau erhalten ist.
Die Parameter werden für jeden Vers einzeln bestimmt und in eine Kodierung festgelegt. Ein Beispiel:

Anemone, mijne Schone,
Mijne Krone,
Mijner Ziele vreugd en lust;
Ach! Waarom doch toont uw herte
Zo veel smerte?
Houdt uw Zieltjen maar gerust.

Spaart den peerlendauw der tranen,
welke banen
eenen weg door Uw gezicht,
tot de rozenrode lippen;
daar ze slippen
in uw mond, mijn Engelwicht.

Diese Strophen haben das Sigel 4a 2a 4B 4c 2c 4B. Die Zahlen beziehen sich auf die Hebungen, die Buchstaben auf den Reim. Hierbei bedeuten Majuskel männlichen Reim, Minuskul klingenden. Andere formelle Parameter wie Auftakte (Verseingang), Binnenreime und Textwiederholungen werden auf einer zweiten Ebene beschrieben, wie wir in weiteren Beispielen sehen werden. Die Versfüllung (die in den Versen benutzten Versfußtypen) gehört zu einer dritten Ebene.[3]

Silbenzahl. F. Schlawe: Die deutschen Strophenformen. Systematisch-chronologische Register zur deutschen Lyrik 1600-1950. Stuttgart 1972. Ordnung nach Zeilenzahl, Fußzahl der einzelnen Verszeilen, Art der Füße. H.J. Frank: Handbuch der deutschen Strophenformen. Wien 1980. Ordnung nach Zeilenzahl, Hebungenzahl der einzelnen Verszeilen, Verseingang, Versfüllung, Kadenzenfolge, Reimschema.

3. Die Idee ist, daß auf der ersten Ebene diejenigen notiert werden, auf denen man am besten suchen kann, d.h. diejenigen Parameter, die in der Kontrafaktur des bewußten Repertoires die stabilsten sind. Die Parameter auf den zweiten und dritten Ebenen erfassen zusätzliche Information. Die Zeilenzahl ist im holländischen Kontrafaktrepertoire ein recht unstabiler Parameter, der dort kaum als erster Schlüssel zu benutzen wäre.

Man sucht das Sigel in der Fußbank auf, entweder direkt im EDV-System oder in einer abgedruckten alphabetischen Liste. Das Ergebnis zeigt Beispiel 1: Von links nach rechts sieht man die Sigel, die Quellen, die Tonangaben (bezeichnet mit W für Weise), darunter die Melodienormen (N für Norm) und schließlich die Textanfänge (I für Incipit) und die Angabe, ob es Noten gibt (M für Musik). Man sieht in der Liste, daß Lieder mit der Form von "Anemone, mijne schone" entweder auf Psalmenmelodien gesungen werden oder auf die Weise des weltlichen Liedes "Polyfemus aan de strande". Normalerweise werden Liebeslieder nicht auf Psalmenmelodien gesungen, aber heißt das, daß wir mit diesem "Polyfemus" die Originalmelodie des Anemone-Liedes gefunden haben? Wenn es sich um ein gewöhnliches holländisches Lied ohne Tonangabe gehandelt hätte, könnte man das wohl annehmen: Die häufige Anwendung dieser ziemlich charakterischen Strophenform für nur eine weltliche Melodie wäre ein genügender Beweis, vorausgesetzt, daß das Contrafaktum aus etwa derselben Zeit datiert wie das Muster.

Aber ist "Anemone" wirklich ein gewöhnliches holländisches Lied? Es kommt aus dem *Rosen- und Liljentahl* (Hamburg 1670) von Philipp von Zesen und hat dort eine Sangweise vom Hamburger Ratsmusiker Dietrich Becker.[4] In Beispiel 2 sieht man, wie genau Becker dem Text gefolgt ist. Es gibt selbst eine kleine rhetorische Figur, die Achtelpause nach "Ach!", ein Sospiro. Der Rhythmus is äußerst einheitlich, so sehr, daß die Melodie ohne Text kaum existieren kann. Die Melodie ist also deutsch, aber die im Text genannte Anemone war ein holländisches Mädchen, das gewiß nicht Beckers, aber vielleicht die Polyfemus-Melodie gekannt hat. Wichtiger noch ist es, daß Zesen dieselbe Strophenform für andere Lieder in holländischer und deutscher Sprache verwendet hat, unter denen auch zwei mit der Tonangabe: "Polyfemus aan de strande". Die Noten der Originalmelodie stehen dabei.[5] Wir

---

4. F. van Ingen u.a., Philipp von Zesen — Sämtliche Werke. Lyrik II. Berlin 1984. S. 157.

5. "Schoonste Lely, kuysche Bloeme" (*Jugend-Flammen* 21) und "Tauet auf, ihr starre sinnen" (*Rosen- und Liljentahl* 79), beide mit der Tonangabe "Polifemus aan de strande" und der Originalmelodie in Noten. "Ach! wat voel ik angst en smerte" (RL 54) hat dieselbe Strophenform, aber keine Tongabe und eine andere Melodie.

schließen, daß Zesen das Lied für seine Anemone ursprünglich auf die holländische Melodie geschrieben hat (Beispiel 3), daß Becker aber später das Lied neu komponiert hat. Der Originaltext vom Polyfemus-Lied ist von Cornelis Stribée und handelt vom Zyklop Polyphem, der Galathea den Hof macht:[6]

> Poliphemus aende Stranden,
> voelde branden
> Sijn wreet hart in heete min,
> Met een Seyse hy hem scheerde,
> ende hy keerde
> Met sijn eenoogh t'Zeewaert in.

Mit dem Inhalt des Liedes für Anemone hat es nichts zu tun. Die Melodie ist, wie so oft in diesem Repertoire, französischen Ursprungs: Die Tonangaben in den holländischen Quellen nennen "Belle bergière champêtre" und "Marguerite, une petite, belle".[7] Die letzte ähnelt dem Anfang von Zesens Lied; vielleicht hat Zesen hier direkt nach dem Französischen gearbeitet. Jedenfalls war "Anemone, mijne schone" ursprünglich ein gewöhnliches holländisches Kontrafakt, wovon es in dieser Zeit viele Tausende gegeben hat.

Wir hätten die Fußbank nicht wirklich nötig gehabt, um zu diesen Folgerungen zu kommen; ein Blick durch Zesens Strophenformen hätte genügt, und den Originaltext des Polyfemusliedes hätte man auch mit den traditionellen Hilfsmitteln finden können, z.B. mit dem Textincipitkatalog des niederländischen Volksliedarchivs im P.J. Meertens-Institut zu Amsterdam, oder in F. van Duyse's Standardwerk *Het oude Nederlandsche lied*. Nun lassen wir jedoch einige Beispiele von deutschen Liedern folgen, bei denen die

---

6. Nach Amsterdams Minnebeeckje. Amsterdam 1645. S. 118. 'Leere' Tonangabe ("Stemme: "), aber mit der Melodie in Noten. In den *Jugend-Flammen* ist die Melodie identisch: Zesen hat sie offenbar aus dem Minnebeeckje entnommen. Im *Rosen- und Liljentahl* sind zwei Verbesserungen durchgeführt worden (Takt 4 c' statt b; Takt 9 letzte zwei Notenwerte verdoppelt).

7. C. Stribée. Chaos. Amsterdam 1643. S. 27 (Tonangabe: "Belle bersieeres Ian Peetre, &c"). Haerlemsche Laurierkrans. 1643. S. 8 (Tonangabe: "Marguerite, une petite, belle, &c.").

holländischen Muster ohne Fußbank nicht oder schwer zu finden wären.

Das erste Beispiel stammt aus Heinrich Alberts *Arien* (2. Buch 1640): "Rede einer verstorbenen Jungfrau aus dem Grabe", bezeichnet "Aus dem Holländischen, von Robert Roberthin". Albert komponierte eine sehr klägliche, phrygisch-äolische Melodie dazu (Beispiel 4).

> Wie lieg ich hie! wie muss ich starren,
> Ohn Leben, ohn Verstand, ohn Sinn!
> Ach daß doch, die der Welt nachnarren,
> Jetzt lernten, was ich nunmehr bin!
> Die, so nur hie in eiteln Lüsten
> Ihr wüstes Leben mehr verwüsten.

Wir kodieren diese Strophe:

. . . . . .
4a 4B 4a 4B 4c 4c

Die Punkte bedeuten Auftakte, in diesem Fall Jamben (eine Zahl ohne Punkt würde ein Trochäus bedeuten, wie im Lied Philipp von Zesens). Die Strophe von Roberthins Lied ist sehr regelmäßig. In der Fußbank findet man zehn identische Sigel, davon neun mit Punkten. Acht davon haben die Melodie "Hoe lig ik hier in deze Ellende". Dieser Textanfang ähnelt dem deutschen Text "Wie lieg ich hie! wie muss ich starren", und wenn wir den vollständigen holländischen Liedtext, anonym überliefert im *Haerlems Oudt Liedtboeck* von etwa 1630, dazunehmen, erweist er sich tatsächlich als Roberthins Vorlage. Die Melodie zu diesem Text ist bekannt aus einer zeitgenössischen Quelle, der *Urania* (1648) von Dirck Pers, so daß man sich die Vorlage auch klanglich vorstellen kann (Beispiel 5).

Es handelt sich hier also um eine Übersetzung, wobei Roberthin die Strophenform exakt kopiert hat, vielleicht ohne die Originalmelodie zu kennen. Albert komponierte jedenfalls einen neuen Satz dazu.

Mein zweites Beispiel kommt aus den *Liebesgrillen* Jakob Schwiegers (1654), die unter anderem Übersetzungen vom Haager

Dichter Jacob Westerbaen enthält.[8] Unser Lied ist wie das vorige nur mit "Aus dem Holländischen" bezeichnet.

> Sag' an ist Schöner wass?
> als wan das Rosenblüth mit weiss ist halb besprenget
> Und, wen mit Morgennass,
> die Blätter sein betaut dass es wie Pärlen hänget.
> wie schöne dieses sey,
> kompt es doch gantz nicht bey
> der Zierd' und schönheit meiner schönen!
> die alle Rosen kan verhönen.

Die Musik komponierte Michael Zaccheus (Beispiel 6). Seine Melodie ist etwa im Stil von derjenigen Beckers "Anemone, mijne Schone", aber rhythmisch etwas variierter. Die Strophenform ist

3A 6b 3A 6b 3C 3C 4d 4d

Eine ziemlich charakteristische Strophe, die jedoch in der Fußbank nicht vorkommt. In solchen Fällen kann man in unserem EDV-System nach verwandten Formen suchen, z.b. indem man den Unterschied von Majuskel und Minuskel negiert (d.h. von stumpfem und klingendem Reim). Suchen wir auf diese Weise das Sigel 3A 6B 3A 6B*. Das Textincipit eines der gefundenen Lieder, "Waer isser schoonder schoon", ähnelt der Bedeutung nach Schwiegers "Sag an ist Schöner wass", und wenn wir das holländische Lied Jan Harmensz Kruls in seiner Quelle[9] aufsuchen, erweist es sich tatsächlich als Vorlage Schwiegers (Beispiel 7). Die Originalmelodie, bei Krul mit der Tonangabe "Die mint die lijdt veel pijn" bezeichnet, kann man wieder bei Pers finden.[10] In den *Liebesgrillen* ist sie von Zaccheus ersetzt worden. Schwieger hat die Strophenform leicht geändert:

Krul: 3A 6B 3A 6B 2C 3C 3D 4D

Schwieger: 3A 6b 3A 6b 3C 3C 4d 4d

8. J.H. Baron. Dutch influences on the German secular solo-continuo lied in the mid-seventeenth century. In: Acta Musicologica 43 (1971) S. 43-55.

9. J.H. Krul. Minnespiegel ter Deugden. Amsterdam 1640. S. 12.

10. D. Pers. Bellerophon. Amsterdam 1640-48. S. 184.

Bei Krul ist die Strophe unregelmäßiger als bei Schwieger, der Kruls Form auszugleichen versucht hat. Krul hat nur stumpfe Reime, Schwieger macht sie abwechselnd stumpf und klingend. Kruls Zwei- und Dreiheber mit Reimklang C werden gleich lang gemacht. Die letzte Zeile, bei Krul ein unerwarteter Trochäus (ohne Punkt), wird bei Schwieger ein Jambus (mit Punkt), wie alle anderen Zeilen. Diese Umgestaltungen illustrieren einen bemerkenswerten Unterschied zwischen holländischem und deutschem Versbau: die holländischen Dichter schreiben Contrafakta und folgen dem Bau der Melodie genau, auch wenn dieser unregelmässig ist; die deutschen schreiben regelmäßige, barocke Strophen in der Erwartung, daß die Komponisten sie befolgen werden. Man sieht: in Holland hat es keinen Opitz gegeben.

Mein Beispiel 8 habe ich den *Allerhand Oden und Lieder* Gabriel Voigtländers (1642) entnommen. Schon 1910 wies Kurt Fischer darauf hin, daß Voigtländer in einigen Liedern Texte des niederländischen Dichters Jacob Cats nachgeahmt hat. Es gibt in den *Oden* auch Melodien, die aus den Niederlanden stammen.[11] Beispiel 8 zeigt den Anfang des Liedes, von dem die ersten zwei Zeilen lauten:

> Fillis saß in einem Böttgen,
> Coridon pfiff auff dem Flöttgen

In der Quelle trägt das Lied keine besonderen Anweisungen. Die Strophenform, 4a 4a 4B 4c 4c 4B, kommt in der Fußbank häufig vor. Das Lied "Deianira roeide in een schuitje" (erste zwei Lieder, einmal als Weise und einmal als Incipit) scheint etwas mit Voigtländers "Fillis saß in einem Böttchen" zu tun zu haben. Das Lied ist vom berühmten holländischen Dichter Joost van den Vondel, der es 1625 schrieb. Es fängt an:

> Dianier roeyde in een schuytjen
> Met haer keeltjen, onder 't fluytjen,
> Van haer vryer Corydon.

---

11. Z.B. die Melodie für Nr. 15, in den Niederlanden oft als "Zal ik nog langer in hete tranen" bezeichnet. Fischer verweist schon 1910 darauf, daß die Melodie von Nr. 37 im Amsterdams Minnebeekje (1658; auch schon 1638) vorkommt, wenn sie auch französischen Ursprungs ist ("Heureux sejour de Parthenisse et d'Alidor").

Trotz dieses gleichlautenden Anfangs sind Vondels und Voigtländers Texte weiter stark verschieden. Bei Vondel sitzen das
Mädchen und Coridon zusammen im Bötchen. Er will heiraten
und sie nicht. Nach einem Dialog fängt es zu stürmen an, und die
Geliebten ertrinken. Typisch im Renaissancestil ist das Paradox
der ersten Umarmung, die auch die letzte ist: größtes Glück und
tiefste Not sind eins.

Bei Voigtländer steht Coridon auf dem Ufer und spielt dort auf
dem Flötchen. Die Aufmerksamkeit des Mädchens ist abgelenkt,
es fährt sich fest und Coridon kann einstiegen. Wie bei Vondel
fängt es auch hier zu stürmen an, aber ohne Katastrophen. Die
beiden erreichen unverletzt das Ufer, und Coridon bekommt seinen
Lohn. In der Ausarbeitung der Thematik sowie der Form zeigt Voigtländer sich als ein bürgerlicher Nachahmer des virtuosen Vondel.

Die Melodie bei Voigtländer ist wieder eine ganz andere als die
bei Vondel ("Yets moet ick u Laura vragen". Beispiel 9). Kann
man nun parallel zu den oben beschriebenen Fällen annehmen,
daß Voigtländer eine neue Melodie komponiert hat?

Den Schlüssel zu dieser Frage findet man in Hans-Joachim
Mosers Auswahl *Corydon*, wo er die neunte Strophe einer Aria
zitiert, die er Caspar Kittel zuschreibt.[12] Sie scheint identisch
anzufangen wie das Lied Voigtländers. Die zitierte Strophe kommt
jedoch bei Voigtländer nicht vor; wohl dagegen bei Vondel! Man
vergleiche Vondels Zeile 49 und weiter mit dem deutschen Text:

DIA.	Corydon setme op aen d'elsen	C: Coridon, setzt mich an's Lande!
COR.	Die malkanderen omhelsen?	T: Küsst mich eins, ist doch kein Schan
DIA.	Corydon ghy syt een boef	C: Corydon ihr seid ein Bub
	Laet de meyskens eensaem peynsen.	T: Weil ihr dann nicht mehr wollt sin,
COR.	Dianier hoe kunje veynsen,	Soll mein Flöt'gen nicht mehr klin,
	Sonder meysken sonder troef.	so wie es zuerst anhub.[13]

Die Übersetzung ist bald wörtlich, bald frei. Die charakteristische
Form des Dialogs ist hier fast ungeändert erhalten. Die wahr-
scheinlichste Erklärung des Zusammenhangs zwischen diesen drei
Liedern ist, daß zunächst die Übersetzung von einem unbekannten

---

12. H.J. Moser, Corydon Tl. I. Braunschweig 1933, S. 13.
13. Die Bezeichnungen von Fillis und Coridon sind C(antus) und
T(enor).

Autor gemacht worden ist und daß Voigtländer später diese Übersetzung als Ausgangspunkt für sein Lied genommen hat.

Die Handschrift der Arie in der Gesamthochschul-Bibliothek Kassel bestätigt diese Vermutung.[14] Die erste Strophe zeigt, daß es sich um eine Vondelübersetzung handelt, aus der Voigtländer den ersten Vers und den Grundgedanken übernommen hat:

> Fillis sass in einem Bötgen
> sang ein Liedlein zu dem Flötgen
> Ihres Freyers Coridon
> Doris aus des Meeres Grunde
> Kämbte ihr nass Haar zur Stunde
> Kam zu trocken an der Sonn.

Eine Überraschung bietet die Musik für zwei Soprane, Tenor und Generalbaß mit drei *sinfonie* für zwei Geigen und Baß. Die virtuose Vokalmusik enthält Reminiszenzen an die Melodie, die wir bei Voigtländer gesehen haben. Offensichtlich war die von Voigtländer benutzte Melodie auch schon dem Komponisten der Arie bekannt — in diesem letzten Fall ist Voigtländers Lied als ein Kontrafaktum zu betrachten.

In diesem Beitrag habe ich versucht, das heuristische Verfahren der Strophenvergleichung zu illustrieren anhand von deutschen Liedern nach holländischen Mustern. Daß dies überhaupt möglich ist, verdanken wir der bei Übersetzungen häufigen Verwendung formeller Entlehnung, d.h. der Gewohnheit, die Strophenformen nachzuahmen, auch wenn die Melodie nicht übernommen wurde. Anders gesagt, in diesen Beispielen handelte es sich immer um literarische, nicht um musikalische Kontrafakten.

Vielleicht kann man eine Zwischenstufe annehmen: Der Dichter arbeitete noch der 'holländischen' Melodie und sang seine Übersetzung auch dazu. Später aber wurde in Deutschland eine neue Melodie komponiert.

Versuchen wir zum Schluß diesen Sachverhalt kurz zu erklären. Holland hatte in der Mitte des 17. Jahrhunderts keine musikalische Hof- und Kirchenkultur, und deswegen war nach Sweelinck die kompositorische Potenz gering. Die Blüte der Kontrafaktur erklärt sich daraus, daß die Literatur der jungen Nation gerade in

---

14. Gesamthochschul-Bibliothek Kassel, 2° Ms. Mus. 58g.

dieser musikalisch armen Zeit unbekannte Höhen erreichte. Das ganze intellektuelle Leben zog die internationale Aufmerksamkeit auf sich: etwa ein Fünftel der Universitätsstudenten in Holland war z.B. deutsch, und viele deutsche Dichter verbrachten einige Jahre in Leiden oder Amsterdam.

Wenn auch die holländischen Dichter die reizendsten französischen und englischen Melodien wählten, in Deutschland dagegen gab es — wie in Frankreich und England — Liederkomponisten, die bereit waren, Musik für neue Liedtexte zu komponieren. So ist es zu verstehen, daß der Einfluß des holländischen Liedes vorwiegend auf das Literarische beschränkt geblieben ist.

BEISPIELE:

Beispiel 1. Die Fußbank

```
A Minnezuchtjes 003 ——— I: Over droeve Minnaers
                     W: Polyphemus
                     N: Polyphemus aan de stranden          M: n
4a 2a 4B 4c 2c 4B

Bloemhof 013 ———
                     i: Al mijn lijden. lief.
                     W:
                     N:                                      M: n
4a 2a 4B 4c 2c 4B

Chaos I 005 ———
                     I: Poliphemus aen de Str
                     W: Belle bergiere Sint Jan Petrus
                     N: Polyphemus aan de stranden          M: n
4a 2a 4B 4c 2c 4B

Chaos ii 027 ———
                     I: Hey tsa lustighe Gesp
                     W: Polyphemus langs de stranden
                     N: Polyphemus aan de stranden          M: n
4a 2a 4B 4c 2c 4B

Datheen 038 ———
                     I: Wilt in uwen toorn ge
                     W:
                     N: Psalm 038                           M: j
4a 2a 4B 4c 2c 4B

Datheen 061 ———
                     i: Als ic roep verstaet
                     W:
                     N: Psalm 061                           M: j
4a 2a 4B 4c 2c 4B

DistelvinkH 022 ———
                     I: Heer mijn Schepper en
                     W: psalm 38 wil in uw toorn gestadig/ V
                     N: Psalm 038                           M: n
4a 2a 4B 4c 2c 4B

Hymni 037 ———
                     I: Onder vele vrome Mann
                     W: Psalm 38
                     N: Psalm 038                           M: j
4a 2a 4B 4c 2c 4B

KrulMD 011 ———
                     I: Als Filander. in het
                     W:
                     N: Polyphemus aan de stranden          M: n
+ 2a 4B 4c 2c 4B

KrulPw 118 ———
                     I: Als Philander, in het
                     W:
                     N: Polyphemus aan de stranden          M: n
+ 2a 4B 4c 2c 4B

                     I: Poliphemus aen de str
                     W: Polyphemus aan de strand
Laurierkrans 005 ——— N: Polyphemus aan de stranden          M: n
+ 2a 4B 4c 2c 4B
                     W: Marguerite une petite belle
                     N: Polyphemus aan de stranden          M: n
4a 2a 4B 4c 2c 4B
```

Beispiel 2. Rijzelied aan zijn beminde Anemone. Text Ph. von Zesen, Musik D. Becker (1670)

Beispiel 3. Zesens 'Reiselied' auf der ursprünglichen Melodie
(Amsterdams Minnebeeckje, 1645)

Beispiel 4. Text: R. Roberthin. Musik: H. Albert (1640). Aus
Arien 2-7, D.D.T. 12.

Beispiel 5. Roberthins Vorlage: Text Haerlemsch Oudt Liedtboeck (1640). Melodie nach Pers (1648)

Hoe legh ick hier in dees el - len - de,
Komt siet my aen ghy aerdt - schen ben - de

Van mijn vijf sin - nen gants be - rooft,
Die van de We - reldt wordt ver - dooft.

Ghy die al - tijdt in y - del sae - cken Soeckt u - wen

gheest soo te ver - mae - cken.

Beispiel 6. Text J. Schwieger, Musik M. Zaccheus (1654). Nach
Vetter II, Nr. 181

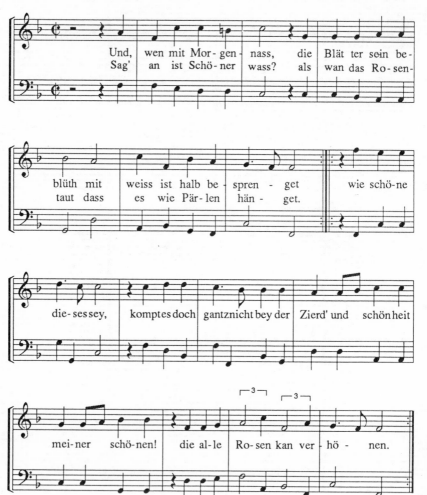

Beispiel 7. Schwiegers Vorlage. Text J.H. Krul (1640). Melodie
nach D.P. Pers (1640-48)

Waer   is - ser   schoon - der
Wan - neer   wt   'sHe - mels

schoon Als in - kar-naet ghe - menght op   bla - ders van een
Throon Komt druy-pen per - le - nat   op   haer ont - lo - ken

roos?   Hoe schoon dit   zy, Nogh komt het gans niet by, De
bloos?

schoon-heyt van me Vrou. Ik een   schoon-der schoon-heyt houw.

Beispiel 8. G. Voigtländer nach Vondel (Allerhand Oden und
Lieder, 1642)

Fil - lis saß in ei - nem Bött - gen, Co - ri - don pfiff

auf dem Flött - gen, dort an je - nem Was - ser Strand,

So hell dass auch Fil - lis e - ben, Lie - se bey - de

Ru - der schwe - ben, daß das Boot trieb auff den Sand.

125

Beispiel 9. Text J. van den Vondel. Melodie nach D.P. Pers
(Amsterdam 1640-48)

Di - a - nier roey - de'in een schuyt-jen Met haer keeltjen

on - der't fluyt - jen Van haer vry - er Co - ry - don.

Do - ris kroost met nat - te pruy - cken Fluex quam varden

grond op duy - cken En sich bae - ckren in- de son.

Gudrun Busch

HERZOGIN SOPHIE ELISABETH UND DIE MUSIK DER LIEDER IN DEN SINGSPIELEN HERZOG ANTON ULRICHS ZU BRAUNSCHWEIG UND LÜNEBURG

Die Lieder in der frühbarocken deutschen Oper, die "Singspiel" oder "Singespiel" zu nennen wir nach den Gewohnheiten ihrer sprachbewußten Zeitgenossen durchaus berechtigt sind, haben als Folge einer eher dürftigen musikalischen Überlieferung in der Musikgeschichtsschreibung zu wenig Beachtung gefunden.[1] Galt doch die Musik der Opern und Ballette von Heinrich Schütz als unwiederbringlich verloren und war doch, mit Ausnahme der Lokalforschung, wenig über das Repertoire der höfischen Operntheater *vor* der Eröffnung der Hamburger und Braunschweiger Oper zu erfahren. Erst die Bestandsaufnahme von Brockpähler und das unschätzbare Stiegersche Opernlexikon verdeutlichten eine wesentlich buntere Landkarte von lokalen Bemühungen um das "Singespiel"; dies ging mit der Entdeckung des deutschsprachigen Opernlibrettos durch die Germanistik parallel.[2] Die interdiszplinäre Forschung wurde in der Folge durch die Untersuchungen zur "Höfischen Festkultur des Barock" angeregt, einer Festkultur, die im Gesamtkunstwerk des "Singespiels" erst ihre Krönung fand.

Nirgends ist dies besser abzulesen als an der Wolfenbütteler germanistischen Barockforschung, die inzwischen mustergültige Editionen der Singspiele und Ballette der Herzogin Sophie Elisabeth zu Braunschweig und Lüneburg (1613-1676) und ihres Stiefsohnes, des Herzogs Anton Ulrich (1633-1714), vorgelegt hat.

---

1. Zur Liedgeschichte vgl. als neueste Übersicht: Siegfried Kross: Geschichte des deutschen Liedes. Darmstadt 1989.
2. Renate Brockpähler: Handbuch zur Geschichte der Barockoper in Deutschland. Elmsdetten 1964. (= Die Schaubühne Bd. 62.) — Franz Stieger: Opernlexikon. Tutzing 1975-1983. (Bd. 1-11.)

Sie regen auch die Musikwissenschaft und besonders die Lied- und Operngeschichte zu neuen Fragestellungen an, von denen im Kontext unseres Gesamtthemas hier eine angeschnitten sei, die es ermöglicht, die bestehenden Überlieferungsschwierigkeiten zu beleuchten und aus ihnen gerade mit Hilfe der in die Singspiele eingewobenen Lieder einen (wenn auch nur partiellen) Ausweg zu weisen.[3]

3. Allen Mitarbeitern der Herzog August Bibliothek sei für ihre stete und geduldige Hilfe bei meinen Arbeiten gedankt, besonders Frau Dr. Maria Munding und Frau Dr. Julie Boghardt-Meyer von der Anton Ulrich Forschungstelle und Herrn Dr. Hans Haase, Leiter der Musikabteilung. Aus der Fülle der Forschungsliteratur sei hier nur eine Auswahl erlaubt: 3.1. *Kataloge*: Wolfgang Schmieder: Musik. Alte Drucke bis etwa 1750. Frankfurt/Main 1967. (= Kataloge der Herzog August Bibliothek Wolfenbüttel, Neue Reihe XII.) — Eberhard Thiel; Gisela Rohr: Libretti. Verzeichnis der bis 1800 erschienenen Textbücher. Frankfurt/Main 1970. (= Kataloge der Herzog August Bibliothek Wolfenbüttel, Neue Reihe XIV.) — 3.2. *Gesamtausgaben*: Sophie Elisabeth Herzogin zu Braunschweig und Lüneburg: Dichtungen. Hrsg. Hans-Gert Roloff. Frankfurt/Main 1980. (Erster Band: Spiele = Arbeiten z. Mittl. Dt. Literatur u. Sprache 6.) Im folgenden zitiert als: SE-GA. — Anton Ulrich Herzog zu Braunschweig und Lüneburg: Werke hist. krit. Ausgabe. Bühnendichtungen I,1-2; II,1-2. Hrsg.: Blake Lee Spahr, Maria Munding, Julie Meyer. Stuttgart 1982-1985. (= Bibl. d. lit. Vereins in Stuttgart Bd. 303-304, 309-310.) Im folgenden zitiert als: AU-GA. — 3.3. *Einzelabhandlungen*: Pierre Béhar: Anton Ulrichs Ballette und Singspiele. In: Höfische Festkultur in Braunschweig-Wolfenbüttel 1590-1666. Hrsg. Jörg Jochen Berns. Daphnis 10 (1981) S. 775-792. — Frederick R. Lehmeyer: The Singspiele of Anton Ulrich von Braunschweig. Berkeley 1970. — Etienne Mazingue: Anton Ulrich, Duc de Braunschweig-Wolfenbüttel. Un Prince Romancier au XVIIème siècle. Paris 1974. — Gustav Friedrich Schmidt: Neue Beiträge zur Geschichte der Musik und der Theaters am Herzgl. Hofe zu Braunschweig-Wolfenbüttel. München 1929. — Sara Smart: "Doppelte Freude der Musen": Court Festivities in Brunswick-Wolfenbüttel 1642-1700. Wiesbaden 1989. (= Wolfenbütteler Arbeiten zur Barockforschung 19.) — 3.4. *Ausstellungskataloge* (mit Angabe weiterer Speziallit.): Paul Raabe; Eckhard Schinkel (Hrsg.): Sammler- Fürst-Gelehrter. Herzog August zu Braunschweig und Lüneburg 1579-1666. Wolfenbüttel 1979. (= Ausstellgskat. d. Herzog August Bibliothek 27.) — Rüdiger Klessmann (Hrsg.): Herzog Anton Ulrich von Braunschweig.

War doch das frühbarocke deutsche Singspiellied weniger den Anfängen der italienischen Oper als der reichen Tradition des Tenorliedes, oberstimmenbetonten Tanzliedes und einstimmigen Generalbaßliedes verpflichtet. Martin Opitz' *Dafne*-Libretto (1627) für Heinrich Schütz verklammerte nicht nur beide Bereiche, sondern wies dem Lied dank formaler Strenge eine Bedeutung zu, die über die populären Versatzstücke in den deutschen Volksschauspielen und den Singspielen der reisenden englischen Komödianten weit hinausging. Unter den Protektoren dieser Komödianten finden wir den Wolfenbütteler Herzog Heinrich Julius (1564-1613), Begründer einer Theatertradition, die erneut belebt wurde, als es Herzog August dem Jüngeren (1579-1666), dem Braunschweig-Wolfenbüttel 1635 zugefallen war, durch den 1642 geschlossenen Sonderfrieden von Braunschweig gelang, sein Land den Kriegswirren zu entreißen und im folgenden Jahre die Residenz wieder nach Wolfenbüttel zu verlegen. Die Grenzen, die ein schmales Budget den Anregungen von Italien, Frankreich und der größeren deutschen Höfen setzte, konnte der Wolfenbütteler Hof durch die gediegene musikalische Vorbildung, die aufführungspraktischen Aktivitäten und vor allem durch die eigenen Dichtungen und Kompositionen der dritten Gattin Augusts des Jüngeren, Sophie Elisabeth, wettmachen, die von 1657 an in ihrem Stiefsohn Anton Ulrich einen kongenialen Bühnendichter fand.[4]

Braunschweig 1983. (Kat. Herzog Anton Ulrich Museum.) — Jill Bepler (Hrsg.): Barocke Sammellust: die Bibliothek und Kunstkammer des Herzogs Ferdinand Albrecht von Braunschweig (1636-1687). Weinheim 1988. (= Ausstellgskat. d. Herzog August Bibl. 57.)
4. B. Daetrius: Königes Davids Hertzens-Lust und Liebe zum steten Lobe Gottes. Wolfenbüttel 1677. — Johann Heinrich Zedler: Großes vollständiges Universal Lexicon Aller Wissenschaften und Künste. Halle 1732-1750. ND Graz 1964. — Georg von Praun: Bibliotheca Brunsvico-Luneburgensis. Wolfenbüttel 1744. S. 116, 509 ff. — Siegfried Fornaçon: Sophie Elisabeth. In: Die Musik in Geschichte und Gegenwart (MGG). Bd. 12 (1965). Sp. 920-921. — Hans Haase: Musik am Hofe. In: Herzog August-Katalog a.a.O. S. 265-278. — Horst Walter: Sophie Elisabeth Duchess of Brunswick-Lüneburg. In: The New Grove Dictionary of Music and Musicians (NGrLx). Vol. 17 (1980) S. 530. — Joseph Leighton: Die literarische Tätigkeit der Herzogin Sophie Elisabeth von Braun-

130

Bis auf das Singspiel *Orpheus aus Thracien*, auf dem Titelblatt des Librettos als Werk des Hofkapellmeisters Johann Jacob Löwe(n) von Eisenach ausgewiesen, werden die Komponisten aller anderen Singspiele und Ballette Anton Ulrichs nicht erwähnt; es liegt jedoch die auch durch die germanistischen Forschungen gestützte Annahme nahe, daß Sophie Elisabeth an deren Komposition einen nicht unbeträchtlichen Anteil hatte. Die hier folgende kurze chronologische Übrsicht ist im Anhang durch eine ausführlichere Tabelle ergänzt.[5]

Jahr:	Singspiel:	Ballett:
1656		Frühlings-Ballet
1657	Amelinde	Aufzug der Bauren und Bäurinnen
1658	Regier-Kunst-Schatten	
1659	Andromeda	Ballet des Tages
1659	Orpheus aus Thracien	
1660		Ballet Der Natur
1660		Frühlings-Ballet
1661	Iphigenia	Masquerade der Hercinie
1662	Jacobs Heyrath	
1662 (?)	(Des Trojanischen Paridis Urtheil)	
1663	Selimena	Ballet der Gestirne
1663	Der Hoffmann Daniel	Ballet der Diana
1666	(Tod Herzog Augusts d.J.)	
1676	(Tod der Herzogin-Witwe Sophie Elisabeth)	

schweig-Lüneburg. In: Europäische Hofkultur im 16. und 17. Jahrhundert. Hrsg.: August Buck, Georg Kauffmann, Blake Lee Spahr u. Conrad Wiedemann. Hamburg 1981. (= Wolfenbütteler Arbeiten zur Barockforschung Bd. 10.) S. 483-488. — Hans-Gert Roloff: Die höfischen Maskeraden der Sophie Elisabeth Herzogin zu Braunschweig und Lüneburg. In: Europäische Hofkultur a.a.O. S. 49-496.
Maria Munding: Die Fürstliche Familie. In: August-Kat. S. 240-264.
   5. Vgl. S. 169 ff.

Anlässe der Uraufführungen waren entweder der Geburtstag des Herzogs am 10. April oder der der Herzogin am 20. August sowie Vermählungsfeierlichkeiten der Prinzen und Prinzessinen. Für keines der genannten Werke ist eine direkte musikalische Quelle erhalten, und dem Musikhistoriker wären die Hände gebunden, ließe sich die Kontur der Komponistin Sophie Elisabeth nicht aus anderen ihrer Bühnenwerke und vor allem aus ihren Liedersammlungen gewinnen.

Die Jahre der aus ihrer mecklenburgischen Heimat aus politischen Gründen vertriebenen Prinzessin Sophie Elisabeth von Mecklenburg-Güstrow am Kasseler Hof begründeten wahrscheinlich die enge Zusammenarbeit mit Heinrich Schütz, der die Verbindung zu seinem Förderer, Landgraf Moritz dem Gelehrten, auch von Dresden aus nicht abreißen ließ.[6] Es war eine Zusammenarbeit, die nicht nur für den Braunschweiger und später Wolfenbütteler Hof, an den Sophie Elisabeth 1635 verheiratet wurde, sondern auch für ein ganz persönliches Lehrer-Schülerin-Verhältnis fruchtbar werden sollte. Wie weit der in der Leichenpredigt auf Schütz erwähnte Besuch "in Braunschweig Lüneburg" im Jahre 1638 auch einen Besuch bei der jungen Herzogin, die damals noch in Braunschweig residierte, einschloß, wissen wir nicht; daß sie mit Schütz' Hilfe Sorge trug, den Grundstein der höfischen Festkultur zu legen, beweist die am 24. April 1638 vorgenommene Bestallung Stephan Körners als Hofkapellmeister. Von Michaelis 1639 bis Januar 1641 lebte Schütz, des langen Krieges und daraus resultierenden schlechten Zustandes des Dresdner Hofkapelle überdrüssig, als Kapellmeister des Herzogs Georg von Braunschweig-Calenberg abwechselnd in Hildesheim und Hannover, auch für damalige Verhältnisse nahe genug, Rat zu geben oder gar kompositorische Fortschritte Sophie Elisabeths zu überwachen.

6. Erich Müller von Asow (Hrsg.): Heinrich Schütz: Gesammelte Briefe und Schriften. Regensburg 1931. (Dt. Musikbücherei 45). — Hans Joachim Moser: Heinrich Schütz. 2. A. Kassel 1954. — Hans Haase (Hrsg.): Heinrich Schütz in seinen Beziehungen zum Wolfenbütteler Hof. Wolfenbüttel 1972. (Ausstellungskat. d. Herzog August Bibliothek 8) — Werner Breig: Höfische Festmusik von Heinrich Schütz. In: Höfische Festkultur a.a.O. S. 711-734.

Zur Feier des Braunschweiger Separatfriedens von 1642 (der 1643 die Rückkehr in die Wolfenbütteler Residenz ermöglichen sollte) trat Sophie Elisabeth mit einer anspruchsvollen, szenisch realisierten Komposition auf, die uns erhalten ist, dem *Neu erfundenen FreudenSpiel genandt Friedens Sieg ... von lauter kleinen Knaben vorgestellet*, d.h. von den Prinzen und Pagen des Hofes.[7] Justus Georg Schottelius, Prinzenerzieher und Dichter dieses Singspiels, und Heinrich Schütz als Lehrer und Berater wurden zu den prägenden Kräften der Wolfenbütteler Festkultur.[8] Der letztere hielt sich von 1644 bis 1645 länger in Braunschweig auf, erwähnte in einem Brief vom 22. Oktober 1644 "unserer unter handen habenden Musicalischen Arbeit" und "new uberschickte Arien" und beriet Sophie Elisabeth weiterhin beim Aufbau der Hofkapelle. Leider sind uns sowohl die Liedkompositionen der Herzogin zu einem Weihnachtsspiel von Schottelius (1645) als auch Schütz' Musik zu des Dichters *Theatralischer neuer Vor-Stellung von der Maria Magdalena* (1644) verloren. Zu fragen wäre außerdem, ob Schütz oder Sophie Elisabeth (oder beide?) an der musikalischen Ausgestaltung zweier Spiele von Schottelius beteiligt gewesen könnten, dem *Ballet der Diana*, am 26. Oktober 1639 auf der Burg Dankwarderode in Braunschweig aufgeführt, und der *Vorstellung Des Wald-Gott Pans*, die 1643 in Braunschweig und 1646 in Wolfenbüttel auf die Bühne gebracht wurde. Für den 19. Februar 1646 wird ein weiteres Ballet von Schottelius erwähnt,

7. Für die Originaltitel der Erstdrucke sei auf die unter 3) verzeichneten Gesamtausgaben verwiesen.
8. Max Schneider: Ein Braunschweiger Freudenspiel aus dem Jahre 1648. In: Festschrift Max Seiffert. Kassel 1938. S. 87 ff. — Jörg Jochen Berns; Wolfgang Borm (Hrsg.): Justus Georg Schottelius 1612-1676. Wolfenbüttel 1976. (Ausstellgskat. d. Herzog August Bibliothek 18.) — Jörg Jochen Berns: "Theatralische neue Vorstellung von der Maria Magdalena." Ein Zeugnis für die Zusammenarbeit von Justus Georg Schottelius und Heinrich Schütz. In: Schütz-Jb. 1980. S. 124-129. — Ders.: Trionfo-Theater am Hof von Braunschweig-Wolfenbüttel. In: Höfische Festkultur a.a.O. S. 663-710. — Hans-Gert Roloff. Absolutismus und Hoftheater. Das "Freudenspiel" der Herzogin Sophie Elisabeth zu Braunschweig und Lüneburg. In: Höfische Festkultur a.a.O. S. 735-754.

"auf die Zeit gerichtet", das ähnlich wie das *Ballett der Diana* wohl schwerlich ohne Musik über die Bühne gegangen sein wird.[9]

Im literarischen Koordinatensystem des Braunschweig-Wolfenbütteler Hofes zwischen Schottelius, der "Fruchtbringenden Gesellschaft" und dem Nürnberger "Pegnesischen Blumenorden" hat wohl kaum eine anderes Werk so anregend für Lied und Singspiel gewirkt wie die 1641 von Harsdörffer begonnenen *Frauenzimmer Gesprechspiele*, die neben der Anleitung zum gebildeten Gespräch und der Popularisierung poetischer Regeln auch für Singspiel und Ballett Maßstäbe in Gestalt des *Seelewig* (1644) und der *Tugendsterne* (1645), komponiert von dem Nürnberger Sigmund Theophil Staden, setzten; der fünfte Band dieser Sammlung, der der *Tugendsterne*, ist Sophie Elisabeth gewidmet, und eine Ausgabe des vierten Bandes im Besitz der Herzog August Bibliothek trägt ihre Initialen.[10] Sie ging im Jahre 1654 selbst daran, *Seelewig* in

9. Eine etwaige Verbindung zu Anton Ulrichs Ballett gleichen Titels ist noch nicht festgestellt worden.

10. Georg Philipp Harsdörffer: Frauenzimmer Gesprechspiele/ so bey Ehr- und Tugendliebenden Gesellschaften/ mit nutzlicher Ergetzlichkeit/ beliebet und geübet werden mögen ... Th. 1-8. Nürnberg 1643-1657. (= Neudruck der 1. A. 1641 ff. Vgl. ND Hrsg. Irmgard Böttcher. Tübingen 1968-1969.) Darin: ders. u. Siegmund Theophil Staden: Seelewig. Bd. 4, S. 33-39, 489-622. — Dies.: Die Tugendsterne. Bd. 5, S. 281-310. — In den Erläuterungen zu "Seelewig" gibt Harsdörffer S. 38 ff. die zeitgenössische Definition des Singspielbegriffs: "Diese Personen alle Singen/ und läst sich hinter dem Fürhang darzu hören ein Seitenspiel/ (die Stimme so viel lieblicher zu machen/) allermassen bey den Italiänern dergleichen nicht ungewohnet ist. A. solchergestalt möcht dieses Waltgedicht wol ein Singspiel heissen.". — NA "Seelewig" hrsg. Robert Eitner. In: Monatshefte für Musikgeschichte XIII (1881), S. 65-147. — NA "Tugendsterne" hrsg. James Haar. In: Musicological Studies and Documents XIV (1965), S. 50 ff. — Das Verzeichnis aller Stadenschen Kompositionen in den "Gesprechspielen" bei: Peter Keller: "Seelewig" von S.Th. Staden und G.Ph. Harsdörffer. Phil. Diss. Zürich 1972. Auch als: Publ. d. Schweizerischen Musikf. Ges. Serie II, Bd. 29. Bern 1977. — Joseph Leighton: New Light on the Tugendsterne of Harsdörffer and Staden. In: Musica Disciplina XXV (1971), S. 223. — Mara R. Wade: Music in the works of the early Pegnitzschäfer. In: Daphnis 17 (1988), S. 633-646. — Dies.: THE EARLY GERMAN PASTORAL SINGSPIEL. Phil. Diss. Un. of Michigan 1984.

Wolfenbüttel aufzuführen. Markiert dieses Ereignis, nach mehreren Wiederholungen des *Neu erfundenen FreudenSpiels*, einen deutlichen Neubeginn auf der Wolfenbütteler Singspielbühne, so sollte *Seelewig*, als er 1665 noch einmal aufgeführt wurde, auch deren vorläufiges Ende anzeigen.[11] Den allegorischen Planeten-Aufzug der Harsdörffer-Stadenschen *Tugendsterne*, ein schon im *Freuden-Festin* von 1654, dem *Seelewig* eingebunden war, als *Aufzug der Planeten* anklingendes und damals allseits beliebtes Thema, arbeitete die Herzogin, wohl mit Stadens Musik, aber parodiertem Text, in das letzte der von ihr geschriebenen und in Szene gesetzten Hoffeste ein, die *Glückwünschende Waarsagung und Ankunft der Königin Nicaulae* (1656).

Am 10. Juli 1647 begann Sophie Elisabeth mit einer tagebuchartigen, bis heute unveröffentlichten Kompositions- und Abschriftensammlung, *Patiençe veinque tout*, in der deutsche Lieder (zum Teil mit Einleitungssymphonien) überwiegen; die vorwiegend geistlichen Texte stammen sowohl von Mitgliedern der fürstlichen Familie, darunter auch der Herzogin selbst, als von zeitgenössischen Dichtern.[12] Alle Kompositionen sind datiert; vom 6. Oktober 1652 an finden wir unter ihnen geistliche Texte ihres Stiefsohnes Anton Ulrich. Es handelt sich um die nachweislich älteste Schicht jener autographen Sammlung *Himmlischer Lieder*, die der ehemalige Zögling von Schottelius und Birken, den Titel von der gleichnamigen Sammlung Johann Rists (1641) entlehnt, dem Vater 1655 als Neujahrsgabe und Unterstützung seines Drängens auf die standesgemäße Kavalierstour überreichte.[13] In

11. Das *FreudenSpiel* wurde aus Anlaß des Westfälischen Friedens 1648 und 1649 in Braunschweig und 1649 sogar in Berlin aufgeführt. — 1654 war *Seelewig* Teil des *Freuden-Festins*. Die Aufführung ist durch ein eigenes Libretto ausgewiesen. Vgl. Thiel-Rohr Nr. 1465. — G.F. Schmidt: Neue Beiträge Nr. 36.

12. Ms. Herzog August Bibliothek Wolfenbüttel. Sign.: Cod. Guelf. 11 Noviss. 2°. Der Bibliothek sei für die Einsichtnahme gedankt. Titel: Patiençe veinque tout/ Sophie Elisabeth HZBWL.PrZMMV./ Angefangen zu Wolfenbüttel den 10. Jul.:/ im iahr 1.6.47./ (Mit hs. Besitzvermerk von Ferdinand Albrecht "Luchow 1671.".) — Vgl. August-Kat. Nr. 534.

13. Ms. Herzog August Bibliothek. Sign.: Cod. Guelf. 33. 12 Aug. 4°. — Vgl. August-Kat. Nr. 535. — Anton Ulrich-Kat. Nr. F1. — Johann Rist; Johann Schop: Himlische Lieder. Lüneburg 1641-1643. — Dies.: Neue Himlische Lieder. ib. 1652.

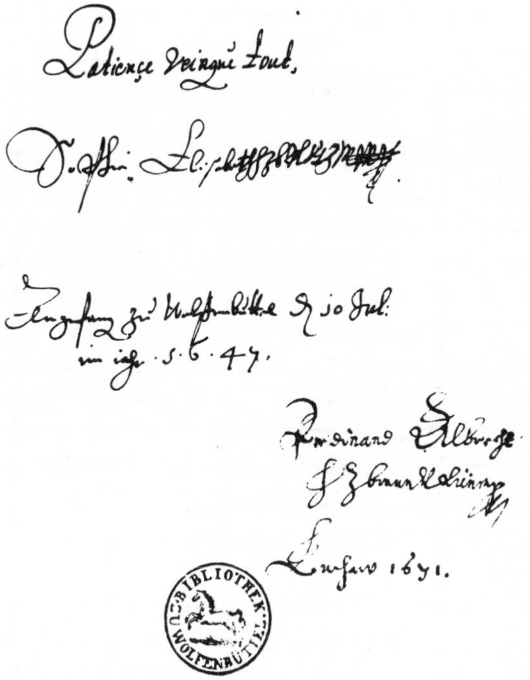

Notenbeispiel 1
Titelblatt der Handschrift *Patiençe veinque tout* (sog. "Liedertagebuch")
der Herzogin Sophie Elisabeth. Herzog August Bibliothek Wolfenbüttel,
Sign. Cod. Guelf. 11 Noviss. 2°. Abdruck mit freundlicher Genehmigung
der Bibliothek.

der Zwischenzeit hatte Sophie Elisabeth ihr *Liedertagebuch* (wenn wir es einmal so nennen wollen) mit der Eintragung vom 11. Oktober 1654 abgeschlossen. Daß die Psalmdichtungen der *Himmlischen Lieder* bereits ein geschlossenes Corpus, von ihr komponiert (oder teilweise einigen ihrer Lieder unterlegt?), waren, beweist eine Bemerkung von Heinrich Schütz in seinem Brief an die Fürstin vom 24. Juli 1655, worin er um die Bezahlung eines Kopisten bittet, der ihm deren "Psalterbüchlein" ausgearbeitet habe.[14] (NB. 1)

Die Herzogin nahm weiterhin Schütz' Rat beim Ausbau der Hofkapelle in Anspruch, arbeitete also systematisch auf die Zeit der Rückkehr Anton Ulrichs von der Kavalierstour hin. Am 24. Juni 1655 wurde die Bestallung des von Schütz empfohlenen neuen Hofkapellmeisters Johann Jacob Löwe(n) von Eisenach ausgefertigt, am 23. August 1655 Schütz selbst zum "Oberkapellmeister von Haus aus" ernannt.[15] Bis Ende September 1656 diskutierten die Herzogin und Schütz Fragen der Wolfenbütteler Hofkapelle, d.h. bis aus Anlaß der Vermählung Anton Ulrichs und des Geburtstages seiner Stiefmutter die erste Ballet-Dichtung des Bräutigams, das *Frühlings-Ballet* (wahrscheinlich mit Musik Sophie Elisabeths), den neuen Reigen der Hoffeste erfolgreich eröffnet hatte.

1651 hatte Sophie Elisabeth für die zweite Auflage des *Vinetum evangelicum* von Joachim von Glasenapp einfache Kirchenlied-melodien auf Texte beigesteuert, die traditionellen Choralstro-phen-Modellen folgten.[16] Aus Liedern betstand auch eine Geburts-

---

14. Haase: Schütz-Kat. S. 18.

15. Zu Löwe(n) vgl. Hans Haase: Musik am Hofe. In: August-Kat., S. 265-278. — Horst Walter: Johann Jacob Löwe von Eisenach. In: Die Musik in Geschichte und Gegenwart (MGG). Bd. 8 (1960), Sp. 1111-1115. — Ders.: Musikgeschichte der Stadt Lüneburg: vom Ende des 16. bis zum Anfang des 18. Jahrhunderts. Tutzing 1967. — Ders.: Johann Jacob Löwe von Eisenach. In: The New Grove Dictionary. Vol. 17 (1980), S. 289-290.

16. Joachim von Glasenapp: Vinetum evangelicum. Evangelischer Weinberg ... von der Durchläuchtigen Befreyenden mit schönen an-muthigen Melodeyen kunstreich ausgezieret ... zum andermal gedruckt. Wolfenbüttel, Bey Johann und Heinrich Sternen. Im Jahr 1651. —

Notenbeispiel 2
Titelblatt des Druckes von 1677: *ChristFürstliches/ Davids-/ Harpfen-Spiel:/ ... Text: Anton Ulrich Herzog zu Braunschweig und Lüneburg. Musik: Sophie Elisabeth zu Braunschweig und Lüneburg. Herzog August Bibliothek Wolfenbüttel, Sign. Tl 7. Abdruck mit freundlicher Genehmigung der Bibliothek.*

tagsgabe für den Gemahl, die *Glückwünschende Freudensdarstellung* (1652), die anhand eines Jahreszeiten-Zyklus die Lebensalter des Gefeierten darstellte, sozusagen eine szenisch realisierbare Kantate.[17] Erst am Lebensabend Herzog Augusts brachte Anton Ulrich, nach den Gepflogenheiten seines Standes anonym, seine um einige neue Lieder vermehrten Psalmdichtungen von 1655 als *Hocherleuchtete Geistliche Lieder* in einem Druck von 1665 heraus. Ebenfalls anonym, nur als "Hochfürstliche Frauenperson" verschlüsselt, veröffentlichte Sophie Elisabeth 1667, ein Jahr nach dem Tode ihres Gatten, diese nochmals um eine Anzahl vermehrten Lieder mit den Melodien aus ihrer Feder als *Christ Fürstliches Davids-Harpfen-Spiel.* 1670 erfuhr die Sammlung eine zweite Auflage, wurde 1683, 1697 und 1700 in das Meiningische Gesangbuch übernommen, erschien in einem 1710 bis 1734 zusammengestellten Öttingischen Sammelband und hinterließ in weiteren evangelischen Gesangbüchern Spuren bis in das 20. Jahrhundert.[18] (NB. 2)

In ihrem *Harpfen-Spiel* verneigte sich die Herzogin auch vor Harsdörffer und S.Th. Staden: Die einzige Melodie, die ihr nicht selbst zuzuschreiben ist, die der Nummer XVI ("Mein Gott verlaß mich nicht"), wurde von Staden als "Mein hoher Adel Stand" für

Schmieder-Kat. Nr. 867. — August-Kat. Nr. 780. — Als "Befreyende" ist hier Sophie Elisabeth, teilhabend an dem Dichter-Namen ihres Mannes in der "Fruchtbringenden Gesellschaft", auch für die Zeitgenossen deutlich ausgewiesen.

17. Daher auch in die Liste der Singspiele aufgenommen, vgl. Tabelle S. 170.

18. (Anton Ulrich Herzog zu Braunschweig und Lüneburg): Hocherleuchtete Geistliche Lieder/ Einer hohen Personen. o.O. 1665. — August-Kat. Nr. 537. — Anton Ulrich-Kat, Nr. F 3. — (Sophie Elisabeth Herzogin zu Braunschweig und Lüneburg u. Anton Ulrich Herzog zu Braunschweig und Lüneburg): ChristFürstliches Davids-Harpfen-Spiel: zum Spiegel und Fürbild Himmel-Flammender Andacht/ mit ihren Arien oder Singweisen/ hervorgegangen. Nürnberg/ Gedruckt bey Christoph Gerhard. MDCCLXVII. — Vgl. Anton Ulrich.Kat. Nr. F 4. — 2. Auflage: Wolfenbüttel/ Bey Paul Weiß/ Fürstl. Br. Lüneb. Hof-Buchdrucker. Anno 1670. — Vgl. August-Kat. Nr. 595. — Anton Ulrich-Kat. Nr. F 5.

den Prolog des *Seelewig* komponiert. Sie gewinnt nicht nur durch diese Quelle, sondern auch die Bestimmung des ursprünglichen Textes (singt doch hier "Die Music oder die Singkunst"!) emblematische Bedeutung und unterstreicht Anton Ulrichs früh angewandte Kontrafakturtechnik. Doch weisen zu diesem Zeitpunkt (1667) noch andere Indizien erneut nach Nürnberg. Der dortige Druck dieser ersten Auflage unterstreicht nicht nur die Bedeutung des Nürnberger Notendrucks, sondern weist auch auf Schottelius und besonders den in Nürnberg ansässigen ehemaligen Prinzenerzieher Sigmund von Birken (1626-1681), verlegten doch beide bei Gerhard. In der Tat ist Birkens Tätigkeit als Herausgeber des *Harpfen-Spiels* aus seinen Tagebüchern genau zu belegen, beginnend mit einer Eintragung vom 23. Dezember 1666, und Mitte Juni 1667 lag der Druck bereits vor. Bis auf Birkens Bemerkung vom 14. Januar 1667: "Drey Lieder mit den Noten ausgeschrieben." (vgl. auch unten S. 165) liegen jedoch keine Hinweise auf die fachmännische Betreuung des bis auf wenige Ausnahmen sehr gut redigierten Notendrucks vor. Wer hatte in Wolfenbüttel die Reinschrift der Lieder vorbereitet, wenn nicht Sophie Elisabeth selbst oder Löwes Nachfolger als Hofkapellmeister, Martin Köler ("Colerus"), Freund und ehemaliger musikalischer Mitarbeiter Rists, der im April 1667 von Rudolf August, dem Nachfolger Augusts d.J., mit der gesamten Hofkapelle verabschiedet wurde?

Unter den Nürnberger Komponisten, die Birken und vor allem dem Verleger Gerhard hätten editorisch zur Hand gehen können, wäre zuerst an Paul Hainlein (1626-1686) zu denken, seit 1658 erster Sebaldorganist, dessen Werk neben Liedern auch Gesprächsspiele und eine in der Herzog August Bibliothek vorhandene Schulkomödie enthält.[21] Wahrscheinlicher wäre jedoch der spätere Lorenz-Organist Johannes Löhner (1645-1705), der von 1674 bis 1680 Lieder für Gerhardsche Gesangbuchdrucke lieferte und seine

19. Vgl. Schottelius-Kat. Nr. 44, 182, 211.
20. Vgl. Haase, August-Kat. S. 266 f. — Joachim Kröll (Hrsg.): Die Tagebücher des Sigmund von Birken. T. 1. Würzburg 1971. (= Veröff. d. Ges. f. fränk. Gesch. R. VIII, Bd. 5.)
21. Thiel-Rohr-Kat. Nr. 995. — Hellmuth Federhofer: Paul Hainlein. In: MGG Bd. 5 (1856), Sp. 335-337.

Keuschen Liebs- und Tugend-Gedancken 1680 ebenfalls bei Gerhard erscheinen ließ. Löhner, von ca. 1665 bis 1670 unbesoldeter Regalspieler an St.Sebald, d.h. Gehilfe Hainleins, stand Birken nahe und richtete von einem Wiener Studienaufenthalt am 18. Juli 1670 einen Brief an diesen. Löhners Abwesenheit von Nürnberg in diesem Jahr würde die Übernahme der zweiten Auflage des *Harpfen-Spiels* in einen Wolfenbütteler Verlag erklären. Drei Liedmelodien Löhners finden sich 1670 in Birkens *Todes-Gedanken und Todten-Andenken.*[22]

Löhner erweckt unser Interesse jedoch auch durch seine für Bayreuth und Nürnberg geschriebenen Singspiele, die noch zur Zeit des Vordringens knapperer italienischer Arienformen in der Wolfenbütteler Tradition der Strophenliedeinlagen bleiben. Nur wenige dieser Singspiellieder Löhners haben dank seiner gedruckten Liedsammlungen überlebt. 1688 veröffentlichte er *XLIV Arien, Aus der Opera von Theseus.*[23] Die Redaktion des *Harpfen-Spiels* durch Birken fällt mit dem Zeitpunkt der enger werdenden literarischen Zusammenarbeit zwischen ihm und Anton Ulrich zusammen, die Löhner in seinem Festhalten an einer älteren Sinsgspieltradition bestärkt haben mag.[24]

Es bedurfte dieses längeren, das Ergebnis der bisherigen Forschungen referierenden Vorspanns, um daraus sowohl das Dilemma der Quellenlage als auch die als Ausweg angebotene Arbeitshypothese abzuleiten. Der Mangel an musikalischen Quellen verwehrt uns die Kenntnis der Liedmelodien aus fast allen hier genannten Singspielen und Balletten, ausgenommen diejenigen aus

22. Die Herzog August Bibliothek besitzt von Löhner lediglich das Libretto eines geistlichen Singspiels: ABRAHAM DER GROSSGLAU-BIGE; UND ISSAC DER WUNDER'GEHORSAME; ... Nürnberg: Felsecker 1682. Thiel-Rohr-Kat. Nr. 4. — Harold E. Samuel: Johann Löhner. In: MGG Bd. 8 (1960). Sp. 1097-1100. — Hermann Kretzschmar: Geschichte des neuen deutschen Liedes. Leipzig 1911. ND Hildesheim 1966. S. 127 f.

23. Johann Löhner: XLIV Arien, Aus der Opera von Theseus ... Nürnberg, Endter, 1688. — Die Wolfenbütteler Opernbühne hatte sich allerdings seit 1685 italienischen und französischen Werken verschrieben, so 1687 Lully's *Thesée.* — G.F. Schmidt, Neue Beiträge Nr. 56.

24. Vgl. Munding und Meyer in AU-GA I,1, S. XXVIII.

Sophie Elisabeths *Neu erfundenem FreudenSpiel* (1642), ihrer *Glück-wünschenden Freudensdarstellung* (1652) und die Vorlagen Stadens für die *Vorstellung und Glückwünschung der 7. Planeten* (1656). Diesem schmalen Bestand aus den Bühnenwerken steht die große Zahl einstimmiger geistlicher Lieder mit vorwiegend unbezifferter Generalbaßbegleitung und in Einzelfällen auch mehrstimmigen Einleitungssymphonien gegenüber, die der Herzogin eindeutig zuzuweisen sind und damit auch Aussagen über deren Kompositionsstil erlauben, der durch eine an Schütz geschulte, durchaus als *Kunstlied* wirkende Lebendigkeit der Deklamation gekennzeichnet wird, die dem Text*ausdruck* oft die Geschlossenheit der Melodie unterordnet. Dieser deutliche deklamatorische Ausdruckswille hätte der Singspielbühne gut angestanden und das Erbe der durch Schütz importierten italienischen Opernmonodie dem noch locker in die Handlung eingefügten deutschen Singspiellied aufgepfropft.

Der Aufgabe, Funktionen und Formen der Lieder rein aus den vorhandenen Singspiel-Libretti Anton Ulrichs abzuleiten, hat sich bereits Lehmeyer mit Erfolg unterzogen, so daß auf seine Untersuchung verwiesen werden kann. Die meist mehrstrophigen Lieder erfüllen sowohl Solo- als auch Ensemblefunktionen, nicht nur bei Auftritten und Abgängen, sondern auch in der Szenenmitte. Sie heben Prologe, Monologe und Finalwirkungen heraus und beziehen häufig den Chor in die Handlung ein.[25] Wo die Szenenanweisungen das Singen des Liedes ausdrücklich fordern (was zwar oft, aber nicht immer geschieht), ist fast immer, mit der Ausnahme des (zweifelhaften) *Trojanischen Paridis Urtheil*, expressis verbis von L i e d die Rede.

Von erstaunlicher Vielfältigkeit sind die Strophenformen; in den Balletten (die im Rahmen dieses Beitrags ausgeklammert bleiben müssen) waren sie sicher von der Kontrafaktur vorhandener Tanzmusik diktiert. Eine Frage ist allerdings aus den gedruckten Libretti allein nicht zu beantworten, nämlich die Möglichkeit gesungener Rezitative. Gerade in vielen der Dialoge wird ein bunter Wechsel von strophenartigen Modellen benutzt, deren Versmaß schnell wechselt; für Rezitative, für den stilo rappresentativo, wäre das eher hemmend, würde andererseits den gespro-

---

25. Lehmeyer, Singspiele.

chenen Dialog beleben und vielleicht auch dessen Memorierfähig-
keit verbessern. Eher der italienischen Monodie würden die
Alexandriner-Dialoge in *Andromeda* und *Orpheus aus Thracien* entgegenkommen, deren Muster Anton Ulrich aus dem französischen
Drama übernahm.

Das Lied bildet also in den Singspielen und Singballetten das
Rückgrat der musikalischen Aussage, und die Erforschung der
höfischen Festkultur am Wolfenbütteler Hof hat dem Opern-
historiker wertvolles frühbarockes Material zugänglich gemacht,
ihn allerdings im Falle der Libretti Anton Ulrichs in ein ähnliches
Dilemma gestürzt wie in dem der Schützschen Singspiele und
Ballette, zu denen erst die jüngste Forschung einzelne Liedkompositionen nachgewiesen hat, während das Gros der Musik verschollen bleibt.[26]

Hier setzt mein Lösungsvorschlag in Form der folgenden Arbeitshypothese ein: Sollten nicht die überlieferten Lieder Sophie
Elisabeths, vor allem die zahlreichen geistlichen, auf dem Wege der
Kontrafaktur für die Singspiele und -ballette nutzbar gewesen sein
oder, so weit es sich dabei um chronologisch späte Liedgruppen
handelt, sogar aus den Singspielen stammen? Zu dieser Hypothese
berechtigt nicht nur die damals großzügig und in beiden Richtungen, vom weltlichen zum geistlichen Lied und umgekehrt,
geübte Kontrafakturpraxis; sie wird auch von weiteren Überlegungen gestützt.[27] Zum einen zeigen Anton Ulrichs jugendliche

26. Vgl. Mara R. Wade: Heinrich Schütz and "det Store Bilager" in
Copenhagen (1634). In: Schütz-Jb. 11 (1989), S. 32-52. Dies. in diesem
Band S. 7 ff.

27. Die Technik der Textunterlegung unter eine vorhandene vokale
oder instrumentale Melodie sei hier einheitlich als "Kontrafaktur"
bezeichnet, da der Begriff "Parodie", eigentlich der ältere, der diesen
Vorgang ebenfalls bezeichnet, spätestens seit dem 18. Jh. in Literatur-
und Musikgeschichte unterschiedlich gehandhabt wird. Vgl. Georg von
Dadelsen: Parodie und Kontrafaktur seit 1600. In: MGG Bd. 10 (1962),
Sp. 826-834. — Die Strophenformen des kalvinistischen Psalters von
Marot und Goudimel wirkten nicht nur über die Lobwasserschen
Übersetzungen, sondern auch über die Opitzschen Neudichtungen 1638
ff., deren sämtliche Auflagen am Wolfenbütteler Hof zur Verfügung
standen.

Psalmdichtungen, die *Himmlischen Lieder* (1655), in den Strophenformen die Spuren des Lobwasserschen Psalters, Opitz', Rists und seiner Präzeptoren Schottelius und Birken. Sie waren anfänglich Unterrichtsübungen, denen bis zum feierlichen Abschlußexamen Anton Ulrichs und seiner Brüder im Jahre 1646 auch schon die Harsdörfferschen *Gesprechspiele* nutzbar gemacht werden konnten. Zum zweiten zeigt der Vergleich der Strophenformen, daß Anton Ulrich (vgl. oben S. 134) zum *Liedertagebuch* der Stiefmutter nicht nur auf den letzten Seiten Texte beisteuerte, sondern auch andere Melodien daraus mit eigenen Texten unterlegte.

Zum dritten fällt auf, daß der späte Druck der *Himmlischen Lieder*, die oben erwähnten *Hocherleuchteten Geistlichen Lieder* (1665), ebenso eine Schicht neuer Texte enthält wie noch die Ausgabe mit den Melodien, das *Harpfen-Spiel* (1667), so daß zumindest die Vermutung nicht von der Hand zu weisen ist, daß es sich hier um Kontrafaktur von Singspiel-Melodien handeln könnte, sozusagen ein ins Religiöse gewendeter Rückblick auf die Hoch-Zeit der Wolfenbütteler Hoffeste. Zum vierten zeigt zum Ende des 17. Jahrhunderts hin die schon bei Löhner erwähnte Aufnahme von Singspielliedern in gesellige Sammeldrucke nicht nur Verarmung des Gesellschaftsliedes, sondern auch die Einmündung des Bühnenliedes in den breiteren Strom der Liedpflege und den Austausch der Funktionen in beiden Richtungen.[28]

Zum fünften wäre Birken, hatte er zu der Redaktion des *Harpfen-Spiels* (1667) beigetragen, zu einer Sichtung und Kontrafaktur von Bühnenmelodien aus dem Wolfenbütteler Bestand durch eigene Singspiel- und Singeballett-Libretti qualifiziert gewesen. 1662 brachte er sich dem dortigen Hof nicht nur durch zwei Trauergedichte in Erinnerung, sondern auch durch zwei Libretti für die 1661 eröffnete Bayreuther Hofbühne, ein *Ballet der Natur* (1662) und das *Singspiel betitelt Sophia* (1662).[29]

Die aufgestellte Hypothese habe ich durch einen Vergleich der Strophenformen der nachweisbaren Liedkompositionen Sophie Elisabeths mit denen der Singspiele zu verifizieren versucht. Die Liedstrophen der Ballette sind nur in Einzelfällen herangezogen;

28. Kretzschmar: Gesch. d. neuen deutschen Liedes, S. 141-142.
29. Thiel-Rohr-Kat. Nr. 304 u. 1512. — Brockpähler: Handbuch, S. 13.

144

ihre Einbeziehung in dieses Verfahren hätte den Rahmen dieser Arbeit gesprengt und muß daher einem späteren Zeitpunkt vorbehalten bleiben. Dabei ist stärker die in der Erfassung des deutschen evangelischen Kirchenliedes von Zahn angewandte Silberzählung des Verses als die Franksche Akzentzählung angewandt: beide Sammlungen von Strophenmodellen gaben jedoch eine unschätzbare Hilfe. Die von Louis Peter Grijp entwickelte Computermethode (vgl. seinen Beitrag S. 107 ff.) wäre, hätte ich sie schon anwenden können, eine ebensolche Hilfe gewesen.[30]

Wort und "Weise", Strophe und "Ton" stellen im Lied stets eine Einheit dar, wenn auch in verschiedenen Stadien der Affinität. Zuerst im Minnesang, der von seinen französischen Vorbildern die aus dem Tanz entwickelte Formstrenge übernommen hatte, dann im protestantischen Choral bildeten Wort und Weise diese Einheit so unverwechselbar aus, daß das Strophenmodell in seiner Verschmelzung von Versfuß, Silbenzahl des Verses und Reimschema immer auch musikalisch assoziierbar, d.h. in Gedanken mitgehört wurde. Es ist demnach die Weise , die das Strophenmodell tradiert, Kontrafaktur möglich macht und vor allem dem Lied Popularität sichert. Dabei überdauert die Weise bei der Kontrafaktur auch geringe Verskorrekturen; wo sie als Instrumentaltanz sich vom ursprünglichen Tanzlied gelöst und damit eine höhere Stilisierungsstufe erreicht hat, kann sie doch, wie bei Voigtländer und Sperontes, neu textiert und damit Quelle neuer Sprachrhythmen werden. Wo sich im 17. Jahrhundert poetologische Formstrenge (wie z.B. bei Opitz) von der Bindung an die Melodie wegzuentwickeln scheint, geht es doch nicht ohne (allerdings oft ungenannte und oft fremdsprachliche) melodische Vorbilder. Wo Poetik, wie bei Harsdörffer, bewußt popularisiert wird, ist die Musik als methodisches Hilfsmittel ganz selbstverständlich einbezogen.

Wo die Komposition von Gedichten als ein-oder mehrstimmige

30. Johannes Zahn: Die Melodien der deutschen evangelischen Kirchenlieder. Bde. 1-6. Gütersloh 1889-1893. — Horst Joachim Frank: Handbuch der deutschen Strophenformen. München, Wien 1980. — Louis Peter Grijp: VOETENBANK. Een methode om melodieën te zoeken bij liedteksten, ... In: Tijdschrift v.d. Vereniging voor Nederlandse muziekgeschiedenis 34 (1984) S. 26-48.

Generalbaßlieder bewußt *Kunstlieder* schafft, sind doch Kontrafaktur (man vergleiche Anton Ulrichs Anlehnung an Rists
Himlische Lieder) und neue Popularisierung nicht ausgeschlossen;
man denke nur an Johann Crügers *Praxis pietatis melica* (1647).
Birken schreibt in seiner *Teutschen Rede-bind und Dicht-Kunst*
(1679) im Zusammenhang mit der Lieddefinition:[31]

"... daß der Poet/ wann er ein Lied machet/ eine Singweise oder
Melodie im Gedächtnis oder vor augen habe/ und also mit den
Worten/ nach dem Fallen und Steigen (cadenzen) der Singstimme/
sich richte. Ein Exempel kan einiger maßen seyn das schöne Lied des
Gekrönten/ welchem ich ehmals zum theil nachgeahmet/ und in
selbige Arie gesetzet/ folgendes Lied/ Von der Sabbath Feyer./ Canto
s. Tenore/ Auf auf/ mein Herz ..."

Warum hätte es also nicht einen Melodienaustausch zwischen
Singspielbühne und geistlichem Lied geben können, geboren aus
dem Bedürfnis, vorhandenes Material verwendbar und beliebte
Melodien als Ausdrucksträger verwertbar zu machen, so lange der
Affekt gewahrt blieb? Prüfen wir darauf die Singspiele Anton
Ulrichs an ausgewählten Beispielen.[32]

Amelinde

Das erste der von Anton Ulrichs gedichteten Singspiele, am 10.
April 1657 aufgeführt, trägt als geistliches Schäferspiel noch die
Spur von Harsdörffers *Seelewig*.[3]

Sieben der zwanzig in diesem Singspiel enthaltenen Strophenlieder können auf Melodien Sophie Elisabeths, denen das gleiche
Strophenschema zugrundeliegt, gesungen werden, woraus sich
auffällige, auch in den späteren Singspielen zu beobachtende
chronologische Strukturen ergeben: Das sehr beliebte sechszeilige

31. Sigmund von Birken: Teutsche Rede- bind und Dicht-Kunst oder
kurze Anweisung zur Teutschen Poesy mit Geistlichen Exempeln: ...
Nürnberg Verlegt durch Christof Riegel. Gedruckt bey Christof Gerhard.
A.C. MDCLXXIX. ND Hildesheim 1973. S. 115-118.
32. Für die nun folgenden Einzelauswertungen sei auf die Tabellen S.
174 ff. verwiesen.
33. Ausführlich bei Wade: Pastoral Singspiel. S. 289 ff.

146

Notenbeispiel 3a
Harpfen-Spiel 56. — *Amelinde* III,8.

Modell zu Mondianes Lied "Solte mich das nicht verdrießen" (II,1), schon bei Lobwasser und Opitz (1624, 1627), diente in *Seelewig* (I,2) als Duett zwischen Trügewald und Künsteling "Künsteling, ich muß dir klagen". Sophie Elisabeth benutzte es als Text von Schottelius 1642 in ihrem *Friedens Sieg* und als Nr. 18 und Nr. 20 in ihrem Liedertagebuch; bei Anton Ulrich erscheint es jedoch erst in den Ergänzungen 1665 bzw. 1667 mit neuen Melodien der Stiefmutter (Nr. 38: "Gott, du hast es so beschlossen", und Nr. 40: "Ach, es scheint, ich sey verlassen"), so daß die Provenienz dieser Melodien aus den Singspielen vermutet werden kann! Andererseits hätte, als Anton Ulrich *Amelinde* dichtete, für Mondianes Lied ein ausreichender Melodienvorrat zur Verfügung gestanden.

Zwei andere Lieder dieses Singspiels gehen auf Strophenmodelle des *Liedertagebuchs* zurück, deren Texte zwei der fürstlichen Kinder beigesteuert hatten, die sich also durch einen besonderen persönlichen Bezug auszeichneten: "O Was sol ich von dir sagen" (Finale II,7) benutzt Sibylle Ursulas "Ach wie lang", von Sophie Elisabeth am 23. Januar 1651 komponiert (Nr. 40), und Ferdinand Albrechts "Wenn ich itzund bin gesinnet" (Nr. 59). Für das ebenfalls von Lobwasser stammende Modell käme aber auch eines der *Himmlischen Lieder* Anton Ulrichs, "Liebe Seele/ thu dich schwingen", in Frage, das als Nr. 13 im *Harpfen-Spiel* erschien. Anton Ulrich wiederum konnte sein melodisches Vorbild in den "Himlischen Liedern" Rists und Schops gefunden haben (1641). Auch hier zeigt sich ein Melodienvorrat von gleicher Ambivalenz, der zumindest die Rekonstruktion ermöglichen würde.[33a]

Späte Melodien Sophie Elisabeths lassen sich in der *Amelinde* auf weitere Nummern anwenden, so auf "O Angenehmer Wald" (I,1) und "Es muß was seyn geschehen" (III,12), beide auf Zusätze von 1665 komponiert, und aus der spätesten Liedergruppe von 1667, voran das erschütternde Lamento der Amelinde "O Wehe mir! O Ewig Weh!" (III,8), das auf die Nr. 56 des *Harpfen-Spiels* "Es ist genug" singbar ist. Hier wird die Identität des Strophen-

---

33a. Zu der Genese arienhafter Formen, die über die "Himmlischen Lieder" auf zeitgenössische Erbauungsliteratur zurückgeführt werden können, vgl. AU-Kat. F8 und: Julie Meyer-Boghardt: Rezension Ed. Friedrich Spee. In: Arbitrium 1988, S. 46.

Notenbeispiel 3b
Harpfen-Spiel Nr. LVI: "Es ist genug!". (Quelle wie NB 2).

Sterb=Lied.

hab es   endlich   guten fug /   Es

ist ge = nug!   ich   muß mir

raſt verſchaffen.

Q iij   Es

modells durch die Gleichheit des Affekts unterstützt, und man meint aus "Es ist genug" auch die Resignation der Komponistin im Witwenstande zu spüren. (N.B. 3a u. 3b).

Aus der *Amelinde* gewinnen wir jedoch auch einen kleinen Fingerzeig auf die mögliche Kontrafakturfunktion der erst 1667 für den ersten Druck mit Musik hinzugefügten Lieder des *Harpfen-Spiels*. Dessen Nummer XLV ("Meiner Seele Heil") notiert die Singstimme als einziges Beispiel nicht im Sopran-, sondern im Tenorschlüssel. Die Strophenform entspricht dem Lied des Coelidamas "Ist das nicht mein Lohn" aus der *Amelinde* (I,8), d.h. einer männlichen Rolle. (Zu einer verdeckten Baß-Notierung vgl. unten S. 162 ff.)

Regier-Kunst-Schatten

Dieser zum Geburtstag des Herzogs am 10. April 1658 aufgeführte Fürstenspiegel enthält nur wenige Lieder, darunter zwei, deren Strophenformen schon in der *Amelinde* rekonstruierbar waren: "Held der Tag" aus dem Prolog und "Sol man den" (I,2). "Grausamer Gott" (IV,7) wäre auf eine Melodie Sophie Elisabeths aus dem *Vinetum evangelicum* (1651), aber auch auf zahlreiche Schützsche Melodien aus dessen 1628 zuerst erschienenen *Psalmen Davids ... durch D. Cornelium Beckern* singbar, einer Sammlung von Kantionalsätzen, die auch die Ausführung als generalbaßbegleitete häusliche Andachtslieder erlaubten, ebenso beliebt am Güstrower wie am Wolfenbütteler Hof, wo man alle drei Auflagen besaß, die von 1628, den Güstrower Nachdruck von 1640 und die zweite, überarbeitete und erweiterte Auflage von 1661, die der Komponist dem Herzog mit einem Begleitschreiben vom 10. April 1661 pesönlich übersandte.[34]

Andromeda

Anton Ulrichs Pariser Bühnenerfahrungen kristallisieren sich in

34. Haase: Schütz-Kat. Nr. 4, 8, 13.

seinen beiden 1659 aufgeführten Singspielen, *Andromeda* und *Orpheus aus Thrazien*. Im ersteren folgte er deutlich der 1650 uraufgeführten Tragödie des Pierre Corneille, deren streng abgegrenzte Musikeinlagen allerdings vom Dichter keineswegs freiwillig eingefügt worden waren. Sie stellten vielmehr die Antwort auf Kardinal Mazarins umstrittenen Versuch dar, mit dem *Orfeo* von Luigi Rossi (Libretto von Francesco Buti; Paris 3. März 1647) die italienische Oper, das Torellische Maschinenwesen und damit das "Merveilleux", das "Wunderbare", in Frankreich heimisch zu machen.[35] Ausschließen läßt sich nicht, daß Anton Ulrich in Paris auch mit Berichten von Rossis Oper konfrontiert und damit zum erstenmal vom Orpheus-Stoff fasziniert wurde.

Von Corneille übernahm Anton Ulrich die musikalisch am ehesten motivierbaren Chor-Kommentare, von denen wir jedoch nur wenige auf Lied-Vorlagen beziehen können, so "Betrübtes Land" (III,1) und das Prolog-Lied "Schönste Musa", das formal einem Lied im Prolog des *Orpheus* ("Eyle, Mars"), also desselben Jahres, entspricht und sich auf zwei Melodien des *Liedertagebuchs* singen ließe: Nr. 6 "Ich bin froh" (28. Juli 1647) und Nr. 11 "Wie ist dir" (23 September 1647). In zwei anderen Fällen wären die Modelle leicht an vorhandene Kompositionen Sophie Elisabeths anzupassen, so der Chor "Cyprische Göttin" (II,3).

Orpheus aus Thrazien

Am 20. August 1659, zum Geburtstag der Stiefmutter, präsentierte Anton Ulrich sein hinreißendstes Singspiellibretto, eine direkte Adaptierung des 1607 für Monteverdi geschriebenen Librettos von Allessandro Striggio, allerdings durchaus vom Geist einer späteren Zeit geprägt, der Verfestigung geschlossener musikalischer Formen in den Liedern und dem Versuch, dem "stilo rappresentativo" durch Alexandriner gerecht zu werden. Wären alle diese Teile wirklich rezitativisch gesungen worden, so hätte das Ausmaß der Komposition allerdings den späten Monteverdi-Opern gleich

---

35. Marie-Françoise Christout: Le Ballet de cour de Louis XIV 1643-1672. Paris 1967. Vie musicale en France sous les rois bourbons. 12. S. 47-51, 258.

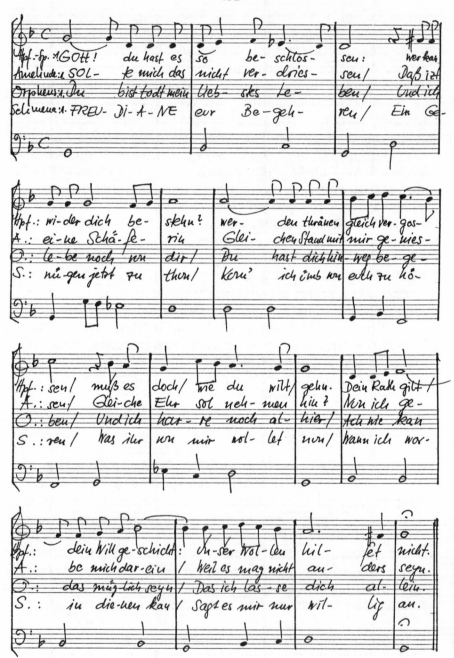

Notenbeispiel 4

Harpfen-Spiel. 38. Orpheus I,7; Amelinde: II,1; Selimena: IV,3.

kommen müssen. Der "stilo rappresentativo" hinterläßt seine Spuren im ungewöhnlich fließenden Einbau einzelner Liedstrophen und ganzer Lieder, die auf die ganze Funktionsbreite von Monologen, Ensembles und Chören verteilt sind.

Anton Ulrichs Libretto ist ein Griff nach den Sternen, der sowohl Buchners Orpheus-Libretto, im November 1738 mit der (leider verlorenen) Musik von Schütz in Dresden aufgeführt, als auch Butis *Orfeo* von 1647 weit hinter sich läßt. Diesen beiden Librettisten folgt Anton Ulrich jedoch in der Wiedereinfügung der bei Striggio weggelassenen Ermordung des Orpheus durch die Bacchantinnen.[36]

Daß *Orpheus aus Thrazien* sich als einziges der gedruckten Libretti zu einem Komponisten, dem Wolfenbütteler Hofkapellmeister Johann Jacob Löwe von Eisenach, bekennt, braucht der möglichen Einarbeitung von Melodien der Herzogin nicht unbedingt zu widersprechen, wenn es heißt: "In MUSICALIsche Noten übersetzet: Von/ Johann Jacob Löwen Fürstl. Braunschw. Lüneburg. Capellmeistern/ Und jetzt gedachten Tag von der Fürstlichen Cappelle vorgestellet/ ..." Wir können mangels Quellen nicht mehr nachprüfen, ob sich Löwe wirklich dieser Aufgabe gewachsen zeigte. Im Vergleich mit den von ihm erhaltenen Kompositionen erscheint seine Befähigung für ein Libretto, das die Handschrift von Monteverdi und Schütz spüren läßt, zumindest zweifelhaft.[37]

36. Alessandro Striggio: La Favola d'Orfeo. Rappresentata in musica il Carnevale dell' Anno MDCVII. Mantova: Osanna 1607. — Thiel-Rohr-Kat. Nr. 1185. Dieses Original der Mantovaner Festbeschreibung befand sich also im Besitz des Hofes.
Anna Amalia Abert: Claudio Monteverdi und das musikalische Drama. Lippstadt 1954. S. 100 ff., 119 ff., 206-222. — Moser: Schütz 148 f. — Moritz Fürstenau: Zur Geschichte der Musik und des Theaters am Hofe zu Dresden. 1-2. Dresden 1861-1862. ND Leipzig 1971. S. 103. — Irmgard Becker-Glauch: Die Bedeutung der Musik für die Dresdener Hoffeste bis in die Zeit Augusts des Starken. Kassel 1951. Musikwiss. Arbeiten 6. S. 72.
37. Daß wir Löwes Namen nur bei diesem Singspiel finden, mag unter Umständen eine Anerkennung der Schwierigkeiten der Einstudierung gewesen sein.

Wie nicht anders zu erwarten, läßt sich die Kontrafaktur-Hypothese auf ein so anspruchsvolles Libretto wie den *Orpheus aus Thrazien* am wenigsten anwenden, da, wie schon bemerkt, Liedformen eher in den Text eingebettet als von ihm gesondert sind. Die Strophenform des Orpheus-Lamentos "Du bist Todt" (I,7) läßt sich von Opitz' *Dafne*, 1627 von Schütz komponiert ("O du kleiner nackter Schütze"), über *Seelewig* (I,2), Sophie Elisabeths *Ballet der Zeit* (1655 und *Amelinde* ("Solte mich das nicht verdrießen", II,1; vgl. S. 147 oben) verfolgen und ist zweimal in Anton Ulrichs *Himmlischen Liedern* vorhanden, so daß eine Melodie von Staden und zwei aus Sophie Elisabeths *Harpfen-Spiel* verfügbar wären. Das Ergebnis der Kontrafaktur mit Hilfe der letzteren zeigt eine erstaunliche affektive Angemessenheit an den Lamento-Charakter, wie sich bei zwei konzertanten Aufführungen im Rahmen der Programme der Herzog August Bibliothek Wolfenbüttel bestätigte. (NB. 4)

Ein weiteres Lamento im Finale des ersten Aktes, "Ach bittre Traurigkeit" (I,8), folgt der Strophenform jener Stadenschen Melodie aus dem *Seelewig* ("Mein hoher Adel Stand"), die Sophie Elisabeth im *Harpfen-Spiel* 1667 direkt zitierte (vgl. oben S. 138 ff.) Eine solche Rückbindung an *Seelewig* verstärkt den auch im Orpheus-Stoff angelegten Pastoralcharakter, den Anton Ulrich zu Beginn des ersten Aktes im Chor der Hirten und Nymphen "Hüpffet ihr Berge/ ihr Thäler erbebet" anklingen läßt. Ein weiteres *Seelewig*-Zitat stellt das kleine Unwetter am Ende derselben Szene dar (I,1):

"Alhie begeben sich die gesamten Hirten von der schlaffenden EURYDICE, die bey einer stillen MUSIC etwas schläft/ endlich aber von der Nymphen LOTOS, die ehemahls in einen Baum verwandelt worden/ im Traum erschrickt/ und von dem darauff entstehenden Donner und Regen erwecket wird."[38]

Im dritten, letzten Akt des *Orpheus aus Thrazien*, der die Vorlage Striggios um die ursprüngliche Tötung Orpheus' durch die Bacchantinnen erweitert (in Wahrheit allerdings, um ein "lustiges Ballet" zu gewinnen), übersetzt Anton Ulrich das Echo-Lamento der italienischen Vorlage, die berühmte, noch in das Libretto von

38. AU-GA I,1, S. 233.

Mozarts *Zauberflöte* nachwirkende Allegorie der Zähmung der Natur durch die Musik, als bewegendes Strophenlied (III,1):

> Ihr Lieben Bäume traurt mit mir/
> Daß ewre Nymph verlohren/
> Die unter ewren Schatten hier/
> Mit mir sich hat verschworen.
> Ach weinet ihr Cypressen/
> Ihr Myrthen und ihr Weiden/
> Niemahls müst ihr vergessen/
> Des ORHEUS schweres Leyden.[39]

Für das Strophenmodell steht keine Melodie Sophie Elisabeths zur Verfügung; mit einem möglichen Adaptierungsversuch auf ein zumindest ähnliches Modell, achtsilbig und vierhebig in der 5. und 7. Zeile, das Lied "Wolauf mein Herz" im *Vinetum evangelicum* (1651), verlassen wir den Boden der Arbeitshypothese; in diesem Fall böte sich auch ein Lied Rists aus *Des Edlen Dafnis aus Cimbrien besungene Florabella* (1656), dessen Melodie wie viele andere dieser Sammlung mit der Abkürzung "S." gekennzeichnet ist, ohne daß bis jetzt eine Zuweisung zu einem bestimmten Komponisten feststeht. Im Umkreis von Rist wären Johann Schop, Thomas Selle und Heinrich Scheidemann möglich — auch Sophie Elisabeth? Es handelt sich um Rists "Auff auff ihr Dichter allzumahl".[40]

Iphigenia (5. Mai 1661)

Das Singspiel ist ausreichend mit Solo- und Chorliedern sowie, am

---

39. AU-GA I,1, S. 252.
40. Johann Rist: Des Edlen Dafnis aus Cimbrien besungene Florabella. Mit gantz neuen und anmuthigen Weisen hiebevor außgezieret und hervorgegeben Anitzo aber mit verschiedenen schönen Stückchen vermehret und zum Truck befordert. Hamburg In Verlegung Christian Guth Buchhändlers im Tumb Gedruckt bey Michael Pfeiffern. Im Jahr 1656. — Das Ex. der Herzog August Bibliothek trägt außer einem Besitzvermerk "Ludolph Oldenburger. Anno 1657." das Exlibris Ludwig Rudolfs, des jünsten Sohnes von Anton Ulrich. (Sign. Lo 6460. Standort fehlt in RISM.)

Schluß des letzten Aktes, mit einem echten Ensemble-Finale ausgestattet, setzt jedoch musikalische Szenenanweisungen nur sparsam ein. Hircander, die hier zum ersten Male in Anton Ulrichs Singspielen auftretende komische Person, singt "in die Zither" (I,5; II,11), und der Chor "Grosse Diana" (III,5) wird durch "Hörner und Dulciane" angekündigt und anscheinend auch begleitet. Musik zu diesem Chor ließe sich aus dem "Freudenlied der Musen" des *FreudenSpiels* von 1642 gewinnen, möglich wäre aber auch eine der Stadenschen Melodien zu den *Tugendsternen.*

Jacobs Heyrath

Das Jahr 1662 brachte zwei Werke, deren Zuweisung zu Anton Ulrich einige Zweifel aufkommen läßt, *Jacobs Heyrath* und *Des trojanischen PARIDIS Urtheil.* Das erstere, wiederum zum Geburtstag des Herzogs am 10. April aufgeführt, weist sehr viel stärker auf die späteren Hamburger und Braunschweiger Opernlibretti. Lieder sind in der Minderzahl, während Solo- und Ensembleszenen eine "modernere" musikalische Durchorganisation ahnen lassen, auch eine strengere Trennung voneinander. Man meint die Feder eines anderen Librettisten zu spüren.[41]

Noch am ehesten an die Wolfenbütteler Singspieltradition angepaßt ist das "Lied der Treue" aus dem Prolog ("Vergönnet mir/ ihr grünbemahlte Matten ..."), das mit der Szenenanweisung "... und singet unter dem Klange einer lieblichen gelinden MUSIC folgendes Lied." eingeführt wird. Rahel singt in der ersten Szene des dritten Aktes nach einem langen (allerdings nicht expressis verbis so bezeichneten) Rezitativ eine "ARIA". Es ist das einzige Mal, diesen damals noch mit "Lied" identischen Terminus in einem der frühen Wolfenbütteler Singspiele zu finden, wo die strenge Sprachpflege der *Fruchtbringenden Gesellschaft* darauf bestand, "opera" als "Singespiel" und "aria" als "Lied" zu übersetzen. "ARIA" mit rezitativischem Vorspann deutet eher auf die achtziger Jahre.

Andererseits treffen wir in den Chören der Hirten und Nym-

---

41. AU-GA I,1, S. XIV-XVI. Vgl. FN 29.

phen, die das Laubhüttenfest schildern (II,1: "Jacob, der Ebreer Zierde"), ein seit Rists *Himlischen Liedern* (1641) beliebtes und von Sophie Elisabeth in ihrem *Liedertagebuch* allein viermal angewandtes Strophenmodell, zweimal auf Texte von Ferdinand Albrecht, einmal auf einen eigenen Text und einmal auf einen Text von Anton Ulrich, den er 1655 an die Spitze seiner *Himmlischen Lieder* setzte, ein Zeichen, wie ein solches Modell in den poetisch-musikalischen Übungen der höfischen Kammer Schule machte. Rist selbst griff darauf sowohl in dem Ballett-Libretto *Die Triumphirende Liebe* (1653) für die Celler Fürstenhochzeit als in seiner *Florabella* von 1656 zurück, dort wieder unter dem Signum "S." für die Komposition.[42]

Des Trojanischen PARIDIS Urtheil, ein "Singe-Spiel zur Lust vorgestellet", gibt echte Strophenlieder zugunsten formal knapperer Soli, Ensembles und Chöre auf. Die schon in der Anton Ulrich-Gesamtausgabe geäußerten Zweifel an dessen Verfasserschaft erweisen sich durch die Tatsache bestätigt, daß es sich hier um die Übernahme des 2. Aktes eines von David Schirmer für eine kursächsische Fürstenhochzeit geschriebenen Ballett-Librettos handelt, des *Ballet von dem Paris und der Helena*, uraufgeführt am 2. Dezember 1650. Heinrich Schütz konnte die Komposition der verlorenen Musik nicht eindeutig zugewiesen werden. Da jedoch Philipp Stolle, kurprinzlicher Hofmusikus und Komponist der 1654 veröffentlichten Schirmerschen Liedersammlung *Singende Rosen*, in diesem Ballett den Mars und Paris sang und tanzte, kämer auch er als dessen Komponist in Frage.

Die Form des einstrophigen "Donner/ Hagel/ Blitz und Flammen", von Juno und Pallas gesungen, erscheint auch in Schirmer-Stolles *Singenden Rosen* (VIII und XXIV), einer am Wolfenbütteler Hof greifbaren Sammlung; es ist eine Form, die wir in zwei Balletten Anton Ulrichs ebenfalls finden (*Ballet der Natur*, 1660, und *Ballet der Diana*, 1663), früher jedoch schon in Sophie Elisabeths *Liedertagebuch* (Nr. 44, 24. Mai 1653) mit deren Melodie.

---

42. Johann Rist: Die Triumphirende Liebe, umgeben Mit den Sieghafften Tugenden ... Hamburg (1653). Vgl. auch die Lüneburger Ausgabe. Schmieder-Kat. Nr. 1376-1377. — August-Kat. Nr. 573. Komponist nach Haase Stefan Körner.

158

Schirmers Libretto wurde erst 1663 in Dresden in seinen *Poetische Rauten-Gepüsche* veröffentlicht. Es mag, von Schütz oder Birken empfohlen, 1662 benutzt worden sein, als die Hoftrauer um einen verstorbenen Sohn Anton Ulrichs diesen von der Dichtung eines neuen Ballett-Librettos abgehalten haben könnte. So ließen sich auch die an den Wolfenbütteler Hof gesandten Libretti Birkens (vgl. S. 143) als Alternativvorschläge erklären.[43]

Selimena

Das Jahr 1663 bezeichnete das großartige Finale der Wolfen-bütteler Hoffeste unter Herzog August und Herzogin Sophie Elisabeth, überschattet allerdings durch das hohe Alter und die zunehmende Hinfälligkeit des Herzogs, der, um im biblischen Sinne sein Haus zu bestellen, noch zwei Töchter standesgemäß zu verheiraten hatte, zuerst am 18. Januar Prinzessin Maria Elisa-beth, eine Tochter aus der dritten Ehe mit Sophie Elisabeth. Ihr zu Ehren wurden das Singspiel *Selimena* und ein *Ballet der Gestirne* aufgeführt. *Selimena* kehrt zum Typus des Pastoralsingspiels und zur Technik der Strophenlied-Einlagen zurück und verdeutlicht den musikalischen Anteil auch durch ausreichenden szenische Anweisungen. Melodien Sophie Elisabeths, deren Brauchbarkeit

43. Zur Datierung der Wolfenbütteler Aufführung von *Des Trojani-schen PARIDIS Urtheil* vgl. G.F. Schmidt: Neue Beiträge. Nr. 30. — Thiel-Rohr-Kat. Nr. 1631. — Fürstenau: Dresden. I,S. 117127. — Moser: Schütz. S. 169. — Brockpähler: Handbuch. S. 134. — Bittinger: Schütz-Werke-Verzeichnis, nennt das Ballett weder unter den verlorenen noch unter den zweifelhaften Werken. — Anthony J. Harper: David Schirmer — A Poet of the German Baroque. Stuttgart 1977. (= Stuttgarter Arbeiten zur Germanistik 32.) S. 105-110. — Das Gedicht Birkens auf den Tod Leopold Augusts und die Geburt August Wilhelms für den Vater Anton Ulrich enthält das in der Tabelle S. 172 unten genannte einzelne Lied "Dennoch ist der Himmel gut" ohne Komponistenangabe, das vielleicht ebenfalls Sophie Elisabeth zuzuschreiben ist. Vgl.: Sieg-mund von Birken: Regen und Sonne, Trauren und Wonne ... Wolfen-büttel 1662. Schmieder-Kat. Nr. 1339.

für die Rekonstruktion von *Amelinde* und *Orpheus aus Thrazien*
schon diskutiert wurde, sind auch hier anwendbar, sowohl frühe
des *Liedertagebuchs* als auch späte des *Harpfen-Spiels.* Hars-
dörffer-Stadens *Seelewig* stand sowohl beim "Lied der Göttlichen
Liebe" des Prologs als auch beim Lied-Terzett des ersten Akt-
Finales (I,7) Pate, einem Beispiel volkstümlicher Schlichtheit:[44]

> Nun die güldne Sonne gehet
> Niedrig an dem Firmament/
> Und die Abendröth behänd/
> In den duncklen Wolcken stehet/
> Last uns seyn dahin bedacht/
> Ihr zu geben gute Nacht ...

Die fürstliche Braut mag sich des Harsdörfferschen Kommentars
zu dieser Strophenform erinnert haben, der mit den Worten
schloß:[45]

> "Beide diese Stücke werden durch die Hertzbewegende Music oder
> Singkunst kräfftiglich verbunden. Hierbey ist auch zu erinnern/ daß
> die Jugend in Erfindung der Gemälde/ Sinnbilder und Schilderwesen
> nicht weniger zu über und zu unterrichten/ als im reden/ reimen/
> singen und schreiben ..."

Hier wird eine auch didaktisch interessante Hierarchie im Erlernen
und Ausüben des Wort-Ton-Verhältnisses gesetzt: reden, reimen,
singen und (auf)schreiben, eine andere allerdings als bei Birken
(vgl. oben S. 145), der den Primat der Weise betont.

Der Hoffmann Daniel

diente sowohl für den Geburtstag des Herzogs am 10. April 1663
als auch für die Vermählung seiner Tochter Sibylle Ursula am 20.
September desselben Jahres. Unerfindlich bleibt, warum Löwe,
der sich bei dem geringen musikalischen Interesse des Thron-
folgers Rudolf August sein Schicksal nach dem Tode des Herzogs
ausrechnen konnte, bereits Ostern 1663 an den Zeitzer Hof ging,

44. AU-GA I,2, S. 346-347.
45. Harsdörffer: Gesprechspiele 4, II,2, S. 84: "Ist Rubinen". Kommentar S. 90 ff. Musik S. 528.

Notenbeispiel 5a
Harpfen-Spiel 54. — Daniel III,10.

ohne die zweite Aufführung von *Der Hoffmann Daniel* abzuwarten. Erneute fachliche und persönliche Querelen mögen seinem Weggang vorangegangen sein. Da auch Weiland starb und Schütz, dem man erst zu diesem Zeitpunkt die Rückstände seiner Vergütung ausgezahlt hatte, in einem Brief aus Bad Teplitz auf sein hohes Alter und seine Gicht hinweisen mußte, bestellte der Herzog am 2. Mai 1663 Martin Köler zum Hofkapellmeister.[46]

Wie am Anfang, so steht auch am Ende der Hochblüte des Wolfenbütteler Singspiele unter und mit Sophie Elisabeth und Anton Ulrich ein Fürstenspiegel, der als altersweise Mahnung an die Söhne verstanden werden konnte. So sind auch die Liedeinlagen größtenteils choralartig schlicht, zum Teil bis zur Einstrophigkeit reduziert (I,7: "So solt mich nun"; II,1: "Wie selig bin ich doch"), noch keine Arientexte im späteren Sinne, jedoch auf dem Wege dahin.

Bei *Der Hoffmann Daniel* zeitigt die hier angewandte Arbeitshypothese den Erfolg, daß zumindest alle mehrstrophigen Liedeinlagen aus Melodien Sophie Elisabeths oder anderer Komponisten musikalisch belegt werden können, eine szenische Rekonstruktion mit gesprochenen Dialogen also *möglich* wäre. Was in dieser Anpassung an älteres Material Reaktion auf den Kapellmeisterwechsel, was bewußte Reminiszenz war, sei dahingestellt. Für alle Einzelheiten sei auf die Tabelle S. 181 ff. verwiesen; hier mögen nur einige besonders interessante Beispiele herausgegriffen werden.

Das zweite Lied des Prologs, "Wahrer Tugend Aufenthalt", mit einem seit Opitz' "Ietzund kommt die Nacht herbei" von Schirmer und Schottelius häufig verwandten Modell, wird wohl kaum auf Sophie Elisabeths Melodie zu Schottelius' "Ich der heßlich bleiche Tod" aus dem *FreudenSpiel* (1642) gesungen worden sein; eher liegt die Originalmelodie Nauwachs zu Opitz nahe. Im *Ballet der Diana*, das mit der zweiten Aufführung von *Der Hoffmann Daniel* kombiniert wurde, folgt das "Lied der Tritonen" demselben Modell. Warum sollte die Musik nicht ebenfalls zweimal benutzt worden sein? Für "Ihr Feder-Volck" (I,5) wäre eine weitere

---

46. Haase: Schütz-Kat. Nr. 37.

Notenbeispiel 5b
Harpfen-Spiel Nr. LIV: "Laß dich GOtt". (Quelle wie NB 2)

Aufmunterung im Creuß.

borgen. Hilft er heut nit / hilft er

morgen. Laß dich GOtt!

6

❀❀❀❀❀❀❀❀❀❀❀❀❀❀❀❀❀❀❀❀❀❀❀❀

❀ **LIV.** ❀

Laß dich GOtt /
du Verlaſſner! ſtill dein Sorgen.
Deine Qual und deine Noht/
iſt dem Höchſten unverborgen.
Hilft Er heut nicht / hilft Er morgen.
Laß dich GOtt.

2. Halt

Melodie des Anonymus "S." aus Rists *Florabella* (1656) denkbar, die Nummer IX ("Hinweg du Schlaff").

Eine Melodie zu dem seit Fleming häufig verwandten Modell von "Richte Gott" (III,9) entspricht einem der einzeln gedruckten Lieder Stadens in Harsdörffers *Gesprechspiele* (vgl. Tabelle); möglich wären auch zwei Melodien aus dem *Liedertagebuch*, die Nummer 41 (30. September und 10. Oktober 1651) "Schwacher Geist gedrücket nieder" und die Nummer 38 auf einen Text von Sibylle Ursula, "Auf der du also liegest nieder" (7. Dezember 1650). Wurde einer dieser Melodien in *Der Hoffmann Daniel* wirklich benutzt, so hätte sie für Sibylle Ursula, eine der Hauptakteurinnen der Wolfenbütteler Festkultur, die nun im Alter von vierunddreißig Jahren eine Versorgungsehe mit dem künstlerisch wenig interessierten Herzog Christian von Holstein-Glücksburg eingehen mußte, einen verschlüsselten Sinn gehabt und ihr mit den Mitteln zeitgenössischer Emblematik Trost geben können.

Eines der letzten Lieder aus dem *Hoffmann Daniel* zeigt mit einem der späten Lieder (1667) des *Harpfen-Spiels* eine so deutliche formale und inhaltliche Identität, betont durch die Wiederholung der Anfangszeile, daß hier, fast am Ende unserer Untersuchungen, die Kontrafaktur greifbar wird:[47] (NB. 5a und 5b)

Daniel III,10	*Harpfen-Spiel* LIV.
"GOttes Hutt/	"LAß dich GOtt/
Mitten in des Todes Rachen/	Du Verlassner! still dein Sorgen.
Mir erfrischet meinen Muth/	Deine Qual und deine Noht/
Daß ich diesen Schlus kan machen/	ist dem Höchsten unverborgen.
Wie ich spür' in allen Sachen/	Hilft ER heut nicht/hilft ER morgen
GOttes Hut."	Laß dich GOtt."

Gerade in diesem Lied "Laß dich GOtt!" hat sich der sonst sehr sorgfältige Herausgeber des Notendrucks einen kleinen Lapsus zuschulden kommen lassen, den schon Zahn bermerkt hatte und der, ähnlich wie der Tenor-Schlüssel der Nummer XLV (vgl. oben

47. AU-GA I,2, S. 529. Birken-Tagebücher I, S. 269.

S. 150 zu Amelinde), auf die Herkunft aus einem der Singspiele weist. Die Notation der Singstimme im Sopran-Schlüssel ist ein Irrtum, da sie im Baß-Schlüssel gelesen werden muß; dem ist auch der Umfang der Generalbaß-Stimme sehr sorgfältig angepaßt. Der Schlußton der Oberstimme ist allerdings in keinem der beiden Schlüssel richtig und müßte als g gelesen werden. Im *Hoffmann Daniel* wird das formgleiche "GOttes Hutt" von Daniel selbst gesungen, dem die Baß-Lage wohl angestanden hätte.

Man fragt sich allerdings, warum der Text von "GOttes Hutt" nicht unverändert in den Druck des *Harpfen-Spiels* übernommen wurde. Mußte die Konvention fürstlicher Anonymität des Dichters Anton Ulrich hier um jeden Preis gewahrt werden, oder hatte Birken als Herausgeber dem eigenen Vergnügen an der Kontrafaktur gefrönt, worauf die S. 139 oben zitierte Tagebucheintragung vom 14. Januar 1667: "Drey Lieder mit den Noten ausgeschrieben." hinzudeuten scheint? Ist Birken die falsche Schlüsselsetzung zuzuschreiben?

Ausklang

Nach diesem Jahr der Höhepunkt und Abschiede ging auch die Hochblüte der Wolfenbütteler Festkultur angesichts der Gebrechlichkeit des Fürsten, der reduzierten Zahl der fürstlichen Mitwirkenden und des Wechsels im Kapellmeisteramt dem Ende entgegen. Im Jahre 1664 fand keine Aufführung statt, nachdem schon Schütz in einem Brief vom 10. Januar 1664 zwar die Zusendung weiterer Kompositionen angekündigt, jedoch seine weiteren Dienste für die Hofmusik auf das bei seinem hohen Alter Mögliche beschränkt hatte.[48] Seine Sympathie für die musikalischen Aktivitäten der Herzogin wurde weiterhin durch verzögerte Auszahlung der ihm zustehenden Besoldung auf eine harte Probe gestellt. Der Rückstand belief sich am 28. April 1665 noch auf 300 Taler. War der Herzog nur bereit, sicht- und hörbare Dienste für die Hoffeste zu honorieren? 1665 begnügte man sich mit einer Neuaufführung von *Seelewig* und gab Anton Ulrichs *Himmlische*

---

48. Haase: Schütz-Kat. Nr. 38.

Lieder, um einige erweitert, endlich in Druck, "sonder vorwissen deß Autoris, durch einen desselben hohen Anverwandten aufgebracht und in diesen engen Format zu drucken verordnet", aber auch jetzt noch ohne Melodien. Ähnlich wie bei der handschriftlichen Erstfassung mag der Wunsch des "Anverwandten", vielleicht der Herzogin, damit verbunden gewesen sein, dem Zweitgeborenen einen Anteil an der Thronfolge zu sichern. Erst im Witwenstande ließ die Herzogin, vielleicht durch Birken angeregt, endlich ihre Kompositionen erscheinen, deren letzte, späteste Textgruppe unseren Verdacht erhärtete, daß es sich hier um geistlich "kontrafizierte" Singspiellieder handeln könne.

Fazit

Die Untersuchung der Singspiele Herzog Anton Ulrichs auf musikalische Rekonstruktionsmöglichkeiten durch Lied-Kontrafaktur ergibt nach der Anwendung der beschriebenen Arbeitshypothese folgende Ergebnisse:

1) Die Rekonstruktion der Liedmelodien aus den Singspielen mit Hilfe von Kontrafaktur der von Sophie Elisabeth überlieferten geistlichen Lieder gelingt in verschiedenen Graden der Vollständigkeit, am weitesten für *Der Hoffmann Daniel*, am wenigsten für *Orpheus aus Thrazien*. Instrumentation und zum Teil auch Ritornelle müßten ergänzt werden.

2) Die Rückführung der Strophenmodelle auf rekonstruierbare Melodien zeigt deutliche Einflußstränge auf die Lieddichtung Anton Ulrichs:

a) das Vorbild der *Himlischen Lieder* Rists;

b) die Einflüsse der Hofdichter Schottelius und Birken;

c) den starken poetischen und musikalischen Einfluß Harsdörffers und Staden über die *Gesprechspiele;*

d) Berührungen mit der Opitzschen *Dafne*, die das Engagement von Heinrich Schütz für die Wolfenbütteler Festkultur unterstreichen,

und e) die noch ungeklärte Rolle der Ristschen *Florabella*-Sammlung wie überhaupt der norddeutschen neben den Dresdner und Nürnberger Einflüssen.

Obwohl von einer direkten Verbindung zwischen Johann Rist und dem Wolfenbütteler Hof noch nichts bekannt ist, besteht ein indirektes Band über Johann Stern den Jüngeren, den Sohn des Lüneburger Verlegers Hans Stern, dessen Offizin, gemeinsam mit seinem Bruder Heinrich betrieben, Herzog August in Lüneburg und Wolfenbüttel gern in Anspruch nahm. Johann Stern d.J. begleitete Anton Ulrich auch auf seiner Kavalierstour und war ein beliebter Mitwirkender bei den Wolfenbütteler Hoffesten. Rist widmete ihm eine Glückwunschadresse zu seiner Lossprechung und druckte "bey den Sternen" fast alle seiner geistlichen Liedersammlungen; auf diesem Wege könnten auch seine *Himlischen Lieder* (1641) und *Neuer Himlischer Lieder Sonderbahres Buch* (1654) an den Wolfenbütteler Hof gekommen sein. Es mag auch kein Zufall sein, daß im Frontispiz von Rists *Frommer und GottSeliger Christen Altäglich HausMUSIK* (1654), gestochen von Martin Bülck, ein im Kreise seiner Familie Harfe spielender König David von eher bürgerlichem Aussehen doch mit Herzog August eine entfernte Ähnlichkeit hat.[49]

Weitere Fragen bedürfen einer eingehender Diskussion, als es in diesem Rahmen möglich ist: zum ersten die, wie weit die "Weise", auch noch im Generalbaßlied, Agens der Kontrafaktur und assoziativer Katalysator sein und damit stärker als ein rein poetologisches Strophenmodell wirken konnte. Sind doch gerade die Melodien der Herzogin Elisabeth, nach Schützschem Muster, weniger schlicht, auch nervöser in Melodieführung und Deklamation als z.B. manche Melodie Stadens, Schops oder Stolles. Ihre Assoziationsfähigkeit beruht jedoch auf dem Bekanntheitsgrad innerhalb des höfischen Kreises, so daß auch hier die moderne liedsoziologische Theorie von der Gruppenbezogenheit der Liedüberlieferung angewendet werden kann.[50]

Noch wichtiger ist eine andere Konsequenz der hier vorgestellten Überlegungen: Offenbar benutzte die frühe deutsche Oper, das "Singespiel", in Gestalt der Lieder austauschbares Material, eine

---

49. Paul Raabe: Herzog August und die "Sterne". In: August-Kat. S. 157-161. — Ein weiteres Bindeglied zwischen Rist und dem Herzogspaar war die gemeinsame Mitgliedschaft in der "Fruchtbringenden Gesellschaft".

50. Ernst Klusen: Das Gruppenlied als Gegenstand. In: Jb. f. Volksliedforschg. 12 (1976).

Technik, die sowohl das Verhältnis von Ansprüchen und musikalischen Mitteln an einem doch so kleinen Hofe wie dem Wolfenbütteler erklären als auch einen Fingerzeig geben kann, warum uns die Quellen so häufig verloren scheinen, wenn wie im Falle der Bühnenwerke von Heinrich Schütz oder der Singspiele Anton Ulrichs keine Werke als ein musikalisches Ganzes erhalten sind. Die Trennung von Dialog bzw. Monodie einseits und Lied andererseits wird wie die von Rezitativ und Arie in der hoch- und spätbarocken italienischen Oper, wo Arien je nach Sänger und Situation austauschbar waren, im frühbarocken deutschen "Singespiel" die Neigung vereitelt haben, ein ganzes Werk als Partitur zu überliefern.[51]

Wahrscheinlich müssen wir uns diese frühe Singspiel-Praxis viel buntscheckiger vorstellen, viel gebrauchsbezogener und den wechselnden musikalischen und theatralischen Möglichkeiten der großen und kleinen deutschen Höfe mehr angepaßt, auch der repräsentativen, im besten Sinne "dilettierenden" Mitwirkung des Adels noch offen. Ebenso buntscheckig und gebrauchsbezogen, d.h. weniger gattungsspezifisch eingeengt, war anscheinend auch die Liedpraxis zwischen Gesellschafts- und Sololied, weltlichem und geistlichem, Hausmusik- und Bühnenlied. Erst ein alle diese Bereiche umfassender Liedkatalog nach der in diesem Band vorgestellten Methode von Louis P. Grijp dürfte das deutsche Lied des 17. Jahrhunderts in seiner ganzen aufführungspraktischen Vielfalt zeigen. So sei die hier vorgeführte Hypothese als Anregung zum kritischen Weiterdenken und zu neuer Sichtung der überlieferten Quellen des frühbarocken deutschen Singspiels verstanden, in dem das Lied eine so exponierte Rolle spielte.

51. Man vergleiche z.B. die Schützsche Praxis, die Intermedien seiner Weihnachtshistorie (SWV 435) nur auf Wunsch in Abschriften zu vertreiben oder den Kollegen eigene Kompositionen zu empfehlen, während er die Evangelistenpartie im Druck herausgab. (Bittinger: Schütz-Werke-Verzeichnis, S. 90 ff.) Vgl. auch Wade: "det Store Bilager" mit Hinweisen auf eingefügte Texte und Kompositionen anderer Provenienz u. ders. Beitrag zu diesem Band.

Tabellen I

Musikalische Bühnenwerke und Liedersammlungen am Braunschweiger bzw. Wolfenbütteler Hof

Jahr	Singspiel	Ballett	Liedersammlung	Dichter/in	Komponist/in
1635	(Jahr der Eheschließung Sophie Elisabeths mit Herzog August)				
1636	—		—		
1637	—		—		
1638		26. X.: *Ballet der Diana*	—	J.G. Schottelius	(Mu oo)
1639			—		
1640	(Schmidt Nr. 4: ("Eine Schäferkomödie")		—	Merindo (?)	?
1641			—		
1642	*Neu erfundenes Freudenspiel*		—	J.G. Schottelius	Sophie Elisabeth (= SE)
1643		*Vorstellung Des Wald-Gott Pans*		J.G. Schottelius	? (Mu oo)
1644	*31. XII.: Theatralische neue Vor-Stellung von der Maria Magdalena*	—	—	J.G. Schottelius	H. Schütz (Mu oo)
1645	24. XII.: *Die Geburt unsers Heylandes*	—	—	J.G. Schottelius	SE (Mu oo)
1646		19. II.: *Ballet auf die Zeit gerichtet* (Schmidt Nr. 6: "Ballet der Natur")	—	J.G. Schottelius	? (Mu oo)
		11. X.: *Vorstellung Des Wald-Gott Pans*		J.G. Schottelius	wie 1643
1647	—	—	7.1.1647 - 11. X. 1654 ff.: *Ms. Cod. Guelf. 11 Noviss.2°* ("Liedertagebuch")	SE; andere Mitgl. d. Familie; J.G. Schottelius; P. Fleming.	SE (u.a.)

Mu oo = Musik verloren

Tabellen II

Musikalische Bühnenwerke und Liedersammlungen am Braunschweiger bzw. Wolfenbütteler Hof

Jahr	Singspiel	Ballett	Liedersammlung	Dichter/in	Komponist/in
1648	X.: *Neu erfundenes FreudenSpiel*	—	—	wie 1642	wie 1642
1649	dass. (u. Auffrg. in Berlin)	—	—	wie 1642	wie 1642
1650	—	—	—		
1651	—	—	Beiträge zu: *Vinetum evangelicum*	J. v. Glasenapp	SE
1652	—	10: IV.: *Glückwünschende Freudensdarstellung*	—	SE	SE
1653	—	—	Einzellied: *Glück den Vermehrer der Wölpenstadt zieret*	SE	SE
	(Schmidt Nr. 10: "Ein Götter- und Festspiel") (darin enthalten) *Seelewig* (13. IV.: Schmidt Nr. 11: "Eine Komödie") (vgl. SE-GA p. 257: "Drei Spiele")			?	?
1654		10. IV.: Freuden-Festin: *Der Natur Banquet*		SE G.Ph. Harsdörffer	SE (?) (Mu oo) S.Th. Staden
			11. X.: Ende des 1647 begonnenen "Liedertagebuchs"	?	?

Tabellen III

Musikalische Bühnenwerke und Liedersammlungen am Wolfenbütteler Hof

Jahr	Singspiel	Ballet	Liedersammlung	Dichter/in	Komponist/in
1655	———	1. V.: *Der Minerva Banquet*		SE	SE (Mu oo)
		1. V.: *Ballet der Zeit* (Schmidt Nr. 13:		SE	SE Mu erhalten nur: "Primus ego EnQuiries" (als Einzellied
		1. V.: *Glückwün-schende Freudens-darstellung*)		wie 1652	wie 1652
			Ms. Himmlische Lieder	Anton Ulrich (= AU)	(Nur Texte)
1656	———	*Glükwünschende Waarsagung*		SE	bekannt nur für "Glükwünschung der 7. Planeten": S. Th. Staden
	("Comoedie: Andro-filo und Sylvia")?	20. VIII.: *Frühlings-Ballet*		AU	SE (?) (Mu oo)
				S.v. Birken	?
1657	10. IV.: *Amelinde*	20. VIII.: *Aufzug der Bauren und Bäurinnen*	———	AU AU	SE (?) (Mu oo) SE (?) (Mu oo)
1658	1. V.: *Regier-Kunst-Schatten*		———	AU	SE (?) (Mu oo)
1659	10. IV.: *Andromeda*	10. IV.: *Ballet des Tages*	———	AU	SE (?) (Mu oo)
	20. VIII.: *Orpheus aus Thrazien*		AU	SE (?) AU	(Mu oo) J.J. Löwe von Eisenach (Mu oo)

Tabellen IV

Musikalische Bühnenwerke und Liedersammlungen am Wolfenbütteler Hof

Jahr	Singspiel	Ballet	Liedersammlung	Dichter/in	Komponist/in
1660		10. IV.: *Ballet der Natur*	——	AU	SE (?) (Mu oo)
		20. VIII.: *Frühlings-Ballet*		AU	SE (?) (Mu oo)
	"Spiel von der Daphne" (?) (Schmidt Nr. 24: "Verwandlung der Calisto")			?	?
				?	?
1661		10. IV.: *Masquerade der Herzinie*	——	AU	SE (?) (Mu oo)
1662	5. V.: *Iphigenia*			AU	SE (?) (Mu oo)
	10. IV.: *Jacob des Patriarchen Heyrath*	——		AU (?)	? (Mu oo)
	Des Trojanischen Paridis Urtheil (1662 ?)			AU (?)	(aus: "Singend Ballet von dem König Paris und der Helena" Mu oo)
			Einzellied "Dennoch ist der Himmel gut" in: *Regen und Sonne.*	D. Schirmer / S.v. Birken	?

Tabellen V

Musikalische Bühnenwerke und Liedersammlungen am Wolfenbütteler Hof

Jahr	Singspiel	Ballett	Liedersammlung	Dichter/in	Komponist/in
1663		18. I.: *Ballet der Gestirne*	——	AU	SE (?) (Mu oo)
	21. I.: *Selimena*			AU	SE (?) (Mu oo)
	10. IV.: *Der Hoffmann Daniel* (wiederholt 20. IX.)			AU	SE (?) (Mu oo)
		20. IX.: *Ballet der Diana*		AU	SE (?) (Mu oo)
1664	——	——			
1665	*Seelewig*	——	*Hocherleuchtete Geistliche Lieder*	wie 1654 / AU (nur Text)	wie 1654
1666	(Tod Herzog Augusts. — Regierungs-Antritt Herzog Rudolf Augusts.)				
1667	(Auflösung der Hofkapelle.)	——	*Christ Fürstliches Davids-Harpfen-Spiel.* (1. A. Nürnberg)	AU	SE (1 Melodie von S.Th. Staden)
1670			(Dass. 2. A. Wolfenbüttel.)		
1676	(Tod der Herzogin-Witwe Sophie-Elisabeth)				

Tabellen VI

Singspiel-Lieder Anton Ulrichs-Möglichkeiten der Melodiekontrafaktur aus Liedern Sophie Elisabeths und anderer Komponisten (A)

AMELINDE 1657	-1-		AU-GA I,1. S. 1-81.		
Szene Textanfang	Strophenschema Zeilen:	Versf.: Reimschema: Klass. Silbenzahl	Melodie-Quellen LIEDERTAGEBUCH Nr.; Datum; Text	HARPFEN-SPIEL 1667 (1655/65/67)	andere
Pr. 1 Liebste Töchter					
Pr. 2 Was uns Minerva					
I,1 O Angenehmer Wald	6	v- a b a b c c 13.6.13.6.13.11. Z. 7196		65; 67/37: Ich wil, in aller Noth	
I,6 Lasset Euch schöneste Nymphen					
I,8 Ist das nun mein Lohn?	8	-v a a b c c b (d d) 5.5.6.6.6.11.9. Z. 7058	18; 24. I.48: Ja, mein Freundin	67/45: Meiner Seele Heil	
II,1 Solte mich das nicht verdrießen	6	-v a b a b c c Z. 3635 8.7.8.7.7.7. Fr. 6.27	22; 12. VI.48: Womit soll ich 36; 24. XII.49: Was thut mich	65; 67/38: Gott, du hast es 67/40: Ach, es scheint I,2	S.Th. Staden: Seelewig I,2
II,4 O Glückselig sey der Tag	6	-v a a b c c b 7.7.8.7.7.8.			
II,7 O Was sol ich	8	-v 8.7.8.7.7.7.8.8. Z.6543 a b a b c c d d Fr. 8.25	40; 23. I.51: Wie lang 59; 28. IV.54: Wenn ich itzund (Text: Ferdinand Albrecht)	55; 65; 67/13: Liebe (Text: Sibylle Ursula) Seele	(Schütz: Dafne)[1] Stolle 1654,XX

(Z. = Zahn a.a.O.; F. = Frank a.a.O.; vgl. Fußnote 30)

1. Schütz: Dafne 1627 = Mu oo

Tabellen VII

Singspiel-Lieder Anton Ulrichs-Möglichkeiten der Melodiekontrafaktur aus Liedern Sophie Elisabeths und anderer Komponisten (B)			
AMELINDE 1657	-2-		
Szene Textanfang	Strophenschema Zeilen: Versf.: Reimschema: Klass. Silbenzahl	Melodie-Quellen LIEDERTAGEBUCH Nr.; Datum; Text	HARPFEN-SPIEL 1667 andere (1655/65/67)
III,1 Was kan wol			
III,7 Mein Sohn			
III,8 O Wehe mir	6 v- a a b c c b Z. 2343 8.4.7.8.4.7.		67/56: Es ist genug
III,12 Es muß was sein geschehen			
IV,3¹ Nun weil ich			
IV,3² Ach Coelidamas			
IV,3³ Volamis du Ruhm			
IV,3⁴ O Coelidamas du			
IV,8 Es bricht/ es bricht			
V,1 Nun hab ich			
V,3 Bittrer Todt			
V,6 O nun hat es			
V,8 Was ist mir hier geschehen	4 v- a a b b Z. 1119 13.13.12.12. Fr. 4.120 Heroischer Alexandriner	63; 11. XII.54: Ach mein Herr Jesu Christ (Text: Ferdinand Albrecht)	55; 65; 67/25: Mein Gott 55; 65; 67/29: Gott gieb 55; 65; 67/36: Mein feind 67/50: Jesu, wann 67/60: Wer in dem Höchsten

Tabellen VIII

Singspiel-Lieder Anton Ulrichs-Möglichkeiten der Melodiekontrafaktur aus Liedern Sophie Elisabeths und anderer Komponisten (C)

Regier-Kunst-Schatten 1658	-|-	AU-GA I,1. S. 83-165.		
		Melodie-Quellen		
Szene Textanfang	*Strophenschema* Zeilen: Versf.: Reimschema: Klass. Silbenzahl	LIEDERTAGEBUCH Nr.; Datum; Text	HARFEN-SPIEL 1667 (1655/65/67)	andere
Pr. Held der Tag				
I,2 Sol man den	wie AMELINDE II,1: Sollte nicht			
I,5 Wie, wil ich				
II,6 Was sol ich				
III,3 Was thustu				
IV,7 Grausamer Gott	8z abab cdcd Fr. 8.15 v- 8.7.8.7.8.7.	VINETUM 1651,1: Wolauf mein Herz		Schütz: Becker-Psalter
V,8 Ach hat man				
ANDROMEDA 1659	-|-	AU-GA I,1. S. 167-217.		
Pr.1 Schönste Musa	6z -v abab cc Z. 3685 a 8.7.8.7.8.8.	FreudenSpiel 1642 IIa: Angst und Qual 6; 28 VII.47: Ich bin froh 11; 23. IX.47: Wie ist dir		Albert 1638 Stolle 1654
Pr.2 Diesem Tugend-Held	gleicher Strophenbau Fr. 6.27			
Pr.3 Ihr hohe Himmel	4z abab v- 13.6.13.6.			(Stolle 1654)
u.I.1 Wie sälig				
I,2 Auf ihr Fluthen				
II,3 Cyprische Göttin				
II,3 Täglich sollen				
II,4 Hammon, du				
II,7 O Frembde Grau-samkeit				

Tabellen IX

Singspiel-Lieder Anton Ulrichs-Möglichkeiten der Melodiekontrafaktur aus Liedern Sophie Elisabeths und anderer Komponisten (D)

ANDROMEDA 1659		-2-	AU-GA I,1. S. 167-217.		
Szene	*Textanfang*	*Strophenschema* Zeilen: Versf.: Reimschema: Klass. Silbenzahl		*Melodie-Quellen* LIEDERTAGEBUCH Nr.; Datum; Text	HARPFEN-SPIEL 1667 (1655/65/67) andere
III,1	Betrübtes Land	6z v- a a b c c b 4.4.7.4.4.7.	Z.8698 Fr.6.2		55; 65; 67/15: Gantz keine Freund
				VINETUM 1651/106: An Gott recht gläuben	
III,1²	O schreckliche Gestalt			III,4	Der Drache
III,8	Eyle bald				

ORPHEUS AUS THRAZIEN 1659		-1-	AU-GA I,1 S. 219-257.		
Pr.1	Lieblicher Friede				
Pr.2	Dsa Teutsche Reich				
Pr.3	Eyle Mars	6z v- a b b a c c 7.8.8.7.8.8.	Fr.6.24		(Schütz 1627) Stolle 1654
Pr.4	Du edler Stern				
I,1,2	Hüpfet ihr Berge	wie AMELINDE II,1 Sollte nicht ... u. REGIER-KUNST-SCHATTEN I,2: Sol man den			(Schütz 1627)
I,7	Du bist todt				
I,8	Ach bittre Traurigkeit	6z v- a b a b 13.12.13.12. eleg. Alexandriner	Z.1119 Fr.4.119	Andere Melodien:	55; 56; 67/25 = S.Th. Staden Mein Gott = Mein hoher Adelstand (Pr. Seelewig) 55; 65; 67/3 55; 65; 67/29 55; 65; 67/36

Tabellen X

Singspiel-Lieder Anton Ulrichs-Möglichkeiten der Melodiekontrafaktur aus Liedern Sophie Elisabeths und anderer Komponisten (A)

ORPHEUS AUS THRAZIEN 1659	-2-	AU-GA I,1. S. 219-257.	
Szene Textanfang	*Strophenschema* Zeilen: Versf.: Reimschema: Klass. Silbenzahl	*Melodie-Quellen* LIEDERTAGEBUCH Nr.; Datum; Text	HARPFEN-SPIEL 1667 andere (1655/65/67)
II,3 Scheffel/Funcken			
II,5 Wie selig			
II,6 Wo gehstu hin			
III,1 Ihr Lieben Bäume	8z -v a b a b c d c d 8.7.8.7.7.7.7.7.		
III,5 So komt dann			(Rist 1656)
IPHIGENIA 1661	**-1-**	**AU-GA I,2. S. 259-224.**	
I,5 Bey Hoff			
I,9 Unerhörter Untreu	8z -v a a b c c b d d 8.8.7.8.8.7.8.8.	Z.6896	67/43: Liebster Heiland
I,11 Schönste			
II,7 Ach due saure			
II,9 Mein schönes Lieb			
II,11 So sol ich	6z -v a b b a c c 9.8.8.9.8.8.	Fr.6.37	55; 65; 67/8: Ach Gott
III,3 Freches Lieben	4z -v a b a b 11.11.11.11.		67/53: Wie bin ich doch
		FREUDENSPIEL 1642: Freudenlied der Musen (Reimschema a a a a)	
III,6 Unerhörtes Leid			
III,7 Hüte dich	4z -v a b a b 11.11.11.11.	(vgl. III,3)	
III,8 Edle Griechen	4z -v a a b b 8.8.8.8.	Fr.4.53	55; 65; 67/33: Sorgen ist

Tabellen XI

Singspiel-Lieder Anton Ulrichs-Möglichkeiten der Melodiekontrafaktur aus Liedern Sophie Elisabeths und anderer Komponisten (F)				
JACOB DES PATRIARCHEN HEYRATH 1662				
		Melodie-Quellen		
Szene Textanfang	*Strophenschema* Zeilen: Versf.: Reimschema: Klass. Silbenzahl	LIEDERTAGEBUCH Nr.; Datum; Text	HARPFEN-SPIEL 1667 (1655/65/67)	andere
Pr. Vergönnet mir				
I,2 Solt' sich RAHEL				
I,5 Lauft nun	6z v- a b a b c c 9.9.6.5.5.			Stolle 1654
II,1 Jacob der Ebreer Zierde	8z -v a b a b c c d d 8.7.8.7.8.8.7.7.	Z.6767 52; 16. XII.53: Schwere Unmuth Fr.8.27	55; 65; 67/2: Es erwachet	Schop 1641
		58; 5. III.54: Weil sich all geschöpf		"S." 1653, 1656
III,1 Aria: Was ist das Glück				
DES TROJANISCHEN PARIDIS URTHEIL 1662 (?)				
Donner/Hagel	6z -v a a b c c d 8.8.7.8.8.7.	Z.3816 Fr.6.30 Text aus *D. Schirmer*: Singend Ballet von dem König Paris und der Helena (1650)		
		44; 24. V.53: Was die ganz vollkomne Tugend		(Schütz ? Mu oo) Stolle 1654

180

Tabellen XII

Singspiel-Lieder Anton Ulrichs-Möglichkeiten der Melodiekontrafaktur aus Liedern Sophie Elisabeths und anderer Komponisten (G)

SELIMENA 1663	-1-	AU-GA I,2. S. 325-454.		
Szene Textanfang	*Strophenschema* Zeilen: Versf.: Reimschema: Klass. Silbenzahl	*Melodie-Quellen* LIEDERTAGEBUCH Nr.; Datum; Text	HARPFEN-SPIEL 1667 (1655/65/67)	andere
Pr. Himmels-Zierde	4z -v a b b a 8.7.7.8			S.Th. Staden: Seelewig II,4
I,1 Schönster/der du mich	Wie AMELINDE II,7; O Was sol ich			
I,2 Ich bin ein' freye Schäfferin				
I,5 Ach was sol ich	wie AMELINDE II,1; REGIER-KUNST-SCHATTEN I,1; ORPHEUS I,7			
I,7 Nun die güldne Sonne gehet	6z a b b a c c -v 8.7.7.8.7.7.	Fr. 6.25		Schütz 1634; Stolle 1654; S.Th. Staden: Seelewig II,2
II,1 Was sol diese Unruh				
II,4 COELIDAS auf eilt mit mir				
II,5 O grosse Noth				
III,1 Mein Kind				
III,5 Selimena seyd gegrüßet	Wie SELIMENA Pr. (s.o.)			
III,8 Hört auf	8z a b b a c d d c v- 9.8.8.9.8.8.9.	Z. 5941		Rist 1656

Tabellen XIII

Singspiel-Lieder Anton Ulrichs-Möglichkeiten der Melodiekontrafaktur aus Liedern Sophie Elisabeths und anderer Komponisten (H)

SELIMENA 1663	-2-	AU-GA I,2. S. 325-454.	
Szene Textanfang	*Strophenschema* Zeilen: Versf.: Reimschema: Klass. Silbenzahl	*Melodie-Quellen* LIEDERTAGEBUCH Nr.; Datum; Text	HARPFEN-SPIEL 1667 (1655/65/67) andere
IV,1 Vergnügtes dencken			
IV,3 Freudiane eur Begehren		wie SELIMENA I,5; AMELINDE II,1; REGIER-KUNST-SCHATTEN I,1; ORPHEUS I,7.	
V,2 Solt ich mich nicht			
V,4 Wol dir			
V,8 Ach bleib			

DANIEL 1663	-1-	AU-GA I,2. S. 455-535.	
Pr.1 Unglückselig (2. Fassg.) Wo ist in der Welt			(Ähnlich: Schop-Rist 1642)
Or.2 Wahrer Tugend	4z -v a a b b 7.7.7.7.	Z.1174 FREUDENSPIEL Fr.4.42 1642: Ich der heßlich bleiche Tod	Nauwach 1627
I,5 Ihr Feder-Volck	8z v- a a b c c b d d 8.8.9.8.8.9.8.8.		Rist 1656 "S."
I,7 So solt mich			
II,1 Wie selig			
II,3 Ein jeder Mensch	8z v- a b a b c d c d 9.8.9.8.9.8.	Z.6002 Fr.8.37	Moritz v. Hessen 1607
III,1 Was solt' ich wol	4z -v a b a b 8.7.4.7.		S.Th. Staden Seelewig I,5

Tabellen XIV

Singspiel-Lieder Anton Ulrichs-Möglichkeiten der Melodiekontrafaktur aus Liedern Sophie Elisabeths und anderer Komponisten				(I)
DANIEL 1663	-2-	AU-GA I,2. S. 455-535.		

Szene Textanfang	*Strophenschema* Zeilen: Versf.: Reimschema: Klass. Silbenzahl	*Melodie-Quellen* LIEDERTAGEBUCH Nr.; Datum; Text	HARPFEN-SPIEL 1667 (1655/65/67)	andere
III,9 Richte Gott	6z -v a b b a c c 8.7.7.8.8.8.	Z.3609 38; 7. XII.50: Auf der Fr.6.26 du also 41; 30. IX.51: Schwacher Geist		S.Th. Staden 1643
III,10¹ Gottes Hut	6z -v a b a b b b a 3.8.7.8.8.3.	Z.3240	67/54: Laß dich Gott	
III,10² Tröste nur ferner				

(Die genauen Titelangaben aller Singspiele vgl. Anton Ulrich-Gesamtausgabe (AU-GA) wie notiert.)

Sara Smart

DIE OPER UND DIE ARIE UM 1700.
ZU DEN AUFGABEN DES LIBRETTISTEN UND ZUR
FORM UND ROLLE DER ARIE AM BEISPIEL DER
BRAUNSCHWEIGER UND HAMBURGER OPER

Das hier gestellte Thema ergibt sich unmittelbar aus der Entwicklung des 1690 eingeweihten Braunschweiger Hauses und dessen Verdienst um die deutsche Oper, die sich im letzten Jahrzehnt des 17. Jahrhunderts einer beachtlichen Beliebtheit erfreute. Herzog Anton Ulrich von Braunschweig-Lüneburg (1633-1714), der schon Ende der achtziger Jahre den Bau einer neuen Hofoper in seiner Residenz Wolfenbüttel veranlaßt hatte, suchte nun dadurch, daß er in Braunschweig ein öffentliches Opernhaus unterstützte, zugleich die ganze Basis der Oper innerhalb seines Fürstentums zu erweitern.[1] Statt eine streng höfische Unterhaltungsform zu sein, sollte die Oper neben dem adeligen auch ein bürgerliches Publikum anziehen. Hierauf ist wohl die Aufnahme deutscher Opern zurückzuführen, die im Gegensatz zu dem ausschließlich italienischen Repertoire der Wolfenbütteler Hofoper für das Braunschweiger Repertoire bezeichnend wurde. Überliefert ist, daß sich unter den fünf 1691 aufgeführten Opern nur eine deutsche befand (eines der vier italienischen Werke wurde allerdings später ins Deutsche übersetzt). Von den fünf im Jahre 1696 aufgeführten Werken wurde jedoch nur eine Oper auf italienisch gesungen, obwohl das Programm die Übersetzung eines italienischen Werkes einschloß. Es blieben zwar italienische Werke im Repertoire, doch das Programm für das Jahr 1699 läßt keinen Zweifel mehr an der Beliebtheit der deutschen Oper. Insgesamt wurden acht Opern auf die Bühne gebracht; die Hälfte bestand aus deutschen Werken,

---

1. Johann B. Lauterbach (1663-1694), Professor für angewandte Mathematik an Anton Ulrichs Ritterakademie und ab 1689 Landbaumeister, war Architekt des Wolfenbütteler Opernhauses, das 1688 eröffnet wurde.

184

und die vier italienischen Librettos waren alle ins Deutsche übersetzt worden.[2] Die meisten deutschen Librettos wurden von Anton Ulrichs Hofdichter, Friedrich Christian Bressand (c. 1670-1699), verfaßt, der auch als Leiter des Opernhauses tätig war. Im Laufe des Jahrzehnts schrieb er mindestens siebzehn Librettos. Einige wurden anschließend in Hamburg aufgeführt, und etliche blieben auf

2. Die im Jahre 1691 aufgeführten Opern:

Titel	Librettist	Komponist
Cleopatra	Friedrich Christian Bressand	Johann Sigismund Kusser
Il Rè Pastore overo il Basilio In Arcadia	Flaminio Parisetti	Giovanni Battista Alveri
Gl'Inganni di Cupido	Parisetti	Alveri
L'Isione	Parisetti	Alveri
Là schiava fortunata	Giovanni Andrea Moniglia	Antonio Gianettini

Die im Jahre 1696 aufgeführten Opern:

Circe, Oder Des Ulysses erster Theil	Bressand	Reinhard Keiser
Penelope, Oder Des Ulysses Anderer Theil	Bressand	Keiser
Basilius	Bressand	Keiser?
Der getreue Treu-Bruch	Bressand	Keiser
Pirro e Demetrio	Adriano Morselli	Alessandro Scarlatti

Die im Jahre 1699 aufgeführten Opern:

Die Plejades Oder das Sieben-Gestirne	Bressand	Philipp Heinrich Erlebach
Die sterbende Euridice	Bressand	Keiser
Die verwandelte Leyer des Orpheus	Bressand	Keiser
Arcadia, oder die königliche Schäferey	Bressand	Keiser?

dem Spielplan bis ins 18. Jahrhundert hinein.[3] Mit Hilfe einer Gruppe von Künstlern, zu der der Bühnendekorateur Johann Oswald Harms, wie auch die Musiker Johann Sigismund Kusser und Reinhard Keiser, die beide kurze Zeit in Braunschweig arbeiteten, zählten, förderten Bressand und sein Mäzen die Entwicklung Braunschweigs als Pflegegestätte der deutschen Oper.[4] Damit wurde die Braunschweiger Oper, wie auch die schon 1678 etablierte Hamburger Oper, zu einem führenden Zentrum der einheimischen Oper im norddeutschen Raum.

Die Gründe für den Erfolg der Braunschweiger Oper und für die allgemeine Beliebtheit der damaligen Oper sind nicht schwer zu erklären. Aus theoretischen Schriften, die die Richtlinien zu den Librettos und die Ziele der Oper behandeln, geht klar hervor, daß die Oper alles andere als eine esoterische Gattung war, sondern

---

Der hochmüthige Alexander	Ortensio Mauro	Agostino Steffani
Pharamund	Apostolo Zeno	Carlo Francesco Pollaroli?
Hertzog Heinrich der Löwe	Mauro	Steffani
Lucius Verus	Zeno	Pollaroli?

Zu den Opernaufführungen in Braunschweig-Wolfenbüttel im 17. und 18. Jahrhundert vgl. Gustav F. Schmidt: Neue Beiträge zur Geschichte der Musik und des Theaters am Herzoglichen Hofe zu Braunschweig-Wolfenbüttel. München 1929. Vgl. auch Friedrich Chrysander: Geschichte der Braunschweig-Wolfenbüttelschen Capelle und Oper vom Sechzehnten bis zum Achtzehnten Jahrhundert. In: Jahrbuch für musikalische Wissenschaft 1 (1863) S. 147-286.

3. Nach Schmidt waren die letztaufgeführten Opern Bressands in Braunschweig *Clelia* (1730), *Procris und Cephalus* (1734) und *Die Plejades* (1735).

4. Über das Leben und die Karriere von Johann Oswald Harms ausführlich Hans Richter: Johann Oswald Harms. Ein deutscher Theaterdekorateur des Barock. Emsdetten 1963. (= Die Schaubühne, Quellen und Forschungen zur Theatergeschichte. 58).
Zur Entwicklung Braunschweigs als Zentrum der deutschen Oper vgl. Sara Smart: Doppelte Freude der Musen. Court Festivities in Brunswick-Wolfenbüttel 1642-1700. Wiesbaden 1989. (= Wolfenbütteler Arbeiten zur Barockforschung. 19.) S. 232 f.

viel eher darauf hinzielte, das Publikum zu unterhalten. Diese Einstellung wird besonders deutlich, wenn wir uns mit drei damals wichtigen theoretischen Schriften befassen: *Theatralische/ Galante und Geistliche Gedichte* (1706) von Christian Friedrich Hunold, genannt Menantes (c. 1681-1721), seine *Allerneueste Art/ Zur Reinen und Galanten Poesie zu gelangen* (1707), ein auf der Arbeit von Erdmann Neumeister basierendes Werk, und Barthold Feinds (1678-1721) *Gedancken von der Opera* (1708).[5] Diese bedeutenden Hamburger Kritiker waren auch als Librettisten tätig; also bieten diese Werke ein besonders klares Bild von den verschiedenen Aufgaben, die dem damaligen Librettisten oblagen. Es reichte nicht, daß er "ein rechtschaffener Poet" war;[6] er mußte darüber hinaus auch ein "Kenner des Theatri" sein.[7] Dies bedeutete, daß er die Ausstattungsmöglichkeiten und somit die ganze Maschinerie der Bühne, für die er schrieb, verstehen und ausnutzen sollte. Nach der *Allerneuesten Art* sollte der Librettist jede halbe Stunde einen neuen Szenenwechsel einführen, damit sich das Publikum nicht langweilte, die Bühnenarbeiter aber auch nicht überfordert wurden. "Sonderlich wollen die Augen" so schrieb Menantes "mit was

5. Menantes: Theatralische/ Galante und Geistliche Gedichte. Hamburg 1706.
Menantes: Die Allerneueste Art/ Zur Reinen und Galanten Poesie zu gelangen. Allen Edlen und dieser Wissenschafft geneigten Gemühtern/ zum Vollkommenen Unterricht/ Mit überaus deutlichen Regeln/ und angenehmen Exempeln ans Licht gestellt. Hamburg 1707. Die Forschungen Erdmann Neumeisters dienten Menantes als Basis seiner eignen Arbeit. Neumeisters Manuskripte wurden Menantes übergeben, der sie in seiner "Allerneuesten Art" veröffentlichte. Vgl. George J. Buelow: Hunold, Christian Friedrich. In: The New Grove Dictionary of Music and Musicians. Herausgegeben von Stanley Sadie. London 1980. Bd. 8. S. 812.
Barthold Feind: Deutsche Gedichte/ Bestehend in Musicalischen Schau-Spielen/ Lob-Glückwünschungens-Verliebten und Moralischen Gedichten/ Ernst- und schertzhafften Sinn- und Grabschrifften/ Satyren/ Cantaten und allerhand Gattungen. Sammt einer Vorrede von dem Temperament und Gemüths-Beschaffenheit eines Poeten/ und Gedancken von der Opera. Stade 1708.
6. Menantes: Theatralische Gedichte. S. 88.
7. Menantes: Theatralische Gedichte. S. 122.

neues und seltsames divertirt werden".[8] Also sollte der Librettist ständig auf phantasiereiche und prachtvolle Bühnenbilder bedacht sein, selbst wenn die Handlung sie nicht unbedingt verlangte. Etwas anderes, so fuhr Menantes fort, als die "gewöhnlich[en]" und deshalb "verdrießlich[en] ... Säälen, Zimmern/ Gärten/ Wäldern/ felsichten Gegenden und dergleichen ... Es sey denn/ daß man in Gärten eine ausser-ordentliche schöne Illumination ... angeordnet".[9] Nach Feind waren schöne Vorstellungen das Hauptmerkmal der Opernbühne, wodurch sie sich von der Komödie unterschied und vor allem den Zuschauer zur Gattung der Oper anziehen sollte, "welchem", um mit Feind zu reden, "zu gefallen man alle Opern aufführet".[10]

Überdies sollte noch eine außerordentlich komplexe Handlung, deren Intrigen erst im allerletzten Auftritt gelöst wurden, dazu beitragen, die Aufmerksamkeit des Publikums zu fesseln. Es wurde verlangt, daß der Librettist "ein geschickter Intriguen-Macher" sein sollte.[11] Daß es sich dabei ausschließlich um Liebesintrigen handelte, entsprach der in der *Allerneuesten Art* gestellten Forderung, daß die damalige Oper "etwas Verliebtes" darstelle.[12] Sollte sich die Geschichte, auf der das Libretto basierte, als intrigenarm erweisen, so fiel es dem Librettisten zu, Intrigen zu erfinden. Obwohl keine Regeln dafür vorgeschrieben wurden, steht es in der *Allerneuesten Art*, daß ein Einblick in die Politik und Ränke des Hoflebens dem Librettisten behilflich sein konnte. Demnach war Bressand als Hofdichter und Geheimrat gut ausgerüstet, Librettos zu verfassen. Die folgenden Strophen, die einem Gelegenheitsge-

---

8. Menantes: Theatralische Gedichte. S. 122.

9. Menantes: Theatralische Gedichte. S. 122.

10. Feind: Gedancken von der Opera. S. 112. Über Feinds Einführung von kontrastreichen und emblematischen Bühnenbildern in *Octavia* ausführlich Helen Watanabe-O'Kelly: Barthold Feind's Libretto "Octavia" (1705) and the 'Schuldrama' Tradition. In: German Life and Letters Special Music Number XXXV No. 3 (April 1982) S. 208-220 (S. 211 f.). In den Vorworten zu seinen Opern *Jason* (1692) und *Hercules* (1693) gibt Bressand zu, daß er locker mit seinen Quellen umgegangen sei, damit prachtvolle Bühnenbilder eingeführt werden können.

11. Menantes: Theatralische Gedichte. S. 88.

12. Menantes: Allerneueste Art. S. 396.

dicht entnommen sind, das er für seine 1696 gefeierte Hochzeit schrieb, deuten, wenn auch auf lakonische Weise, auf sein Kompositionsverfahren und auf die Komplexität seiner Handlungen hin:

> Ich hab' ein' Opera zu spielen vorgenommen/
> Durchleuchster/ die mir nicht hat schlechte müh gemacht/
> darüber schlaflos ich lag manche halbe Nacht/
> eh die *intrigu*en recht zu Ende wolten kommen/
> weil sie so sehr verwirrt/ daß ich mich kaum drein fand/
> und mit dem Anfang fast das End zusammen band.

> Der Inhalt ist gemein/ weil alle welt ihn kennet/
> er handelt von der Lieb/ wie jedes Schau-Spiel pflegt/
> und läufft auff freyen aus/ das solche Lieb' erregt;
> Personen seind nur zwey/ davon das Spiel sich nennet/
> ob gleich viel andre mit dabey sich mischen ein/
> so werden sie doch nur zur Nebenhandlung seyn.[13]

Die Besetzung solcher Opern bestand in der Regel aus acht bis zwölf Sängern und Sängerinnen. Wie man sie am effektvollsten auftreten ließ, wurde auch von Menantes behandelt, der an den Librettisten noch eine weitere Forderung stellte, nämlich daß er "ein guter Quartiermeister der Personen in Regard der Scenen" sein sollte.[14] Menantes war sich des Vergnügens, das der gleichzeitige Auftritt mehrerer Sänger oder Sängerinnen "für Aug' und Ohr" bereiten konnte, völlig bewußt. Deshalb riet er, daß höchstens nur zwei Szenen, in denen ein einzelner Sänger oder eine einzelne Sängerin einen Affekt zum Ausdruck brachte, aufeinander folgen sollten. "Drey Auftritte aber von eintzelnen Personen/ oder wol mehre nacheinander zu setzen/ füllet das Gesicht der Zuschauer mit schlechtem Vergnügen/" und sind also nach der Meinung der damaligen Kritiker "von gar keinem Wehrt".[15]

Auf ähnliche Weise sollte die Arie auch unterhalten. Damit sich

---

13. Friedrich C. Bressand: Hochzeit-Briefe/ An die Durchleuchtigste und gnädigste Herrschafften in Wolfenbüttel/ Auf seine Den 24sten Jun. 1696. angestellte Ehe-Verbündniß/ geschrieben/ Und Auf wiederholten gnädigsten Befehl hernachmals in Druck gegeben. Wolfenbüttel 1696. Cr.

14. Menantes: Theatralische Gedichte. S. 125.

15. Menantes: Theatralische Gedichte. S. 125.

das Publikum nicht langweilte, schlug Menantes vor, daß eine Arie nach höchstens zwei Seiten Rezitativ eingeführt werden sollte. Für Neumeister wie auch für Menantes und Feind war die Arie "die Seele einer Oper ... die vornehmste Zierde des Wercks".[16] Ihre zentrale Bedeutung stellt sich deutlich heraus, wenn man nur einen kurzen Blick auf die theoretischen Schriften wirft. Ein großer Teil von diesen Werken ist der Arie gewidmet. Im folgenden wird auf die Form, den Inhalt und die Rolle der damaligen Arie näher eingegangen. Grundlage dieser Untersuchung ist eine Auswahl von Opern mit Librettos von Bressand, Feind und Menantes, die zwischen 1697 und 1705 in Braunschweig und Hamburg aufgeführt wurden. Die in den Opern befindlichen Arien werden gemeinsam mit den drei oben angeführten theoretischen Schriften erörtert.

Was versteht man aber unter dem damaligen Begriff der Arie? Die Arie als Liedform ist ein bezeichnendes Merkmal der sich entwickelnden Oper. Sie unterscheidet sich von der von den Librettisten der frühdeutschen Oper bevorzugten Liedform, die in der *Allerneuesten Art* als eine Ode bezeichnet wird. In der Regel bestehen diese Oden aus mehreren Strophen, die dasselbe Reimschema befolgen, oft auch dasselbe Versmaß. Beispiele befinden sich in Opitz' *Dafne* (1627), in Buchners *Orpheus und Eurydice* (1638), in Harsdörffers *Seelewig* (1644) sowie in den Singspielen Anton Ulrichs der fünfziger und sechziger Jahre. Dieses Beispiel aus seinem Singspiel *Iphigenia, ein Königliches Fräulein* (1661) ist typisch:

1. Unerhörter Untreu Zeichen/
Die die Sinnen nicht erreichen/
Da der Himmel für erschrickt/
Must ich dieses dan erleben/
Daß der/ dem ich mich gegeben/
Seine Treue hat verrückt/
Und die Tugend lassen stehen/
Umb mich nur zu hintergehen?

2. O verführte schwache Sinnen/
Wie liest ihr mich so gewinnen/

---

16. Menantes: Allerneueste Art. S. 408 f.

Trautet eines Glases Schein/
Glat vergiften Schlangen Worten/
Die durch meines Hertzens Pforten
Endlich schlichen listig ein!
Ihr/ ihr seyd nun wol betrogen/
Nun die Decke abgezogen.

3. Meine Unschuld traut dem scheinen/
Das es Hertz und Mund würd meinen/
Meine treue Redligkeit
Sah' auf deine Königs Jugend/
Auf die eingebildte Tugend/
Die in dir schien' für der Zeit/
Aber nun dein Zwang vergangen/
Spühr ich/ was ich hab begangen.

4. Nun dein Dencken wil ich hassen/
und dich/ wie du mich/ verlassen/
Gar vergessen was ich wust/
Was ich aber nun weis/ sparen/
Das dir noch sol offenbaren/
Wie mein Geist mit grosser Lust
Deiner Untreu Lohn gesehen/
Ja dein gäntzlich Untergehen.[17]

Im Gegensatz dazu bestand die Arie normalerweise aus einer
einzigen, höchstens aus drei Strophen. Dies gab dem Komponisten
die Gelegenheit "viel *Musical*ische Schnerkel nein [zu machen]",
und insofern verlangte die Arie "mehr Nachsinnen als ein Ode".[18]
Dies traf sowohl für den Poeten wie auch für den Komponisten zu.
Auch wurden diese Arien viel häufiger als die Oden eingeführt, im
allgemeinen viel häufiger noch als der oben erwähnte Abstand von

17. Anton Ulrich: Iphigenia, ein Königliches Fräulein/ Agamemnonis,
der Mycenen und Argiver Königes Tochter/ Wie Sie Clytemnestrae ihrer
Mutter entführet/ der Diana zum Opffer dargestellet/ iedoch aus mit-
leiden wieder ausgewechselt/ und endlich dem Pyladi vermählet wird: In
einem Singe-Spiel vorgestellet/ zu gnedigem Gefallen Des ... Herrn
Augusti/ Hertzogens zu Braunschweig und Lüneburg/ ... vorgestellet.
Wolfenbüttel 1661. 1, 9. Komponist Johann Jacob Löwe? Herzogin
Sophie Elisabeth von Braunschweig-Lüneburg?
18. Menantes: Allerneueste Art. S. 217.

zwei Seiten. In Anton Ulrichs *Iphigenia* kommen zum Beispiel nur ein Dutzend Oden im ganzen Werk vor. Dagegen enthält eine einzige Szene aus Menantes' 1704 aufgeführtem Singspiel *Nebucadnezar, König zu Babylon* sechs Arien. Damalige Zeitgenossen wie auch Kritiker des 20. Jahrhunderts haben auf die Ersetzung der Ode durch die Arie aufmerksam gemacht.[19] Nachdem er auf den italienischen Ursprung dieser Entwicklung hinwies, beklagte sich Hermann Kretzschmar über den Niedergang der deutschen Liedoper des 17. Jahrhunderts. Seiner Meinung nach führte der Einfluß der italienischen Oper zu "der allgemeinen Verwirrung des Geschmacks", die schließlich zu einer "Abneigung gegen das schlichte Lied" führte, womit er die hier als Ode identifizierte Liedform meinte.[20] Im Zusammenhang mit der italienischen Oper spricht Riemann wiederum von der "Loslösung der Arie vom Strophenlied und damit [dem Anfang] der Arie im heutigen Sinn".[21]

Eine Analyse der Librettos wie auch der theoretischen Schriften weist drei vom Inhalt her differenzierte Hauptariengruppen auf, und in diesem Sinne kann man von der Affektarie, der Galanteriearie und der Moralarie sprechen.

Die Affektarie

Wie im damaligen Drama überhaupt, spielten die Affekte in der

19. Zur Vertreibung der Ode durch die Arie vgl. Johannes Mattheson: Der vollkommene Capellmeister. Das ist Gründliche Anzeige aller derjenigen Sachen, die einer wissen, können, und vollkommen inne haben muß, der einer Capelle mit Ehren und Nutzen vorstehen will. Hamburg 1739. Neudruck Basel 1954. S. 211 f.

20. Hermann Kretzschmar: Geschichte des Neuen Deutschen Liedes. Leipzig 1911. Neudruck Hildesheim 1966. S. 142. Zum Zeitpunkt, zu dem das Lied durch die Arie in den verschiedenen deutschen Opernzentren ersetzt wurde, vgl. Irmtraud Schreiber: Dichtung und Musik der deutschen Opernarien 1680-1700. Wolfenbüttel & Berlin 1935. S. 20 f.

21. Riemann Musik Lexikon. Zwölfte völlig neu bearbeitete Auflage in drei Bänden begonnen von Wilibald Gurlitt, fortgeführt von Hans Heinrich Eggebrecht. Mainz 1967. Sachteil S. 50 (b).

Oper dieser Zeit eine wesentliche Rolle, und die Forderung, daß die Oper "etwas Veliebtes" darstellen sollte, führte dann auch zur Ausbeutung der ganzen Affektskala. Feinds 1705 in Hamburg aufgeführte Oper *Die Römische Unruhe, Oder: Die Edelmühtige Octavia* ist ein typisches Beispiel. Als Folge von Neros Ablehnung seiner Kaiserin Octavia zugunsten der Frau seines ehemaligen Feindes werden die Affekte der Leidenschaft und Verzweiflung, der Eifersucht und Hoffnung ausgelöst. Diese Bühnendarstellung der Affekte wurde durch Feinds wissenschaftliches Interesse an den Affekten unterstützt, das in seinen *Deutschen Gedichten* deutlich zum Ausdruck kommt. Indem er sich auf die damalige Affekten-lehre stützte, thematisierte er die Verbindung zwischen Gefühlen und dem Gleichgewicht der vier Temperamente. In den *Gedancken von der Opera* wurde die Überzeugung wiederholt vertreten, daß eines der Hauptziele der Oper darin bestand, die Gefühle des Publikums zu erregen. Der Librettist sollte jede Gelegenheit ausnutzen, um "das *Auditorium* zu *affic*iren", und zwar durch eine realistische Affektdarstellung.[22] Es oblag dem Librettisten, sich eine genaue Vorstellung vom Charakter seiner Protagonisten zu machen, damit eine überzeugende Wiedergabe der ihr Benehmen bestimmenden Affekte erreicht wurde, denn der Erfolg einer Oper hing in erster Linie davon ab: "Wo sonst keine *Affec*ten sind/ da sind auch keine *Actiones*, und wo keine *Actiones* sind/ da wird es auf dem Theatro sehr frieren".[23] Menantes' Behandlung dieses Themas war zwar weniger eingehend, aber auch er verlangte wie Feind, daß der Librettist die Affektdarstellung beherrschen mußte.

Die drei theoretischen Schriften zeugen von der zentralen Bedeutung der Arie als Vehikel der Affektäußerung. Die Vielfalt der Affektarien in einer einzigen Oper ist enorm, aber die unten erörteten Beispiele sind charakteristisch für diese Ariengruppe. Das erste ist aus Bressands 1697 in Braunschweig aufgeführter

22. Feind: Gedancken von der Opera. S. 108. Zu Feinds wissenschaft-lichem Interesse an den Affekten vgl. George J. Buelow: Feind, Barthold. In: The New Grove Dictionary of Music and Musicians. Herausgegeben von Stanley Sadie. London 1980. Bd. 6. S. 452 f. Vgl. auch Gloria Flaherty: Opera in the Development of German Critical Thought. Princeton 1978. S. 57.
23. Feind: Gedancken von der Opera. S. 106.

Oper *Circe, Oder Des Ulysses Erster Theil.* Hier werden der
Geschichte von Circes Bezauberung des Ulysses durch die Einführung ihrer Begleiterin Adraste Intrigen hinzugefügt, denn da
Adrastes Brüder von Ulysses in Troja getötet wurden, will sie sich
an ihm rächen:

> Edle rache/
> weiche nicht.
> Halt die muntern geister wache/
> leiste/ stille/
> und erfülle
> das begehren treuer pflicht.
> Edle rache/
> weiche nicht.[24]

Vom Stil her ist diese Arie aus verschiedenen Gründen interessant.
Erstens weist sie eine lobenswerte Kürze auf, die typisch für
Bressands Arien ist. Diese Kürze erleichtert dem Komponisten die
Arbeit, "denn so", heißt es bei Menantes, "kann [er] seine
musikalische[n] Einfälle desto besser auslassen/ als wenn er eine
so lange *Arie* vor sich findet/".[25] Nach Feinds Meinung dürfte eine
Arie aus nicht mehr als acht Zeilen bestehen, nach Menantes aus
nicht mehr als zehn oder elf Zeilen. Arien, die dieses Maß
überschritten, sollten entweder als Rezitativ umgeschrieben, oder
aber durch ein kurzes Rezitativstück unterbrochen werden. Zweitens sind aber auch die Zeilen auffallend kurz, was nicht weniger
geschätzt wurde, denn: "Je kürtzer [die Verse] aber sind/ je
anmuhtiger kommen sie an".[26] Feind warnte ausdrücklich vor der
Einführung von Alexandrinern, die seiner Meinung nach unüber-
brückbare Probleme für den Komponisten darstellten. Also wurde
verlangt, daß der Librettist Musikkenntnisse besaß. Feind machte
es Bressand beispielsweise zum Vorwurf, daß Teile seiner Librettos
schwer zu vertonen waren. Was die Beziehung zwischen dem
Librettisten und dem Komponisten anging, ist es nicht zu

24. Friedrich C. Bressand: Circe, Oder Des Ulysses Erster Theil/
Singe-Spiel/ ... Dem ... Herrn Carl Gustaven/ Margrafen zu Baden und
Nachberg/ ... unterthänigst zugeschrieben. Braunschweig 1697. 1, 7.
Komponist R. Keiser.
25. Menantes: Theatralische Gedichte. S. 5.
26. Menantes: Allerneueste Art. S. 219.

194

verwundern, daß diese Kritiker-Poeten die Ansicht vertraten, daß der Komponist dem Poeten folgte. Aus ihrer Sicht hing der Erfolg einer Oper vom Poeten ab, denn seine Dichtung diente dem Musiker als Inspiration.

Die zitierte Arie ist überdies ein Beispiel der Dacapoform, einer Arienform, die zu dieser Zeit aus Italien importiert und von Menantes tatkräftig gefördert wurde:

> Arien ohne Da Capo sind insgemein nicht so schön in der *Music* als mit selbigen; und wer eine *Opera* mit dergleichen überhäufft/ wird die Ohren vor dem überflüssigen Lobe der Zuhörer nicht zustopffen dürffen.[27]

Das gegebene Beispiel hätte ihm gut gefallen, weil nämlich das Dacapo nicht lang ist. Wenn er ein Dacapo von zwei, möglicherweise drei Versen vorschlug, so waren vier Verse völlig ausgeschlossen, wiederum aus Rücksicht auf den Komponisten. Das Dacapo sollte auch, wie in diesem Beispiel, "einen vollkommenen *Sensum* in sich fassen/ sonst kan es am Ende unmöglich stehen".[28]

Rachearien waren überhaupt zahlreich vertreten. Im zweiten hier angeführten Beispiel aus Bressands letzter Oper, *Die verwandelte Leyer des Orpheus*, 1699 in Braunschweig aufgeführt, feuert die von Orpheus verfluchte Bacchantin Thya ihre Dienerinnen an, sich an Orpheus zu rächen:

> Auf ihr Schwestern/ auf zur Rach/
> stellt ihm nach/
> dem der uns so durffte schänden
> für die uns gethane Schmach
> soll er nun sein Leben enden
> Auf ihr Schwestern/ auf zur Rach/
>
> Chor der Bachantinen
> Auf ihr Schwestern/ auf zur Rach.[29]

Die Ermordung von Orpheus wird hierauf auf der Bühne

27. Menantes: Theatralische Gedichte. S. 7.
28. Menantes: Allerneueste Art. S. 220.
29. Friedrich C. Bressand: Die verwandelte Leyer des Orpheus, In einem Singe-Spiel/ ... vorgestellet. Der ... Frauen Elisabeth Juliana, Hertzogin zu Braunschweig und Lüneburg/ ... Unterthänigst gewidmet. Braunschweig 1699. III, 3. Komponist R. Keiser.

dargestellt. Dieses Beispiel zeigt also, wie der Librettist die
Affektarie, den Chor, ein wegen seiner inhärenten Vitalität von
Menantes und Feind empfohlener Bestandteil der Oper, und eine
brutale Handlung verbindet, um die Affekte seines Publikums
aufzurütteln. Gewalttaten auf die Opernbühne zu bringen, wurde
von Feind schon darum verteidigt, weil er von der der Oper
inhärenten Fähigkeit, emotionell aufs Publikum zu wirken,
überzeugt war. Seiner Ansicht nach war die Wirkung aufs
Publikum größer, wenn eine gruselige Begebenheit nicht beschrieben, sondern direkt auf der Bühne vorgeführt wurde. Aus diesem
Grund neigte er also eher zur englischen als zur französischen
Bühnentradition. Damit das Publikum gerührt wurde, so meinte
Feind, sei es nötig, daß es an die Wahrheit einer Begebenheit
glaubte, eine Reaktion, die durch die realistische Darstellung eines
tragischen Ereignisses gefördert wurde. Als Beispiel führte er den
Selbstmord Lucretias aus seiner 1705 aufgeführten Oper *Die
kleinmüthige Selbst-Mörderin Lucretia, oder Die Staats-Thorheit
des Brutus* an. Dies bedeutete aber nicht, daß es der Opernbühne
an Anstand fehlte, oder daß sie etwa der durch überflüssiges
Blutvergießen charakterisierten Harlekinbühne gleichkam: "Die
Umstände [aber] erfordern offt etwas/ worinnen zwar kein *Cato/*
aber doch ein politischer Moralist wol durch die Finger siehet".[30]
Zusätzliches Gewicht wurde seinem Argument durch rein praktische Gesichtspunkte verliehen, indem er auf den grundlegenden
Unterschied zwischen gesungenem und gesprochenem Drama
aufmerksam machte. Was für die Sprechbühne durchaus geeignet
war, war mit der Oper kaum zu vereinbaren, und zwar aus zwei
Gründen: erstens fänden die Sänger langwierige Vorträge uner-
träglich, und zweitens würde es dem Publikum an der nötigen
Geduld fehlen, sie anzuhören.
   Die Arie war nach seiner Meinung "die zierlichste und
künstlichste der Poesie".[31] Insofern dürfe sie sich nicht vom
Rezitativ durch einen bloßen Metrumwechsel oder durch die
Verwendung fetten Drucks im Libretto unterscheiden, noch

30. Feind: Gedancken von der Opera. S. 108. Zu Feinds Vorliebe für
die englische Bühnentradition vgl. Flaherty: Opera in the Development
of German Critical Thought. S. 53 f.
31. Feind: Gedancken von der Opera. S. 95.

dürfe man sie nur als Erklärung oder Zusammenfassung des
Rezitativs ansehen. Vielmehr käme es darauf an, die Sonderstellung
der Arie durch erhöhte Ausdruckskraft zur Geltung zu bringen.
Zu diesem Zweck führte Feind verschiedene Formen, darunter das
Sprichwort, das Gleichnis und die Allegorie auf, die sich die Arie
aneignen könnte. Die folgende Eifersuchtsarie aus Feinds *Octavia*
mit ihrer zugrundeliegenden Schlachtenmetaphorik und Personi-
fizierung der Affekte ist ein Beispiel von dem, was er unter einer
Allegoriearie verstand:

> Die Eifersucht bläset im Hertzen zu kämpfen/
> Die Liebe zu dämpfen.
> Sie stehet zum Streit
> Mit fliegendem Heere von Argwohn bereit/
> Und dräuet der Seelen mit blutiger Schlacht/
> So fern sie die Treue nicht waffenloß macht.[32]

Hinsichtlich der Metaphorik ist diese Arie komplexer als die bisher
diskutierten Beispiele; sie spielt mit der Phantasie, und eine derart
phantasiereiche Dichtung, so glaubten Feind und Menantes,
brauchte der Komponist zur Inspiration. Wenn die Dichtung
schwach war, so fiel es selbst dem begabtesten Musiker schwer,
anregende Musik zu komponieren. Aber auch das Niveau der
Darstellung wurde dadurch gehoben, denn ohne einen lebhaften
Text war es dem Sänger/Schauspieler unmöglich, "lebhafte
Actiones" hervorzubringen.[33] Menantes' und Feinds Argumentation läßt vermuten, daß das Vermögen der Oper, Affekte zu
erregen, durch eine einfallslose Dichtung verringert wurde.

Die gewünschte Kürze der Arienform hatte jedoch auch
Nachteile, da sie auf die Ausdruckskraft der Arie bisweilen
hemmend wirkte. Aus diesem Grund wurde die Cavata eingeführt.
Ein Beispiel dieser Form ist die folgende Passage aus Menantes'
Nebucadnezar:

> (Arie 1)   Ach herber Anblick/ solcher Noht
>   Mein Liebstes auf der Welt ist todt.

32. Barthold Feind: Die Römische Unruhe. Oder: Die Edelmühtige
Octavia. Musicalisches Schau-Spiel. Hamburg 1705. II, 10. Komponist R.
Keiser.

(Rezitativ)	Hier wirst du edles Sonnen-Licht zu früh ins Todten Meer gesenckt: Ach! daß mir nicht der Schmertz Das matte Leben bricht. Doch wie? zerfleischtes Hertz! Wer hat die Schuld/ daß man dich kränckt? Blitz/ Donner/ Hagel/ Glut und Flammen/ Die müssen dich/ du Mörderinn/ verdammen. Du Mörderinn! Ach meines Lebens!
(Arie 1)	Wie hast du allerliebste Seele Dich von mir trennen können? Und mir nicht in der Grabes-Höle Auch einen Platz zu gönnen.
(Rezitativ)	Was klagst du doch vergebens Die vor getreuste Schönheit an? Die Mutter hat es ja gethan. Beschwängert euch ihr Lüfte Mit Molch und Drachen-Gifte: Eröffnet euch ihr Schwefel-vollen Grüfte: Die Elemente waffnen sich Mit Glut und Feuer/ Und straffen dich/ Unmenschlichs Ungeheur.
(Arie 1)	Ach herber Anblick solcher Noht! Mein Liebstes auf der Welt ist todt.
(Rezitativ)	Es scheint/ als ob ihr blasser Geist Um Rache schreyt/ und mich sie nehmen heißt. Wo bist du/ Mörderin? Ihr Todten sagt es an/ Daß ich sie selbst ermorden kan. Barsine!
(Arie 2)	Weine Blut/ und keine Zähren/ Daß dein Geist Bald zu ihrem Geiste reist. Stirb/ ach stirb auf ihrem Hertzen/ Daß die reinsten Liebes Kertzen

Noch bis in der Asche währen.

Weine Blut etc.[34]

Diese Szene, "allwo die Affecten in einer hefftigen Traurigkeit bestehen", findet in einer königlichen Gruft statt.[35] Hier trauert Darius, ein medischer Fürst, um den Tod seiner Geliebten Barsine, einer babylonischen Prinzessin, und hegt Rachegedanken an ihrer vermutlichen Mörderin, ihrer eigenen Mutter. Eine einzige Arie könnte den Gefühlen, die hier Ausdruck finden sollen, nicht gerecht werden. Also führte Menantes zwei durch Rezitativ verbundene Arien ein. Diese Art Passage, die aus zwei oder mehr zusammenhängenden Arien besteht, nannte er eine Cavata. Das Ziel dabei war, eine erhöhte Emotionalität zu erreichen, indem man dem Komponisten und dem Poeten einen größeren Spielraum erlaubte, den die einfache Arie nicht bot. Folglich war die Wirkung aufs Publikum dementsprechend stark. Deswegen stellte die Cavata eine für die Oper ideal geeignete Ausdrucksform dar. Formal wird in der ersten Arie das Dacapo vom Hauptteil getrennt. Solche Ausschmückung der Dacapoform wird in der *Allerneuesten Art* verteidigt, und zwar weil sie "eine schöne *Parade*" macht, und das Werk mit "eine[r] große[n] Grace" erfüllt.[36] Zugegeben wird aber auch, daß Einfälle dieser Art dem Komponisten Schwierigkeiten bereiten könnten. Die zweite Arie hat kein Dacapo, sondern stellt einen anderen zu dieser Zeit beliebten Arientypus dar. In diesem Fall wird die ganze Strophe wiederholt.

Die Galanteriearie

Die theoretischen Schriften wie auch die Opern spiegeln die damalige Mode der Galanteriedichtung wider. Menantes' Einführung zu der *Allerneuesten Art* weist auf seine Begeisterung für

33. Menantes: Theatralische Gedichte. S. 94.
34. Menantes: Nebucadnezar, König zu Babylon/ Unter dem grossen Propheten Daniel. In einem Singe-Spiel ... Vorgestellet. Hamburg 1704. III, 1. Komponist R. Keiser.
35. Menantes: Theatralische Gedichte. S. 204.
36. Menantes: Allerneueste Art. S. 225. f.

Hofmannswaldau hin. Hier wird seine Hochschätzung des Stils
und des galanten Tons des Poeten ausdrücklich betont:

Seinen Helden-Briefe sind voller natürlichen Schönheit an den vorgestellten Personen/ gleichförmigen galanten und edlen Gedancken/ ...
seine ... Liebes-Lieder und andere kurtze galante Gedichte sind voller
Geiste und Anmuht/ und ihrem Wesen nach unverbesserlich.[37]

Daß die Oper diesen galanten Ton aufweisen sollte, ist seiner
Schrift *Theatralische/ Galante und Geistliche Gedichte* leicht zu
entnehmen. Dem Librettisten wird zum Beispiel anempfohlen, für
jede Oper möglichst viele Galanteriearien zu entwerfen. Daß diese
Ariengruppe von dem Komponisten Reinhard Keiser besonders
bevorzugt wird, wird übrigens ausdrücklich vermerkt.

Die Galanteriearie ist zwar mit der Affektarie verwandt, indem
sie auch von den Freuden und Schmerzen der Liebe handelt, aber
ihr fehlt die der Affektarie eigene Intensität. Dies ist aus dem
folgenden Beispiel, einer Chorarie aus Feinds *Octavia*, besonders
klar ersichtlich:

Amor Amor reitzt zum Springen/
Zu dem Spielen/ zu dem Singen/
Drum verbannet alles Leid
in Ewigkeit.
Die frohe Zeit
Machet beym spielenden Streit
Hüpffen und Lachen und Schertzen
Dem Hertzen
Bereit.
Amor Amor etc.[38]

Nach Menantes reflektiert ein solcher heiterer und neckischer Ton
"die heutige Art zu lieben kurtz und gut".[39] Dazu findet er, daß zu
dieser Ariengruppe eine "artige Frantzösische ... Music" besser als
"eine lange Italiänische" paßt.[40]

Diese Chorarie war jedoch nur ein Bestandteil unter vielen in
einer besonders prachtvollen Szene, wie diese Beschreibung des
Bühnenbildes sie andeutet:

37. Menantes: Allerneueste Art. S. B2v.
38. Feind: Octavia. I, 13.
39. Menantes: Theatralische Gedichte. S. 8.
40. Menantes: Theatralische Gedichte. S. 7.

Das *Theatrum* verändert sich in einen/ zum Spielen gewidmeten/ Platz im grossen Vorhoff der Käyserl. Burg/ mit einem *Amphitheatro*, in welchem des *Cupido* himmlischer Pallast zu sehen. In der Lufft schweben viele *Gratien* und Liebes-Gotter [sic] in verschiedenen *Machinen.*[41]

Wie allgemein üblich in der Oper dieser Zeit, gab auch die Gegenwart vieler Sänger und Sängerinnen auf der Bühne den Anlaß für einen Tanz bzw. ein Ballett. Solche Tanzszenen zielten, wie die prächtigen Bühnenbilder, darauf ab, "ein treffliches Ansehen" anzubieten.[42] Bressand, der auf besonders geschickte Weise Tanz- und Chorszenen miteinander verband, verfaßte diese Strophe, die von der Lebendigkeit derartiger Szenen zeugt:

> Die Dänze sollen auch nicht bleiben ausgeschlossen/
> zu jedem *Actu* macht man ein' *Entrée* nur/
> doch stets veränderlich und artig von Figur/
> von denen jede halb voll Ernst ist/ halb voll possen/
> die langsame *Courant* bleibt gänzlich hier davon/
> man danzt den *Passepied* gleich auf den *Rigaudon.*[43]

Solche Szenen, die, wie in unserem Beispiel, häufig mit einer oder mit mehreren Chorarien kombiniert wurden, fesselten die Aufmerksamkeit des Publikums und wurden deswegen, wie aus diesem Zitat hervorgeht, oft dreimal in eine Oper eingeführt. In der *Allerneuesten Art* wird auch vorgeschlagen, daß Opernvorspiele mit diesen wirkungsreichen Szenen versehen sein sollten.

Bezeichnend für die Galanteriedichtung ist ihre fast zum Klischee gewordene Ausdrucksweise, die jeweils die verschiedenen Aspekte der Verliebten katalogisiert. In der Oper wird die Arie zum bevorzugten Vehikel solcher Beschreibungen. Menantes weist auf das Herkunftsland dieser Arien hin und betont ihren eindeutig galanten Ton:

> Bey den Italiänern findet man viele *Arien,*
> darinnen sie die Augen/ die Wangen/ die Lippen
> und dergleichen ihrer Geliebten caressiren/

41. Feind: Octavia. I, 13.
42. Menantes: Allerneueste Art. S. 407.
43. Bressand: Hochzeit-Briefe. Cv.

und solche nicht allein im Lesen/ sondern auch
in der *Music* vor *galant* und schön halten.[44]

Ein typisches Beispiel dieser Art Galanteriearie stellt die folgende
Arie aus *Octavia* dar, die mit dem auch zum Klischee gewordenen
Paradox über das Wesen der Liebe schließt:

> Vaghi lumi del mio bene,
> Bocca bella, biondo crin,
> Dolce è per voi languire
> E soffrire
> Godi e pene.
> Bionde ritorte, strali d'oro,
> Affligete, e date ristoro!

> Holde Augen meines Schönen/
> Süsse Lippen/ schönes Haar/
> Es ist süß sich nach euch sehnen
> und zu leiden
> Schmertzen und Freuden
> Güldene Locken/ güldne Blicke/
> Ihr bekümmert/ daß man sich erquicke.[45]

Wie eine Anzahl anderer Arien aus *Octavia* wurde dieses Beispiel
auf italienisch gesungen, obwohl das Publikum mit einer deutschen Übersetzung ausgestattet war. Die Aufnahme dieser auf
italienisch verfaßten Arien ist auf Feinds Überzeugung zurückzuführen, daß "die *Delicatesse* der Italiänischen Sprache" dem
Zuhörer ein besonderes Vergnügen bereitete.[46] Was die Form
betrifft, unterscheidet sich diese Arie von den anderen bisher
besprochenen Beispielen, denn es gibt kein Dacapo, auch wird sie
scheinbar nur einmal gesungen. Solche einfachen Strophen stellen
eine dritte, in dieser Zeit gängige Arienform dar, deren Kürze für
den Ausdruck der Galanterie durchaus geeignet ist.

In den *Gedancken von der Opera* nahm Feind an der damals
regen Debatte teil, ob Episoden aus der Bibel überhaupt auf die
Bühne gebracht werden dürften. Die von St. Evremond vertretene
Meinung, daß die Bühnendarstellung heiliger Sachen deren Glaub-

---

44. Menantes: Theatralische Gedichte. S. 23.
45. Feind: Octavia. II, 2.
46. Feind: Octavia. Vorbericht. H4v.

würdigkeit gefährdete, wurde von Feind entschieden abgelehnt. Er argumentierte, daß "viele herrliche Geschichte aus der Bibel uns die vollkommenste Materie zu den Schauspielen an die Hand geben könnten/ um die Heydnische Götter-Fratzen wegzuschaffen".[47] Diese Stellungnahme wurde auch von Menantes eingenommen, was nicht zu verwundern ist, denn er hatte die in Hamburg eingewurzelte Tradition der biblischen Opern weitergeführt: seine Oper *Die über die Liebe triumphirende Weissheit, oder: Salomon* wurde 1703 in Hamburg aufgeführt, und wie oben erwähnt, folgte ein Jahr darauf die noch erfolgreichere Oper *Nebucadnezar*.

Diese Opern zeigen aber wenig von der der frühdeutschen Oper eigenen Frömmigkeit, die z.B. in Anton Ulrichs *Daniel* (1663) zum Vorschein kommt. Der Vorschrift gemäß, daß die Oper "etwas Verliebtes" darstellen sollte, fügte Menantes seinen biblischen Opern Liebesverwirrungen, oder, mit ihm zu reden, "die in der *Poësie* vergönnte *Fiction*" hinzu.[48] Diese Liebesverwirrungen sind "eben nicht tiefsinnig/ sondern nach der Galanterie mehrentheils erfunden".[49] Diese in bezug auf *Salomon* gemachte Bemerkung trifft auch für *Nebucadnezar* zu. In dieser Oper wird mindestens genauso viel Aufmerksamkeit den Liebesaffären von Nebucadnezars Kindern und seiner abtrünnigen Frau als der inneren Entwicklung des Königs geschenkt. Solche Arien, die die Leiden und Freuden der Liebe wiederum mit einer für die Galanteriearie geforderten Knappheit bieten, sind für diese Oper durchaus typisch:

> Ein Hertze/ das vor Liebe brennt/
> Und zweyen sich verpflichtet kennt/
> Reißt gleichsam sich entzwey.
> Verhängniß seltner Gegen-Liebe/
> Du machst durch die getreusten Triebe
> Mich beyden ungetreu.[50]

47. Feind: Gedancken von der Opera. S. 82. Über St. Evremonds Kritik an der Oper ausführlich Flaherty: Opera in the Development of German Critical Thought. S. 37 f.
48. Menantes: Nebucadnezar. Vorrede.
49. Menantes: Theatralische Gedichte. S. 198.
50. Menantes: Nebucadnezar. II. 1.

Darius	Du bleibst mein Leben bis in Tod?
Barsine	Ja/ ja
Darius	Und du versüssest meine Noht?
Barsine	Ja/ ja
Dar. Bar.	So lachen und küssen sich unsere Hertzen/
	Und schweren/ auf ewig so edel zu schertzen.[51]

Menantes neigte zu der Meinung, daß die allgemeine Beliebtheit der Galanteriearie bei den Frauen, ja sogar bei ihren nur *scheinbar* besser gebildeten männlichen Partnern, aus einem Mangel an Tiefsinn herrührte. Für Menantes' Begriffe genügte es nicht, daß eine Arie nur galant war. Im Idealfall sollte Galanterie mit Scharfsinnigkeit oder Artigkeit verbunden sein. Die Galanteriearie sollte "ein nettes Gleichniß/ eine nachdrückliche *Sentenz*/ geschickte *Metaphora*" aufweisen.[52] Mit anderen Worten sollte die Galanteriearie also dieselbe Ausgekügeltheit erkennen lassen, die Feind für die Arie im allgemeinen verschrieben hatte. Und es ist Feind, der sich auf diesem Gebiet als ein Meister erwies. Seine durch ihren sowohl galanten wie auch artigen Ton charakterisierten Arien sind besonders eindrucksvoll, wie das folgende Beispiel aus *Octavia* andeutet. Hier vergleicht der an unerwiderter Liebe leidende Piso seine Lage mit dem Vorwärtskommen eines unsicheren Bootes:

Ich segel auf den Liebes-Wellen/
Dieweil es so mein Schicksal heischt/
Die Hoffnung/ an das Land zu stellen/
Hat mich schon manchesmahl geteuscht.
Getrost! Beginnt mein Schiff zu wackeln/
Will ich mit Freuden untergehn/
Es leuchten mir zwey schöne Fackeln/
Die nahe bey dem Milch-Weg stehn.[53]

Die Moralarie

Diese auf Liebesverwirrungen und Galanterie gelegte Emphase könnte einen leicht zu dem Schluß führen, daß der für die

51. Menantes: Nebucadnezar. III, 1.
52. Menantes: Theatralische Gedichte. S. 24.
53. Feind: Octavia. I, 10.

frühdeutsche Oper charakteristische "erbauliche" Inhalt vernach-
lässigt wurde. Dies stimmte aber nicht ganz. Die Idee, daß die
Oper einem moralischen Zweck dienen sollte, war noch um die
Jahrhundertwende gängig. In den *Gedancken von der Opera*
erinnert Feind, der sich anscheinend über das Ziel des Dramas
überhaupt äußert, an die traditionelle Verbindung zwischen
Erziehung und Unterhaltung. Dieses Thema wird in seiner
Einführung zu *Octavia* weiter und genauer erörtert. Hier wird die
erhöhte moralische Wirkung betont, die die Oper durch die
Zusammenwirkung von Wort und Musik erzielt:

> Die jenige/ so keine Schaubühne der Eitelkeit unbestiegen gelassen/
> und das weiche Pflaster der sinnlichen Lüste an alle Ecken betreten/
> gehen offtmahls mit weit anderer Absicht an einen Ort/ von welchem
> ihr verblendtes Gemüht manchmal unverhofft mit einer Erleuchtung
> zurücke kehret/ wenn die natürliche Abbildung der Laster ihnen mit
> einem erschröcklichen Ende gezeiget wird. Dieses senckt sich am
> allerersten in verhärtete Gemühter ein/ und läst einen kräfftigen
> Nachdruck nach sich/ zumahl wenn die *Music*, die ohne dem eine
> schier übermenschliche Krafft/ das Hertz zu bewegen/ an sich hat/
> dazu kömmt/ und die in der *Poësie* enthaltene Sitten-Lehren durch
> eine verborgene Wirckung lebhaffter und annehmlicher macht/ ...[54]

Es war die Aufgabe der dritten Ariengruppe, der Moralarien,
deren Schönheit Feind und Menantes hervorheben, die der
Handlung inhärente Lehre zu unterstreichen. Die thematische
Vielseitigkeit dieser Arien ist umfangreich, doch werden bestimmte
Themenbereiche erkennbar.

Da die damalige Oper in hohem Maße der Gefühlsäußerung
gewidmet war, bestand eine Hauptaufgabe der Moralarie darin, als
Gegengewicht oder Zensor eines derartig vernunftgefährdenden
Verhaltens zu fungieren. Nehmen wir ein Beispiel aus Bressands
1699 aufgeführter Oper *Die sterbende Euridice*. König Aristaeus
von Thessalien ist mit der Prinzessin Autonoe von Theben verlobt.
Er verliebt sich aber heftig in Euridice. In einer langen Rezitativ-
passage warnt ihn sein Ratgeber Dimas vor den Folgen seiner
Verwerflichkeit, die sowohl seine Ehre wie auch den königlichen

---

54. Feind: Octavia. Vorbericht. H3r. Zur Geschichte der Hamburger
Debatte über die erbauliche Wirkung der Oper vgl. Flaherty: Opera and
the Development of German Critical Thought. S. 20 f.

Status seiner Braut gefährdet. Dimas schließt seine Ermahnung mit dieser kurzen Arie, in der die abschätzige Darstellung der Liebe das Wesentliche des Rezitativs zusammenfaßt:

> Trostlos schmachten in Knechtischem Band
> ist ein ruhm für schlechte geister/
> grosse herzen spielen Meister
> ob der Liebe verführischem Tand.
> Trostlos etc.[55]

Ein ähnliches Thema wird in der Schlußszene von Bressands *Circe* wiederholt. Circe hat endlich ihre vernunftwidrige Liebe zu Ulysses überwunden, ein Sieg, der in dieser Chorarie zelebriert wird:

Chor	So siegen großmütige herzen
	der Liebe verführischen kerzen
	mit dapfrer beständigkeit ob.
Circe	Sein' eigne sinnen binden/
Ulysses	Sich selber überwinden/
Beyde	ist wahrer Tugend prob.
Chor	So siegen großmütige herzen
	der Liebe verführischen kerzen
	mit dapfrer beständigkeit ob.[56]

Indem sie den Triumph der Großmut über die Liebe feiert, steht diese Schlußszene im Gegensatz zur Mehrzahl der Arien in diesem Werk, in denen es hauptsächlich um Eifersucht und Rache, Zweifel und Verzweiflung geht. Also gibt diese Schlußarie einer sonst affektreichen Handlung einen erbaulichen Schluß. Dieses Verfahren entspricht völlig der in der *Allerneuesten Art* erhobenen Forderung, daß die Schlußarie "den vornehmsten Inhalt der gantzen *Opera*/ begreifft/ welche dann alle Personen des Spiels/ zum wenigsten die meisten/ singen können".[57] Wenn die meisten Sänger an solchen Schlußarien teilnahmen, so war es oft wie hier der Fall, daß der Text zwischen den Hauptsängern beziehungsweise Hauptsängerinnen und dem Chor geteilt wurde. Damit

---

55. Bressand: Die sterbende Euridice. II, 1.
56. Bressand: Circe. III, 15.
57. Menantes: Allerneueste Art. S. 411. Hinzugefügt wird auch, daß die Schlußarie zur Verherrlichung der "anwesenden Durchl. Personen" dienen konnte.

wurde der abschließenden Lehre oder Stimmung Nachdruck verliehen. Daß der Chor unweigerlich am Schluß der Oper beteiligt war, wurde von Feind mit gemischten Gefühlen angesehen. Obwohl er zugab, daß Chorszenen dem Opernschluß einen besonderen Glanz verliehen, fand er aber auch, daß ihr Gebrauch zu einer Alltäglichkeit geworden war. Also schlug er als Alternative die für die französische Tragödie übliche Verfahrensweise vor, wonach nur wenige Charaktere im Schlußbild auftraten. Wenn dies einigen Mitgliedern des Publikums mißfiele, so meinte Feind, dann könnten sie ruhig in die Komödie gehen.

Es scheint zwar paradox, daß die prachtliebende Oper sich mit der Unbeständigkeit alles Irdischen befaßte, aber wie für so vieles in der Kunst der Zeit war diese Dualität auch für die Oper bezeichnend. In einer erheblichen Anzahl von Arien wird ein tiefes Mißtrauen allem Weltlichen gegenüber deutlich zum Ausdruck gebracht. Einige warnen vor der Verführung durch weltliches Vergnügen. Als Antwort auf die in allen Opern befindliche Pendelbewegung zwischen freudenreichen Affekten und Verzweiflung äußern sich andere über die Wankelmütigkeit des Glücks. Zur charakteristischen höfischen Kulisse gehören Arien, die die Ungeschütztheit des Höflings, die tückische Gunst des Fürsten und den trügerischen Schein der absoluten Macht betonen, was an den Schicksalen von Nero und Nebucadnezar deutlich gezeigt wird. Andere Arien erinnern direkt an das neostoische Erbe. Nehmen wir als Beispiel die folgende von Seneca gesungene Arie aus *Octavia*, einer Oper, die dem Publikum die Zerbrechlichkeit des scheinbar Stabilen, die Verletzbarkeit menschlicher Liebe und Macht vor Augen führt:

> Ruhig seyn/ sich selbst gelassen/
> Ist der Seelen wahres Gut.
> Keine Freude läst dem Muht
> Ruhiges Vergnügen fassen.
> Ruhig seyn/ etc.[58]

In derartigen Arien werden die Nichtigkeit und Vergänglichkeit der weltlichen Ehre der Permanenz der Tugend und Großmut gegenübergestellt:

---

58. Feind: Octavia. I, 1.

Die Edelmuht pranget mit Lorber und Kron.
Verbleichet mein Purpur/ das kan mich nicht quälen.
Heroische Seelen
Besiegen durch Großmuht uñ Tugend den Hohn.
Die Edelmuht pranget mit Lorber und Kron.[59]

Im ganzen gesehen kommen Arien mit religiösem Inhalt nur wenig vor. Im Vergleich zur klassischen Geschichte oder Mythologie diente dem Librettisten die Bibel relativ selten als Quelle. Wenn aber eine biblische Oper zur Aufführung kam, so zeigte der Librettist eine Vorliebe für besonders spektakuläre Episoden, um die Schaulust des Publikums zu befriedigen. In *Nebucadnezar* wurde beispielsweise die Befreiung Mesachs, Sadrachs und Abednegos aus dem glühenden Ofen vorgestellt. Der König selbst wurde später in ein geketteter Tier "mit Adlers Federn und Klauen bewachsen" verwandelt, bevor er zum Schluß als ein bescheidener, aber weiser Mensch auftrat.[60] Solche wunderbaren Ereignisse brachten Arien hervor, in denen die Allmacht oder die Barmherzigkeit Gottes besungen wurde.

Die Arie und die lustige Person

In der Hierarchie der Lieder galt die Arie als die vornehmste Liedform. Dies hatte zur Folge, daß in einer Opernhandlung die meisten Arien den vornehmsten Charakteren zugeteilt wurden. Sie wurden aber auch für Charaktere niederen Ranges verfaßt, wie zum Beispiel für die lustige Person, die normalerweise durch einen Diener oder eine alte Frau dargestellt wurde. In den neunziger Jahren, besonders bei dem Hamburger Publikum, erfreute sich die lustige Person großer Beliebtheit. Doch ihre Aufnahme war oft ein Zugeständnis des Librettisten an sein Publikum. In diesem Punkt zeigte Feind eine für ihn uncharakteristische Geringschätzung der Wünsche seines Publikums. Obwohl er zugab, daß die Aufnahme dieser Figur einem Unterhaltungsbedürfnis des Publikums nachkam, war er persönlich der Meinung "das Theatrum wird nur

59. Feind: Octavia. II, 6.
60. Menantes: Nebucadnezar. III, 3.

dadurch prostituiret".[61] Menantes teilte Feinds Bedenken, erkannte aber, daß die lustige Person nicht einfach wegzudenken war. Also war er bereit, ihre Aufnahme zu dulden, vorausgesetzt daß einige Richtlinien beobachtet wurden. Erstens sollte die Einführung dieser Figur nicht vernunftwidrig wirken, sondern sich aus der Logik der Handlung ergeben. Zweitens durfte die Figur nicht überall auftreten, auf keinen Fall in pathosreichen Szenen, die darauf abzielten, die Gefühle des Publikums aufzurütteln. Die lustige Person würde diesem Ziel nur Abbruch tun. Sie konnte aber einem nützlichen Zweck dienen, so meinten Menantes wie auch Feind, wenn sie "das Amt eines *Satyrici* [vertrat] und die gemeine/ im Schwange gehende Laster/ durchziehen [ließ]."[62] Anders gesagt sollte die lustige Person "Satyrische Gedancken/ die in kurtzweiliger Durchhechelung der Laster und Schwachheiten bestehen", deutlich zum Ausdruck bringen.[63]

Ein Beispiel kommt in *Octavia* vor, wo der lustigen Person die Rolle zufällt, die politische Konstellation zu betrachten. Die Oper fängt mit einer Eulogie zu Ehren Neros an, die ihn als allmächtigen Kaiser darstellt. Als Antwort darauf betont Nero das gewaltige Ausmaß seines Reiches, das als Widerspiegelung seines eigenen Prestiges vorgestellt wird. In einer Arie vergleicht er dann die Aufgaben des Herrschers mit der Last des Atlas. Kurz danach werden diese Strophen vom Hof-Fourir Davus gesungen, der die Frage der Macht aus einem ganz anderen Blickwinkel betrachtet:

> 1. Will man gerne Kronen tragen/
> Darff man nur
> Nach galanten Schönen fragen.
> Die bekant
> Für recht galant/
> Zeigen die bequemste Spur.

---

61. Feind: Gedancken von der Opera. S. 103. Bei der Hamburger Aufführung von Bressands Oper *Porus* war es nötig, eine lustige Person einzuführen, damit das Publikum befriedigt wurde.
62. Feind: Gedancken von der Opera. S. 104.
63. Menantes: Theatralische Gedichte. S. 119.

2. *Priscian* rufft sich zu Tode:
   Weistu diß/
   Daß/ nach alt' und neuer Mode/
   Eine Kron
   Nach meinem Thon/
   Feminini generis?[64]

Diese Strophen werfen ein weniger ruhmreiches Licht auf den Herrscher, dessen Macht in Wirklichkeit auch durchaus nicht so unumschränkt ist, wie er vorgibt. Indem sie die Eitelkeit des Herrschers und den beträchtlichen Einfluß der Frau am Hof betonen, wirft die lustige Person einen skeptischen Blick auf Neros Selbstherrlichkeit und macht sogar, wenn auch auf entsprechend humorvolle Weise, auf die Fragwürdigkeit einiger Gebräuche am Hof aufmerksam. Hier übernehmen die Strophen die Funktion einer politischen Satire. Es ist nicht zu verwundern, daß ein solcher den Hof verspottender Ton in der von herzoglichen Geldern unterstützten Oper in Braunschweig fehlte.

Üblicher war es, daß die lustige Person es bei humorvollen Bemerkungen über die Liebesaffären ihrer adligen Herren oder Herrinnen beließ. Gerade das bezweckte Menantes mit Bartophel, dem Diener des Fürsten Darius in *Nebucadnezar*, obwohl er im allgemeinen, ging es um die Aufnahme einer lustigen Person in eine biblische Oper, zur Vorsicht mahnte. Wie in den meisten Opernhandlungen werden die adligen Liebhaber wiederholt erheblichen Schwierigkeiten ausgesetzt. Nach den daraus entstehenden pathoserregenden Szenen singt Bartophel Strophen, deren nüchterne Perspektive hinsichtlich der Beziehung zwischen den Geschlechtern einen willkommenen Stimmungswechsel bietet:

Jungfern sind als wie das Wetter/
Das in dem April regiert;
Ihre Worte/ wie die Blätter/
Die der Baum im Herbste führt:
Denckt man fest darauf zu stehen/
Baut man auf ein leichtes Ja/
Ach so darf der Wind nur wehen/
Denn so liegt Matz-Tasche da.

64. Feind: Octavia. I, 3.

Sind der Jungfern ihre Hertzen
Wie das Wetter im April/
Weiß ich/ daß der Männer Schertzen
Es so gerne haben will;
Denn man macht sie zu Calendern/
Wenn das Jahr zu Ende nur/
Und man darf sie denn nicht ändern/
Bleiben sich doch *Maclatur*.[65]

Die für die lustige Person charakteristischen Einstellungen werden dem Benehmen der Adligen gegenübergestellt, und daraus ergibt sich der Humor. Genauso wie Bartophel eine amüsierte Distanz zu den Liebesangelegenheiten seines Herrn bewahrt, so ist es bezeichnend für die lustige Person, unberührt von allen Liebesqualen zu bleiben. Entweder erfreut sie sich ihrer Freiheit, oder sie sieht in der Besessenheit ihres Herrn nichts weiter als ein Ärgernis, wie diese Strophen aus Bressands Schäferoper *Die Wiedergefundenen Verliebten* demonstrieren:

1. Welch mühsame pein/
   ein Kuppler zu seyn!
   tausend sorgen
   so den abend als den morgen/
   lauffen/ rennen/
   und sich oft das maul verbrennen/
   ist bey dieser kunst gemein;
   Welch mühsame pein/
   ein Kuppler zu seyn!

2. Was wendet nicht an
   ein guter *Ruffian*?
   aller orten
   stets versehen seyn mit Worten/
   forschen/ fragen/
   immer neue Zeitung tragen/
   ist des Handwerks bester schein;
   Welch mühsame pein/
   Ein Kuppler zu seyn![66]

65. Menantes: Nebucadnezar. III, 14.
66. Friedrich C. Bressand: Die Wiedergefundenen Verliebten/ Schäfer-Spiel/ Bey Begehung des Geburts-Tages Der ... Fr. Elisabetha Juliana/

Sollte sich die lustige Person doch verlieben, wie es bei Dorinde, einer nicht mehr jugendlichen Dienerin (*Die Wiedergefundenen Veliebten*) der Fall ist, dann begegnet man einer unbekümmerten Unanständigkeit und einem Desinteresse an Beständigkeit, die sich stark von dem durch Sittsamkeit und Treue geprägten Benehmen ihrer Herrin abheben:

1. Als ich ein junges Mädgen war/
   begunt ich schon zu brennen/
   und konte mich im zwölften Jahr
   schon ertzverliebet nennen/
   ich sah die Knaben trefflich gern/
   ließ ichs gleich niemand wissen/
   und hielt nicht mehr auf mandelkern/
   so bald ich dacht' ans küssen.

2. Die Mutter bildte sichs nicht ein/
   und ließ mich freyheit haben/
   solt ich bey ihren Schafen seyn/
   so war ich bey den Knaben/
   das Löffeln/ und kein ander Spiel/
   behagte mir vor allen/
   und ich hielt auf den Spiegel viel/
   nur ihnen zu gefallen.[67]

Dieser Mangel an Anstand bedurfte seitens des Librettisten großer Vorsicht. Das Publikum durfte auf keinen Fall beleidigt werden. Deswegen bestehen Feind und Menantes darauf, daß die lustige Person nie "die Gesetze des Decori" überschreitet.[68] Vor allem muß sich die für die lustige Person empfohlene Ausdrucksweise diesem Anstandsgefühl anpassen: "die Redens-Arten [müssen] zwar possirlich/ aber doch nicht wieder die Ehrbarkeit seyn".[69] Dies wird aus den oben angeführten Beispielen deutlich. Obgleich

Hertzogin zu Braunschw. u. Lüneb. ... singend vorgestellet. Wolfenbüttel 1695. II, 8. Komponist R. Keiser. Diese Oper wurde 1695 in Anton Ulrichs Lustschloß Salzdahlum uraufgeführt. Im Jahre 1699 fand die Hamburger Aufführung unter dem Titel *Die beständige und getreue Ismene.* statt.

67. Bressand: Die Wiedergefundenen Verliebten. I, 6.
68. Feind: Gedancken von der Opera. S. 104.
69. Menantes: Theatralische Gedichte. S. 119.

die Sprache der lustigen Person durch ihren unverblümten Ton
hervorsticht, wird dennoch jegliche Spur von Obszönität ver-
mieden. Bezeichnend sind dagegen der häufige Gebrauch von
Dialektformen und die oft humorvoll wirkenden umgangssprach-
lichen Ausdrücke, die sich kraß von den Arien der adligen
Charaktere abheben.

Zum Schluß kehren wir zur Frage der Terminologie zurück. Wie
oben erwähnt, werden diese Lieder als Arien bezeichnet. Dieser
Terminus wird zum Beispiel von Feind auf die zwei von Davus
gesungenen Strophen angewendet. Obwohl eine einstrophige Arie
die üblichste Arienform ist, kann eine Arie, so steht es in der
Allerneuesten Art, aus drei, aber nicht mehr Strophen bestehen,
vorausgesetzt, daß sich die Strophen aus Wörtern von derselben
Silbenlänge zusammensetzen.[70] Wenn möglich sollten sich auch
die vorherrschenden Vokallaute wiederholen. Die Lieder aus der
Oper *Die Wiedergefundenen Verliebten* sind zwar ohne Nomen-
klatur, aber jedes Beispiel besteht aus zwei Strophen, diese
wiederum vorwiegend aus ein- oder zweisilbigen Wörtern. Dazu ist
die Wiederholung herrschender Vokallaute in Nisos Lied spürbar.
Insofern kann der Terminus Arie hier angewendet werden. Aber
die strophische Form, der regelmäßige Rhythmus, die Einführung
eines Refrains, eben die ganze liedhafte Qualität dieser Strophen
erinnert an die Ode der frühdeutschen Oper. Es wäre also
irreführend zu behaupten, daß die zu einem früheren Zeitpunkt in
der deutschen Oper herrschende Liedform völlig verschwunden ist.
Der Standpunkt läßt sich aber vertreten, daß sich die "Ode", oder
zumindest eine Variante dieser Liedform, in solchen von der
lustigen Person gesungenen Liedern aufzeigen läßt.[71] Aus dieser
Perspektive gesehen hat die Ode um die Jahrhundertwende ihren
vornehmen Charakter eingebüßt und wird vom Librettisten als ein
Vehikel betrachtet, das sich für die mehr oder weniger witzige
Vermittlung bürgerlicher, auch direkt gegen den Adel gerichteter
Ansichten eignet.

70. In der *Allerneuesten Art* wird auf die damalige Gewohnheit hingewiesen, mehrstrophige Oden als Arien zu bezeichnen (S. 216).
71. Vgl. auch Kretzschmar: Geschichte des Neuen Deutschen Liedes.
S. 142.

Heinrich W. Schwab

"MENUETTLIED" UND "SING-MENUETT". ZU SPEZIELLEN FORMEN DES LIEDES IM 18. JAHRHUNDERT

"Ein Lied ohne Weise", so argumentierte 1784 der Dichter Johann Heinrich Voss, "ist nur halb, was es sein soll".[1] Seinen *Tafelgesang* betrachtete er daher als "eine Klocke ... ohne klöppel, ... ohne Klang, wenn keine Melodie dazu käme".[2] Versteht man demzufolge "Lied" allgemein als "ein gesungenes, zum Singen bestimmtes oder singbares Gedicht",[3] dann liegt die Vorstellung nahe, daß dabei stets ein Text vorgegeben ist und daß Lieder nicht anders denn durch Vertonung von Gedichten zustandekommen. Andererseits kennt die Liedgeschichte nicht wenige Einzellieder oder sogar mehrbändige Sammlungen, bei denen sich diese Reihenfolge gerade umgekehrt vollzogen hat; präexistent war eine fixe Melodie, zu der Textzeilen oder -strophen im nachhinein verfaßt wurden. Bekanntlich hat dieses zuletzt genannte Verfahren bei den Anstößen, welche die Gattung Lied 1642 durch Gabriel Voigtländer erhielt, eine gewichtige Rolle gespielt.[4] Erklärend sprach Voigtländer bereits auf dem Titelblatt seiner Sammlung von *Allerhand Oden vnd Lieder[n]/ welche auf allerley/ als Italienische/*

1. H. Gottwaldt und G. Hahne (Hrsg.): Briefwechsel zwischen J.A.P. Schulz und J.H. Voss. Kassel 1960 (= Schriften des Landesinstituts für Musikforschung, Kiel. Band IX). S. 39: Brief vom 29. März 1784.
2. Ebenda. S. 63: Brief vom 13. Aug. 1787.
3. Vgl. hierzu etwa *Meyers Großes Taschenlexikon*. Hrsg. und bearb. von der Lexikonredaktion des Bibliographischen Instituts. Mannheim 1981. Band 13. S. 143.
4. Vgl. hierzu H.W. Schwab: Zur Liedkunst Gabriel Voigtländers. In: Weltliches und geistliches Lied des Barock. Studien zur Liedkultur in Deutschland und Skandinavien. Hrsg. von D. Lohmeier. Amsterdam 1979 (= Beihefte zum Daphnis 2). S. 183 ff.

*Frantzösische/ Englische/ vnd anderer Teutschen guten Compo-
nisten/ Melodien vnd Arien gerichtet.* Und in seiner Dissertation
von 1910 hatte Kurt Fischer bereits nachgewiesen, daß sich
darunter ein beträchtlicher Anteil von Tanzmelodien befindet.[5]

I.

Als nach der "liederlosen Zeit" im 18. Jahrhundert für die
Gattung Lied eine neue Epoche anbrach, befanden sich unter den
ersten in Druck gelangten Sammlungen solche, die bevorzugt
sowohl Lieder wie Tänze enthielten. Stärker noch als Voigtländer
hatte sich Sperontes — Pseudoym für den Schlesier Johannes
Sigismund Scholze — bei seiner 1736 in Leipzig in erster Auflage
erschienenen *Singende[n] Muse an der Pleiße* an eingängigen
Tanzmelodien bzw. ganzen Tanzsätzen orientiert.[6] Zählt man
anhand des Denkmalbandes[7] sämtliche Ausgaben und Auflagen
dieses Liederopus aus, dann sind unter den insgesamt 277 Liedern
nicht weniger als 122 mit Tanzhinweisen versehen: im einzelnen
sind 61 bzw. 65 — rechnet man doppelte Nennungen mit ein — als
"Menuet" gekennzeichnet, 39 bzw. 40 als "Polonoise", 17 als
"Murki"; und daß sich unter den mit "Air" überschriebenen oder
unter den restlichen, unbezeichneten Stücken noch manche Tanz-
modelle befinden, steht außer Frage. So ist beispielsweise das hier
wiedergegebene *Air* Nr. 7 aus der ersten Ausgabe (NOTEN-
BEISPIEL I) eindeutig als Menuett zu identifizieren. In seiner
Faktur entspricht es nahezu allen Forderungen, die später noch in
Sulzers Enzyklopädie für ein regelgetreues "Menuet" erhoben
werden ("Ein kleines ... Tonstük in 3/4 Takt, das aus zwey Theilen

5. K. Fischer: Gabriel Voigtländer, ein Dichter und Musiker des 17.
Jahrhunderts. Phil. Diss. Berlin 1910. Gedruckt in: Sammelbände der
Internationalen Musikgesellschaft 12 (1910/11). S. 17 ff.
6. Ph. Spitta: Sperontes' "Singende Muse an der Pleiße", Zur Geschichte des deutschen Hausgesanges im achtzehnten Jahrhundert. In:
Musikgeschichtliche Aufsätze. Berlin 1894. S. 175 ff.
7. Sperontes: *Singende Muse an der Pleisse.* Hrsg. von E. Buhle.
(Neuaufl. H.J. Moser). Wiesbaden 1958 (= Denkmäler Deutscher Tonkunst. Band 35/36).

Notenbeispiel I:

3. Nimm die Ehrfurchts-vollen Triebe
   Der verliebten Sehnsucht hin!
   Und gewähre meiner Liebe,
    Was ich liebe, zum Gewinn,
   Zeige deinem Sklaven an,
   Wenn er glücklich ankern kann.

4. Auf, mein Geist! und sei vergnüget!
   Wickle dich vom Kummer los!
   Was mein Herz so schön besieget,
   Gibt sich wirklich wieder bloß,
   Und die Hoffnung stellet mir
   Schon des Glückes Hafen für.

besteht, deren jeder acht Takte hat. Es fängt im Niederschlag an, und hat seine Einschnitte von zwey zu zwey Takten auf dem letzten Viertel: gerade auf der Hälfte jedes Theiles müssen sie etwas merklicher seyn. ... Die geschwindesten Noten sind Achtel. Aber es ist sehr gut, daß eine Stimme, es sey der Baß, oder die Melodie in bloßen Vierteln fortschreite, damit der Gang der Bewegung für den Tänzer desto fühlbarer werde; ... Sonst muß dieser Tanz im reinen zweystimmigen Satz ... gesetzt seyn. Wegen der Kürze des Stüks haben keine andere Ausweichungen statt, als in die Dominante des Haupttones; andre Tonarten können nur im Vorbeygehen berührt werden. Also kann der erste Theil in die Dominante schließen, und denn der zweyte in die Tonica").[8]

Selbst wenn es 1739 hieß, daß ein Menuett "keinen andern Affect als eine mässige Lustigkeit" ausdrücken dürfe, so handelt es sich bei dem Lied Nr. 34 (NOTENBEISPIEL II) um ein Menuett, und zwar um eines jener selteneren Moll-Menuette. Leicht konnte aus ihm beim Vortrag der mitgeteilten Textstrophen ein sogenanntes "Menuettlied" werden. Dank seiner regelgerechten Faktur ist es jedoch nicht zwingend gleichzusetzen mit jenem noch näher zu behandelnden Typus des "Sing-Menuetts", das 1737 und 1739 Johann Mattheson in kurzen Zügen charakterisiert hat.[9]

Auf dem Titelblatt von Sperontes *Singende[r] Muse an der Pleiße* ist die Rede von "Musicalischen Stücke[n]" sowie davon, daß diese Sammlung "zu beliebter Clavier-Übung und Gemühts-Ergötzung" dienen sollte. Zweifelsohne waren die mitgeteilten Kompositionen auf doppelte Verwendung hin angelegt. Wer wollte, konnte sie separat als "Handstücke" musizieren, was vielleicht sogar ihrer primären Bestimmung entsprach. Dies würde auch die originale Druckanordnung nahelegen; zunächst gelangen in zweistimmigem System Diskant und Baß zum Abdruck, die Liedstrophen sind nachgestellt und nicht — wie bei der Neuausgabe geschehen — zwischen Melodie- und Begleitstimme plaziert, um damit das

---

8. J.G. Sulzer: *Allgemeine Theorie der schönen Künste.* Leipzig [2]/1793. III. Theil. S. 388 f.

9. J. Mattheson: *Kern Melodischer Wissenschaft.* Hamburg 1737. S. 109 ff.. Ders.: *Der Vollkommene Capellmeister.* Hamburg 1739. S. 224 f. — Vgl. hierzu E. Apfel: Ein Menuett bei Johann Mattheson. In: Die Musikforschung XXIX (1976). S. 295 ff.

Notenbeispiel II:

34.

1. Verschwiegen.heit in al . len Sa . chen Erweckt den Trieb zu wah.rer— Gunst,
Kann uns be.liebt und glücklich ma . chen, Verschwiegen.heit ist ei . ne— Kunst;
2. Soll wah.re Freundschaft dich ver . gnü . gen? Er.götzt dich so ein ed.ler— Bund?
So sei ge.fäl . lig und ver . schwie.gen, Und halt' in al . lem rei.nen. Mund,

Wer die . se recht zu brau . chen weiß, Er.wir.bet An . sehn, Ruhm und Preis.
Was, der auf dei . ne Freund.schaft baut, Dir un.ter . wei . len an . ver . traut.

3. Ein Weiser muß stets mehr verhehlen,
Als oft ein Tor sonst offenbart.
In zwei vertrauter Freunde Seelen
Liegt ein Geheimnis wohl verwahrt;
Wenn schon der dritte davon spricht,
So ist es kein Geheimnis nicht.

4. Vom hören-sagen wieder sagen,
Bringt weder Ruhm noch Nutzen ein.
Man wird oft auf das Maul geschlagen,
Und muß dazu ein Lügner sein.
Wer dieses klug verwehren will,
Der höre nur, und schweige still.

5. Absonderlich in Liebes-Sachen
Nimmt man sich nie genug in acht.
Ein Wort kann mehr zu schanden machen,
Als erst kaum tausend gut gemacht;
Ja, rühmt sich einer hier nur viel,
Der hat gewiß verloren Spiel.

6. So geht es auch in allen Fällen;
So geht es dort, so geht es hier;
Will Mensch und Mensch sich wohl gesellen?
Verschwiegenheit ist gut dafür.
Ein Plappermaul, mit einem Wort,
Kommt durch die ganze Welt nicht fort!

Absingen zu erleichtern. Ob man bereits bei Sperontes annehmen darf, was 1760 Johann Wilhelm Hertel für seine Liedersammlung vorschlug, daß man nämlich die Lieder "nicht allezeit" singen müsse, sondern "man spielet sie zuweilen nur auf dem Clavier, in dem man sich die Worte und die Leidenschaft, die in solchen herrschet, dabey in Gedanken vorstellet", daß sie dergestalt also usuelle Vorformen eines "Liedes ohne Worte" darstellen,[10] muß offen bleiben. Möglicherweise hat Hertel damit nicht einem neuen Liedtypus den Weg gebahnt, sondern nur festgeschrieben, was längst bereits als allgemeine Musizierpraxis Bestand hatte.

II.

Dafür, daß in Sperontes' Sammlung das Menuett gegenüber anderen Tänzen eindeutig favorisiert ist, gibt es sicherlich mehrere Gründe zu nennen. "Die Bewegung dieses Tanzes", schrieb Christian Friedrich Daniel Schubart in seinen *Ideen zu einer Ästhetik der Tonkunst*, "ist so angenehm, so sanft auf Wogen hintragend, so die Füsse zum ruhigen, zärtlichen, stillsprechenden Zweytanze beflügelt", so daß er zu dem Schluß kam: "Der Kamm der Tonkunst hätte eine merkliche Lücke; wenn der Menuet nicht wäre".[11]

Während des gesamten 18. Jahrhunderts vermochte das Menuett eine gesellschaftliche Sonderstellung zu behaupten, zunächst innerhalb der aristokratischen Gesellschaft, zunehmend sodann beim Bürgertum.[12] Erst im 19. Jahrhundert machte dann auch die ländliche Bevölkerung Anstrengungen, sich im Menuett-Tanzen zu

10. H.W. Schwab: Sangbarkeit, Popularität und Kunstlied. Studien zu Lied und Liedästhetik der mittleren Goethezeit 1770-1814. Regensburg 1965. S. 80 f.

11. Ch.F.D. Schubart: *Ideen zu einer Ästhetik der Tonkunst*. Wien 1806. S. 264.

12. H. Goldmann: Das Menuett in der deutschen Musikgeschichte des 17. und 18. Jahrhunderts. Phil. Diss. Erlangen. Nürnberg 1956; J. Gmeiner: Menuett und Scherzo. Ein Beitrag zur Entwicklungsgeschichte und Soziologie des Tanzsatzes in der Wiener Klassik. Tutzing 1979.

üben.[13] "Der Tanz", so heißt es bezeichnenderweise in Sulzers *Theorie der schönen Künste*, "scheinet von den Grazien selbst erfunden zu seyn, und schiket sich mehr, als jeder andere Tanz für Gesellschaften von Personen, die sich durch feine Lebensart auszeichnen". Und vor allem "in Ansehung seines edlen und reizenden Wesens" genoß das Menuett folgerichtig "den Vorzug vor den andern gesellschaftlichen Tänzen".[14]

Seinen Ausgang nahm der Tanz vom Hofe des Sonnenkönigs, auch wenn man der Behauptung Schubarts keinen Glauben schenken darf, daß eine von ihm in Noten festgehaltene Komposition jenes "erste Menuet" darstelle, das angeblich "1663 zu Versailles von Ludwig XIV. mit einer seiner Mätressen getanzt" worden sei.[15] Das Menuett stand jederzeit ein für französische Kultur und Lebensart. Indem man beides in deutschen Landen heimisch zu machen bestrebt war, verlangte man zunehmend nach Menuetten und französischen Liedern. Oft war beides miteinander identisch.

Schon lange bevor Sperontes seine Menuettlieder in Druck gab, war dieser Tanz auch in Deutschland in den Mittelpunkt spezieller Tanzlehrerbücher gerückt; bevorzugter Druckort für diese Bücher war gleichfalls Leipzig.[16] Letztlich wetteiferte indes nicht nur Leipzig als "Klein Paris" mit der französischen Metropole. In dem 1705 in Hamburg erschienenen "Satyrischen Roman" von Christian Friedrich Hunold alias Menantes wurde das Treiben in einem dortigen, dem modern-modischen Lebensstil nachgehenden Bür-

---

13. Vgl. hierzu etwa H. Braun: Tänze und Gebrauchsmusik in Musizierhandschriften des 18. und frühen 19. Jahrhunderts aus dem Artland. Cloppenburg 1984 (= Materialien zur Volkskultur nordwestliches Niedersachsen. Heft 9). S. 81, 116, 118, 150.

14. Sulzer: Theorie. III. S. 389.

15. Schubart: Ästhetik. S. 264 ff.

16. S.R. Behr: *L'art de bien danser, oder die Kunst wohl zu Tantzen.* Leipzig 1713; L. Bonin: *Die Neueste Art zur Galanten und Theatralischen Tantz-Kunst.* Frankfurt und Leipzig 1711, 2/1712; I.H.P.[asch]: *Maître de danse oder Tantz-Meister,* Glückstadt und Leipzig 1705; Ch. Pauli: *Elémens de la danse.* Leipzig 1756; J.L. Rost: *Von der Nutzbarkeit des Tantzens.* Frankfurt und Leipzig 1713; G. Taubert: *Rechtschaffener Tantzmeister oder gründliche Erklärung der frantzösischen Tantz-Kunst.* Leipzig 1717.

gerhaus mit den Worten beschrieben: "Inzwischen ... giengen welche in der Stube auf und nieder, und sangen theils ein französisches Liedgen, theils eine verliebte Arie aus der Opera".[17]

Welcher Wandel in wenigen Jahren auch in Berlin zu beobachten war, vermerkten 1753 die Herausgeber der berühmt gewordenen Berliner *Oden mit Melodien*. "Schon jetzt sieht man", so heißt es im Vorwort, "daß unsere Landsleute nicht mehr trinken, um sich zu berauschen und nicht mehr unmäßig essen. Wir fangen in unseren Hauptstädten an, artige Gesellschaften zu halten. Wir leben gesellig. Wir gehen spazieren in Alleen, in Feldern, in Gärten. Und was ist bei diesen Gelegenheiten natürlicher, als daß man singt?".[18] — Zeilen zuvor hatte die Vorrede jenes Idealbild beschworen, dem es eigentlich nachzueifern galt: "Es ist ein schöner Anblick für einen unpartheiischen Weltbürger und allgemeinen Menschenfreund, wenn er bei diesem Volk [den Franzosen] einen Landmann mit seiner Traube oder mit seiner Zwiebel in der Hand singend und lustig und glücklich sieht; wenn er sieht, wie die Bürger in den Städten die Sorgen von ihren Tischen durch ein Liedchen entfernen, und wie die Personen aus der schönen Welt, die Damen von dem feinsten Verstande und die Männer von den größesten Talenten ihre Zirkel und Spaziergänge mit Liedern aufgeräumt erhalten und ihren Wein mit Scherz und Gesang vermischen". Wenn Christian Gottfried Krause 1752 in seiner *Musikalischen Poesie* von einer "benachbarte[n] Nation" sprach, deren "Liedersingen" man "mit Recht ... nachfolgen" könne,[19] dann war damit keine andere als die französische gemeint. Sperontes hatte sich bereits 1736 an diesem Vorbild orientiert.

III.

Die zu Sperontes' Liedersammlung herangezogenen Melodien zählten nach Philipp Spittas Recherchen zu den "bekanntesten" der damaligen Zeit. Folgt man zeitgenössischen Äußerungen, dann

17. Zit. nach Spitta: Sperontes. S. 226.
18. [Ramler — Krause] *Oden mit Melodien*. Erster Theil. Berlin 1753. Vorwort.
19. Ch.G. Krause: *Von der musikalischen Poesie*. Berlin 1752. S. 113.

bestand ein wesentlicher Grund, neue Verse auf populäre Melodien zu dichten, darin, Lieder zu schaffen, die rasch aufgenommen und nachgesungen werden konnten.[20] Sperontes knüpfte hier an Praktiken an, die lange vor ihm bereits im Schwange waren. Im 18. Jahrhundert selbst gewannen sie zusehends an Bedeutung, je weniger man — wie noch im vorangegangenen Säkulum — in der Volksläufigkeit von Melodien das Zeichen künstlerischer Minderwertigkeit erblicken wollte.[21]

Kontrafakturen entstanden um 1700 vor allem im Bereich des Kirchenliedes, insonderheit beim pietistischen Erbauungslied. Mehrfach finden sich sogar veritable Menuettlieder in Freylinghausens *Geistreichem Gesangbuch* von 1704[22] (NOTENBEISPIEL III). Verbal vermeiden sie selbstredend jeglichen Zusammenhang mit diesem Tanz, auf Grund ihrer kompositorischen Beschaffenheit sind sie jedoch unschwer als Menuette zu enttarnen. Heinrich Martens hat 1930 das hier wiedergegebene Lied zu Recht in seinen Beispielband aufgenommen, als er es unternahm, historische Formen des Menuetts zu dokumentieren.[23]

Die Pietisten zogen einerseits zwar gegen alles zu Felde, was auf und in der Nähe des Tanzbodens angesiedelt war, andererseits nutzten sie als Erweckungsmittel "für die schlafende Christenheit" ohne Skrupel die Attraktivität modischer Tänze. Auch wenn es solche Lieder zunächst schwer hatten, gegen den Widerstand der Orthodoxie in den Kirchen gesungen zu werden, als sogenannte "Haus-Gesangbücher" — vornehmlich also für die Privatandacht bestimmt — hatten Sammlungen in der Art von Freylinghausens *Gesangbuch* und die in ihnen enthaltenen Lieder nach 1700 entscheidend das mitgeprägt, was man im weiteren Sinne als "bürgerliche Hausmusik" zu bezeichnen pflegt. Und solche geistlich gewendeten Menuettlieder erschienen chronologisch sogar um einige Jahrzehnte vor den weltlichen Sammlungen eines Rathgeber

20. Schwab: Sangbarkeit. S. 98 ff.
21. Ebenda. S. 92 f.
22. J.A. Freylinghausen: *Geistreiches Gesang-Buch*. Halle 1704. Die Vorlage zu dem hier ausgewählten Faksimiledruck verdanke ich der Herzog August Bibliothek Wolfenbüttel.
23. H. Martens: Das Menuett. Berlin 1930 (= Musikalische Formen in historischen Reihen, Band I). S. 17.

Notenbeispiel III:

Namen und Aemtern. 69

GRosser Prophete! mein hertze begehret
von dir inwendig gelehret zu seyn: Du/
aus des Vaters schooß zu uns gekehret/ haſt
offenbaret/ wie du und ich ein; Du haſt/ als
Mittler/ den teuffel bezwungen/ dir iſt das
~~schlangen-kopff-treten~~ gelungen.

(1733), Telemann (1734), Sperontes (1736) oder Gräfe (1737).

Die zeitweise Bevorzugung von Tänzen und Tanzmodellen bei der Produktion neuer Lieder hatte im 18. Jahrhundert auch andere Gründe als nur mitzuhelfen, Liedtexte rasch und sicher bekannt zu machen. Solange man von dem Lied und seinen diversen Strophen ästhetisch die "Einheit der Empfindung" als kardinale Eigenschaft der Gattung forderte, stellten Tänze musterhafte Modelle dar, dies musikalisch zu garantieren. Entnehmen läßt sich diese Überzeugung beispielsweise dem Artikel "Tanz" aus Sulzers *Theorie der schönen Künste*, in dem es heißt: "Bald jedes Land hat seine eigene Art des gesellschaftlichen Tanzes, und wir haben die Charaktere der bekanntesten in verschiedenen Artikeln angezeiget. Ihr allgemeiner Charakter besteht darin, daß sie [nämlich Allemande, Menuet oder Polonaise], wie das Lied, eine gewisse Empfindung oder eine Gemüthsart ausdrüken, die sich durchaus gleich bleibet; so daß dieses Tanzen, wie das Singen der Lieder, den Zwek hat, sich eine Zeitlang in dieser Gemüthslage zu unterhalten. Diese Empfindung ist in einigen hüpfende Freude, wie im schwäbischen Tanz, in andern galante Gefälligkeit, mit Ehrerbietung verbunden, wie in der Menuet u.s.f.".[24]

Illustrieren ließe sich der zuletzt betonte Zusammenhang anhand jenes Liedes von Georg Philipp Telemann, das bis heute hin bekannt geblieben und das in mehreren Versionen sogar auf dem Schallplattenmarkt vertreten ist: das Lied "Das Frauenzimmer" (NOTENBEISPIEL IV) aus der Sammlung *Der getreue Music-Meister* vom Jahre 1728.[25] Die Vertonung der verschiedenen Strophen dieser "Aria" hat Telemann — gezielt wie es scheint — in Verbindung zu einem Menuett gebracht, worüber auch die Notation im 3/8-Takt nicht hinwegzutäuschen vermag. Angeschlagen ist damit — in parodistischer Absicht vielleicht gar — der Ton zeitgemäßer Galanterie.[26]

Telemanns Lied ist ein Menuettlied. Vergleichsweise gut gelöst

24. Sulzer: Theorie. IV. S. 505.
25. Das hier wiedergegebene Beispiel entstammt der Ausgabe in der Reihe *Hortus Musicus* (Band 12, S. 4).
26. Das an dieser Stelle eingespielte Klangbeispiel war der Schallplatte "Die besten Schlager des Jahres 1762" entnommen (harmonia mundi 616).

Notenbeispiel IV:

1. Aria: Das Frauenzimmer verstimmt sich immer. Die Poesie ist vom Herrn Prof. Richey

1. Das Frau-en - zim - mer verstimmt sich im - mer nach Luft und Wind,   nach Luft und Wind.
2. Die mei-sten Män - ner sind schlech-te Ken - ner von Me-lo - die,   von Me-lo-die.

6   7   6   6♮   6   6   6 5
                                   5   4

Drum Scha-de vor _ die Män-ner, die kei-ne rech-te ___ Ken-ner vom Stimmen sind.   sind.
Drum Scha-de vor _ die Frau-en, die ih-nen sich ver - trau-en zur Har-mo - nie.   nie.

6   6   6
               5

ist hier das Problem der Textdeklamation. Schließen könnte man
daraus, daß zuerst der Text vorlag und sodann dessen Vertonung
im Blick auf ein zweiteiliges Menuett von je acht Takten vorgenommen wurde. Worin bei einem Menuettlied insbesondere das
Problem der Textbehandlung bestand, hat der zuletzt in Hamburg
lebende Poet Erdmann Neumeister 1707 in seiner Schrift *Die
Allerneueste Art, zur Reinen und Galanten Poesie zu gelangen* zum
Ausdruck gebracht: "... wenn man einen Text unter eine Courante
oder Menuet, ja wohl unter eine gantze Sonata legen muß, so muß
man auch wohl aus der Noth eine Tugend machen, und sich mit
den Pedibus nach den Noten richten".[27] Dabei ist das Ergebnis
häufig dies — vor allem wenn der Typus des "Sarabanden-
Menuetts" vorgegeben ist —, daß die Präsentation des Textes der
richtigen Sprachbetonung gänzlich zuwiderläuft. Abschreckende
Beispiele gibt es da in Menge.[28]

1737 hatte Johann Mattheson gefordert, daß "die Melodie eines
Menuetts" insgesamt "sechszehn Täcte lang" sein müsse, "(denn
kürtzer kan sie wol nicht seyn)".[29] Jean-Jacques Rousseau hatte
zum anderen darauf Wert gelegt, daß die Zahl der Takte einem
Vielfachen von vier entsprechen müßte.[30] Der Grund hierfür
bestand in der Zahl der vorgegebenen Schrittfolgen des Tanzes.
Das hier eingerückte Menuettlied (NOTENBEISPIEL V) ist ein
Reprisenlied nach dem Schema A B A; daß sich die Teilglieder
nicht auf acht, sondern auf zehn Takte erstrecken, entspricht

27. Zit. nach Spitta: Sperontes. S. 238.
28. Erinnert sei etwa an jenes Menuettlied aus Sperontes' *Singender
Muse*, das man J.S. Bach zugeschrieben hat (Nr. 36, S. 34 f.): Gleich in
dem ersten Abschnitt kommt es hier zu der Akzentuierung "Dir zu
Liebe, wer-tes Herze" oder später zu der Betonung "Laß das Schicksal
mich beneiden!".
29. Mattheson: *Kern Melodischer Wissenschaft*. S. 109.
30. J.J. Rousseau: *Dictionnaire de musique*. Genf 1781. I. Band. S. 462:
"La Mesure du *Menuet* est à trois Tems légers qu'on marque par le 3
simple, ou par le 3/4, ou par le 3/8. Le nombre des Mesures de l'Air dans
chacune de ses reprises, doit être quatre ou un multiple de quatre; parce
qu'il en faut autant pour achever le pas du *Menuet*; & le soin du Musicien
doit être de faire sentir cette division par des chûtes bien marquées, pour
aider l'oreille du Danseur & le maintenir en cadence".

Notenbeispiel V:

10.
Von der edlen Music

durchaus noch jener Norm, die Sulzer in die Bestimmung gefaßt hatte: "Man kann auch, um sie [die Menuette] etwas zu verlängeren, den fünften und sechsten Takt wiederholen".[31] Exakt dies ist auch bei dem ausgewählten Beispiel zu beobachten. Es ist eines der berühmtesten Menuettlieder überhaupt. 1733 befand es sich in der 1. Tracht des sogenannten *Augsburger Tafel-Confect[s]*.[32]

IV.

Mehrfach ist das Menuett bei Theoretikern des 18. Jahrhunderts Gegenstand einer näheren kompositorischen Erörterung gewesen. Bedeutsam ist in diesem Zusammenhang vor allem Johann Matthesons *Kern Melodischer Wissenschaft* vom Jahre 1737 bzw. sein *Vollkommener Kapellmeister* vom Jahre 1739.[33] Hier hat Mattheson analytisch sehr detailliert zu zeigen versucht, "was ein solches kleines Ding im Leibe" habe.[34] Hier sprach er zugleich von drei unterschiedlichen Typen des Menuetts, differenziert je nach der Funktion, ob es "zum Spielen, zum Singen, [oder] zum Tanzen" bestimmt sei. In den Paragraphen 85 und 86 führte er des weiteren aus: "Wer ein Menuet zum Clavier haben will, der schlage nur, sowol dieser, als vieler andrer Ursachen halber, Kuhnauens, Händels, Graupners VC. Hand-Sachen auf, so wird er, um den Unterschied der dreien Menuet-Arten zu finden, nur fragen dürffen, ob sich die daselbst befindliche Melodien dieser Gattung zum Tantzen, oder zum Singen wol schicken? Und der erste Blick wird ihm mit Nein antworten". Hinsichtlich der "rechten, aufrichtigen Tantz-Melodien dieser Gattung und ihr wahres Kennzeichen kan man nirgend besser[e] antreffen, als bey den Frantzosen, und ihren gescheuten Nachahmern in Teutschland, unter welchen Telemann der vornehmste ist: so viel noch bekannt". Zum dritten schließlich: "Wegen der Sing-Menuetten", so schlug Mattheson vor, "nehme

---

31. Sulzer: Theorie. III. S. 388.
32. Hier entnommen der Ausgabe: *Ohrenvergnügendes und Gemüthergötzendes Tafelconfect* (Augsburg 1733/ 37/ 46). Mainz 1942 (= Reichsdenkmale Deutscher Musik. Band 2). S. 42 f.
33. Vgl. hierzu die Angabe in der Fußnote 9.
34. Mattheson: *Kern Melodischer Wissenschaft*. S. 109.

man weltlich-dramatische Arbeit zur Hand, absonderlich von Welschen und Teutschen Opernmachern, die gar offt setzen. Aria, tempo di Minuetta, ob es gleich allemahl keine förmliche Menuette sind". Daß Sing-Menuette gleichfalls im Bereich der Liedkomposition anzutreffen sind, soll abschließend noch näher erörtert werden. Zuvor jedoch noch ein kurzer Blick auf Formen des Musiktheaters.

Mit Sicherheit darf man davon ausgehen, daß Mattheson bei den gerade zitierten Hinweisen an Erscheinungen des "menuet chanté" dachte, wie es 1674 beispielsweise Lully in seine *Alceste* oder 1737 bzw. 1754 Rameau in seine "tragédie" *Castor et Pollux* aufgenommen haben.[35] Als 1768 der zwölfjährige Wolfgang Amadeus Mozart die Musik für das Singspiel *Bastien und Bastienne* schrieb, entschied er sich gleichfalls dafür, das zweistrophige Lied des Bastien (Nr. 11) als Sing-Menuett zu vertonen.[36] Im gleichen Jahr erschien diese Vertonung — mit verändertem und auf drei Strophen erweitertem Text — auch in Gestalt eines separaten Klavierliedes (NOTENBEISPIEL VI).[37] Als "Tempo die Menuetto" ist es gemäß den Worten Matthesons kein "förmliches Menuett". Die Distanz zu dem älteren Menuettlied ist beträchtlich.

Selbst als Klavierlied beginnt diese Vertonung mit einem den Gesang antizipierenden instrumentalen Vorspiel, von dem allerdings nur die ersten fünf Takte notengetreu übernommen werden. Zwar erfolgt im Verlauf der insgesamt 48 Takte, die als Vielfaches von acht der Grundregel entsprechen, eine Reprise (ab Takt 35). Sie ist jedoch gegenüber ihrer Primärgestalt mehrfach verändert. Ganz weggefallen ist bei der Version als Klavierlied das instrumentale Nachspiel. Auffallend ist ferner, daß bereits in dieser frühen Liedkomposition Mozart die für sein späteres Komponieren charakteristischen asymmetrischen Perioden von 6 + 4 + 3 + 2 + 3 Takten mit zusätzlichen Verschränkungen setzt. Als "Tempo di

35. J.-B. Lully: Œuvres Complètes. Les Opéra. Tome II *Alceste* (1674). New York 1966. S. 31 ff. — J.-P. Rameau: Œuvres Complètes. Tome VIII: *Castor et Pollux*. Paris 1903. S. 55: "Menuet chanté".

36. W.A. Mozart: Bühnenwerke. Werkgruppe 5, Band 3: *Bastien und Bastienne*. Kassel 1974 (= W.A. Mozart. Neue Ausgabe sämtlicher Werke). S. 47 ff.

37. Ebenda. S. 90.

Notenbeispiel VI:

Menuetto" haben wir es 1768 mit einer kunstvoll differenzierten Liedkomposition zu tun. Liedgeschichtlich unterstreicht sie abermals, welche progressiven Anstöße das deutsche Lied von der Gattung des deutschen Singspiels empfangen konnte.

V.

Gleichfalls als Sing-Menuett ist jenes Beispiel zu bezeichnen, auf welches abschließend noch kurz das Augenmerk gerichtet werden soll (NOTENBEISPIEL VII). "Tempo di Menuet" lautet seine Vortragsbezeichnung. Heinrich Martens hat diese Komposition ebenfalls in seine Menuett-Anthologie aufgenommen.[38] Das Lied entstammt der 1749 in Nürnberg herausgegebenen *Sammlung auserlesener Fabeln mit darzu verfertigten Melodeyen*, komponiert von Johann Ernst Bach, damals als adjungierter Organist bei seinem Vater Bernhard Bach tätig.[39] Ob es ein singenswertes Lied ist, mag dahingestellt bleiben; interessant und demgemäß beachtenswert ist jedenfalls das, was hier kompositorisch vorliegt. Daß es sich textlich betrachtet um eine Fabelvertonung handelt, kann unter liedgeschichtlichem Aspekt nicht irritieren. Denn als Vorlage diente kein Prosatext. Die Fabel besteht aus vierhebigen Versen in der Reimfolge a a b ‖ c c b. Ein fundamentaler Unterschied zu einem lyrischen Gedicht besteht in metrischer Hinsicht nicht. Schwer fällt es allerdings zu erklären, weshalb Bach zur musikalischen Pointierung dieses Fabeltextes das "Tempo di Menuet" gewählt hat und damit auf einen — wie oben zu vernehmen war —fixen "Charakter" anspielte: jenen speziellen, auf Galanterie gerichteten Ton.

> Ein Kind, dem man die Glut der Kohlen
> Zu meiden ernstlich anbefohlen,
> Gab doch der starken Neigung nach.

38. Martens: Menuett. S. 20.
39. Die Vorlage zu dem hier wiedergegebenen Faksimileabdruck verdanke ich der Musiksammlung der Bayerischen Staatsbibliothek München (F 2 Mus. pr. 11061).

Notenbeispiel VII:

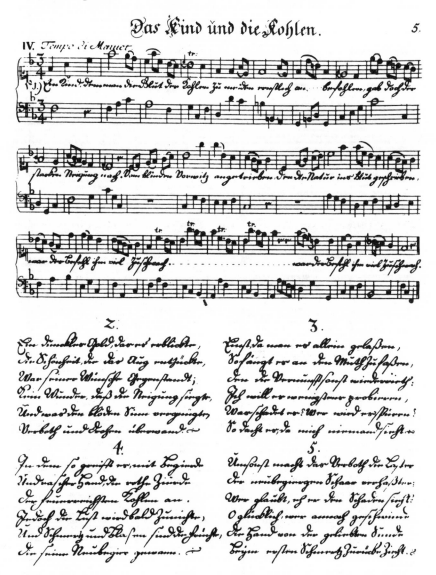

Vom blinden Vorwitz angetrieben,
Den die Natur ins Blut geschrieben,
War der Befehl ihm viel zu schwach.

Bach ist kompositorisch dergestalt zu Werke gegangen, daß er diese exakt in ihrer Mitte geteilte Großstrophe von sechs Versen zunächst auf 2 × 12 Takte verteilte. Bemerkenswert ist hier vor allem, wie Bach seine Liedstrophe von nicht weniger als 32 Takten formal strukturierte: Die ersten 12 Takte modulieren von der Tonika in die Dominante; die folgenden 12 Takte bewegen sich harmonisch von der Dominante zur Tonika zurück. Der gesamte Text der Großstrophe ist nach diesen 24 Takten aufgebraucht. Vier Takte lang folgt sodann im Rhythmus eines Sarabanden-Menuetts ein melismatisches Zwischenspiel. Beschlossen wird dieses "Tempo di Menuet" mit einem viertaktigen Abschnitt, der in der parallelen Molltonart einsetzt, sodann in die Grundtonart zurückkehrt, wobei die letzte Textzeile wiederholt wird, ohne daß zugleich auch eine melodische Reprise stattfindet. Daß sie angebracht wäre, steht außer Zweifel; mit 32 Takten ist diese Vertonung zu ausgedehnt, als daß sie im Sinne der später von Adolf Bernhard Marx beschriebenen "Liedform", die nachweislich vom Tanz abgezogen ist,[40] auf eine Wiederkehr des Anfangs oder auf prägnante Korrespondenzen verzichten könnte. Auffallend ist hier gleichfalls, daß im Verlauf dieser 32 Takte nur ganz wenige Takte oder Taktausschnitte miteinander identisch sind (T. 15,2/16,3 ‖ T. 19,2/20,3; T.21,1+2 ‖ 23,1+2; T. 24-26,1 ‖ 26-28,1). Statt die Reimworte durch melodische Korrespondenzen hervorzuheben, werden die sechs Gedichtzeilen — um diesen terminus technicus zu bemühen — regelrecht "durchkomponiert". Dieses Verfahren gilt bei einem Lied jedoch als verpönt, insofern "beim Durch- und Durch-componieren" das Lied "aufhört, ein Lied zu sein".[41]

Die übergreifende ästhetische Maxime für jenes Verdikt beruht in der "Einheit des Affekts", der "Einheit der Empfindung oder

40. A.B. Marx: Die Lehre von der musikalischen Komposition, praktisch und theoretisch. Neu bearbeitet von H. Riemann. Leipzig 9/1887. Erster Theil. S. 67 ff., 106 ff.
41. Schwab: Sangbarkeit. S. 51 ff.

Stimmung" oder — so späterhin — in der "lyrischen Einheit",[42] die nicht verletzt werden durfte und deren Präsenz deshalb unablässig eingeklagt wurde. Aus dieser Forderung erwuchs anfänglich das hartnäckige Plädoyer für den Typus "Strophenlied", später dann immer noch für eine Liedgestalt, bei der gegen Schluß auf früher Disponiertes zurückgegriffen wird, für ein Formgebilde, das sich aus vielfachen Korrespondenzen zusammensetzt.

Daß die in sich durchkomponierte Vertonung von Johann Ernst Bach mit der herrschenden Liedästhetik nicht in Konflikt geriet, ist sicher damit zu erklären, daß die beschworene "Einheit der Empfindung" durch den ständig präsenten Menuett-"Charakter" gewährleistet wird; durchzogen ist das gesamte Lied von einheitstiftenden Menuettfiguren und -floskeln. Liedästhetisch kommt ihnen eine ähnliche Bedeutung zu wie später den durchlaufenden Spielfiguren im Accompagnato des sogenannten "Kunstliedes". Walter Wiora hat deutlich gemacht, wie sehr es im Verlauf der Liedgeschichte kompositorisch immer wieder darum ging, zwischen *zentrifugalen* und *zentripetalen* Kräften eine Balance zu finden, um Lied gattungsästhetisch als Lied zu bewahren.[43]

Sehr früh, meine ich, hat das "Sing-Menuett" eine Lösung aufgezeigt, bei der die groß- wie kleinformale Differenzierung gattungsästhetisch abgesichert war. Erinnert sei nochmals an Sulzers Hinweis auf den "allgemeinen Charakter" von Tänzen, der — "wie das Lied" selbst — "eine gewisse Empfindung oder eine Gemüthsart" zum Ausdruck bringt, so daß "dieses Tanzen, wie das Singen der Lieder, den Zwek hat, sich eine Zeitlang in dieser Gemüthslage zu unterhalten".[44] — Ein weiter Bogen spannt sich hier von Bachs Lied "In tempo di Menuet[to]" bis hin zu jenen durchkomponierten Vertonungen eines Hugo Wolf, in denen vom ersten bis zum letzten Takt jedoch eine ständig im Klavier wiederholte Begleitfigur es unternimmt, für die lyrische Einheit tönend einzustehen. Terminologisch hat sich dafür die Bezeichnung von "Erweiterungsformen" des Liedes eingebürgert.[45] Die

42. Ebenda. S. 52 ff.
43. W. Wiora: Das deutsche Lied. Zur Geschichte und Ästhetik einer musikalischen Gattung. Wolfenbüttel 1971. S. 18, 104, 145, 147.
44. Vgl. oben Fußnote 24.
45. Wiora: Lied. S. 74; H.-H Geyer: Vermannigfaltigung in lyrischer

nahe Verwandtschaft von Tanz und Lied diente bereits bei Sulzers weitergehenden ästhetischen Überlegungen dazu, damalige Erweiterungsformen der Gattung "Lied" zu legitimieren: "Es läßt sich auch gar wol begreifen, wie bekannte Charaktere durch Musik und Tanz können abgebildet werden. Wie der gemeine gesellschaftliche Tanz, der blos eine vorübergehende Gemüthslage schildert, mit dem Lied übereinkommt: so hat ein solcher Solotanz von bestimmten Charakter einige Aehnlichkeit mit der Ode; und die Musik müßte dazu so eingerichtet werden, daß bey jeder Wiederholung die Strophe mit Veränderungen gespielt würde, damit der Tänzer Gelegenheit bekäme, den Charakter, den er schildert, in verschiedenen Schattirungen zu zeigen".[46] Mit anderen Worten: Die Strophenvariation deutet die Richtung an, in der eine Vermittlung zu jenen Fortschritten gesucht werden konnte, welche die Durchkomposition eines Textes ermöglichte. Die Gattungsgeschichte selbst liefert nachgerade dazu die Bestätigung.

Konzentration. Der traditionelle Grundkontrast und die originellen Lösungen in Hugo Wolfs Mörike-Vertonungen. Phil. Diss. Kiel 1989 (mschr.). S. 279 ff.

46. Sulzer: Theorie. IV. S. 506.

Horst Gronemeyer

DIE FUNKTION DES KEHRREIMS IN HAGEDORNS LIEDERN

"Mit der musikalischen Qualifikation der Hagedornschen Gedichte steht es allerdings traurig ..."[1] So schreibt Hermann Kretzschmar im Jahre 1911 und fährt fort, sangbare Verse gelängen ihm nur dank glatter Form und natürlicher Reime. Dieses harte Urteil ist sicherlich durch die Überlieferung von Hagedorns außerordentlicher Unmusikalität mitbestimmt. Eschenburg zitiert in seiner Hagedorn-Ausgabe einen Brief von Christian Ludwig von Hagedorn an seinen Bruder Friedrich, den Dichter, in dem es heißt: "Es ist besonders, daß ein Mensch, der weder singen noch Ton halten kann, Chansons schreibt. Liskow meldet, daß, um die Andacht der Gemeine nicht zu stören, die englische Gemeine in Hamburg bloß deinetwegen eine Orgel hat bauen müssen, damit man deine Stimme nicht hören dürfe".[2] Die Wurzeln der Kritik Kretzschmars liegen jedoch tiefer. Am Beispiel des Kehrreims will ich zu zeigen versuchen, daß dieses Stilmittel bei Hagedorn artifiziell, analytisch, aufklärerisch-kritisch genutzt wird und volkstümliche, gesellige Elemente nur an der Oberfläche vorhanden sind. Munckers Feststellung: "Zur Unterstützung der gesanglichen Wirkung bediente sich Hagedorn gern des Refrains ..." trifft daher nicht den Kern.[3] Wenn man

1. Kretzschmar, Hermann: Geschichte des Neuen deutschen Liedes. I. Teil: Von Albert bis Zelter. Leipzig 1911. S. 219 (Kleine Handbücher der Musikgeschichte nach Gattungen. IV, 1.)
2. Hagedorn, Friedrich von: Poetische Werke. Hrsg. von Johann Joachim Eschenburg. Th. IV. Hamburg 1800. S. 99.
3. Anakreontiker und preußisch-patriotische Lyriker. Zwei Teile in einem Bande. Hagedorn. Gleim. Uz. Kleist. Ramler. Karschin. Hrsg. von Franz Muncker, Stuttgart [1893-95]. T. 1, S. 21. (Deutsche National-Litteratur. Bd. 45.)

Kretzschmars Urteil von der geringen musikalischen Qualifikation der Lieder Hagedorns aber nicht allein als ästhetisches Verdikt ansieht, dann ist es so unberechtigt nicht.

Die Fakten sprechen allerdings zunächst gegen Kretzschmar. Friedrich von Hagedorns Oden und Lieder haben bei den Komponisten des 18. Jahrhunderts ein außerordentliches Interesse gefunden. Weit mehr als 200 Kompositionen sind bekannt, eine Zahl, die nur bei wenigen Lyrikern des 18. Jahrhundert höher liegt.[4] Die hohe Achtung, die die Zeitgenossen seinen Gedichten zollten, galt der Meisterschaft der Verskunst, der Souveränität in der Beherrschung des Reimes, der — verglichen mit der spätbarocken Lyrik — Schlichtheit der Sprache, deren volkstümliche Töne allerdings das Ergebnis durchdachter Gestaltung sind. Geschätzt wurde auch — vor der Entdeckung des Originalgenies — der poetische Wettstreit, der sein Werk durchzieht. Der von ihm geübte Brauch, die Quellen zu vielen seiner Gedichte anzugeben, zeigt deutlich, daß er sich als poeta doctus fühlte, der zu seiner dichterischen Leistung in Konkurrenz mit einer literarischen Tradition findet und für den Übersetzung und Nachahmung keine "Knechtschaft",[5] keine Einschränkung der Freiheit sind, sondern Kampf mit dem Vorbild. Er schreibt: "Man sollte nachahmen wie Boileau und La-Fontaine nachgeahmet haben. Jener pflegte davon zu sagen: Cela ne s'appelle pas imiter; c'est joûter contre son original".[6]

Telemann gebührt, wie Wilhelm Krabbe schreibt,[7] der Ruhm, Hagedorns Lyrik für die Musik entdeckt zu haben. Schon in seinen stark vom pädagogischen Zweck bestimmten "Singe-, Spiel- und General-Baß-Übungen", 1733-1734, hat er einen Text Hagedorns vertont, das Gedicht "Der Spiegel", das der Dichter nie wieder hat

---

4. Friedlaender, Max: Das deutsche Lied im 18. Jahrhundert. Quellen und Studien. Bd. 2: Dichtung. Stuttgart und Berlin 1902. S. 498-499.
5. Hagedorn, Friedrich von: Moralische Gedichte. 2., vermehrte Ausg. Hamburg 1753. S. III.
6. Ebenda.
7. Telemann, Georg Philipp: Vierundzwanzig Oden, und Johann Valentin Görner: Sammlung neuer Oden und Lieder. Hrsg. von Wilhelm Krabbe. Leipzig 1917. S. VIII. (Denkmäler deutscher Tonkunst. 1. Folge. Bd. 57.)

drucken lassen.[8] In der Gräfeschen Odensammlung (Teil 2, 1740, Teil 3, 1741) stehen dann zwei Gedichte Hagedorns, eins von Gräfe selbst und eins von Giovannini komponiert.[9] Größere Bedeutung für die Musik- und Literaturgeschichte hat dann jedoch ohne Zweifel die Telemannsche Sammlung "Vier und zwanzig, theils ernsthafte, theils scherzende, Oden", 1741 in Hamburg herausgegeben, deren Untertitel, "mit leichten und fast für alle Hälse bequehmen Melodien versehen",[10] eine "Absage an Koloratur und sonstige der Oper entlehnte Stilwendungen" darstellt.[11] Diese Sammlung enthält fünf Oden Hagedorns.

Hagedorns Ruhm als Odendichter begründete allerdings erst die "Sammlung neuer Oden und Lieder", 1742-1752.[12] Die beiden ersten Teile der Sammlung, die ausschließlich Gedichte Hagedorns enthalten, sämtlich mit Melodien Görners versehen, haben beide gemeinsam herausgegeben, die Gedichte des dritten Teils, für den Görner allein verantwortlich zeichnet, sind aus der 1747 erschienenen Ausgabe von Hagedorns Oden und Liedern entnommen. Mit Görner, schreibt Friedlaender, "wird es im deutschen Liederhaine Tag".[13] Die Beurteilung eines solchen Satzes sei der Musikwissenschaft überlassen. Wie beträchtlich allerdings die Wirkung der Sammlung gewesen ist, erhellt schon aus der Tatsache, daß der erste Teil vier, der zweite drei und der dritte zwei Auflagen erlebt hat. Die Lieder wurden mehrfach auf zeitgenössischen Konzerten gesungen. Noch Goethe hat einem seinen Lieder eine Görnersche Melodie unterlegt.

8. Telemann, Georg Philipp: Singe-, Spiel- und Generalbaß-Übungen. Hamburg 1733/34. Hrsg. von Max Seiffert. 4. Aufl. Kassel 1935. S. 14. (Bärenreiter-Ausgabe. 887.)

9. Samlung verschiedener und auserlesener Oden zu welchen von den berühmtesten Meistern in der Music eigene Melodyen verfertiget worden besorgt und herausgegeben von einem Liebhaber der Music und Poesie [Johann Friedrich Gräfe]. Th. 1-4. Halle 1737-1743.

10. Telemann, Georg Philipp: Vier und zwanzig, theils ernsthafte, theils scherzende, Oden, mit leichten und fast für alle Hälse bequehmen Melodien versehen, von T.J.P. Hamburg 1741.

11. Krabbe (Anm. 7), S. X.

12. Sammlung neuer Oden und Lieder. Th. 1-3. Hamburg 1742-52.

13. Friedlaender (Anm. 4), Bd. 1, 1. Abth.: Musik. S. XLII.

238

In der "Sammlung neuer Oden und Lieder" finden sich 70 Gedichte, von denen Hagedorn 10 in die Ausgabe letzter Hand nicht aufgenommen hat. Die Ausgabe letzter Hand enthält 80 Gedichte, also 20 neue Gedichte gegenüber der "Sammlung neuer Oden und Lieder". Alle acht mit Kehrreim versehenen Gedichte stehen schon in der "Sammlung" und sind daher von Görner vertont.

Wenden wir uns nun den Kehrreim-Gedichten Hagedorns zu. Den Begriff Kehrreim für den französischen Ausdruck Refrain verdanken wir Gottfried August Bürger.[14] In der metrischen Terminologie hat sich die Unterscheidung Tonkehrreim und Wortkehrreim durchgesetzt. Der Tonkehrreim umfaßt Interjektionen oder bedeutungslose Wörter oder Wortketten, während der Wortkehrreim, so Friedrich Stark,[15] eine Empfindung ausdrückt, entstanden oft aus dem Anteil, den eine Gruppe an dem Vorgetragenen des Vorsängers nahm, wobei er dann chorisch verwendet wird. Vom flüssigen Kehrreim spricht man bei Textvarianten innerhalb des Kehrreims. Der Kehrreim, so liest man wieder bei Stark,[1] ist nicht die Erfindung eines reflektierenden Dichters. Das mag wohl sein, aber bei Hagedorn wird sich zeigen, daß die Verwendung des Kehrreims — selbst wenn er ihn, wie in zwei Gedichten der Fall, chorisch benutzt — in erster Linie von der Reflexion bestimmt ist.[17]

In Hagedorns Gedicht "Der ordentliche Hausstand" bilden die jeweils letzten beiden Verse, paarisch gereimt, den Kehrreim.[18] Die erste Strophe lautet:

Crispin geht stets berauscht zu Bette,
Und öfters, wann der Tag schon graut.
Sein Weib, die lächelnde Finette,
Lebt mit dem Nachbar recht vertraut.

14. Bürger, Gottfried August: Sämmtliche Schriften. Hrsg. von Karl Reinhard. Bd. 4. Göttingen 1798. S. 489-490.
15. Stark, Friedrich: Der Kehrreim in der deutschen Literatur. Diss. phil. Göttingen. Duderstadt 1886. S. 6.
16. Ebenda, S. 7.
17. So auch Muncker (Anm. 3), T. 1, S. 22.
18. Sammlung neuer Oden und Lieder. Th 1. Hamburg 1742. S. 12.

Ihr ganzes Haus- und Wirthschafts-Wesen
Ist ordentlich und auserlesen.

Hier gibt es keinen Wechsel von Vorsänger und Chor, hier greift der Autor selbst mit einer Sentenz ein. Der Kehrreim stellt satirisch den Trunk und den Ehebruch als vereinbar mit der ordentlichen Haushaltsführung dar. Finette kann daher zum Vorbild für andere Frauen werden:

> Die Weiber, die den Männern fluchen,
> Wenn sie zu oft zu Weine gehn,
> Die sollten dieses Haus besuchen
> Und der Finette Beyspiel sehn.
> Ihr ganzes Haus- und Wirthschafts-Wesen
> Ist ordentlich und auserlesen.

Nun wäre es freilich denkbar, daß diese Scheinharmonie, in der es keinen störenden Ehestreit gibt ("Er gönnt Finetten ihre Freude; Sie gönnt Crispinen seinen Wein."), trotz der bestätigenden Sentenz des Autors durch die Handelnden selbst in Gefahr geriete. Doch das Laster bewahrt davor: der Wein ertränkt bei Crispin jeden Verdacht. Zu beachten ist in der letzten Strophe der flüssige Kehrreim. Der ordentliche Hausstand, eigentlich die Domäne der Frau, — "Ihr ganzes Haus- und Wirthschafts-Wesen" war bisher stets das der Finette, "ihr" ist keineswegs als Plural gemeint — der ordentliche Hausstand wird nun durch die Gesamtverantwortung des Mannes bekräftigt und die Scheinharmonie gebilligt:

> Den Männern, die auf Weiber schmählen,
> Wenn sie der Nachbar sittlich macht,
> O denen kann Crispin erzählen,
> Der Wein ertränke den Verdacht.
> Sein ganzes Haus- und Wirthschafts-Wesen
> Ist ordentlich und auserlesen.

Am Rande sei erwähnt, daß in Lessings 1751 entstandener Parodie dieses Gedichtes mit dem Titel "Die Haushaltung",[19] die sich übrigens des Kehrreims nicht bedient, keine Scheinharmonie aufgebaut wird, sondern das Motiv auf einen Racheakt eingeschränkt

---

19. Lessing, Gotthold Ephraim: Sämtliche Schriften. Hrsg. von Karl Lachmann. 3. Aufl. Besorgt von Franz Muncker. Bd. 1. Stuttgart 1886. S. 66.

und der Ehestreit nicht verschleiert wird. Gleich zu Beginn:

> Zankst du schon wieder? sprach Hans Lau
> Zu seiner lieben Ehefrau.

Und am Schluß:

> "Wer pocht? — Herr Nachbar? — nur herein!
> Mein böser Teufel ist zu Weine:
> Wir sind alleine."

Das erste Kehrreimgedicht Hagedorns — "Das Heidelberger Faß"[20] — ist bereits im Jahre 1728, kurze Zeit nach der Rückkehr von der Universität Jena, von der ihn die Mutter zurückrief, weil er dem lockeren Studentenleben allzu sehr zugetan war,[21] entstanden. Es trägt durchaus Züge studentischen Übermutes und ist noch am ehesten mit gängigen Kehrreimgedichten vergleichbar. Aber auch hier ist, zumindest in der ersten Strophe, der Kehrreim nicht die Widerspiegelung der Hauptempfindung, sondern ähnlich wie in "Der ordentliche Hausstand" entsteht der Reiz aus der Gegensätzlichkeit. Der Versuch des Vorsängers, eine Welt der Tugend und Entsagung zu etablieren, geht im grölenden Chor unter und wird in den nächsten Strophen gar nicht mehr gewagt:

> Ihr Freunde! laßt uns altklug werden
> Und weiser, als die Weisen seyn;
> Entsaget aller Lust auf Erden;
> Entsagt den Schönen und dem Wein.
> Ihr lacht und spitzt den Mund auf Küsse;
> Ihr lacht und füllt das Deckel-Glas;
> Euch meistern keine strengen Schlüsse;
> Euch lehrt das Heidelberger Faß.
> Was lehret das?
> Chor:
> Wir können vieler Ding' entbehren
> Und dieß und jenes nicht begehren;
> Doch werden wenig Männer seyn,
> Die Weiber hassen und die Wein.

---

20. Sammlung neuer Oden und Lieder. Th. 2. Hamburg 1744. S. 59.
21. Stierling, Hubert: Leben und Bildnis Friedrichs von Hagedorn. Hamburg 1911. S. 23. (Mitteilungen aus dem Museum für Hamburgische Geschichte. Nr. 2.)

Hagedorns zweites Gedicht mit chorischem Kehrreim, "Die Vorzüge der Thorheit, in einem Rundgesange",[22] das sich an die lange literarische Tradition des Encomium Moriae anschließt, weist deutlicher als "Das Heidelberger Faß" die antithetische Funktion des Kehrreims auf. Es ist Hagedorns längstes Kehrreimgedicht und variiert in elf Strophen mit elffachem, variantenlosem Kehrreim das Thema der Torheit. In vielen Fällen hat auch hier wieder der Kehrreim entlarvende Funktion, macht die Scheinklugheit in folgender Passage deutlich als Torheit erkennbar:

> Ein Leitstern lichtbedürftger Künste,
> Ein junger Metaphysicus,
> Webt ein durchsichtiges Gespinnste,
> Und stellt und heftet Schluß an Schluß.
> So glaubt er dir, o Wolf, zu gleichen,
> Und hat dennoch, du grosser Mann!
> Von dir nur die Verbindungszeichen,
> Und sonst nichts, was dir gleichen kann.

> Der Thorheit unverjährte Rechte
> Erstrecken sich auf iedes Haupt:
> Es ist im menschlichen Geschlechte
> Ihr Anhang grösser, als man glaubt.
> Doch, wenn sie nicht Vergnügen brächte:
> So wär ihr schon die Macht geraubt.

Auch in den Oden und Liedern ist die eigene Erfindung für Hagedorn kein allzu hohes Gut, wenn sich auch nicht so häufig wie bei den Fabeln und Erzählungen eine Quellenangabe findet. Die zahlreichen Horaz-Nachbildungen waren ohnehin für die damaligen Leser sofort erkennbar. Bei den Kehrreimgedichten findet sich jedoch nur eine Quellenangabe: nach der vierten Strophe des Gedichtes "Die Schule" schreibt Hagedorn: "Bis hieher ist dieses eine freye Nachahmung der Couplets, welche Marivaux seiner Ecole des Meres hinzugefüget hat [...]"[23] Marivaux hat alle sieben Strophen seines Gedichtes in die Schäferwelt gelegt;[24] Hagedorn übernimmt vier der sieben Strophen — mit

22. Sammlung neuer Oden und Lieder. Th. 1. Hamburg 1742. S. 50-56.
23. Sammlung neuer Oden und Lieder. Th. 3. Hamburg 1752. S. 25.
24. Marivaux, Pierre Carlet de Chamblain de: Œuvres complettes. Tome troisième. Paris 1781. S. 262-264.

einigen Variationen —, fügt dann aber vier eigene hinzu. Es ist nicht uninteressant, die Unterschiede zu betrachten. Das Sujet des Marivaux sind vorwiegend blöde Schäfer, die den Liebesdrang der Verehrten nicht erkennen. Die Rolle des Kehrreims im Geflecht von Tugend und Laster, Schein und Wahrheit, wie wir sie bei Hagedorn kennengelernt haben, ist bei Marivaux vorgebildet: Die vierte Strophe — bei Hagedorn wird sie zur dritten — lautet:

> Claudine un jour dit à Lucas:
> J'irai ce soir à la prairie;
> Je vous prie
> De ne point y suivre mes pas.
> Il le promit, & tint parole.
> Ah! qu'il entend peu ce que c'est
> Le benêt!
> Il faut l'envoyer à l'École.

Versmaß, Reimschema, Inhalt: Hagedorn hält sich sehr genau an die Vorlage, die Strophe ist nicht mehr als eine freie Übersetzung:

> Am Abend weid' ich bey dem Bach;
> Mein Polydor! scherzt Adelheide;
> Wo ich weide,
> Da, rath ich, schleiche mir nicht nach.
> Sie nicht so sträflich zu berücken,
> Verspricht und hält ihr Polydor:
> O der Thor!
> Man muß ihn in die Schule schicken.

Die scheinbare Tugend der Adelheide wird von Polydor für die Wahrheit gehalten. Sich mit der Scheinwahrheit nicht auszukennen, ist Naivität, ist Torheit. Der Kehrreim impliziert die Verlogenheit der Welt. "Man muß ihn in die Schule schicken." Dort aber wird nicht Erkenntnis, Wahrheit, Weisheit gelehrt, sondern die Doppelbödigkeit des menschlichen Verhaltens erklärt.

In seinen eigenen Strophen verläßt Hagedorn die anakreontische Umgebung und begibt sich in die Welt der Dichtung und Gelehrsamkeit. Eitelkeit und Anmaßung sind die hervorstehenden Eigenschaften der hier geschilderten Typen, wie wir sie aus den "Moralischen Wochenschriften" kennen.[25] Wahrheit ist deren Sache nicht:

---

25. Muncker (Anm. 3), T. 1, S. 22.

Ein Neuling, der verrufen darf,
Was Lehrer, die entscheiden können,
Wahrheit nennen,
Glaubt nichts, als was sein Wahn entwarf.
Sein Wahn wird einst die Welt beglücken;
Nun denkt sie edler, als zuvor:
O der Thor!
Man muß ihn in die Schule schicken.

Anders als in dem Marivaux nachgeahmten Teil des Gedichtes wird zwar in den ersten sechs Versen einer Strophe ebenfalls eine fragwürdige Welt entworfen. Doch entspricht der Kehrreim der letzten vier Strophen — obwohl im Wortlaut gleich — nicht dem der ersten vier: Anfangs soll die Verstellung, jetzt aber die Wahrheit gelehrt werden. Die Verwirrung des Lesers über die Beschaffenheit der Welt ist das gewünschte Ergebnis.

Die Frage nach der wahren Beschaffenheit der Welt durchzieht auch andere Kehrreimgedichte Hagedorns. "Der Lauf der Welt", so ein Titel eines Gedichtes,[26] bringt es mit sich, daß man Grundsätze, Eigenschaften und Tugenden schnell einer neuen Situation anzupassen hat. Die Gelehrsamkeit eines Mädchens hält der Verführung nicht stand:

Ein Mädchen voller Weisheitgründe
Hält jeden Kuß für eine Sünde,
Bis ihr ein Freund gefällt.
Hat dieser sie dann überwunden;
So sagt sie selbst in frohen Stunden:
Das ist der Lauf der Welt.

Der Kehrreim, "Das ist der Lauf der Welt", ist ein sehr geeignetes Stilmittel, die Scheinheiligkeit der gesamten Welt durch die ständige Wiederholung in unterschiedlichen Zusammenhängen darzustellen.

In dem Gedicht "Die Verläumdung"[27] treffen wir auf eine geistige Schwester des eben genannten gelehrten Mädchens, und wiederum zeigt der Kehrreim, daß es sich bei der Gelehrsamkeit nicht um das wahre Gesicht handelt.

26. Sammlung neuer Oden und Lieder. Th. 1. Hamburg 1742. S. 26-28.
27. Sammlung neuer Oden und Lieder. Th. 1. Hamburg 1742. S. 46-48.

Tiefgesuchte Weisheitschlüsse
Sind Elmirens Zeitvertreib.
Der Begriff gemeiner Küsse
Reizen kein gelehrtes Weib.
Dennoch sagt und glaubet man,
Daß man sie erbitten kann.

Werfen wir einen Blick auf die beiden noch nicht besprochenen Kehrreimgedichte, so wird sich ergeben, daß sich das bisher gewonnene Bild nicht wesentlich verändert, allerdings formale Varianten zu verzeichnen sind. In "Gränzen der Pflicht"[28] findet sich in jeder Strophe ein doppelter, aufeinander bezogener Kehrreim. Die Antithese von Kehrreim und übriger Strophe wird nun in den Kehrreim selbst verlegt.

Die scharfen Mütter nicht belachen,
Die schlaue Töchter stets bewachen,
Das will die Pflicht:
Allein der Töchter List verrathen,
Die das thun was die Mütter thaten,
Das will sie nicht.

Mit der Pflichtenlehre des Rationalismus hat dies wohl wenig zu tun. Gesellschaftliche Normen werden zwar anerkannt, ebenso aber auch ihre Durchbrechung, und nicht zuletzt deshalb, weil die Norm — Tugendhaftigkeit des Mädchens — sich als verlogen darstellt: "Die das thun, was die Mütter thaten". Eines der Hagedornschen Kehrreimgedichte ist von Mozart komponiert worden: "Die Alte".[29] Max Friedlaender hat darauf hingewiesen, daß Mozart den lamentierenden Ausdruck der Alten durch die Vortragsbezeichnung "Ein bischen durch die Nase" wiederzugeben bemüht war.[30] Auch in diesem Gedicht findet sich ein doppelter Kehrreim, ein fester im ersten, ein flüssiger im letzten Vers der Strophe. Der flüssige ist antithetisch, "O gute Zeit!" und "O schlimme Zeit!" wechseln einander ab. Die zweite Strophe lautet:

28. Sammlung neuer Oden und Lieder. Th. 2. 1744. S. 18-19.
29. Sammlung neuer Oden und Lieder. Th. 2. Hamburg 1744. S. 4-5.
30. Friedlaender (Anm. 4), S. 32.

Zu meiner Zeit
Befliß man sich der Heimlichkeit,
Genoß der Jüngling ein Vergnügen,
So war er dankbar und verschwiegen:
Und itzt endeckt ers ungescheut.
Die Regung mütterlicher Triebe,
Der Fürwitz und der Geist der Liebe
Fährt oftmals schon ins Flügel-Kleid.
O schlimme Zeit!

Alte und neue Zeit werden einander gegenübergestellt, um die Verderbtheit der Jugend zu schildern. In Wahrheit jedoch wird die Verderbtheit in der alten Zeit nur verschleiert.

Es sei erwähnt, daß diese Auffassung von der Doppelbödigkeit der Welt, die Antithese von Schein und Wahrheit keineswegs nur die Kehrreimgedichte, keineswegs nur die Oden und Lieder durchzieht. In den "Fabeln und Erzählungen" findet sie sich ebenso wie in den "Epigrammatischen Gedichten". Hier wird das Bild von der Welt als "Carnaval" gefunden: jedermann ist maskiert. In dem Zwiegespräch "Die Maske und das Gesicht" hat die Maske das letzte Wort.[31] Das Gesicht spricht:

Das Herz wird nur durch mich erkannt,
Durch mich, den Spiegel vom Gemüthe.
Mein hoher Ernst beweist Verstand,
Mein Lächeln zeugt von Treu und Güte.
Die Maske sprach: Mein stolz Gesicht!
Vielleicht wol sonst; bey Hofe nicht.

In dem Epigramm "Bey einem Carnaval"[32] ist die Resignation zu spüren, nicht hinter jeder Maske das Gesicht erkennen zu können. Es beginnt:

Das Spiel der Welt besteht aus Mummereyen:
Ein Hofmann schleicht in priesterlicher Tracht;
Als Nonne winkt die Nymphe Schmeicheleyen;
Ein Wucherer stutzt in eines Sultans Pracht;
[...]

---

31. Hagedorn, Friedrich von: Versuch in poetischen Fabeln und Erzehlungen. Hamburg 1738. S. 88-89.
32. Hagedorn, Friedrich von: Moralische Gedichte. 2., vermehrte Ausg. Hamburg 1753. S. 330.

Und endet:

> Als Fledermauß läßt Phryne sich nicht nennen,
> Auch Myrtis nicht, der bunte Papagey.
> O möchte man stets jedem sagen können:
> Dich, Maßke, kenn ich; ... nur vorbey!

Es wäre von der Musikwissenschaft zu untersuchen, ob die zeitgenössischen Komponisten der Antithese Schein und Wahrheit zu entsprechen imstande sind und ob daher Hagedorns weniger von der Empfindung als vielmehr von der Reflexion bestimmte Lieder — anders als Kretzschmar meint — doch eine musikalische Qualifikation besitzen können. Wilhelm Krabbe hat angedeutet, in welche Richtung eine solche Untersuchung gehen könnte, wenn er Görners Vertonung eines Kehrreimgedichtes bespricht:[33] " 'Die Vorzüge der Thorheit in einem Rundgesange', ein auch in formeller Hinsicht bemerkenswertes Stück. Einmal wird auch hier mit dem Wechsel von Solo und Chor gerechnet werden müssen, wobei man beachten mag, daß der Chorrefrain thematisch mit der Solopartie verknüpft ist. Der Solist singt in G-moll, ruhig und ernst: 'Den Thoren ist ein Glück beschieden ...'; dieses Thema greift der Chor bei seinem Eintritt auf: 'Der Thorheit unverjährte Rechte erstrecken sich auf jedes Haupt', bringt es rhythmisch ein wenig modifiziert, fast wörtlich in einem munteren G-dur, — in der Geschichte des Sololiedes eines der ersten Beispiele für einen thematischen Wechsel von Dur und Moll."

33. Krabbe (Anm. 7), S. XV.

Hans-Günter Ottenberg

DIE 1. BERLINER LIEDERSCHULE IM URTEIL DER ZEITGENÖSSISCHEN PRESSE

In einer nur wenige Zeilen umfassenden Nachricht informierten Marpurgs *Historisch-Kritische Beyträge zur Aufnahme der Musik* über das Erscheinen der von Ramler und Krause 1753 herausgegebenen *Oden mit Melodien*: "Gegenwärtige Sammlung von neuen Liedern ist bereits in verschiednen öffentlichen Blättern mit so vielem Ruhm angekündiget, und von Kennern mit so vielem Beyfalle aufgenommen worden, daß sie keiner Anpreisung mehr bedarf".[1] Dies ist eines von unzähligen Urteilen, das die außerordentlich produktive Phase der Liedkomposition in Berlin in den fünfziger und sechziger Jahren des 18. Jahrhunderts begleitete. Als im Jahre 1768 mit dem vierten Teil der *Lieder der Deutschen mit Melodien* der Höhe- und zugleich Endpunkt in der Geschichte der sogenannten 1. Berliner Liederschule erreicht war, hatte sich ein Fundus von mehr als dreißig Sammlungen mit annähernd neunhundert Liedern angehäuft, komponiert von achtzehn Autoren.[2]

    1. Historisch-Kritische Beyträge zur Aufnahme der Musik. Hrsg. von Friedrich Wilhelm Marpurg. Bd. 1. Berlin 1754. (Reprint: Hildesheim, New York 1970) S. 55.
    2. Es handelt sich um folgende Komponisten (in alphabetischer Reihenfolge): Johann Friedrich Agricola (1720-1774), Carl Philipp Emanuel Bach (1714-1788), Franz Benda (1709-1786), Gottlob Wilhelm Burmann (1737-1805), Christian Friedrich Carl Fasch (1736-1800), Carl Heinrich Graun (1702 oder 1703-1771), Johann Gottlieb Graun (1703 oder 1704-1759), Johann Gottlieb Janitsch (1708- um 1763), Johann Philipp Kirnberger (1721-1783), Christian Gottfried Krause (1719-1770), Friedrich Wilhelm Marpurg (1718-1795), Christoph Nichelmann (1717-1762), Johann Joachim Quantz (1697-1773), Friedrich Christian Rackemann (1735-?), Wilhelm August Traugott Roth (1720-1765), Johann Philipp Sack (1722-1763), Christian Friedrich Schale (1753-1800), Johann Gabriel Seyfarth (1711-1796).

Acht Verleger, überwiegend in Berlin ansässig, hatten den Stich bzw. Druck besorgt.[3] Nach vorsichtigen Schätzungen belief sich die Gesamtauflage auf etwa 20.000 Exemplare. Aber das Reservoir an Liedern war ungleich größer. Sie fanden in zahlreichen Anthologien, in Musikzeitschriften und Almanachen Aufnahme. Einen exakten Überblick hierüber zu geben ist ebensowenig möglich, wie die Zahl der in Berlin entstandenen unveröffentlichten und handschriftlich überlieferten Einzellieder zu ermitteln. Bedenkt man, daß der deutsche Buch- und Musikalienhandel in der zweiten Hälfte des 18. Jahrhunderts über ein weitverzweigtes Netz von Niederlassungen sowie über ein gut funktionierendes Vertriebssystem verfügte, wodurch eine Verbreitung des Berliner Liedes im gesamten deutschsprachigen Raum möglich wurde,[4]

Grundlegende Literatur hierzu:
Max Friedlaender: Das deutsche Lied im 18. Jahrhundert. Quellen und Studien. 3 Bde. Stuttgart, Berlin 1902; Bernhard Engelke: Neues zur Geschichte der Berliner Liederschule. In: Riemann-Festschrift. Leipzig 1909. S. 456-472. Gotthold Frotscher: Die Ästhetik des Berliner Liedes im 18. Jahrhundert. Phil. Diss. Leipzig 1922; Teildruck in: Zeitschrift für Musikwissenschaft 6 (1923/24). S. 431-338; Heinrich W. Schwab: Sangbarkeit, Popularität und Kunstlied. Studien zu Lied und Liedästhetik der mittleren Goethezeit 1770-1814. Regensburg 1965. (= Studien zur Musikgeschichte des 19. Jahrhunderts. 3.); John William Smeed: German Song and its Poetry, 1740-1900. London, New York, Sydney 1987.

3. Vgl. den Text unten sowie die Anmerkungen 40-47. Zu dieser Thematik auch Rudolf Elvers: Musikdrucker, Musikalienhändler und Musikverleger in Berlin 1750 bis 1800. In: Festschrift Walter Gerstenberg zum 60. Geburtstag. Hrsg. von Georg von Dadelsen und Andreas Holschneider. Wolfenbüttel, Zürich 1964. S. 37-44.

4. Um zwei Beispiele zu nennen: Nach den Angaben von Hannelore Gericke führten folgende Wiener Musikalienhändler Berliner Liedersammlungen in ihrem Notensortiment: Johann Peter Edler van Ghelen, Peter Conrad Monath, Johann Paul Krauß, Felix Emmerich Bader, Hermann Joseph Krüchten, Johann Thomas Edler von Trattner. Vgl. Hannelore Gericke: Der Wiener Muskalienhandel von 1700 bis 1778. Graz, Köln 1960. (= Wiener Musikwissenschaftliche Beiträge. 5.) S. 20 ff. In dem gleichzeitig mit den *Leipziger Zeitungen* herausgegebenem *EXTRACT Der eingelauffenen NOUVELLEN* ist unter dem 7. Oktober 1758 folgende Anzeige eingerückt: "In der Voßischen Buchhandlung auf der

dann stellt sich dem Betrachter ein sozio-kulturelles Phänomen ersten Ranges dar, das in und vermittels der Öffentlichkeit wirkte. Die zeitgenössische Presse hat an diesen Vorgängen partizipiert und auf die Sozialisationsfunktion des Liedes Einfluß genommen, kommentierend, wertend, polemisierend, werbend. Sie hat dem Lied mehr journalistisches Interesse und Platz gewidmet, als sie es vergleichsweise den Gattungen Sonate, Konzert, Oratorium — die Oper ausgenommen — entgegenbrachte, und sie reflektierte es in ihrer gesamten Breite, als Tageszeitung, als Zeitschrift literarischen und kunsttheoretischen Inhalts sowie als Musikzeitschrift. Das Ergebnis: Die Geschichte der 1. Berliner Liederschule ist von ihren Anfängen in den frühen fünfziger Jahren über eine Phase der Konsolidierung und enormer Produktivität — das Jahrzehnt 1758 bis 1768 — bis hin zu den frühen siebziger Jahren, in denen sich Zeichen der Stagnation und des Niedergangs häuften, umfassend in der Presse dokumentiert.

Angesichts von Opulenz und Materialfülle des Zeitungs- und Zeitschriftenwesens in Deutschland im 18. Jahrhundert war im Hinblick auf das gestellte Thema eine Begrenzung der dokumentarischen Basis unerläßlich. Von den Tageszeitungen fanden die *Berlinische privilegirte Zeitung* (*Vossische Zeitung*)[5] und die *Berlinischen Nachrichten von Staats- und Gelehrten Sachen*[6] besondere Berücksichtigung, während Zeitungen anderer geographischer Verbreitungsräume, z.B. die *Leipziger Zeitungen*[7] und die *Dresdnischen*

Nicolai-Strasse im Huhnischen Hause sind zu haben: Preußische Kriegs-Lieder in den Feldzügen 1756 und 1757, von einem Grenadier, mit Melodien, kl. 8. Berlin à 8 Gr. ...".

5. Diese Berliner Tageszeitung ist ebensowenig wie die nachfolgende geschlossen in Bibliotheken überliefert. Vom Verfasser wurden jeweils einzelne Jahrgänge in Exemplaren der Sächsischen Landesbibliothek Dresden (im folgenden SLB Dresden abgekürzt) (Signatur: Eph. hist. 65^f) ausgewertet.

6. Jahrgänge dieser Zeitung befinden sich in: Deutsche Staatsbibliothek Berlin (Signatur: Ztg. 1947); Geheimes Staatsarchiv Berlin (Signatur: 47 und weitere); SLB Dresden (Signatur: Eph. hist. 63^m).

7. Einzelne Jahrgänge in der SLB Dresden (Signatur: Eph. hist. 171).

Frag- und Anzeigen,[8] nur sporadisch herangezogen wurden. Von den annähernd fünfzig zwischen 1751 und 1770 in Berlin erschienenen Zeitschriften klassifizierte Joachim Kirchner[9] mehr als die Hälfte als Moralische Wochenschriften und literarisch-kritische Zeitschriften. Auf Unterhaltung und Belehrung bedacht, präsentierten sie dem Leser belletristische Texte, Erzählungen, Gedichte und Liedbeilagen. Gleicherweise ließen sie ihn an ästhetischen und kunsttheoretischen Debatten teilhaben. Besaßen die meisten Journale dieser Art nur eine kurze Lebensdauer, so war der Einfluß von Zeitschriften wie der *Bibliothek der schönen Wissenschaften und der freyen Künste,*[10] fortgesetzt als *Neue Bibliothek der schönen Wissenschaften und der freyen Künste,*[11] und der *Allgemeinen deutschen Bibliothek,*[12] begünstigt durch große Auflagen und ein weites Verbreitungsgebiet ungleich nachhaltiger. Ihr erklärtes Ziel, die maßgeblichen Neuerscheinungen des Bücher- und Musikalienmarktes vorzustellen, ein Anspruch, der weitgehend erfüllt wurde, führte auch zu einer verstärkten theoretischen Auseinandersetzung mit dem Berliner Lied.

Schließlich vermitteln die über zwanzig deutschen Musikzeitschriften aus der zweiten Hälfte des 18. Jahrhunderts wichtige Einsichten in Funktion und Rezeption der Gattung Lied, allen

8. Sämtliche Jahrgänge dieser Zeitung befinden sich in der SLB Dresden (Signatur: Eph. hist. 120).

9. Vgl. Joachim Kirchner: Die Grundlagen des deutschen Zeitschriftenwesens. Mit einer Gesamtbibliographie der deutschen Zeitschriften bis zum Jahre 1790. Bd. 2. Leipzig 1931, S. 63 f., 85 f.

10. Bibliothek der schönen Wissenschaften und der freyen Künste. Hrsg. von Christoph Friedrich Nicolai und Moses Mendelssohn, ab Bd. 5: Christian Felix Weisse. Bd. 1-16. Berlin 1757-1765; nach einem Exemplar der SLB Dresden (Signatur: Eph. lit. 622).

11. Neue Bibliothek der schönen Wissenschaften und der freyen Künste. Hrsg. von Christian Felix Weisse. Bd. 1-77 nebst Register. Leipzig 1765-1806; nach einem Exemplar der SLB Dresden (Signatur: Eph. lit. 622).

12. Allgemeine deutsche Bibliothek. Hrsg. von Christoph Friedrich Nicolai. Bd. 1-118 nebst Anhängen und Register-Bänden. Berlin, Stettin 1765-1796; nach einem Exemplar der SLB Dresden (Signatur: Eph. lit. 607).

voran die *Historisch-Kritischen Beyträge zur Aufnahme der Musik*,[13] die *Kritischen Briefe über die Tonkunst*[14] sowie Hillers *Wöchentliche Nachrichten und Anmerkungen die Musik betreffend.*[15]

Obwohl die Berliner Fachpresse vor 1753, dem Erscheinungsjahr der *Oden mit Melodien,* keine liedspezifischen Beiträge enthält, wurden hier dennoch entscheidende Voraussetzungen für das theoretische Verständnis dieser Gattung fixiert. Marpurgs *Critischer Musicus an der Spree* aus den Jahren 1749 und 1750[16] scheint diese Feststellung auf den ersten Blick nicht zu bestätigen. Der Lied-Begriff wird in dieser Musikzeitschrift fast ausschließlich in pejorativem Sinne verwendet, polemisch zugespitzt, um gleichsam als negative Gegeninstanz zu der bei Marpurg favorisierten Opernarie zu fungieren. Da ist abschätzig von Gassen-, Trink- und Küchenliedern sowie in derb-drastischen Formulierungen von "Clavierpaucker(n)" die Rede, die "eine lahme Bierarie mit einem trommelnden Baße zu radebrechen, gewohnt sind"[17] oder von "unbeugsamen Bierkählen, die ieden Thon zu rücken, und mit einem gewaltsamen aus einer fetten Gurgel sich herauswältzenden Hahehihohu zu begleiten pflegen".[18] Durch Attribute wie "buntschäckig", "gemein", "leichtsinnig" näher charakterisiert, erscheint der Terminus Lied in Hinblick auf die Bezeichnung einer artifiziellen Leistung diskreditiert. Marpurg benennt auch fast beiläufig den Gegenstand seiner Kritik: "ein Dutzend verliebte Arien von der neuesten Sperontischen Sammlung".[19] Aber zugleich liegt in der von Marpurg unterstellten Trivialisierungs-

---

13. Historisch-Kritische Beyträge zur Aufnahme der Musik. Hrsg. von Friedrich Wilhelm Marpurg. 5 Bde. Berlin 1754-1762, 1778 (Reprint: Hildesheim, New York 1974).

14. Kritische Briefe über die Tonkunst. Hrsg. von Friedrich Wilhelm Marpurg. 2 Bde. Berlin 1759-1763. (Reprint: Hildesheim, New York 1974).

15. Wöchentliche Nachrichten und Anmerkungen die Musik betreffend. Hrsg. von Johann Adam Hiller. 3 Bde. Leipzig 1766-1768. (Reprint: Hildesheim, New York 1970).

16. Der Critische Musicus an der Spree. Hrsg. von Friedrich Wilhelm Marpurg. Berlin 1749-1750. (Reprint: Hildesheim, New York 1970).

17. Ebenda. S. 3.

18. Ebenda. S. 4.

19. Ebenda. S. 33.

tendenz und der Unterschreitung eines literarischen und kompositionstechnischen Mindestniveaus ihre Nichtgesellschaftsfähigkeit
begründet. Die zitierten "Bierkählen", "Dorfschencken" und
"Kirmeßfreunde" zeigen unmißverstandlich, in welchem sozialen
Milieu Marpurg eine solche Musikpraxis ansiedelt: in den länd-
lichen und städtischen Unterschichten; ihre Ausübung oblag dem
in der Mitte des 18. Jahrhunderts wenig geachteten Stand der
Spielleute und Volksmusikanten. Daß sich in Marpurgs Äußerungen ein Gutteil bildungsaristokratischer Standesdünkel äußerte, läßt sich für die Berliner Musiktheorie und -kritik um 1750
mehrfach belegen.[20] Auch wenn Marpurg die Gattung als Ganzes
nicht ablehnte, sind noch bis etwa 1755 Vorbehalte hinsichtlich
einer ästhetischen Gleichstellung des Liedes im Ensemble der
vokalen Gattungen in seinen Schriften anzutreffen.[21] Marpurg
hatte zum Zeitpunkt der Veröffentlichung des *Critischen Musicus
an der Spree* offensichtlich keine Veranlassung, besonderes theore-
tisches Augenmerk auf eine Gattung zu richten, die in Berlin noch
keine oder nur eine geringe praktische Wirksamkeit besaß.

Und doch lieferte sein Journal für die Theoriebildung und
Ästhetik der späteren Berliner Liederschule wichtige Erkenntnisse.
Aus dem mit Vehemenz geführten Nationalitätenstreit um den
Vorrang der französischen oder italienischen Musik erwuchs ein
Musikideal, das Marpurg so umriß: "Man schreibe nur natürlich
und singbar, ohne gemein und trocken zu werden; angenehm ...;
ausdrückend, ohne Zwang, und künstlich, ohne auszuschweifen.
Man ... bestrebe sich etwas mehr der Zärtlichkeit ...".[22] Diese
Aussage wurde von Marpurg unzweideutig auf die Oper bezogen,
die Domäne höfischer Musikpflege und im Theorieverständnis von
Mattheson bis Reichardt die exponierte Gattung der Vokalmusik.

20. Vgl. das Vorwort "Aufklärung — auch durch Musik?". In: Der
Critische Musicus an der Spree. Berliner Musikschrifttum von 1748 bis
1799. Eine Dokumentation. Hrsg. von Hans-Günter Ottenberg. Leipzig
1984. (= Reclams Universal-Bibliothek. 1061.) S. 6-27.
21. Noch im ersten Band seiner *Historisch-Kritischen Beyträge zur
Aufnahme der Musik* (1754-1755) äußerte Marpurg stilistische und ästhetische Bedenken hinsichtlich des chanson à boire, an das sich bekanntlich
das Berliner Lied anlehnte. Ebenda. S. 25 f.
22. Der Critische Musicus an der Spree. S. 4.

Selbst Krause, dessen zeitgleich mit den *Oden mit Melodien* erschienene *Musikalische Poesie* die für Berlin erste geschlossene Liedtheorie beinhaltet, verstand diese zuerst als Anleitung, "die Singstücke, so viel möglich, dramatisch einzurichten".[23] Doch der Schritt zur ästhetischen Anerkennung des Liedes war nicht mehr weit, und die von Marpurg herausgestellten guten Eigenschaften des Gesanges ließen sich problemlos auf diese Gattung übertragen. Auch das formale Vorbild für das Berliner Lied wurde bereits im *Critischen Musicus an der Spree* erwähnt, das französische Chanson: "Man sage was man will von der französischen Music, eine natürliche, ungezwungene, nicht weithergesuchte, leichte Melodie, auch nur eines französischen Liedgens, kann niemand verwerfen, wenn sie gut und nach der ihr gehörigen Art heraus gebracht wird."[24] Selbst eine soziale Zielgruppe, an die sich das Lied dann wenden wird, deutete sich hier schon an, freilich noch in einem anderen Zusammenhang genannt: die klavierspielenden "Frauenzimmer".[25] Es bedurfte offensichtlich nur noch einer Art Initialwirkung, um die verstreuten ästhetischen, kompositionstechnischen, soziologischen Überlegungen, die sich andernorts — z.B. in Leipzig durch Gottsched,[26] Mizler[27] und Scheibe,[28] in Hamburg durch Görner[29] und Kuntzen[30] — bereits zu einer Liedtheorie

23. Christian Gotfried Krause: Von der Musikalischen Poesie. Berlin 1753. (Reprint: Leipzig 1973) Vorrede. S. 6.
24. Der Critische Musicus an der Spree. S. 218.
25. Ebenda. S. 5, 10.
26. Johann Christoph Gottsched: Versuch einer Critischen Dichtkunst. Leipzig. 4. Auflage. 1751.
27. Lorenz Mizler: Herrn Prof. Gottscheds Gedanken vom Ursprung und Alter der Musik und von der Beschaffenheit der Oden. In: Neu eröffnete musikalische Bibliothek. Bd. 1. Teil 5. Leipzig 1739. S. 1-31; ders.: Lorenz Mizlers Verantwortung auf Johann Matthesons Zugabe in der Ehrenpforte, welche des erstern Sammlung von Oden betrifft. Bd. 2. Teil 2. Leipzig 1742. S. 274-291.
28. Johann Adolph Scheibe: Critischer Musicus. Leipzig. 2. Auflage 1745. (Reprint: Hildesheim, New York 1970); besonders das 64. Stück. S. 583-594.
29. Johann Valentin Görner: Sammlung Neuer Oden und Lieder. 3 Teile. Hamburg 1742-1752. Vorreden.
30. Adolph Carl Kuntzen: Lieder zum Unschuldigen Zeitvertreib. 3 Teile. Hamburg, Lübeck, London 1748-1756. Vorreden.

verdichtet hatten, auch in Berlin auf die Gattung des Liedes konzentrieren zu können, und diese erfolgte durch die Herausgabe der *Oden mit Melodien* von Ramler und Krause.[31]

Diese Sammlung traf bei ihrem Erscheinen 1753 vor allem infolge einer weitgefaßten Informations- und Anzeigenpraxis der Berliner Tagespresse auf eine vorbereitete literarische und musikalische Öffentlichkeit. Ende Oktober war der Druck der *Oden mit Melodien* abgeschlossen worden,[32] und es ist anzunehmen, daß schon kurz darauf die Buch- und Musikalienhandlungen der Stadt diese erste Berliner Liedersammlung in ihrem Notensortiment geführt haben werden. Bereits am 17. bzw. 20. November brachten die *Berlinische privilegirte Zeitung*[33] und die *Berlinischen Nachrichten von Staats- und Gelehrten Sachen*[34] ausführliche Rezensionen der *Oden mit Melodien*.

Beide anonym verfaßten Besprechungen fielen positiv aus. Während die zweite vor allem den soziologischen Aspekt betonte, indem sie für das Lied ein großes Interesse der "artigen Welt" registrierte,[35] lag in der ersten Rezension, für die Lessing als Autor ermittelt wurde,[36] der inhaltliche Akzent auf gattungsgeschichtlichen Fragen. Nach vorangehenden Liedersammlungen, denen Lessing mangelhafte künstlerische Qualität und fehlende gesellschaftliche Reputation bescheinigte, habe die Gattung insbesondere "durch die Gräfischen Bemühungen" eine Aufwertung und in den Berliner *Oden mit Melodien* zu ästhetischer Anerkennung, handwerklicher Solidität und sozialer Akzeptanz gefunden. Sie seien — so Lessing — "den Regeln und der Kunst gemäß und mit Geschmack geschrieben" und zugleich Ausdruck der "artigen Lebensart neuerer Zeit".[37] Eine solche positive Charakteristik wog

---

31. Dokumentiert bei Engelke: Neues zur Geschichte der Berliner Liederschule. S. 456-472.
32. Am 28. Oktober 1753 hatte Ramler Gleim in Halberstadt 50 Exemplare zugesandt. Ebenda. S. 467.
33. Zitiert nach Gotthold Ephraim Lessing: Werke. Hrsg. von Julius Petersen und Waldemar von Olshausen. Bd. 9: Zeitungsartikel und Rezensionen. Berlin, Leipzig usw. o.J. S. 290 f.
34. Berlinische Nachrichten 1753. S. 577 f.
34. Ebenda.
36. Vgl. Lessing: Werke. Bd. 9; insbesondere das Vorwort.
37. Ebenda. S. 291.

um so schwerer, als Lessing für vergleichbare Publikationen durchaus kritische und ablehnende Urteile fand. [38]

Der Verbreitungsradius dieser Sammlung und auch der zweiten — hier gab es eine drucktechnische Panne —[39] scheint trotz günstiger Aufnahme durch die Presse noch weitgehend auf den Berliner Raum begrenzt gewesen zu sein. Seit 1756 sollte sich das grundlegend ändern. Nach Birnstiel mit insgesamt zehn Unternehmungen[40] kümmerten sich weitere Berliner Verleger in Erwartung eines steigenden Publikumsinteresses und einer daraus resultierenden guten Verkäuflichkeit um Herstellung und Vertrieb von Liedersammlungen: seit 1756 Gottlieb August Lange,[41] ein Jahr später Georg Ludewig Winter — er war mit vierzehn Sammlungen[42] der führende Verleger des Berliner Liedes —, seit 1758 Christian Friedrich Voß,[43] 1761 Arnold Wever,[44] 1766 Christian Moriz Vogel[45] und schließlich 1767 die Typographische Gesellschaft.[46] Auch der Leipziger Verleger Johann Gottlob Immanuel Breitkopf[47] betätigte sich seit 1756 als Herausgeber von Sammlungen Berliner Autoren, wobei die von ihm entwickelte neue Technologie des Typendrucks größere Auflagen zuließ. Es ist bezeichnend, daß Breitkopf, bis zu diesem Zeitpunkt hauptsächlich mit Buch- und Kartenproduktion beschäftigt, sein Musikalienprogramm mit Liedern eröffnete, konnte er sich doch hier gute Absatzchancen ausrechnen.[48]

38. Im Zusammenhang mit der Rezension von Georg Christian Bernhardis *Oden, Liedern, Erzählungen und Briefen* (1751) sowie Heinrich August Ossenfelders *Oden und Liedern* (1753). Ebenda. S. 190 f., 296 f.
39. Engelke: Neues zur Geschichte der Berliner Liederschule. S. 470.
40. Vgl. Friedlaender: Das deutsche Lied im 18. Jahrhundert. Abschnitt: Bibliographie der Liedersammlungen. Bd. 1. Nr. 41, 49, 82, 88, 89, 95, 97, 101, 115, 128a.
41. Ebenda. Nr. 54, 66.
42. Ebenda. Nr. 62, 63, 64, 72, 91, 106, 116, 121, 123, 132, 133, 138, 139, 154.
43. Ebenda. Nr. 67, 77.
44. Ebenda. Nr. 96, 102, 105, 117.
45. Ebenda. Nr. 124.
46. Ebenda. Nr. 134.
47. Ebenda. Nr. 50, 73, 112.
48. Vgl. Oskar von Hase: Breitkopf & Härtel. Gedenkschrift und Arbeitsbericht. Bd. 1: 1542 bis 1827. Wiesbaden 1968. S. 90 f.

Die enorme Produktivität auf dem Liedsektor spiegelte sich in den unterschiedlichsten publizistischen Mitteilungsformen wieder, in den Meßkatalogen, den Tageszeitungen, den literarisch-kritischen Zeitschriften und den Musikzeitschriften. In der Berliner Tagespresse häuften sich seit 1756 Informationen über neu erschienene Liedersammlungen des gesamten deutschsprachigen Raumes. Gelegentlich enthalten sie Hinweise auf ein in der Herstellung befindliches Liedprojekt, wobei der werbende und anpreisende Charakter der Mitteilung auffällt. Unter dem 24. Januar 1758 meldeten die *Berlinischen Nachrichten*: "Den Liebhabern der Ton Kunst macht der Buchdrucker, G.L. Winter, hierdurch bekannt, daß die geistlichen Oden und Lieder des vortreflichen Herrn Gellerts, welche der geschickte Königl. Cammer-Musicus, Herr Carl Philipp Emanuel Bach, in Noten gesetzt hat, längstens binnen 3 Wochen die Presse verlassen werden. Wer die Stärcke dieses grossen Meisters in der Ton-Kunst auch nur einigermaßen kennt, der wird sich gewiß alle Hoffnung mit Grunde machen, nichts als Meisterstücke in Melodien nach dem neuesten Geschmack von ihm zu erhalten".[49] In der Regel aber trug die Tagespresse dem Informationsbedürfnis und Kaufinteresse ihrer Leser durch eine aktuelle Anzeige Rechnung, aus der Verfasser, Titel und andere bibliographische Angaben hervorgingen. Als Hauptinserent von Druckwerken, darunter zahlreichen Liedersammlungen, traten in den beiden Berliner Tageszeitungen des 18. Jahrhunderts Haude und Spener bzw. Voß in Erscheinung, die ja auch die Verleger dieser Zeitungen waren. Darüber hinaus nutzten auch andere Berliner Buch- und Musikalienhändler, ja selbst auswärtige Interessenten die Presse für diesbezügliche Informationen.[50] Sogar Berliner Komponisten

---

49. Berlinische Nachrichten 1758. S. 58. Am 7. März erscheint bereits eine ausführliche Rezension dieser Bachschen Lieder. Ebenda. S. 121.

50. Um ein Beispiel zu nennen: Die *Berlinische privilegirte Zeitung* vom 7. März enthält folgende Anzeige: "Bey dem Buchdrucker Birnstiel ohnweit der Schleuse am Wasser ist nunmehro von dem *Musikalischen Allerley*, wovon bisher wöchentlich ein Bogen herausgekommen, die zweyte Sammlung complet à 16 Gr. zu haben. NB. Diese Blätter werden wöchentlich zur dritten Sammlung continuiret, und ist der Bogen alle Sonnabend à 2 Gr. zu haben." (S. 116).

übernahmen den Vertrieb von Notendrucken, wie es die folgende Notiz in den *Berlinischen Nachrichten* bestätigt: "Den Liebhabern des Singens und Clavierspielens wird bekannt gemacht, daß von den zu Hamburg in sauberem Stiche herausgekommenen, und von den Kennern mit so vielen Beyfalle aufgenommenen Oden des Herrn Lambo wieder Exemplare in Commission zu haben sind bey dem Hrn. Secretair Marpurg ..."[51] Andererseits wurden in Tageszeitungen anderer Orte häufig Berliner Liedersammlungen angezeigt.[52]

Die Anzeigen erschienen ohne größeren Zeitverzug. Bisweilen schloß sich ihnen noch eine Rezension des betreffenden Werkes an. Im Jahrgang 1758 der *Vossischen Zeitung* wurden rezensiert:

— *Geistliche Oden, in Melodien gesetzt von einigen Tonkünstlern in Berlin*, Berlin 1758[53]

— *Preussische Kriegslieder in den Feldzügen 1756 und 1757 von einem Grenadier*, Berlin 1758[54]

— *Lieder mit Melodien*, Anspach 1758[55]

Im gleichen Jahrgang der *Berlinischen Nachrichten* aber nur:

— *Herrn Professor Gellerts Geistliche Oden und Lieder mit Melodien von Carl Philipp Emanuel Bach*, Berlin 1758[56]

Hinter dieser Auswahl standen möglicherweise ganz handfeste

---

51. Berlinische Nachrichten 1754. S. 582. Als Verkaufspreis werden 20 Groschen angegeben.

52. In den *Leipziger Zeitungen* wird unter dem 20. April 1758 angezeigt: "In der Nicolai-Strasse um Huhnischen Hause sind bey dem Buchhändler Voß aus Berlin folgende neue Bücher zu haben: ... *Geistliche Oden in Melodien gesezt von einigen Tonkünstlern in Berlin*, fol. 1758. à 24 Gr. ...". Unter dem 6. Juni derselben Zeitung heißt es: "In I. Sam. Heinsii Erben Buchhandlung wird verkauft: ... *Geistliche moralische und weltliche Oden von verschiedenen Dichtern und Componisten*, 8. Berlin, à 16 Gr.... Fr. Wilh. Marpurgs *Fugen-Sammlung*, fol. Berlin, à 16 Gr. ...". Die *Dreßdnischen Wöchentlichen Frag- und Anzeigen* 1758 bringen in Nr. 34 (22. August) folgende Mitteilung: "Budißin und Görlitz. Bey U.S. Bollmann sind folgende Bücher zu haben: ... *Gellerts geistl. Oden und Lieder mit Melodien von C.Ph.E. Bach*, 1 thl. 4 gr.".

53. Berlinische privilegirte Zeitung (Vossische Zeitung) 1758. Nr. 38.

54. Ebenda. Nr. 107.

55. Ebenda. Nr. 125.

56. Berlinische Nachrichten 1758. S. 121.

Verlagsinteressen. Der *Vossischen Zeitung* war selbstverständlich zuerst an der näheren Bekanntmachung eigener Publikationen — die beiden ersten von uns genannten Titel — gelegen, während die bei Winter erschienenen Bachschen Lieder nicht unbedingt der Empfehlung durch diese Zeitung bedurften. Inwieweit jedoch die Herausgeber der Zeitungen auch als Interessenvertreter für weitere in Berlin ansässige Buch- und Musikalienhändler fungierten, indem sie ihnen beispielsweise ein Vorzugsrecht für Anzeigen einräumten, verdiente eine gesonderte Untersuchung. Es fällt z.B. auf, daß Birnstiel mit Vorliebe in der *Vossischen Zeitung* inserierte,[57] kaum jedoch in den *Berlinischen Nachrichten.* Oder: Nahezu sämtliche Publikationen von Friedrich Wilhelm Marpurg, darunter auch Noten, wurden in den *Berlinischen Nachrichten* angezeigt und teilweise rezensiert.[58] Die Durchsicht der beiden Berliner Tageszeitungen ergab, daß sich der interessierte Leser umfassend informieren konnte, womit er zugleich als potentieller Käufer von Liedersammlungen angesprochen wurde. Mit ihren Beurteilungen — sie erschienen jeweils unter der Rubrik "Von Gelehrten Sachen" — bedienten sich die Rezensenten zugleich stark auf das Publikum ausgerichteter Aussageformen.

Stand in der Tageszeitung die aktuelle Information sowie die Verkaufsanzeige im Vordergrund, so lag bei den Zeitschriften literarischen und kunsttheoretischen Inhalts der Akzent auf ästhetischen und gattungstypologischen Exkursen. Entsprechend der generellen Zwecksetzung dieser Zeitschriften, Neuerscheinungen des Buch- und bis zu einem gewissen Grade auch des Musikalienmarktes vorzustellen und kritisch zu analysieren, ist in ihnen seit

---

57. Der Jahrgang 1761 der *Berlinischen privilegirten Zeitung* enthält mehr als 20 Anzeigen dieses Berliner Verlegers. Ebenda. S. 116, 164, 176, 187 und häufiger.

58. In den *Berlinischen Nachrichten* des Jahres 1757 werden u.a. folgende Schriften und Musikalien Marpurgs erwähnt: *Anfangsgründe der Theoretischen Musik.* Leipzig 1757 (S. 427 f.); *Systematische Einleitung in die Musicalische Setzkunst.* Leipzig 1757 (S. 443 f.); *Raccolta delle piu nuove Composizioni di differenti Maestri ed Autori per l'anno 1756.* Leipzig 1756 (ebenda); *Historisch-Kritische Beyträge zur Aufnahme der Musik.* Berlin 1757 (S. 488); *Handbuch bey dem Generalbasse und der Composition ...* Teil 2. Berlin 1757 (S. 540).

etwa 1755 auch das Thema "Berliner Lied" umfassend abge-
handelt. Zielpublikum war der Gelehrte eines bestimmten Fach-
bereichs ebenso wie der Liebhaber der "schönen Wissenschaften"
und der "freyen Künste".

Daß Liedersammlungen zu den bevorzugten Analysegegenstän-
den der *Bibliothek der schönen Wissenchaften und der freyen Künste*
und der *Allgemeinen deutschen Bibliothek* zählten, geht schon
daraus hervor, daß zahlreiche der bei Friedlaender für den
Zeitraum 1757 bis 1770 angezeigten Sammlungen in diesen beiden
Zeitschriften rezensiert wurden.[59] Solche Besprechungen zeich-
neten sich in der Regel durch eine größere fachliche Kompetenz
ihrer Verfasser aus und setzten zugleich spezielle Kenntnisse des
Lesers voraus. So wurde Johann Friedrich Löwens Odentheorie[60]
an Krauses *Musikalischer Poesie* gemessen und bewertet.[61] Eine
kritische Sicht war in Hinblick auf die geradezu ungehemmte
Publikationsfreudigkeit im Bereich der Liedkomposition geboten,
und so verstanden die Rezensenten ihre Einschätzungen bis zu
einem gewissen Grade als Geschmacksregulativ. Aus dieser
Motivation heraus wurde der über zeitgenössische Odensammlungen informierende *Critische Entwurf einer auserlesenen Biblio-*

---

59. Im Jahrgang 1758 der *Bibliothek der schönen Wissenschaften und der
freyen Künste* werden folgende Liedersammlungen rezensiert: *Herrn Prof.
Gellerts geistliche Oden und Lieder mit Melodien von Carl Philipp Emanuel
Bach* (Bd. 3. 1. Stück. S. 186); *Geistliche Oden in Melodien gesetzet von
einigen Tonkünstlern in Berlin* (Ebenda. S. 189-191); *Geistliche, moralische
und weltliche Oden von verschiedenen Dichtern und Componisten* (Ebenda.).
Kurzrezensionen betreffen die Liedersammlungen von Sperontes (d.i.
Johann Sigismund Scholze) (Bd. 4. 1. Stück. S. 471), Kunzen, Bode,
Fleischer (Ebenda.), Leyding, Lambo (Ebenda. S. 472).
Der Jahrgang 1769 der *Allgemeinen deutschen Bibliothek* enthält folgende
Rezensionen: *Lieder der Deutschen* 1766 (Bd. 9. 1. Stück. S. 205); *Der Wirth
und die Gäste*, Singode von C.Ph.E. Bach (Ebenda. 2. Stück. S. 240); *Lieder
nach dem Anakreon* (Ebenda. Bd. 10. 1. Stück. S. 243).
60. Gemeint sind die *Anmerkungen über die Odenpoesie*, veröffentlicht
in: Johann Wilhelm Hertel: Sammlung musikalischer Schriften, größten-
theils aus den Werken der Italiäner und Franzosen übersetzt und mit
Anmerkungen versehen. 1. Stück. Leipzig 1757.
1. Bibliothek der schönen Wissenschaften und der freyen Künste. 1758.
Bd. 3. 1. Stück. S. S. 188 f.

thek von Johann Christoph Stockhausen gründlich analysiert.[62] Beanstandete kompositorische Mängel, wie eine Überhäufung der melodischen Linie mit Verzierungen und fehlerhafte harmonische Fortschreitungen, zeugen von zumindest elementaren musikalischen Sachkenntnissen der Autoren der *Bibliothek der schönen Wissenschaften und der freyen Künste.*

In welchem Maße die vielfältigen Vermittlungsformen und -techniken, die in den Zeitschriften realisiert wurden — Rezension, Kurzrezension, Sammelbesprechung, Aufsatz, Kritik, Nachricht –, tatsächlich die Liedproduktion und -rezeption beeinflußt haben, ob ein Komponist durch positive Bewertungen in der Presse zu weiteren Sammlungen angeregt wurde oder ob eine geharnischte Kritik den Liebhaber vom Kauf einer Sammlung abgehalten hat, läßt sich empirisch kaum noch rekonstruieren.

Berliner Liedersammlungen fanden in der *Bibliothek der schönen Wissenschaften und der freyen Künste* durchweg Zustimmung. Im Jahre 1758 lautete das summarische Urteil über die *Geistlichen Oden, in Melodien gesetzt von einigen Tonkünstlern in Berlin* (1758) und die *Geistlichen, moralischen und weltlichen Oden, von verschiedenen Dichtern und Componisten* (1758): "Die Melodien unterscheiden sich insbesondere durch einen natürlichen und fließenden Gesang, in welchem Stücke sie die meisten Oden übertreffen, mit welchen Deutschland überschwemmet wird, und von welchen man oft nicht weiß, ob sie zum Singen oder zum Spielen, oder vielleicht zu keinem von beyden geschickt sind."[63] Ein Jahrzehnt später erhielten die *Lieder der Deutschen mit Melodien,* was die musikalische Seite betrifft, in der *Allgemeinen deutschen Bibliothek* uneingeschränktes Lob,[64] und nach weiteren fünf Jahren wurde den *Oden mit Melodien* (1773) von Kirnberger attestiert: "Gut, angenehm, ausdrückend."[65]

So sahen die Rezensenten in den Berliner Sammlungen den Idealtypus des Liedes verwirklicht, auf den sie nicht nur die Vorbildwirkung der Berliner Liederschule gründeten, sondern sie stets auch propagierten. Diese fast eineinhalb Jahrzehnte in den beiden Zeitschriften während Wertschätzung erklärt sich zu einem

62. Ebenda. Bd. 4. 1. Stück. S. 468-472.
63. Ebenda. Bd. 3. 1. Stück. S. 190.
64. Allgemeine deutsche Bibliothek. Bd. 9. 1. Stück. 1769. S. 205-227.
65. Ebenda. Bd. 22. 2. Stück. 1774. S. 529 f.

Gutteil daraus, daß zwischen ihren Mitarbeitern und den Liedautoren eine weitgehende Übereinstimmung der künstlerischen Anschauungen bestand. In den Personen der Herausgeber der *Bibliothek der schönen Wissenschaften und der freyen Künste*, Christoph Friedrich Nicolai und Moses Mendelssohn, wie auch in den Rezensenten des musikalischen Fachs der *Alllgemeinen deutschen Bibliothek*, Johann Friedrich Agricola, später Johann Friedrich Reichardt u.a., traten zugleich maßgebliche Vertreter der Berliner Ästhetik in Erscheinung.[66]

Vergleicht man diese Urteile mit solchen, die außerhalb des Berliner Einflußbereichs gefällt wurden, dann sind Divergenzen unübersehbar. Schon die in Hamburg herausgegebenen *Unterhaltungen*[67] teilten die Berliner Standpunkte nicht. Die gleichen Komponisten, die in der *Bibliothek der schönen Wissenschaften und der freyen Künste* z.T. heftiger Kritik ausgesetz waren[68] — Fleischer, Leyding, Lambo — kamen hier zu Ehren.[69] Andererseits aber wurden Einwände gegenüber den favorisierten *Liedern der Deutschen mit Melodien* gemacht, unter denen sich "nicht wenige steife und kalte" befänden,[70] ein Urteil, das der Rezensent auch auf die Marpurgschen Sammlungen ausgedehnt wissen möchte.[71] Hier deuten sich Argumente an, mit denen später insbesondere

66. Vgl. die Autorenzuweisungen von Gustav Parthey: Die Mitarbeiter an Friedrich Nicolais allgemeiner deutscher Bibliothek nach ihren Namen und Zeichen. Berlin 1842; Günther Ost: Friedrich Nicolais allgemeine deutsche Bibliothek. Berlin 1928. (= Germanische Studien. 63.) S. 56. Zum ästhetischen Zusammenhang vgl. Hans-Günter Ottenberg: Die Entwicklung des theoretisch-ästhetischen Denkens innerhalb der Berliner Musikkultur von den Anfängen der Aufklärung bis Reichardt. Leipzig 1978. (= Beiträge zur musikwissenschaftlichen Forschung in der DDR. 10.) S. 7 ff.
67. Unterhaltungen. Hrsg. von Daniel Schiebeler und Johann Joachim Eschenburg. Bd. 5: Albrecht Wittenberg. Bd. 6-10: Christoph Daniel Ebeling. Bd. 1-10 (= Stück 1-60). Hamburg 1766-1770; nach einem Exemplar der SLB Dresden (Signatur: Miscell. 521).
68. Vgl. Bibliothek der schönen Wissenschaften und der freyen Künste. Bd. 4. 1. Stück. S. 471 f.
69. Unterhaltungen. Bd. 10; darin Abschnitt "Fortsetzung der musikalischen Bibliothek". S. 530, 532.
70. Ebenda. S. 532.
71. Ebenda. S. 532 f.

süddeutsche Musiktheoretiker Liedkomponisten wie Marpurg, Kirnberger, ja selbst Carl Philipp Emanuel Bach attackieren sollten.[72]

Ästhetische Programmatik und kompositorischer Standard der 1. Berliner Liederschule wurden maßgeblich durch theoretische Aufsätze, Analysen und Rezensionen in den Musikzeitschriften, insbesondere in den von Marpurg herausgegebenen Journalen, entwickelt, vertieft und verbreitet. Die einzelnen Jahrgänge der *Historisch-Kritischen Beyträge zur Aufnahme der Musik* spiegeln die unterschiedlichen Phasen der Liedentwicklung in Berlin wider. Anfänglich herrschten auch hier noch, dem *Critischen Musicus an der Spree* vergleichbar, ästhetische Vorbehalte gegen die Gattung, die — so Marpurg — durchaus "artige Sächelchen" hervorbringe;[73] im gleichen Zusammenhang verhehlte der Berliner Theoretiker nicht seine Sympathie für "unser(e) grossen welschen Arien".[74] Aber bereits gegen Ende des zweiten Jahrgangs (1756) gingen die *Historisch-Kritischen Beyträge* zur systematischen Erfassung und Rezension der neu erscheinenden Odensammlungen über: "Die Componisten scheinen sich um die Wette zu beeifern, die artige Welt mit Oden zu beschencken, und unsern Nachbarn jenseits des Rheins hierinnen nichts mehr nachgeben zu wollen."[75] Angesichts der Publikationsfreudigkeit fiel auch der theoretische Kontext

72. Nach Schubarts Auffassung sind Marpurgs Lieder "ohne Saft und Kraft", und über Kirnberger urteilt er: "Was er (Kirnberger) aber für den Gesang geschrieben hat, ist unerträglich, mit todtkaltem Herzen gesetzt, und daher ohne alle Wirkung." Christian Friedrich Daniel Schubart: Ideen zu einer Ästhetik der Tonkunst (entstanden 1784/85). Hrsg. von Ludwig Schubart. Wien 1806. S. 84 f. Vgl. auch Betrachtungen der Mannheimer Tonschule. Hrsg. von Georg Joseph Vogler. Bd. 2. Mannheim 1780. (Reprint: Hildesheim, New York 1974) S. 330-369. Vogler attackiert hier in heftiger Weise Kirnbergers *Lied nach dem Frieden* (Claudius). Vgl. ferner die Kritik der Lieder C.Ph.E. Bachs in: Etwas von und über Musik fürs Jahr 1777 (anonym erschienen: Verfasser: Joseph Martin Kraus). Frankfurt (Main) 1778. (Reprint: München, Salzburg 1977) S. 109-118.

73. Historisch-Kritische Beyträge. Bd. 1. S. 26.

74. Ebenda.

75. Ebenda. Bd. 2. S. 574.

differenzierter und fundierter aus, denn mit den sich im Musikleben etablierenden Gattungen "von galanten Compositionen"[76] erfuhr auch das ihnen zugehörige Lied eine ästhetische Aufwertung und verstärkte Diskussion. Benannt wurden die wesentlichen stilistischen Parameter des Berliner Liedes, seine traditionellen Vorbilder, seine Abgrenzung von den "theatralischen Sachen" u.a.m. Aber auch der Niedergang der 1. Berliner Liederschule — hier sei ein zeitlicher Vorgriff erlaubt — ist in den *Historisch-Kritischen Beyträgen* angezeigt. Ihre letzte Ausgabe aus dem Jahre 1778 dokumentiert Marpurgs Rückzug auf fachlich enge Kritik und ausschließliche Beschäftigung mit Problemen der gleichschwebenden Temperatur.[77]

Hinsichtlich der Fülle themenbezogener Aufsätze können die ebenfalls von Marpurg herausgegebenen und wöchentlich erscheinenden *Kritischen Briefe über die Tonkunst* als eine theoretische Plattform für die Liedkomposition in der Mitte des 18. Jahrhunderts angesehen werden. In acht Folgen wurde ein *Verzeichnis deutscher Odensammlungen mit Melodien* mitgeteilt,[78] begleitet von liedästhetischen Grundsätzen[79] und einem *Unterricht im Vocalsatze*[80] sowie "zum Vergnügen der Liebhaber, mit einer Ode zum Singen beym Clavier ...".[81] In dieser thematischen Komplexität äußert sich zugleich ein interessantes wissenschaftsmethodisches Phänomen: Marpurg hatte vom Beginn seiner Tätigkeit als Theoretiker an systematisch und zielstrebig die einzelnen Gebiete der Tonkunst aufgearbeitet,[82] um von dem einmal gewonnenen Er-

---

76. Ebenda.
77. Ebenda. Bd. 5. S. 517 ff.
78. Kritische Briefe über die Tonkunst. Bd. 1. S. 160-164, 241-247, 250-253, 355-357, 497-499. Bd. 2. S. 46-52, 427-438.
79. Ebenda. Bd. 1. S. 17-23, 176-170 und häufiger.
80. Ebenda. Bd. 1. S. 462 ff. (in den Briefen Nr. 60-70).
81. Ebenda. Bd. 1. S. 2. "Jedes folgende periodische Stück soll, zum Vergnügen der Liebhaber, mit einer Ode zum Singen beym Clavier, oder mit einem kleinen Clavierstück begleitet werden."
82. Vgl. Howard Serwer: Friedrich Wilhelm Marpurg (1718-1795). Music Critic in a Galant Age. Ph. diss. Yale University 1969; Ottenberg (Hrsg.): Der Critische Musicus an der Spree. Berliner Musikschrifttum von 1748 bis 1799. Bibliographie. S. 6 ff.

kenntnisstand aus neue, weitergreifende Fragestellungen abzuleiten: Über einzelne Zwischenstationen — *Historisch-Kritische Beyträge* (1754 ff.), *Anleitung zur Singkomposition* (1758), *Kritische Briefe über die Tonkunst* (1759 ff.) — wurde Marpurgs Odentheorie ausgebaut, bevor ihre wesentlichen Elemente Eingang in eine größere Abhandlung fanden, in die *Anleitung zur Musik überhaupt, und zur Singkunst besonders* (1763). Ein solcherart praktiziertes Systematisierungsstreben war für die Berliner Musiktheorie in ihrer Gesamtheit symptomatisch.[83]

Rezensiert wurden in den *Kritischen Briefen* 43 Liedersammlungen, davon 12 von Berliner Komponisten. Der sich in den Besprechungen herauskristallisierende Idealtypus des Liedes weist, anlehnend an Krauses *Musikalische*[n] Poesie, folgende Hauptmerkmale[84] auf:

— Bekenntnis zum schlichten Strophenlied nach dem Vorbild der französischen Brunettes, Airs à boire u.a.

— Darstellung eines Grundaffektes

— Klassifizierung in "Singoden" und "Klavieroden"[85]

— Einheit von Wort und Ton, entsprechend der Forderung, man solle "sich ... beständig erinnern, daß man Verse mache, welche sollen gesungen werden"[86]

— Kennzeichnung einer wirkungsästhetischen Begriffsfeldes, das durch Attribute wie "sangbar", "einfach", "verständlich", "gefällig", "angenehm" näher bestimmt ist

Mit diesem Gattungsverständnis wurde über die Berliner Sammlungen hinaus ein weiter Bereich der zeitgenössischen Liedkomposition erfaßt. Doch die Theoretiker bezweckten mehr: Die in Berlin entwickelte Odentheorie sollte im Sinne eines kodifizierten Normenkomplexes stilistischer u.a. Parameter auch Leitbildfunktion andernorts besitzen. Dies aber mußte folgerichtig zu einer Monopolisierung von Wertvorstellungen führen, die wiederum mit spezi-

83. Vgl. Ottenberg. Ebenda. Vorwort. S. 6 ff.

84. Zusammenfassend zum Typus des Berliner Lieds Kurt Gudewill: Abschnitt "Das Kunstlied im deutschen Sprachgebiet". In: Artikel "Lied". In: Die Musik in Geschichte und Gegenwart. Allgemeine Enzyklopädie der Musik. Bd. 8. Kassel, Basel usw. 1960. Sp. 762.

85. Vgl. Kritische Briefe über die Tonkunst. Bd. 1. S. 22 f.

86. Krause: Von der Musikalischen Poesie. S. 49.

fischen Entwicklungslinien des deutschen Liedes kollidierten.
Marpurgs negatives Urteil über Sperontes' *Singende Muse an der
Pleisse*[87] erwuchs zwar aus der Beobachtung gravierender Verstöße
gegen die Regeln; sein hauptsächlicher Einwand bezog sich jedoch
darauf, daß diese Sammlung den Geschmack und Verständnis-
horizont unterer Schichten der Gesellschaft repräsentiere. Aber
auch Tendenzen der jüngeren Liedentwicklung bewertete Marpurg
kritisch. Der von Johann Adam Hiller bereits in den endsechziger
Jahren begründeten Richtung des volkstümlichen Liedes, die für die
Herausbildung des Singspiels wichtig wurde,[88] stand er ziemlich
verständnislos gegenüber. Die Hillerschen *Lieder mit Melodien fürs
Clavier*, 1759 anonym erschienen,[89] lehnte Marpurg sogar ab,[90] und
die süddeutsche und Schweizer Liedproduktion lag gänzlich außerhalb seines Gesichtskreises.[91]

Anders die Berliner Sammlungen: Als Muster der Gattung waren
sie gleichsam tabuisiert und damit ihre Autoren gegen kritische
Einwände gefeit. So unterblieben in den *Kritischen Briefen* auch
jegliche Versuche, dichterische Vorlage und kompositorische Gestalt (z.B. grammatikalischer Aufbau und Sinneinheiten des Textes,
der "Gang der Leidenschaften", Gesang, Harmonie, Bewegung
und Begleitung)[92] auf mögliche Fehler hin zu analysieren. Statt
dessen Elogen, wie die folgende: "Die Hand eines Meisters verräth
sich auch in den allerkleinsten Aufsätzen, und diese Sammlung von
zwey und zwanzig geistlichen Liedern, die die rührendesten und

87. Kritische Briefe über die Tonkunst. Bd. 1. S. 161 f.
88. Vgl. Bernhard Seyfart: Das musikalisch-volkstümliche Lied von
1770 bis 1800. Phil. Diss. Leipzig 1894. S. 12 ff.
89. Friedlaender: Das deutsche Lied im 18. Jahrhundert. Bd. 1. Nr. 76.
90. Kritische Briefe über die Tonkunst. Bd. 1. S. 355 f.
91. Vgl. die bei Friedlaender: Das deutsche Lied im 18. Jahrhundert
genannten Liedersammlungen. Bd. 1. Nr. 34, 47, 48, 70, 71, 81, 99.
92. Zu analytischen und methodologischen Aspekten der Liedkomposition in 18. Jahrhundert vgl. auch Klaus-Peter Koch: Musikanalytische
Betrachtungen zum Liedschaffen Reichardts. Referat, gehalten auf der
Konferenz "Johann Friedrich Reichardt (1752-1814). Komponist und
Schriftsteller der Revolutionszeit". Halle 23. und 24. September 1989 (im
Druck).

erbaulichsten Melodien, mit einem darunter gesetzten Generalbaß enthält, ist ein Beweis davon."[93]

Ende der sechziger Jahre erreichte die 1. Berliner Liederschule mit einem verlegerischen Großunternehmen ihren Höhepunkt und markanten Abschluß, den insgesamt 240, in vier Teilen zusammengefaßten *Liedern der Deutschen mit Melodien*.[94] Die damit eingeleitete Endphase des Berliner Liedes wurde von der Berichterstattung der Hillerschen *Wöchentlichen Nachrichten und Anmerkungen die Musik betreffend*[95] flankiert. In gewisser Weise setzte das in Leipzig erscheinende Journal die Rezensionstätigkeit der *Kritischen Briefe über die Tonkunst* fort. Erfaßt wurden die meisten zwischen 1766 und 1769 in Deutschland herausgegebenen Odensammlungen.[96] Die *Wöchentlichen Nachrichten* sind wesentlichen ästhetischen Aussagen der Berliner Musiktheorie verpflichtet.[97] Dennoch ist ihnen ein insgesamt mehr an den bürgerlichen Mittelschichten der Messe- und Handelsstadt Leipzig orientiertes Musikverständnis eigen. Dieses prägte auch die theoretischen Beiträge Hillers, in denen er die spätere Aufgeschlossenheit und Begeisterung für Volkslied und Singspiel vorbereiten half. Adressat seiner volkserzieherischen Bemühungen war nicht mehr ein bevorzugt bildungsaristokratisch geprägtes Publikum, wie es die typische Berliner Gemeinschaftskultur trug, sondern der "patriotische Deut-

93. Kritische Briefe über die Tonkunst. Bd. 1. S. 498. Dieses Urteil bezieht sich auf Johann Joachim Quantz' *Neue Kirchen-Melodien zu denen geistlichen Liedern des Herrn Profeß. Gellerts ...* Vgl. Friedlaender: Das deutsche Lied im 18. Jahrhundert. Bd. 1. Nr. 91.

94. Ebenda. Bd. 1. Nr. 132, 133, 138, 139.

95. Hiller bezieht sich in seinem Vorbericht zum 1. Bd. der *Wöchentlichen Nachrichten und Anmerkungen die Musik betreffend* mehrfach auf Marpurg. Ebenda. S. 1, 4.

96. Nahezu 20 Sammlungen werden in dem Hillerschen Periodikum z.T. sehr ausführlich rezensiert. Ebenda. Bd. 1. S. 85 f., 110, 118, 195-198 und häufiger.

97. "Wir hoffen, daß Herr Marpurg, den wir sehr ungern die musikalische Sphäre verlassen sahen, erlauben werde, uns bisweilen auf ihn zu berufen, den Leser auf seine nützlichen und angenehmen Schriften zu verweisen, oder wenn wir es nöthig haben, einen kleinen Umstand, mit getreuer Anzeige seines Nahmens, aus denselben zu wiederholen." Ebenda. Bd. 1. S. 4.

sche", dem der "deutsche Gesang" "eine allzu angenehme Sache" war[98] und der z.B. im Besuch von Aufführungen der Kochschen Schauspielergesellschaft sein Unterhaltungsbedürfnis erfüllt sah.[99] Vor diesem sich abzeichnenden sozialen Funktionswandel gewinnt Hillers ausführliche Charakteristik der *Lieder der Deutschen mit Melodien* ein besonderes Gewicht: "Daß eine solche Sammlung von Liedern den Deutschen auf alle Weise Ehre machen müsse", führte der Leipziger Musiker aus, "ist wohl kein Zweifel, indem sie gewissermaßen mit dem Stempel der Critik bezeichnet in die Welt tritt."[100] Und doch mischen sich in die Rezensionen leise Töne der Distanziertheit ein, weniger als Kritik formuliert, vielmehr Anzeichen eines sich verändernden Gattungsverständnisses. Favorisiert waren bei Hiller solche Lieder, die das Ideal einer neuen Einfachheit verkörperten. Das 11. und 27. Lied aus der vierten Sammlung gefielen "wegen einer gewissen Naivetät vorzüglich".[101] das 32. beeindrucke "durch seine innerliche Güte, durch einen leichten und angenehmen Gesang".[102] Aber: "Einige ... Stücke, scheinen uns, als Lieder, zu viel musikalisches Gepränge zu haben."[103]

Die im Lied erreichte Artifizialität — Synonym für das Gearbeitete, Handwerkliche etc. — wurde als dem "neuen Volkston" entgegenstehend zum hemmenden Faktor. Die Vertreter der 1. Berliner Liederschule sahen sich zu Beginn der siebziger Jahre in ein doppeltes Konfliktfeld gestellt. Zum einen erfolgte eine weitere Zementierung des Nord-Süd-Dualismus und durch ihn — bewußt oder unbewußt — eine mangelhafte Bereitschaft und Fähigkeit zu stilistischer Assimilation bei den Komponisten der preußischen Metropole. Zum anderen trat eine neue Dichter- und Musikergeneration auf den Plan. Sie vollzog einen Paradigmenwechsel in Ästhetik und Kunstpraxis mit weitreichenden Konsequenzen für die Entwicklung des Liedes. Was Marpurgs und Krauses Oden an

98. Ebenda. Bd. 1. S. 376.
99. Im Zusammenhang mit der Aufführung von Hillers Singspiel *Lottchen am Hofe* (1767). Ebenda.
100. Ebenda. Bd. 2. S. 93.
101. Ebenda. Bd. 4. S. 252.
102. Ebenda.
103. Ebenda.

Regelzwang und galant-rokokohafter Manier anhaftete, überwanden Johann Abraham Peter Schulz, Karl Spazier, Johann Friedrich Reichardt und Carl Friedrich Zelter. Doch damit ist bereits ein weiteres Kapitel Berliner Liedgeschichte aufgeschlagen.[104]

104. Grundlegend hierzu Friedlaender: Das deutsche Lied im 18. Jahrhundert; Schwab: Sangbarkeit. Popularität und Kunstlied; Walter Salmen: Johann Friedrich Reichardt. Komponist, Schriftsteller, Kapellmeister und Verwaltungsbeamter der Goethezeit. Freiburg i. Br., Zürich 1963.

Magda Marx-Weber

PARODIE ALS BEISPIEL DICHTERISCHER ANPASSUNG AN MUSIK: KLOPSTOCKS DEUTSCHER TEXT ZU PERGOLESIS *STABAT MATER*

Rose-Marie Hurlebusch zum Gedenken

In den Musiklexika der zweiten Hälfte des 18. Jahrhunderts bedeutet "Parodie" zweierlei: in der Literatur eine, meist scherzhaft überzeichnende, Nachahmung einer Vorlage,[1] in der Musik hingegen — ich zitiere hier das Musikalische Lexikon von Heinrich Christoph Koch —,[2] "wenn zu einem schon vorhandenen Singstücke ein anderer Text, es sey nun in eben derselben Sprache, oder in einer andern, verfertigt, und dem Tonstücke untergelegt wird". Dieser Definition aus dem Jahre 1802 läßt sich eine ältere aus dem Jahre 1768 an die Seite stellen, nämlich das Stichwort "Parodie" aus dem Dictionnaire de musique von Jean-Jacques Rousseau: "Air de Symphonie dont on fait un Air chantant en y ajustant des Paroles. Dans une musique bien faite le chant est fait sur les paroles, & dans la Parodie les paroles sont faits sur le chant: tous les couplets d'une Chanson, exepté le premier, sont des especes de Parodies; & c'est pour l'ordinaire, ce que l'on ne sent que trop à la maniere dont la

---

1. Z.B. in: Johann George Sulzer: Allgemeine Theorie der Schönen Künste ... neue (2.) vermehrte Auflage. Leipzig 1792. Nachdruck, hrsg. von Giorgio Tonelli. Hildesheim 1970. Artikel "Parodie", der im Untertitel der "Dichtkunst" zugewiesen wird. S. 650.
2. Heinrich Christoph Koch: Musikalisches Lexikon. Frankfurt a.M. 1802. Nachdruck Hildesheim 1964. Sp. 1136. Vgl. auch Nicole Schwindt-Gross: Parodie um 1800. Zu den Quellen im deutschsprachigen Raum und ihrer Problematik im Zeitalter des künstlerischen Autonomie-Gedankens. In: Die Musikforschung 41 (1988) S. 16-45, S. 26.

Prosodie y est estropiée."[3] In dieser engen Bedeutung,[4] als Unterlegung eines neuen Textes unter eine Musik, verwende ich im folgenden den Terminus "Parodie". Ich betone: eines neuen Textes, im Unterschied zur Übersetzung, die darum bemüht ist, den ursprünglichen Text möglichst getreu in eine andere Sprache zu übertragen, wobei gesagt werden muß, daß es fließende Übergänge zwischen Parodie und Übersetzung gibt.

Bei den Zeitgenossen war das Parodieren nicht unumstritten, wie ja auch in der Definition Rousseaus anklingt: "Dans une musique bien faite", schreibt er, "le chant est fait sur les paroles". Daß der Text zuerst da ist und die Musik auf ihn gemacht wird, erscheint uns heute als selbstverständlich, war es aber nicht im 18. Jahrhundert, vor allem nicht in dessen erster Hälfte. Darauf hat Hermann Abert schon 1923 hingewiesen: die Musik war für diese Zeit "durchaus die Hauptsache, der Dichter mochte sehen, wie er sich mit ihr auseinandersetzte".[5] Reinhard Strohm hat die in der Oper des 18. Jahrhunderts allgemein übliche Praxis, die Arien mit neuen Texten zu versehen, untersucht.[6] Bis weit ins 19. Jahrhundert war es üblich, berühmten weltlichen Musikwerken für den kirchlichen Gebrauch geistliche Texte zu unterlegen.[7]

Wie sich das Verhältnis zwischen Wort und Ton in einer Parodie gestaltete, soll an einem berühmten Beispiel gezeigt werden, der Parodie Friedrich Gottlieb Klopstocks zu Giovanni Battista Pergolesis *Stabat mater*.

Der Erfolg des 1736 komponierten *Stabat mater* Pergolesis war ganz außergewöhnlich. "Keine Komposition wurde im 18. Jahrhundert so häufig gedruckt wie Pergolesis Stabat Mater", schreibt

3. J(ean) J(acques) Rousseau: Dictionnaire de musique. Genève 1768, hier zitiert nach der Auflage Genève 1781, Tome second. S. 75.

4. In der heutigen Musikforschung meint der Begriff "Parodie" jegliche Neuverwendung bereits vorhandener Musik in einem neuen Zusammenhang.

5. Hermann Abert: Wort und Ton in der Musik des 18. Jahrhunderts. In: Archiv für Musikwissenschaft 5 (1923) S. 40.

6. Reinhard Strohm: Italienische Opernarien des frühen Settecento (1720-1730). Erster Teil: Studien. Köln 1976 (= Analecta musicologica. 16/I.) S. 245 ff.

7. Schwindt-Gross: Parodie um 1800.

Helmut Hucke.[8] "Die Erforschung seiner Verbreitung über ganz Europa, der Bearbeitungen und Parodien einschließlich J.S. Bachs *Tilge, Höchster, meine Sünden*, der Urteile und Diskussionen über das Werk und seine Rolle in der Literatur wäre ein lohnendes Unterfangen von Rezeptionsgeschichte. Pergolesis *Stabat mater* wurde zum Inbegriff religiöser Kammermusik, zum Kirchenmusikideal der bürgerlichen Musikkultur, und es spielte noch eine Schlüsselrolle in der Entwicklung der romantischen Musikästhetik."[9] In der Reihe der Parodien liegt Klopstocks 1767 gedichtete zeitlich etwa in der Mitte zwischen der von J.S. Bach unterlegten (zwischen 1741 und 1748)[10] und der in England erschienenen Unterlegung mit einer Ode Alexander Popes (The Dying Christian to his Soul, 1745/1761)[11] einerseits und Christoph Martin Wielands Nachdichtung von 1779[12] sowie Wilhelm Heinrich Wackenroders Gedicht andererseits.[13]

8. Helmut Hucke: Pergolesi in der Musikgeschichte oder: Wie groß war Pergolesi? In: Studi Pergolesiani/Pergolesi Studies 2, hrsg. von Francesco Degrada. Scandicci/Firenze 1988. S. 17. Vgl. auch neuerdings Jacob de Ruiter: Wahre Kirchenmusik oder Heuchelei? Zur Rezeption des "Stabat mater" von Pergolesi in Deutschland bis 1820. In: Die Musikforschung 43 (1990) S. 1-15.

9. Hucke: Pergolesi in der Musikgeschichte. S. 17. Vgl. auch Floyd K. Grave: Abbé Vogler's Revision of Pergolesi's Stabat Mater. In: Journal of the American Musicological Society 30 (1977) S. 46 f.

10. Zu Bachs Bearbeitung vgl. Francesco Degrada: Lo Stabat Mater di Pergolesi e la parafrasi Tilge, Höchster, meine Sünden. In: Studi Pergolesiani (s. Anm. 8) S. 155-184.

11. An Ode of Mͬ Pope's Adapted to the Principal Airs of the Hymn Stabat Mater. Compos'd by Signor Pergolesi. London. Printed for Wright an Co: Catherine Street in the Strand (erhalten u.a. in der Staats- und Universitätsbibliothek Hamburg — Carl von Ossietzky, Bibliothek Chrysander, Signatur MB/1969. Mein herzlicher Dank gilt Herrn Dr. B. Stockmann, Frau H. Heim und Frau Sommer für stete Hilfsbereitschaft. Zur Datierung der Ode vgl. Grave: Abbé Vogler's Revision. S. 46 Anm. 19.

12. Zu Wielands Nachdichtung vgl. Roman Zeilinger: Wort und Ton im deutschen "Stabat mater". Phil. Diss. Wien 1961 (masch.). S. 178 ff.

13. Zu Wackenroders Parodie in den Herzensergießungen eines kunstliebenden Klosterbruders (1796) vgl. Hucke: Pergolesi in der Musikgeschichte. S. 17 f.

Über die Entstehung seiner Parodie zu Pergolesis *Stabat mater* schrieb Klopstock in dem berühmten Brief an Cäcilie Ambrosius vom 30. oder 31.10.1767, in dem er auch sein Verhältnis zur Musik umreißt: "... ich bin ein sehr verliebter Liebhaber der Musik, u ob ich gleich selbst weder spiele noch singe, so habe ich doch einen Flügel u Clavier auf meiner Stube. Ich singe wohl bisweilen ein wenig mit, wenn es leicht ist, was gesungen wird. Gerstenberg und seine Frau singen gut u sehr nach meinem Geschmak ... Wir haben eine delicieuse kleine Sammlung von Musiken. Wir lesen Melodien aus, die uns vorzügl. gefallen. Wir machen Texte dazu wenn sie noch keine haben, wir ändern andre Texte, oder nehmen auch irgendeiner Melodie, die uns nicht gefällt, einen Text, der uns gefällt, u bringen ihn unter eine andre Melodie. Wenn Sie ein hübsch artig Kind seyn und singen lernen wollen, so sollen Sie schon Musiken haben, die Ihnen gefallen. Ich wette fast darauf, daß Sie stabat mater nicht kennen. Dieß ist ein lateinischer catholischer Text zu einer ausserordentlich schönen Composition. Ich habe einen deutschen Text dazu gemacht. Dieser Text ist sehr ernsthaft."[14] Vom Standpunkt der zeitgenössischen Liederdichter und -komponisten war die hier beschriebene Art und Weise, Texte und Melodien gegeneinander auszuwechseln, nicht mehr vertretbar. C.Ph.E. Bach und J.A.P. Schulz duldeten nicht einmal mehr kleine Wortumstellungen im Text, wenn ein Lied einmal vertont war.[15] Aber dieser Brief Klopstocks zeigt, daß das Unterlegen neuer Texte damals noch sehr beliebt war; ein Beispiel dafür ist die noch 1779 erschienene Sammlung *Lieder und Arien aus Sophiens Reise* zum Roman von Johann Timotheus Hermes, dessen Liedeinlagen bekannten Melodien, u.a. aus C.Ph.E. Bachs *Gellert-Liedern*, unterlegt wurden.[16]

14. Friedrich Gottlieb Klopstock: Briefe 1767-1772, hrsg. von Klaus Hurlebusch. Berlin, New York 1989 (= F.G.K.: Werke und Briefe. Historisch-Kritische Ausgabe. Abteilung Briefe: V/I) S. 36 f.
15. Vgl. Bachs Brief an Breitkopf vom 21.3.1774 zur Drucklegung der Cramerschen Psalmen, abgedruckt in: Briefe von Carl Philipp Emanuel Bach an Johann Gottlob Immanuel Breitkopf, hrsg. und kommentiert von E. Suchalla. Tutzing 1985 (= Mainzer Studien zur Musikwissenshaft 19.) S. 31. Ähnlich äußert sich Johann Abraham Peter Schulz in einer Vorbemerkung zu seinen 1782 erschienenen "Liedern im Volkston".
16. Vgl. Magda Marx-Weber, Der "Hamburger Bach" und seine

Die Parodie zum *Stabat mater* ist nicht die einzige Dichtung Klopstocks, die als "Text zur Musik" entstanden ist; auch die beiden Oden *Warnung* und *Die Erscheinung* wurden von Musik inspiriert.[17] Selbst Klopstocks *Geistliche Lieder* sind bis zu einem gewissen Grade als "Texte zur Musik" anzusehen, weil sie zu bekannten Choralmelodien gedichtet wurden.

Aus Klopstocks Briefwechsel geht hervor, daß seine Parodie zum *Stabat mater* schon im April 1767 im Freundeskreis bekannt war.[18] Ende 1769 interessierte sich die berühmte Leipziger Sängerin Corona Schröter für die deutsche Fassung. Welcher Art das Material war, das Klopstock daraufhin im Dezember 1769 nach Leipzig sandte, ob es nur die deutschen Verse, die Singstimme mit Unterlegung (durch Gerstenberg?) oder gar eine Partitur war, ist nicht bekannt.[19] Im April 1770 fanden in Leipzig zwei Aufführungen der deutschen Fassung statt. Die Leitung hatte Johann Adam Hiller, Solistinnen waren die bedeutenden Sängerinnen Elisabeth Schmeling und Corona Schröter. Begeistert schreibt Tiedemann an Klopstock über diese Aufführungen: "Die beyden Mädgen haben das Stück ganz allein wechselweise gesungen; und es traff sich glücklich daß meistentheils das einer jeden zufiel, was sich für ihre Stimmen am besten schickte. Mich haben folgende Passagen am meisten entzückt: Engel freuten sich der Wonne etc sang die Schmellingen mit ihrer gewöhnlichen Munterkeit, und,

Textdichter. In: Carl Philipp Emanuel Bach. Musik und Literatur in Norddeutschland. Ausstellung zum 200. Todesdag Bachs. Heide in Holstein 1988. (= Schriften der Schleswig-Holsteininschen Landesbibliothek 4.) S. 87.

17. Vgl. Franz Munckers Rezension der Klopstockstudien von Oswald Koller. In: Vierteljahrsschrift für Musikwissenschaft 6 (1890) S. 149.

18. Vgl. den Brief von Christiane Charlotte Friederike Stolberg an Klopstock vom 20.4.1767, abgedruckt in: Klopstock: Briefe 1767-1772. S. 11.

19. Tiedemann an Klopstock am 18.9 und Mitte November 1769: "... wünschte sie (d.i. Corona Schröter) sehr die Singstimme mit Ihrem Texte zu haben." ... "Wollen Sie die deutsche Partitur von stabat mater mit herbringen, so hoffe ich es bey Hillern dahin bringen zu können daß es in Ihrer Anwesenheit hier auffgeführt wird." Klopstock an Tiedemann am 2.12.1769: "Hier schicke ich, vornäml. für die Schrötern, das deutsche stabat mater." (Klopstock: Briefe 1767-1772. S. 208 f. und 213).

Wer wird Zähren sanften Mitleids etc die Schrötern mit der sanften und doch majestätischen Miene und Stimme, nach der ich sie zu meinem Ideal machen würde, wenn ich ein Mahler wäre und eine Madonna mahlen solte. Sie müssen mir ein wenig Enthusiasmus nun schon zu gute halten, wenn ich von diesem guten Mädgen spreche!"[20] Im Anschluß an diese Aufführungen veröffentlichte Hiller den Text der Parodie in seiner Musikzeitschrift *Musikalische Nachrichten und Anmerkungen auf das Jahr 1770* vom 7. Mai 1770; es folgten Abdrucke in verschiedenen Odensammlungen und Almanachen, wobei Klopstock selbst offensichtlich die Aufnahme dieses Textes in die Sammlungen nicht autorisiert hat.[21] 1774 publizierte Hiller dann den Klavierauszug mit Gesang und 1776 die Partitur.[22]

In seiner Wiener Dissertation hat sich Roman Zeilinger eingehend mit Klopstocks Parodie befaßt. Er weist hin auf die zahlreichen, von Klopstock paraphrasierten Bibelstellen, und auf den ständigen Wechsel von Leid und Wonne, der dem Text eine erhebliche Dynamik verleiht.[23] Zeilinger arbeitet heraus, daß nicht die schmerzhafte Mutter als Mittlerin im Mittelpunkt steht, sondern die Erlösung durch Christus.[24] Er kommt zu dem Ergebnis, daß Klopstock etwas Neues, von der Vorlage weitgehend Unabhängiges geschaffen habe.[25] Ob dieser neue Text der Komposition unangemessen ist, wie Zeilinger meint, wird später noch erörtert werden.

Klopstock hat aus dem vorliegenden "lateinischen catholischen Text" eben einen deutschen evangelischen gemacht. Anhand der neueren Arbeiten von Kaiser, Dräger und Hurlebusch läßt sich

20. Tiedemann an Klopstock am 18.4.1770 (Klopstock: Briefe 1767-1772. S. 227 f.).

21. Zu den frühen Abdrucken dieses Textes in Gedichtsammlungen s. Zeilinger: Wort und Ton im deutschen "Stabat mater". S. 106-110, ferner Christiane Boghart, Martin Boghart und Rainer Schmitt: Die zeitgenössischen Drucke von Klopstocks Werken. Eine deskriptive Bibliographie. Band I. Berlin, New York 1981. (= Friedrich Gottlieb Klopstock: Werke und Briefe. Addenda III/1) S. 230.

22. Titel der beiden Drucke s. unten Anmerkungen 40 und 52.

23. Zeilinger: Wort und Ton im deutschen "Stabat mater". S. 117 ff., S. 124 f.

24. ebda S. 122.

25. ebda S. 133.

dieser Text heute eng in den Zusammenhang von Klopstocks übrigen geistlichen Gedichten stellen. Aus dem klassischen Repertoire der italienischen und süddeutschen Passionsfrömmigkeit übernimmt Klopstock nur zwei Motive: das Schwert, das die Seele der Gottesmutter durchdrang, und — aus der Sieben-Worte-Frömmigkeit — die Worte Jesu an seine Mutter und an Johannes. Ansonsten drückt sich schon in der ersten Zeile der Parodie "fast alles Wesentliche und Unterschiedliche aus".[26] Aus "Stabat mater dolorosa" wird "Jesus Christus schwebt am Kreuze". Nicht die schmerzhafte Mutter als Mittlerin steht im Mittelpunkt, sondern die Erlösung durch Jesus Christus selbst. Die Göttlichkeit des Erlösers, der hier nicht als Schmerzensmann gezeigt wird, kommt in der Formulierung "schwebt am Kreuze" sowie in zahlreichen Bezeichungen im weiteren Text zum Ausdruck: Gottversöhner, herrlicher Vollender, göttlicher Vorgänger, Bezeichnungen für Christus, die aus Klopstocks geistlicher Dichtung bekannt sind.[27] Ein für Klopstock typisches Stichwort zum Thema Erlösung ist auch das Kreuz als Altar, auf dem das Lamm als Typus Christi geschlachtet wurde.[28] Charakteristisch für Klopstock ist ferner die in der Parodie angesprochene Anteilnahme der Engel an der Erlösung des Menschen ("Engel freuten sich der Wonne"). Die Erlösung vollzieht sich nicht durch die Fürsprache Mariens — wie im lateinischen Original — sondern durch einen Prozeß der Angleichung des Menschen an seinen "Vorgänger" Christus, durch Bewährung im Leiden, welches durch Gottes Mitleid gemildert wird.[29] Der eschatologische Gesichtspunkt

26. ebda S. 132.
27. Zu Klopstocks Religiosität vgl. Gerhard Kaiser: Klopstock. Religion und Dichtung. Gütersloh (1963). (= Studien zur Religion, Geschichte und Geisteswissenschaft 1). Jörn Dräger: Typologie und Emblematik in Klopstocks "Messias". Phil. Diss. Göttingen 1971. Klaus Hurlebusch: Artikel Klopstock. In: Deutsche Dichter. Leben und Werk deutschsprachiger Autoren, hrsg. von Gunter E. Grimm und Frank Rainer Max. Band 3. Aufklärung und Empfindsamkeit. Stuttgart (1988). S. 150-176. Ders.: Artikel Klopstock. In: Theologische Realenzyklopädie. Band XIX Lieferung 1/2. Berlin 1989. S. 271-275.
28. Dräger: Typologie und Emblematik. S. 54 und 60.
29. Dräger: Typologie und Emblematik. S. 69, 159. Hurlebusch in: Deutsche Dichter. S. 159.

wird im lateinischen Stabat mater ganz schlicht in der letzten Strophe angesprochen, bei Klopstock hingegen nimmt er breiten Raum ein. Der Mensch erhebt sich von der Erde "wie auf Adlers Flügeln", transzendiert[30] und wird Erbe der Wonne am Throne, wo sich alle Brüder "ungetrennet" zusammenfinden.[31]

Zusammenfassend ist zu sagen, daß sich in dieser Parodie Klopstocks religiöses Denken völlig unbehindert durch die Vorlage ausspricht.

Johann Adam Hiller (1728-1804) spielte eine bedeutende Rolle im deutschen Musikleben als Dirigent, Gesangspädagoge, Musikschriftsteller und Komponist. Für seine Konzerte in Leipzig bearbeitete er zahlreiche ältere Musikwerke. Zu der von ihm für nötig gehaltenen Anpassung dieser Werke an den Geschmack des modernen Publikums gehörte auch, wenn erforderlich, die Unterlegung eines deutschen Textes. Denn zum Verständnis eines Vokalwerkes gehörte für ihn in erster Linie das Verständnis des Textes. Aufgabe des Sängers war es daher, "Den Sinn der Worte ... zu fassen, die Empfindungen zu erkennen, die darinne ausgedrückt werden ... sich leicht in die darinne enthaltenen Empfindungen (zu) versetzen, und dieselben durch die schicklichste Art des Vortrags, und durch die angemessensten Nüancen der Stimme aus(zu) drücken."[32] Dementsprechend formuliert Hiller die Aufgabe des Textdichters, der einem Musikwerk einen neuen Text unterlegt, wie folgt: "Die Hauptempfindung des Gesanges zu ergreifen und darzustellen; alle Worte, alle Ideen, die eine besondere Wendung und Energie in der Musik veranlaßten, mit gleich wichtigen Worten und Ideen zu ersetzen, in den Wiederholungen, Trennungen und Dehnungen sich keinen Nonsens zu erlauben, das ist doch wohl das wichtigste, was man hier von einem Dichter fordern kann."[33]

30. Kaiser: Klopstock. S. 187. Hurlebusch in: Theologische Realenzyklopädie. S. 274.

31. Kaiser: Klopstock. S. 174. Hurlebusch in: Theologische Realenzyklopädie. S. 272.

32. Johann Adam Hiller: Anweisung zum musikalisch-richtigen Gesange, mit hinlänglichen Exempeln erläutert, Leipzig, bei Johann Friedrich Junius 1774. S. 192.

33. Meisterstücke des italiaenischen Gesanges, in Arien, Duetten und Chören, mit deutschen geistlichen Texten; nebst einer nöthigen Vorrede,

Die beiden Zitate zeigen, daß Hiller sich der Affektenlehre verpflichtet fühlt, wobei das Wort "Affekt" durch das Wort "Empfindung" ersetzt wurde; ferner, daß er drei Schichten des Textes unterscheidet, denen er bei der Übertragung in eine andere Sprache gerecht werden will: die Hauptempfindung des gesamten Stückes, dann hervorgehobene Einzelaspekte des Textes, zuletzt die Deklamation. Zur deklamatorischen Anpassung eines neuen Textes schrieb Hiller in der Vorrede zu seiner Ausgabe von Händels *Utrechter Te Deum*: "Ich brauchte weiter nichts zu thun, und habe weiter nichts gethan, als man in dergleichen Fällen nothwendig thun muß: hier ein paar Noten in eine gezogen, dort eine Note in zwo zertheilt; hier eine Auffschlagsnote weggelassen; dort eine vorangesetzt."[34] Das klingt einfach, konnte sich aber auch sehr schwierig gestalten, wie Hiller in derselben Vorrede auch zugab. Wurde der neue Text daher von einem Literaten gedichtet, der nicht Musiker war, mußte ein musikalisch versierter Mitautor die Anpassung an die Musik besorgen. War der Textdichter des neuen Textes jedoch zugleich Musiker, so konnte er schon im Entwurf des Textes auf die Musik eingehen. So geschah es bei Johann Adam Hillers Parodie des *Stabat mater* zur Komposition Joseph Haydns.[35] Der Dichter konnte in dieser Situation auch auf die Idee kommen, die Musik mit Hilfe des neuen Textes zu interpretieren, denn, wie Hiller schreibt: "Gar oft sagen die Noten mehr, als die Worte, worüber sie der Componist schrieb. Ich habe das bey Haydns Stabat mater hin und wider empfunden."[36] In der Tat wurde im 18. Jahrhundert immer wieder behauptet, ein neuer

---

und einem nuetzlichen Anhang fuer den Saenger, in Partitur, herausgegeben von Johann Adam Hiller ... Leipzig, bey Johann Friedrich Junius. 1791. Vorrede S. VII.

34. Georg Friedrich Händels: Te Deum laudamus zur Utrechter Friedensfeyer ehemals in Englaendischer Sprache componirt, und nun mit dem bekannten lateinischen Texte herausgegeben von Johann Adam Hiller. Leipzig, im Schwickertschen Verlage. (o.J.) (1780).

35. Stabat Mater à 4 voci coll'accompagnamento dell'Orchestra composto da G. Haydn. Partitura/Stabat Mater von J. Haydn mit unterlegtem deutschen Texte. Leipzig bey Breitkopf und Härtel (o.J.) (1781).

36. Meisterstücke des italiaenischen Gesanges. Vorrede. S. VII.

Text passe besser zu einer bestimmten Musik als der ursprüngliche. Das hängt mit der Vorrangstellung der Musik gegenüber dem Text zusammen und ist zugleich die Rechtfertigung des Parodierens.[37] So schreibt Tiedemann in dem bereits erwähnten Brief an Klopstock: "Hiller ist mit der Wahl der Gedancken und Worte zu jedem Ausdrucke der Musick, ungemein zufrieden, und gesteht, daß letztere auf diese Art unendlich gewonnen hat."[38] Dem Abdruck von Klopstocks Text in den *Musikalischen Nachrichten und Anmerkungen* stellt Hiller folgende Bemerkung voran: "Die Empfindungen der Musik sind in dieser (d.i. der Parodie) weit glücklicher erreicht und ausgedrückt als in dem lateinischen Texte; und wenn Pergolesi lebte ... würde er sich vielleicht bereden lassen, er habe sie für diesen, und nicht für den lateinischen componirt."[39] Und im "Vorbericht" zum gedruckten Klavierauszug des *Stabat mater* mit Klopstocks Parodie schreibt Hiller: "Dank sey es dem großen Sänger des Messias, der den Ausdruck der Pergolesischen Musik so tief, so richtig, einsahe, und Worte und Gedanken dazu fand, welche den italiänischen Componisten ... in Verwunderung setzen würden."[40]

Wie verhält sich nun Klopstocks Text zu Pergolesis Musik und wie hat ihn Hiller der Singstimme unterlegt?

Was die Verteilung der Silben unter der Singstimme angeht, so hat Hiller mehrfach betont, er sei bei dieser Aufgabe "mit aller Vorsicht zu Werke gegangen".[41] Aus heutiger Sicht kommt man

37. Vgl. Hermann Abert: Wort und Ton in der Musik des 18. Jahrhunderts. S. 42, sowie das Kapitel "Entlehnung, Parodie, Pasticcio" in: Reinhard Strohm: Italienische Opernarien des frühen Settecento. S. 245-260.
38. Tiedemann an Klopstock am 18.4.1770 (Klopstock: Briefe 1767-1772. S. 227).
39. Musikalische Nachrichten und Anmerkungen auf das Jahr 1770. Leipzig 1770. 19. Stück, 7. May 1770.
40. Johann Baptist Pergolesi Stabat Mater oder Passions-Cantate, mit der deutschen Parodie des Herrn Klopstocks, in einem Clavierauszuge. Zum Besten der neuen Armenschule zu Friedrichstadt bey Dresden. Leipzig, in Commission bey Bernhard Christoph Breitkopf und Sohn 1774.
41. Passionsoratorium: Die Pilgrimme auf Golgatha, von Herrn Hasse

aber zu einem anderen Urteil: Die zahlreichen Änderungen der pergolesischen Melodielinien, vor allem in den Kadenzen, wären vermeidbar gewesen und sind nicht durch Probleme der Textunterlegung erzwungen. Vielmehr sind es stilistische Retuschen, wie sie Hiller in späteren Ausgaben, z.B. der Werke Händels, ganz bewußt vorgenommen hat, um die betreffenden Musikwerke "der heutigen Manier zu nähern".[42] Es war wohl auch nicht der Zweifel an einer unzulänglichen Vorlage — wie Hiller in der Vorrede zum Klavierauszug 1774 behauptet — sondern sein, wie er es nennt, "kritisches Urtheil", sprich: Stilwille, der ihn bewog, Pergolesis Melodielinien zu verändern. Die Veränderungen sind im Klavierauszug von 1774 noch vergleichsweise selten, im Partiturdruck von 1776 aber sehr zahlreich. Der für Pergolesi, Leonardo Vinci und ihre neapolitanischen Zeitgenossen typische Rhythmus wird vereinfacht und geglättet durch Wegnahme von Synkopen, Triolen und Punktierungen, vor allem in den Kadenzen. Der Rhythmus wird sozusagen "entneapolitanisiert". Als einfaches Beispiel[43] sei genannt die Glättung des Rhythmus in der Kadenz in Nr. 5 ("Quis est homo"), Takt 30: aus "(et flagellis) subditum" wird "(Himmel, deinen) Vorschmack gab". (Notenbeispiel 1)

sub ——— di - tum

Vor - schmack gab

in Musik gesetzt, mit der deutschen Uebersetzung in einen Clavierauszug gebracht von Johann Adam Hiller. Leipzig, im Schwickertschen Verlage. (1784). Vorrede.

42. Auszug der vorzüglichsten Arien, Duette und Chöre aus Georg Friedrich Händels Messias und Judas Maccabäus in Claviermäßiger Form, von Johann Adam Hiller ... Dresden und Leipzig, verlegt von Johann Gottlob Immanuel Breitkopf. 1789. Vorbericht.

43. Vgl. die neue Partiturausgabe des Stabat mater von Pergolesi, hrsg. von Helmut Hucke. Wiesbaden (1987) (= Breitkopf u. Härtel. Partiturbibliothek Nr. 5111) S. 10 und 26.

Etwas vielschichtiger ist der Fall des Wortes "lacrimosa" in Nr. 1, Takt 19. (Notenbeispiel 2)

Pergolesi wollte mit der reichen Auszierung sicher das Schlüsselwort "lacrimosa" hervorheben. Vielleicht hat Hiller mit der Vereinfachung auf den Text Klopstocks reagiert, der eine solche Hervorhebung nicht rechtfertigt.

"Lacrimosa" ist eines der vielen Wörter im *Stabat mater*, die zu dem für die Passionsfrömmigkeit zentralen Bereich von Leiden, Tod, Kreuz, Sünde und Buße gehören. Die Musiker haben diese Wörter bis ins 18. Jahrhundert mit Hilfe von musikalisch-rhetorischen Figuren unterstrichen. Bei Pergolesi sind nur noch vereinzelt musikalisch-rhetorische Figuren nachweisbar, vor allem passus und saltus duriusculus, ansonsten betont er Wörter aus dem genannten Bereich mit Seufzerketten und mit langen Melismen, die zwischen Dur uns Moll irrisieren und zahlreiche Halbtonschritte verwenden. Ob es sich nun um Kreuz, Leiden, Sünde oder Tod handelt, die musikalischen Mittel zur Ausdeutung dieser Begriffe sind dieselben. Eine Parodie könnte diese Begriffe untereinander austauschen, ohne den Ausdruck der Musik zu vernachlässigen. In der Tat geschieht dies vereinzelt in Klopstocks Parodie, so wird aus "dolorosa": "Kreuz", aus "nati poenas": "Leiden". Weit häufiger aber sind die Fälle, in denen die Intention von Pergolesis Musik — über zwanzig Jahre nach ihrer Komposition — nicht mehr verstanden wurde und die Schlüsselworte durch neutrale oder sogar dem ursprünglichen Ausdruck widersprechende Wörter ersetzt wurden. So wird aus "morientem desolatum" in Nr. 6 ("Vidit suum dulcem natum") bei Klopstock "ach, was hätten wir empfunden"; aus "(in) planctu (desidero)" wird "Versöhner". Saltus und passus duriusculi, von Pergolesi hier offensichtlich gezielt eingesetzt, wurden von Klopstock und Hiller nicht mehr als

"Härten" verstanden. Die gespannten Akkorde zu Beginn von Nr. 3, "O quam tristis et afflicta" hat Klopstock mit den Worten unterlegt: "Liebend neiget er sein Antlitz"; auch diese Akkorde wirkten nicht mehr "hart". Nicht allen Schlüsselworten des lateinischen Stabat mater ist Pergolesi in seiner Komposition nachgegangen. In manchen Nummern, in denen verschiedene Textabschnitte ein und derselben Musik unterlegt wurden, ist ein Textbezug kaum erkennbar, z.B. in Nr. 11, "Inflammatus et accensus", und hier besonders in den Takten 24 bis 26 bei den Worten "in die judicii". Klopstock unterlegt den lang ausgehaltenen Hochton des Soprans, dem eine absteigende Tonleiter mit Kadenz folgt, mit den Worten "ihr Höh'n der Herrlichkeit" und hat damit eine der Musik angemessenere Lösung gefunden als das Original.[44]

Nach Erörterung der deklamatorischen Anpassung und der Behandlung einzelner Schlüsselwörter bleibt noch die Frage: wie wird Klopstock der Hillerschen Forderung gerecht, in seiner Parodie "die Hauptempfindung des Gesanges zu ergreifen und darzustellen"[45] — vorausgesetzt, den einzelnen Nummern liegt überhaupt eine "Hauptempfindung" zugrunde? Ganz sicher gilt dies nicht für die beiden Nummern "Fac ut ardeat cor meum" und "Amen", beides "Adaptationen der traditionellen Schlußfuge in der großen Kirchenmusik".[46]

Von einer "Hauptempfindung" kann man auch in den Nummern nicht sprechen, in denen, wie in Nr. 9 ("sancta mater, istud agas"), mehrere ganz unterschiedliche Textstrophen aus gleichbleibendem musikalischen Material bestritten werden. Für eine Parodie ergeben sich hier Freiräume, die Klopstock auch genutzt hat. Darüberhinaus hat Klopstock in mehreren Nummern eine dem lateinischen Text konträre "Hauptempfindung" gewählt. Das krasseste Beispiel hierfür ist Nr. 4: aus "Quae maerebat et dolebat" wurde "Engel freuen sich der Wonne". Deutlicher konnte Klopstocks Kritik an Pergolesis Gestaltung dieser Nummer nicht ausfallen. Im Zusammenhang des Textes wirkt dieser Abschnitt

44. Partiturausgabe S. 55.
45. S. Anm. 33.
46. Hucke: Pergolesi in der Musikgeschichte. S. 16.

der Parodie etwas unmotiviert. Man hat den Eindruck, Klopstock habe diese Sätze nur eingefügt, um dem Affekt der Musik, wie er ihn empfand, gerecht zu werden. Lange bevor die Diskussion um Pergolesis *Stabat mater* einsetzte — sie wurde 1774 durch Padre Martini eröffnet[47] — hat Klopstock in seiner Parodie zum Ausdruck gebracht, daß Pergolesi dem Text des *Stabat mater* zumindest streckenweise nicht gerecht geworden sei. Stein des Anstoßes waren wohl die Synkopen, die "in der neapolitanischen Tradition eine geläufige Figur zum Ausdruck der Verwirrung, des Außer-sich-Seins vor Leid und Schmerz" waren.[48] An den Synkopen ("Verrückungen") in Nr. 2 ("Cujus animam gementem") hat sich bekanntlich in Deutschland die lange, bis ins 19. Jahrhundert fortgeführte Diskussion um Pergolesis *Stabat mater* entzündet.[49] Hiller hatte übrigens schon 1774 — das wurde wenig beachtet — in dieser Frage für Pergolesi Partei ergriffen, indem er betonte, daß gegen derartige Akzentverschiebungen "nichts einzuwenden" sei. "In dem bekannten Stabat mater des Pergolesi kommt viel von dieser Art vor."[50]

Klopstock war zwar begeistert von der "außerordentlich schönen Composition" Pergolesis, hatte aber, wie gezeigt, Einwände gegen den Text und seine Behandlung durch den Komponisten. Begeisterung mit Vorbehalten — diese Haltung zum *Stabat mater* Pergolesis war in Deutschland im 18. Jahrhundert weit verbreitet. "Obwohl der Sequenz hohes Lob gezollt wurde, war man mit der Originalfassung offensichtlich nicht zufrieden ... zog das deutsche Publikum Umgestaltungen vor."[51] Dieses gespaltene Urteil beruhte auf dem Mißverständnis, Pergolesis Sequenz gehöre — wie andere Stabat mater-Vertonungen des 18. Jahrhundert — zur "großen Kirchenmusik". Als Andachtsmusik für eine intimen Rahmen ist das Werk jedoch zur "kleinen" Kirchenmusik zu rechnen.[52] Bach machte aus Pergolesis *Stabat mater* eine prote-

47. Vgl. de Ruiter: Wahre Kirchenmusik oder Heuchelei? S. 12 ff.
48. Hucke im Vorwort zur Partiturausgabe. S. (3)
49. De Ruiter: Wahre Kirchenmusik oder Heuchelei? S. 12 f. Grave: Abbé Vogler's Revision. S. 47.
50. Hiller: Anweisung zum musikalisch-richtigen Gesange. S. 195.
51. De Ruiter: Wahre Kirchenmusik oder Heuchelei? S. 2.
52. Zur "großen" und "kleinen" Kirchenmusik vgl. Hucke: Pergolesi in der Musikgeschichte. S. 12 f.

stantische Kirchenkantate,[53] Hiller eine repräsentative Passionsmusik, die "nicht allein in Concerten, sondern auch selbst in
Kirchen brauchbar seyn würde". Obwohl er das Werk "in der
Harmonie verbessert, mit Oboen und Flöten verstärkt, und auf
vier Singstimmen gebracht" hat,[54] ist er mit der Musik Pergolesis
weit vorsichtiger umgegangen als etwa Abbé Vogler. Denn Hiller
hatte großen Respekt vor Pergolesis Musik, von der er im
"Vorbericht" zum Klavierauszug von 1774 sagt: "Ich gestehe es
gern, daß ich kein Musikstück kenne, welches für mich, vom
Anfange bis zum Ende, von gleicher Rührung wäre, als diese
Komposition des Pergolesi, mit der deutschen Parodie von Herrn
Klopstock." Welchen Respekt Hiller auch vor Klopstocks Parodie
hatte, zeigt seine eigene Nachdichtung des *Stabat mater* zu Joseph
Haydns Musik,[55] die unverkennbar von Klopstocks Text beein-
flußt ist, vor allem in ihren theologischen Aussagen.

Nur wenige Beispiele für Hillers Abhängigkeit von Klopstocks
Text müssen hier genügen:
Strophe 1: "Weint ihr Augen heiße Thränen/ an dem Kreuze, wo
voll Jammer/ mein Erlöser sterbend schwebt."
Strophe 10: "Durch der Himmel weite Sphären/ tönt des Gott-
versöhners Stimme/ Vater! sieh, es ist vollbracht."
Strophe 11: "Engel feyern diese Stunde/ nehmen am erneuten
Bunde/ an der Menschheit Glücke theil."
Hiller verhält sich ähnlich frei zur lateinischen Vorlage wie
Klopstock, übernimmt aber Versmaß und Reim und gibt sich —
anders als der Dichter — größte Mühe, die lateinischen Schlüsselworte des Textes durch entsprechende deutsche zu ersetzen. Bis ins
19. Jahrhundert blieb Klopstocks Parodie hochgeschätzt[56] und hat

53. Vgl. Degrada: Lo Stabat Mater di Pergolesi. S. 179.
54. Johann Baptist Pergolese vollständige Passionsmusik zum Stabat
Mater mit der Klopstockischen Parodie; in der Harmonie verbessert, mit
Oboen und Flöten verstärkt, und auf vier Singstimmen gebracht von
Johann Adam Hiller. Leipzig, verlegts die Dykische Buchhandlung,
1776.
55. Zu dieser Parodie Hillers vgl. auch Zeilinger: Wort und Ton im
deutschen "Stabat mater". S. 217 (mit Abdruck des Textes).
56. Stabat Mater für zwei Sopran-Stimmen von G.B. Pergolesi. Mit
freier Uebertragung des lateinischen Textes "Empfindungen beim Kreuze

noch auf spätere deutsche Textfassungen wie die von Zoellner[57] eingewirkt.

Berücksichtigt man die Anschauungen des 18. Jahrhunderts über das Verhältnis von Text und Musik und die Gepflogenheiten beim Parodieren, so kann man Klopstocks Parodie nicht — wie Zeilinger[58] — als "Fehlschlag" ansehen. Für die Rezeption des *Stabat mater* Pergolesis in Deutschland war sie eher ein Glücksfall.

---

des Heilandes". Vollständiger Clavier-Auszug von C.H. Zoellner. Hamburg bei A. Cranz (o.J.) (ca 1830).
   57. S. 160.

ANHANG

Klopstock (Druck 1776)	Latein. Originaltext

Jesus Christus schwebt' am Kreuze! Blutig sank sein Haupt herunter, Blutig in des Todes Nacht.	Stabat mater dolorosa juxta crucem lacrimosa, dum pendebat filius.
Bey des Mittlers Kreuze standen Bang Maria und Johannes, Seine Mutter, und sein Freund. Durch der Mutter bange Seele, Ach! durch ihre ganze Seele Drang ein Schwert.	Cujus animam gementem, contristatam et dolentem, pertransivit gladius.
Liebend neiget er sein Anlitz: "Du bist dieses Sohnes Mutter! Und Du dieser Mutter Sohn!"	O quam tristis et afflicta fuit illa benedicta mater unigeniti!
Engel freuten sich der Wonne, Jener Wonne, Die der Mittler seiner Mutter, Seinem Freunde sterbend gab. Abgetrocknet sind nun ihnen Alle Thränen, Mit den Engeln freu'n sie sich.	Quae maerebat et dolebat, et tremebat cum videbat nati poenas incliti.

Wer wird Zähren sanften Mitleids
Nicht mit diesen Frommen weinen,
Die dich, Herr, im Tode sahn?
Wer mit ihnen nicht verstummen,
Nicht, wie sie, vor Schmerz versinken,
Die dich, Herr, im Tode sahn?

Wer wird sich nicht innig freuen,
Daß der Gottversöhner ihnen,
Himmel, deinen Vorschmack gab;
Ach! daß Jesus Christus ihnen,
Himmel, deinen Vorschmack gab?

Ach, was hätten wir empfunden
Am Altar des Mittleropfers,
Am Altare, wo er starb!

Seine Mutter, seine Brüder
Sind die Treuen, die mit Eifer
Halten, was der Sohn gebeut.

Erben sollen sie am Throne,
In der Wonne Paradiese,
Droben, wo die Krone strahlt.

Sohn des Vaters, aber leiden,
Du Vorgänger, leiden müssen deine
                                    Brüder
Eh sie droben an dem Throne,
Eh' mit dir sie Erben sind.
Nur ein sanftes Joch, o Mittler,
Leichte Lasten, göttlicher Vorgänger,
                                    sind
Deinen Treuen alle Leiden dieser
                                    Welt.

O du herrlicher Vollender,
Der sein Joch mir, seine Lasten
Sanft und leicht alleine macht;
Voller Mitleid,
Sanft und leicht alleine macht!

Auf dem hohen Todeshügel,
Auf der dunklen Schädelstädte,
Da, da lernen wir von dir!
Versöhner, da von dir!

Quis est homo qui non fleret,
Christi matrem si videret
in tanto supplicio?
Quis non posset contristari,
piam matrem contemplari
dolentem cum filio?

Pro peccatis suae gentis
vidit Jesum in tormentis,
et flagellis subditum.

Vidit suum dulcem natum
morientem desolatum,
dum emisit spiritum.

Eja mater, fons amoris,
Me sentire vim doloris
fac, ut tecum lugeam.

Fac ut ardeat cor meum
in amando Christum Deum,
ut sibi complaceam.

Sancta mater, istud agas,
crucifixi fige plagas

cordi meo valide.

Tui nati vulnerati,
tam dignati pro me pati,

poenas mecum divide.

Fac me vere tecum flere,
crucifixi condolere
donec ego vixero.

Juxta crucem tecum stare,
te libenter sociare
in planctu desidero.

Dort rufst du mich von der Erde
Laut gen Himmel!
Mich zu jenem Erb' im Licht,
Ach, zum Erb' im Licht hinauf!

Erdenfreuden!
Und ihr Elend!
Möchtet ihr dem Wanderer nach
Salem
Staub unterm Fuße seyn!
Kurze Freuden! leichtes Elend!
Möchtet ihr dem Wanderer nach
Salem
Staub unterm Fuße seyn!

Möcht ich, wie auf Adlers Flügeln
Hin zu euch, ihr Höhen, eilen,
Ihr Höh'n der Herrlichkeit!
Mitgenossen jenes Erbes,
Mitempfänger jener Krone,
Meine Brüder, leitet mich!

Daß dereinst wir, wenn im Tode
Wir entschlafen, dann zusammen,
Droben unsre Brüder sehn.
Daß wir, wenn einst wir entschlafen,
Ungetrennet im Gerichte
Droben unsre Brüder sehn.

Amen.

Virgo virginum praeclara,
mihi jam non sis amara
Fac me tecum plangere.

Fac ut portem Christi mortem,
passionis fac consortem,
et plagas recolere.

Fac me plagis vulnerari,
cruce hac inebriari,

ob amorem filii.

Inflammatus et accensus,
per te virgo sim defensus
in die judicii.
Fac me cruce custodiri,
morte Christi praemuniri,
confoveri gratia.

Quando corpus morietur,
fac ut animae donetur
paradisi gloria.

Amen.

Marianne Danckwardt

DIE KLOPSTOCK-LIEDER IGNAZ VON BEECKES

Ignaz Franz von Beecke wurde von seinen Zeitgenossen zwar als Komponist von Klavierwerken hochgepriesen, nicht aber als Vokalkomponist. Schreibt Christian Friedrich Daniel Schubart über Beeckes Sonaten: "Seine Claviersonaten gehören unter die besten dieser Art, so wir besitzen: sie sind reich an hervorstechenden, meist ganz neuen Wendungen",[1] so äußert er sich wenige Zeilen später über die Vokalmusik: "Beecke hat auch manches für den Sang geschrieben; doch zeichnet er sich hierin nicht so sehr aus, wie in den Instrumentalsachen. Er *künstelt* die Empfindungen heraus, und legt oft mehr oder weniger in den Gesang, als wirklich darin liegt."[2] Dominicus Mettenleiter hingegen findet — 65 Jahre nach Beeckes Tod — lobende Worte über die Lieder: "Das Glück, welches von Beekes" Lieder "machten,[3] verdanken sie hauptsächlich ihrem

1. Christian Friedrich Daniel Schubart: Ideen zu einer Ästhetik der Tonkunst. Wien 1806. Nachdruck Hildesheim 1969. S. 167. Weitere anerkennende Äußerungen zur Klaviermusik Beeckes s. Schubart: Ideen. S. 166 und Charles Burney: Tagebuch seiner Musikalischen Reise. Bd. II. Hamburg 1773. Hrsg. von Eberhardt Klemm als: Tagebuch einer musikalischen Reise. Leipzig 1975. S. 266.
2. Schubart: Ideen. S. 167.
3. Mettenleiter meint hiermit vermutlich einerseits die recht beachtliche Zahl der zu Lebzeiten Beeckes erschienenen Drucke — etwa dreißig deutsche Lieder wurden veröffentlicht — und andererseits die nicht unbedeutenden Widmungsträger einiger Drucke — die beiden später in Mettenleiters Besitz befindlichen Sammlungen *VI. Lieder von Mathisson ... Augsburg* (1800) und *VI. Lieder von Klopstock, Heerder und Mathisson ... Augsburg* (1801) (Regensburg, Bischöfliche Zentralbibliothek, Proske-Musikbibliothek, Mettenleiter 133 und 134) waren der Königin von Preußen bzw. der Prinzessin von Solms-Braunfels gewidmet, die beiden zuvor erschienenen Bände *VI. Lieder von Matthison ... Augsburg* (1798) und *VI. Lieder von verschiedenen Dichtern ... Augsburg* (1800) der

288

gefälligen Style, der grossen Annehmlichkeit ihrer Melodien, die selbst da, wo er grossartig heroisch und erhaben wird, durchaus nichts von der Cantabilität ihres Gesanges vergeben."[4] Trotz dieses positiven Urteils hat sich seither niemand der Mühe unterzogen, die Lieder genauer zu untersuchen. Die grundlegenden Liedgeschichten vom Anfang unseres Jahrhunderts[5] erwähnen Beeckes Namen ebensowenig wie die neuesten Untersuchungen zum deutschen Lied des 18. Jahrhunderts.[6]

So verwundert es nicht, daß man über Beeckes Schaffen auf dem Gebiet des deutschen Liedes bisher keinen Überblick hat. Das neueste Werkverzeichnis in *The New Grove Dictionary of Music and Musicians*[7] unterscheidet sich von der 1812 von Ernst Ludwig Gerber vorgelegten Zusammenstellung einiger Lieder und Liedsammlungen[8] einzig durch die Hereinnahme des *Fischerliedes* (erstmals aufgeführt in *Die Musik in Geschichte und Gegenwart*[9]) und zweier nicht näher bezeichneter Lieder aus der Bibliothek der

Erzprinzessin von Thurn und Taxis bzw. der Herzogin von Hildburghausen.

4. Dominicus Mettenleiter: Die fürstlich Oettingen-Wallerstein'sche Hofkapelle. In: Orlando di Lasso. Registratur für die Geschichte der Musik in Bayern I. Brixen 1868. S. 40.

5. Siehe etwa Max Friedlaender: Das deutsche Lied im 18. Jahrhundert. 3 Bde. Stuttgart/Berlin 1902. Nachdruck Hildesheim/New York 1970 oder Hermann Kretzschmar: Geschichte des neuen deutschen Liedes. I. Teil: Von Albert bis Zelter. Leipzig 1911. (= Kleine Handbücher der Musikgeschichte nach Gattungen IV).

6. Siehe etwa Margaret Mahony Stoljar: Poetry and Song in Late Eighteenth Century Germany: A Study in the Musical Sturm and Drang. London/Sydney/Dover, New Hampshire 1985, oder John William Smeed: German Song and its Poetry 1740-1900. London/New York/Sydney 1987.

7. Adolf Layer: Artikel "Beecke". In: The New Grove Dictionary of Music and Musicians. Hrsg. von Stanley Sadie. London/Washington/Hong Kong 1980. Bd. 2 S. 352.

8. Ernst Ludwig Gerber: Neues historisch-biographisches Lexikon der Tonkünstler. Bd. 1. Leipzig 1812. Nachdruck Graz 1969. Sp. 308.

9. Ernst Fritz Schmid: Artikel "Beecke". In: Die Musik in Geschichte und Gegenwart. Hrsg. von Friedrich Blume. Bd. 1. Kassel/Basel 1949-1951. Sp. 1503.

Gesellschaft der Musikfreunde in Wien.[10] Eine Auflistung der in den vier Augsburger Drucken aus den Jahren 1798 bis 1801[11] enthaltenen Lieder fehlt ebenso wie ein Hinweis auf den großen autographen Bestand an Beecke-Liedern in der Fürstlich Oettingen-Wallersteinschen Bibliothek Schloß Harburg,[12] in dem sich dreizehn Unikate befinden.[13]

Nun gehört aber Beecke — und schon deshalb gebührt seinen Liedern einige Aufmerksamkeit — zu jenen Vokalkomponisten der letzten Jahrzehnte des 18. Jahrhunderts, die bereits durch die Auswahl ihrer Textvorlagen zu erkennen geben, daß sie einem neuen, nicht mehr der Einfachheit und Eingängigkeit verschriebenen ästhetischen Ideal anhängen. Beecke war einer der ersten, der ein Singspiel auf Goethes *Claudine von Villa Bella* schrieb und Balladentexte von Gottfried August Bürger vertonte.[14] In seinen Liedern ist etwa zwanzigmal Friedrich von Matthisson als Textdichter genannt; als weiterer wichtiger Dichter kristallisiert sich — wenn auch nur mit drei Vorlagen — Friedrich Gottlieb Klopstock heraus. Neben Matthisson und Klopstock sind u.a. Ludwig Christoph Heinrich Hölty und Johann Gottfried Herder als Textdichter vertreten. Beeckes süddeutsche Zeitgenossen hingegen — Antonio Rosetti, Christian Friedrich Daniel Schubart und

10. Vermutlich handelt es sich um die beiden bei Helmut Scheck: Die Vokalkompositionen von Ignaz von Beecke. München 1961. (Mschr. Zulassungsarbeit für die künstlerische Staatsprüfung für das Lehramt an höheren Schulen) unter V/21 und V/25 aufgeführten Lieder *Fischerlied* und *Deutsche Arie*.

11. Siehe Anm. 3.

12. Heute Universitätsbibliothek Augsburg. 23 deutsche Lieder mit einigen italienisch- und französischsprachigen Kompositionen unter der Signatur HR III 4 1/2 4° 162 zusammengefaßt, ein weiteres Lied unter der Signatur HR III 4 1/2 4° 161.

13. Der Bestand ist seit 1976 katalogmäßig erschlossen: Gertraut Haberkamp: Thematischer Katalog der Musikhandschriften der Fürstlich Oettingen-Wallerstein'schen Bibliothek Schloß Harburg. München 1976. (= Kataloge Bayerischer Musiksammlungen [3]). — Eine — allerdings nicht vollständige — Auflistung bereits bei Scheck: Vokalkompositionen.

14. Siehe auch Ernst Fritz Schmid: Ignaz von Beecke. In: Lebensbilder aus dem Bayerischen Schwaben I. München 1952. S. 350 f.

Schubarts Freund Christoph Rheineck — bevorzugten für ihre Lieder einfach gebaute Texte meist unbekannter Herkunft mit humoristischen und volkstümlichen Sujets.

Die Klopstock-Vertonungen Beeckes sind vor allem deshalb interessant, weil mindestens eines der Lieder, das *Vaterlandslied*, zu den frühen Vertonungen Klopstockscher Texte gehört. Nachdem 1771, mit der Herausgabe dreier separater Sammlungen, Klopstocks Oden für jedermann leicht zugänglich wurden,[15] erschienen in rascher Folge fünf Vertonungen des *Vaterlandsliedes*: 1773 von Johann Friedrich Reichardt, 1774 von Carl Philipp Emanuel Bach, 1776 und noch einmal 1785 — in einer zweiten Version — von Christian Gottlob Neefe und 1786 von Christoph Willibald Gluck. Laut autographer Datierung komponierte auch Beecke sein *Vaterlandslied* 1786.[16] Die beiden anderen Klopstock-Lieder Beeckes — *Die Sommernacht* und *Die frühen Gräber* — sind im Autograph nicht datiert und erst 1801 gedruckt.[17] Auffällig ist jedoch in diesem Zusammenhang, daß Beecke etwa in der Widmungsvorrede der 1800 erschienenen Sammlung mit Matthisson-Liedern darauf verweist, daß es sich um neue Lieder handelt — von denen sich denn auch mit einer Ausnahme keine Autographen in der Oettingen-Wallerstein-Bibliothek finden —, in der Widmungsvorrede des 1801 erschienenen Bandes mit den beiden Klopstock-Liedern einen

---

15. Stoljar: Poetry and Song. S. 60 f.

16. Autograph: HR III 4 1/2 4° 162, Nr. 10.

17. *Die Sommernacht*: Autograph HR III 4 1/2 4° 162, Nr. 24; Druck *VI. Lieder von Klopstock, Heerder und Mathisson* ... Augsburg (1801), Nr. 3. *Die frühen Gräber*: Autograph HR III 4 1/2 4° 162, Nr. 27; Druck *VI. Lieder von Klopstock, Heerder und Mathisson*, Nr. 2. Haberkamp: Katalog. S. 32 und 33 datiert die beiden Autographe auf "ca. 1800". Ein weiterer Text *Die Neigung* fälschlicherweise im Autograph (HR III 4 1/2 4° 162, Nr. 17) und im Druck (*VI. Lieder von Klopstock, Heerder und Mathisson*, Nr. 1) unter Klopstocks Namen. Die Autographe der Oettingen-Wallersteinschen Sammlung haben für den Druck als Vorlage gedient — s. die der Reihenfolge des Druckes entsprechende autographe Numerierung der Lieder (außerdem sind numeriert Nr. 4 *Holde Vergessenheit* und Nr. 6 *An meinen Genius*. Nr. 5 des Drucks *An Lauras Geist* trägt im Autograph keine Nummer). Die Druckfassungen weichen nur geringfügig von den Vorlagen ab: winzige Retuschen, Ergänzung fehlender Bögen, etwas reichere Dynamik.

solchen Hinweis aber unterläßt. Möglicherweise hat er also für diesen letzten Druck ältere Lieder zusammengestellt.[18] Da das Wasserzeichen des für die Autographen verwendeten Papiers sich im Zeitraum 1772-1802 in der Hochfürstlich Oettingschen Papiermühle Christgarten-Anhausen nachweisen läßt[19] und Papier mit diesem Wasserzeichen von Beecke wahrscheinlich schon in den siebziger Jahren verwendet wurde,[20] ist es ohne weiteres denkbar, daß die beiden nicht datierten Lieder ebenfalls um 1786 anzusetzen sind.

Eine solch frühe Datierung liegt auch deswegen nahe, weil man nicht umhin kann, Beeckes Lieder in engem Zusammenhang mit den Klopstock-Vertonungen Neefes und Glucks zu sehen. Beecke hat, wie ein Huldigungsgedicht Christian Friedrich Daniel Schubarts von 1786 belegt,[21] Neefe sehr verehrt, und er scheint dessen Klopstock-Oden gekannt und geschätzt zu haben: Am Oettingen-Wallersteinschen Hof besaß man nicht nur die *Neue sehr vermehrte und verbeßerte Ausgabe* (Neuwied 1785) der Neefeschen *Oden von Klopstock*[22] — die das *Vaterlandslied* in einer gegenüber der Ausgabe von 1776 neuen Fassung, *Die Sommernacht* mit kleinen Änderungen gegenüber 1776 und *Die frühen Gräber* als neue Komposition enthält —, sondern auch Abschriften von neun der dreizehn Stücke dieser Sammlung, darunter von den drei zur Diskussion stehenden Liedern.[23]

Die Vorliebe Beeckes für Gluck ist in Schubarts Gedicht ebenfalls angesprochen; ohnehin ist aber bekannt, daß Beecke und Gluck in engem, freundschaftlichem Kontakt standen. Besuche Beeckes bei Gluck in Wien erfolgten in den Jahren 1770, 1774, 1775, 1776, 1779

18. Die in Anm. 17 erwähnte autographe Numerierung ist ebenso wie ein Teil der Tempo- und Dynamikangaben mit dunklerer Tinte geschrieben, wahrscheinlich also nachträglich eingefügt.

19. Bei Haberkamp: Katalog. S. 248 als Wasserzeichen 13 aufgeführt (Abbildung S. 260).

20. Ein *Divertissement* ca. 1770 (Haberkamp: Katalog. S. 12) und ein *Kontretanz* A-dur ca. 1780 (Haberkamp: Katalog. S. 16).

21. Siehe Schmid: Beecke. S. 360.

22. HR III 4 172 4° 454.

23. HR III 4 1/2 4° 770 und HR III 4 1/2 4° 836.

und 1780.[24] Während Beeckes Wiener Aufenthalt im Jahr 1770 haben ihn Hasse und Gluck zur Vollendung der Oper *Roland* ermutigt,[25] und nach dem Scheitern dieses Opernprojektes hat Gluck im Jahr 1776 vorgeschlagen, gemeinsam mit Beecke eine gekürzte Fassung der Oper fertigzustellen.[26] Die Komposition von Teilen der Klopstockschen *Hermanns Schlacht* durch Beecke[27] ist sicher ebenfalls mit Gluck in Verbindung zu bringen, plante doch Gluck selbst noch eine Vertonung dieses Textes, vermochte jedoch auch von den bereits konzipierten Teilen nichts mehr niederzuschreiben. Zeugnis der engen Freundschaft zwischen beiden Komponisten sind ferner die Kompositionen Beeckes auf den Tod der Nichte und Adoptivtochter Glucks (1776) und auf Glucks Tod selbst (1787). Auch wenn *Klopstocks Oden und Lieder* von Gluck in der Oettingen-Wallersteinschen Bibliothek fehlen,[28] gibt es ein Indiz dafür, daß Beecke die 1786 in Wien erschienene, alle drei Texte *Vaterlandslied, Die Sommernacht* und *Die frühen Gräber* enthaltende Sammlung[29] kannte: Der in dieser Sammlung versehentlich unter die Klopstockschen Oden geratene Text *Die Neigung* ist auch von Beecke als Klopstockscher Text vertont worden.[30]

24. Schmid: Beecke. S. 350.
25. Schmid: Beecke. S. 348.
26. Schmid: Beecke. S. 349.
27. Autographe Partitur mit sieben Instrumental- und Vokalnummern HR III 4 1/2 2° 16 (Datierung bei Haberkamp: Katalog. S 14: "ca. 1780"), Stimmen von der Hand Franz Xaver Links von 1791 HR III 4 1/2 2° 771. Die Komposition ist in den Werkverzeichnissen nicht aufgeführt.
28. Glucks Opern hingegen sind — sowohl in Drucken als auch in Abschriften — zahlreich vertreten.
29. *Wir und Sie, Schlachtgesang, Der Jüngling* und *Die frühen Gräber* waren 1774/1775 im Göttinger Musenalmanach erschienen, *Die Sommernacht* 1785 im Voßschen Musenalmanach. *Der Jüngling* und *Die Sommernacht* wurden von Gluck für den Sammeldruck von 1786 noch einmal neu vertont — s. Gerhard Croll: Artikel "Gluck" (Werkverzeichnis). In: The New Grove Dictionary of Music and Musicians. Hrsg. von Stanley Sadie. London/Washington/Hong Kong 1980. Bd. 7 S. 472.
30. Siehe oben Anm. 17.

Ein erster Blick auf das 1786 entstandene *Vaterlandslied* zeigt bereits, daß Beecke zu den fortschrittlichen Liedkomponisten gehört. Sind die Vertonungen dieses Textes bei Reichardt, C.Ph.E. Bach und Neefe nur im Klaviersystem notiert, so notiert Beecke —wie Gluck — auf drei Systemen; sind die Vertonungen bei Bach, Neefe und Gluck Strophenlieder — nur Reichardt bietet für die acht Strophen des Gedichts drei musikalische Strophenversionen an —, so komponiert Beecke den Text durch, nur an textlich sinnvollen Stellen auf Musik aus der ersten Strophe zurückkommend. Hat keiner der Komponisten vor Gluck dem Klavier auch nur ein kurzes Zwischenspiel zugedacht, so ist das Beeckesche Lied reich an rein instrumentalen Partien.

Klopstocks *Vaterlandslied* ist ein relativ einfach strukturierter Text, der sich einer schlichten, volksliedähnlichen Vertonung nur insofern widersetzt, als die dritte Zeile gegenüber der ersten verkürzt ist:

o / o / o / o
o / o / o / o /
o / o /
o / o / o / o /

In den Vertonungen von Reichardt,[31] C.Ph.E. Bach[32] und Neefe (in der Fassung von 1785)[33] wird diese Unregelmäßigkeit auf gleiche Weise überspielt: Zeile 3 und 4, die in vielen Strophen durch Enjambement verbunden sind, werden auch melodisch verbunden; Zeile 3 und die erste Hälfte von Zeile 4 werden rasch deklamiert, die letzten drei Silben aber gedehnt. Diese Dehnung bringt mehrere Vorteile: Sie ermöglicht eine breite Schlußkadenz; sie hebt die in vielen Strophen wichtigen letzten Worte hervor; und sie ermöglicht es, Zeile 3 und 4 in eine aus zwei Zweitaktern zusammengesetzte Viertaktgruppe einzufügen.

Reichardt läßt sich nun auch für die beiden ersten Zeilen von solcher liedhaften Symmetrie affizieren. In allen drei musikalischen

---

31. In: *Vermischte Musicalien*. Riga 1773. Teilabdruck des Liedes bei Stoljar: Poetry and Song. S. 69, kurze Besprechung S. 68 f.
32. In: Göttinger Musenalmanach 1774, S. 100/101. Teilabdruck des Liedes und kurze Besprechung bei Stoljar: Poetry and Song. S. 68.
33. Besprechung bei Stoljar: Poetry and Song. S. 105 f.

Strophen werden die ersten beiden Zeilen rasch (im Rhythmus von
Zeile 3 und erster Hälfte von Zeile 4) deklamiert und umfassen
somit ebenfalls zwei Takte. Alle Zweitakter des Liedes sind
außerdem durch zielstrebige harmonische Vorgänge abgerundet —
selbst die Unisonopartien. Die harmonischen Ziele der Phrasen sind
gegeneinander abgestuft und aufeinander bezogen: Strophe I führt
nach zweimaliger Tonika in die Dominanttonart, und Strophe II
schlägt über ein Ankadenzieren der Subdominante in der Mitte den
Bogen zurück zur Tonika. Der dritte Teil, auf die achte Strophe zu
singen, reiht zusammenfassend eine Kadenz zur Subdominante,
einen Halbschluß, einen Trugschluß und eine breite Unisono-
Kadenz zur Tonika.

In C.Ph.E. Bachs Vertonung haben die Taktgruppen unterschiedliche Länge. Den beiden Zweitaktern vom Liedende stehen
zwei durch deklamatorische Dehnung zustandekommende Zweitakter auf Zeile 2 gleichgewichtig gegenüber; Zeile 1 aber umfaßt bei
ebenfalls ruhigem und damit nachdrücklicherem Sprechrhythmus
drei Takte. Trotzdem ist das Lied dem Reichardts, insbesondere
dessen erster Strophe, sehr ähnlich: Das mit Zeile 1 verbundene
Unisono durchmißt in beiden Vertonungen eine Oktave, dabei die
Tonika und den Quintton stärker herausstellend; die letzten drei
Silben der Strophe sind harmonisch und melodisch gleich vertont,
ja selbst die harmonische und melodische Hinführung zu dieser
Schlußwendung (Reichardt T. 6 zweite Hälfte, Bach T. 9) stimmt
fast überein. Beiden Liedern ist auch gemeinsam, daß die Takt-
gruppen harmonisch gerundet sind (bei Bach Ankadenzieren von
Tonika, Tonikasextakkord oder Dominante).

In Neefes 1785 veröffentlichter Fasung des Liedes ist nur Zeile 2
anders konzipiert als bei Bach. Die erste Zeilenhälfte wird rasch
gesprochen, die zweite ruhig, so daß drei Takte entstehen, die in
Korrespondenz zum eröffnenden Dreitakter treten. Neefes erste
Fassung[34] löst allerdings das Problem der "zu kurzen" dritten Zeile
anders als die bisher genannten Kompositionen. Durch Wiederholung der dritten Zeile entsteht gleiche Anzahl von Hebungen wie

---

34. In: *Oden von Klopstock*, 1776. Von mir eingesehen die zweite
Auflage Flensburg/Leipzig 1779. Wiedergabe des Anfangs und kurze
Erwähnung bei Stoljar: Poetry and Song. S. 105.

in Zeile 2 und 4, so daß nun jede Zeile ohne Schwierigkeiten in zwei Takte eingefügt werden kann. Beide Fassungen Neefes gleichen sich hinsichtlich der harmonischen Ziele der Abschnitte. Zeile 1 schließt mit der Tonika, Zeile 2 mit Halbschluß; der dritte Abschnitt kadenziert die zweite Stufe an, und der letzte Zweitakter führt etwas abrupt mit einer breiten Kadenz zur Tonika zurück. Der Eindruck des harmonisch Überraschenden in der Schlußphrase hängt in beiden Fassungen auch mit der rhythmisch-metrischen Struktur zusammen: Verkürzung der Phrasenlänge auf zwei Takte in der zweiten Fassung, verfrühter Einsatz des Auftaktes der vierten Zeile in der ersten Fassung.

Alle vorgestellten Kompositionen sind trotz der Unregelmäßigkeit in der Textstruktur mehr oder weniger symmetrisch angelegt und aus harmonisch und melodisch gerundeten, aufeinander bezogenen Taktgruppen aufgebaut, so daß die Nähe zum volkstümlichen Lied und Tanz unverkennbar ist.

Die erste Vertonung des *Vaterlandsliedes*, die sich von diesem — von der Berliner Liederschule vertretenen — Liedideal der Einfachheit und Eingängigkeit distanziert, ist die von Gluck.[35] In ihr steht das scharfe, sich sowohl dem Textmetrum anpassende als auch die stolze Haltung des Mädchens verkörpernde Deklamieren im Vordergrund. Hebung und Senkung erklingen auf punktierter Viertel und Achtel, am Ende ("stolz und") auf verdoppelten Notenwerten. Zwar bilden sich in der Gesangsstimme ebenfalls nahezu gleich lange Abschnitte von 2 (Zeile 1) + 3 (Zeile 2 und 3) + 3 (Zeile 4) Takten, doch fehlt diesen Abschnitten liedhafte Qualität. Die Abschnitte sind nicht gerundet, sind — außer durch den gemeinsamen Deklamationsrhythmus — nicht aufeinander bezogen. In erster Linie ist dafür das Fehlen harmonischer Ziele am Abschnittsende verantwortlich. Der erste Abschnitt bleibt eher zufällig auf dem Tonikasextakkord hängen, der zweite Abschnitt bricht inmitten einer ebensogut fortsetzbaren Sequenz ab. Auch im viertaktigen Zwischenspiel hat der punktierte Rhythmus Vorrang gegenüber einer melodisch-harmonischen Formung; wichtig ist nicht die Gestalt des Zwischenspiels selbst, sondern der Wechsel zwischen Strophe und Zwischenspiel.

---

35. Besprechung bei Stoljar: Poetry and Song. S. 73 f.

Beecke geht nun in seinem Lied ganz andere Wege als die drei
erstgenannten Komponisten (Reichardt, Bach und Neefe), aber
auch als Gluck. Er versucht keine symmetrische Anlage herzu-
stellen — und hat insofern auch keine Probleme mit der dritten
Zeile —, und er kümmert sich nicht um die Strophe als metrische
Struktur, sondern er sieht den Text als eine Reihung von kurzen
oder längeren Sinneinheiten, die in unterschiedlicher Weise aufeinander bezogen sind und in wechselndem inhaltlichem Kontext
stehen. Die erste Strophe gliedert er durch Pausen in kleinste
Einheiten: "Ich bin ein deutsches Mädchen! — Mein Aug' ist blau
— und sanft mein Blick, — ich hab' ein Herz, — das edel ist, — und
stolz, — und gut." Die grammatikalisch-inhaltliche Situation jeder
dieser Einheiten schlägt sich in der Melodik und Harmonik nieder:
Das Stolz signalisierende Motto "Ich bin ein deutsches Mädchen!"
beginnt — wie übrigens auch in den folgenden zwei Strophen und in
der Schlußstrophe — mit einem energischen auftaktigen Quartsprung zur Tonika und öffnet sich am Ende harmonisch, um den
Anschluß der zweiten Textzeile zu gewährleisten. Die beiden
abgeschlossenen Beschreibungen "Mein Aug' ist blau — und sanft
mein Blick" führen beide in fast gleicher Gestalt zur Tonika; von
der Aussage "ich hab' ein Herz, — das edel ist" wird jedoch der
Relativsatz als melodische Sequenz des Hauptsatzes gestaltet und
bleibt auf der zweiten Stufe harmonisch offen, da zwei weitere
Adjektive folgen. Diese nun — "und stolz, — und gut" — sind
rhythmisch (jeweils Viertelauftakt zur Takteins) und harmonisch
(V^6 I bzw. V^7 I) wieder einander angeglichen. —In der zweiten
Strophe, die textlich umschlägt vom Stolz des Mädchens auf sich
selbst zum Zorn auf den das Vaterland nicht Ehrenden, moduliert
Beecke von F-dur nach d-moll und geht stärker zu Sprechhaltung über.
Schon der Abschnitt "Zorn blickt mein blaues Aug'" beginnt mit
einem Rezitieren auf einem einzigen Ton, der von einem verminderten Septakkord gestützt wird. Die dritte und die halbe vierte Zeile —
"es haßt mein Herz den, der sein (Vaterland verkennt)" — werden
dann nachdrücklich auf halben Noten auf der konstanten Tonhöhe d" gesprochen; in Bewegung sind nur — schrittweise in
Gegenrichtung — Mittelstimme und Baß des Klaviers. Gesang und
Klavier haben hier also ihre Rollen vertauscht,[36] was allerdings

36. Vgl. 30 Jahre später eine ähnliche, allerdings weit ausgedehntere

voraussetzt, daß sie in der Vorstellung des Komponisten bereits eigenständige Aufgaben erhalten haben.

Obgleich Beecke zur dritten Strophe, die inhaltlich wie die erste Strophe nur Aussagen des Mädchens über sich selbst enthält, auf die Musik der ersten Strophe zurückgreift, paßt er sie der veränderten syntaktischen Situation an. Da in dieser Strophe eine inhaltliche Zäsur dort liegt, wo sich in der ersten Strophe der Relativsatz angeschlossen hat — "erköre mir kein ander Land zum Vaterland,/ wär mir auch frey die große Wahl!" —, verzichtet Beecke auf den Sequenzanschluß. Da alle Sinneinheiten der zweiten bis vierten Zeile dieser Strophe gleiche Länge und gleiche metrische Struktur haben (jeweils zwei Jamben), schafft Beecke im Schlußabschnitt durch die Wiederholung eines Wortes — "(wär mir auch frey) — frey die große Wahl!" — die Möglichkeit, eine breit zusammenfassende, abtaktig einsetzende Kadenz anzubringen. — Vierte, fünfte und sechste Strophe, in denen das Mädchen voller Spott und Verachtung von dem das Vaterland nicht liebenden Jüngling spricht, setzt Beecke im Tempo (*Allegretto* nach *Nicht zu geschwind*), in der Tonart (a-moll nach F-dur) und in der Taktart (Sechs-Achtel-Takt nach Alla breve) ab. In vierter und fünfter Strophe zieht er melodisch größere Bögen: Mit Ausnahme der mottohaften ersten Zeile sind die Sinnabschnitte nicht durch Pausen abgetrennt, sondern nur durch unterschiedlichen Melodieduktus (Sprünge, Sequenzen, Schritte) und durch unterschiedliches harmonisches Verhalten (Sequenz, Kadenz) gegeneinander abgesetzt. In der sechsten Strophe greift Beecke an der Textstelle "mein ganzes Herz verachtet dich, der's Vaterland (verkennt)" auf das bereits aus Strophe II bekannte Sprechen auf konstanter Tonhöhe zurück — und zwar ebenfalls auf d" und ebenfalls mit sich in Gegenrichtung bewegender Mittel- und Baßstimme des Klaviers, so daß unmißverständlich auf die textliche Parallele der beiden Stellen verwiesen wird. — In der siebten Strophe trennt Beecke sogar einzelne Wörter durch Pausen voneinander, und zwar genau jene Wörter — "gutes, — edles, — stolzes (Herz)" —, die die Brücke zur ersten Strophe schlagen ("Ich hab' ein Herz, das edel ist, und stolz und gut.").

Stelle im zweiten Lied aus Beethovens Zyklus *An die ferne Geliebte*, T. 20-31.

Musikalisch nimmt Strophe VII jedoch nur durch das Wieder-
aufnehmen des ursprünglichen Tempos und Taktes und durch die
Rückmodulation nach F-dur auf die erste Strophe Bezug. Erst die
Schlußstrophe greift konkret auf die Vertonung der ersten (und
dritten) Strophe zurück, jedoch wiederum die letzten vier Takte
abändernd, da auch hier kein Anlaß für eine zwischen Zeile 3 und 4
vermittelnde Sequenz gegeben ist.

Die Beschreibung des *Vaterlandsliedes* von Beecke zeigt, daß der
Komponist auf die textlichen Gegebenheiten mit einfachsten satz-
technischen Mitteln reagiert. Das hat zur Folge, daß die Gesangsstimme klar und ohne Aufhebens geführt ist und daß das Klavier in
den Gesangsteilen eher zurückhaltend eingesetzt ist, sich als
akkordische Begleitung sogar mit seiner Oberstimme meist an die
Gesangsstimme anlehnt. Dennoch weist es eine gewisse Eigenständigkeit auf: Partien, in denen das Pausieren des Klaviers für ein
oder zwei Viertel den Klangfolgen rhythmischen Eigenwert verleiht,
wechseln ab mit flächigen Partien, in denen Akkorde auf Achtel
repetiert werden (die auf einem Ton rezitierende Stelle in Strophe II)
bzw. dicht aneinandergehängt sind (die Parallelstelle in Strophe
VI). Die instrumentalen Teile versucht Beecke unauffällig aufeinander zu beziehen. Das Vorspiel übernimmt drei Takte (= an-
derthalb Zeilen) der ersten Strophe, um dann rein instrumental
erfunden punktierte Achtel vorzustellen, die auch das Nachspiel
und erstes und letztes Zwischenspiel bestimmen. Interessant ist, daß
Beecke fünfmal (erste bis vierte Strophe, achte Strophe) den Beginn
der Strophe in die das Vor- bzw. Zwischenspiel abschließende
Dominant-Tonika-Kadenz legt; er erreicht auf diese Weise eine
enge Verzahnung von Instrumental- und Gesangsteilen.[37]

Jede der Vertonungen der *Sommernacht* — von Neefe (1776[38]),

---

37. Das umgekehrte Verfahren — das Verzahnen von Gesangsteil und
nachfolgendem Zwischen- bzw. Nachspiel durch den Einsatz des instrumentalen Teils bereits auf der Schlußtonika des Gesangs — ist wohl
weiter verbreitet (s. etwa schon Neefes *Schlachtgesang* 1776 und 1785).
38. In der Auflage von 1785, die ich verwendet habe, nur kleine
Abweichungen, z.B. Legatobögen. Am stärksten verändert ist das Zwischenspiel T. 36/37. Siehe zu diesem Lied Stoljar: Poetry and Song. S.
102-105.

Gluck (zweite Fassung von 1786[39]) und Beecke — hat Individua-
lität, erfordert doch der Text mit seiner unregelmäßigen metrischen
Struktur[40]

```
o o / o    o o / o    o o /      (A  B  C)
o o / o    o o /      o o / o    (D  E  F)
o o / o    o o / o               (G  H)
o o / o o /                      (I + J)
```

ein intensiveres Ausarbeiten der Vertonung. Doch das Vorgehen
der drei Komponisten ist wiederum grundverschieden.

Neefe schreibt für den Gesang grundsätzlich große melodische
Bögen, die vier, zweimal auch fünf harmonisch gerundete Takte
umfassen. Er stellt musikalische Bezüge zwischen den Strophen her:
Die beiden Abschnitte, aus denen Strophe I besteht, werden leicht
verändert zu Beginn von Strophe III aufgegriffen; es folgen dann
dritter und letzter Abschnitt aus Strophe II. Das textliche Zurück-
greifen der letzten Strophe sowohl auf die Naturschilderung der
ersten Strophe als auch auf das Totengedenken der zweiten Strophe
— beides nun allerdings als Rückblick auf die Vergangenheit
gestaltet — mag Neefe zu dieser Anlage bewogen haben. Die
Textpartikeln werden dieser Form allerdings eher gewaltsam ein-
gepreßt; Textwiederholungen helfen, die Taktgruppen zu füllen:

Strophe I	A B C D E	(= 4 Takte)
	F G H I J	(= 5 Takte)
Strophe II	A B C D	(= 4 Takte)
	E F F G	(= 4 Takte)
	H I I J	(= 4 Takte)
	H I I J	(= 4 Takte)
Strophe III	A B A B C	(= 4 Takte) s. Strophe I, Abschnitt 1
	D E D F D' F	(= 5 Takte) s. Strophe I, Abschnitt 2
	G H I J	(= 4 Takte) s. Strophe II, Abschnitt 3
	H G' J'	(= 4 Takte) s. Strophe II, Abschnitt 4

Einziges Bindeglied zwischen musikalischer Form und Textstruktur
ist die Plazierung der Worte "Duft", "Kühlung", "wehen" in erster
und dritter Strophe in den melodisch verwandten Fünftaktern.

39. Besprechung bei Stoljar: Poetry and Song. S. 78.
40. Die möglicherweise Reichardt und C.Ph.E. Bach von einer Vertonung abgehalten hat.

Wie Neefe im großen der musikalischen Form sein Hauptaugenmerk schenkt und demgegenüber die Textstruktur für unwichtig nimmt, so stellt er im kleinen einen prägnanten musikalischen Rhythmus in den Vordergrund und vernachlässigt demgegenüber den natürlichen Deklamationsrhythmus. In den meisten Taktgruppen enthalten die ersten beiden Takte jeweils einen zwei Silben umfassenden Auftakt, eine mit betonter Silbe (und in einem Fall auch mit nachfolgender unbetonter Silbe) verbundene erste Taktzählzeit und eine auf der Taktzwei synkopisch einsetzende lange Note, die eine unbetonte Silbe trägt, so daß die ganze Komposition musikalisch wie aus einem Guß erscheint, aber ständig widersinnig deklamiert. Den Kontakt zum Text —und zwar zur Stimmung des Textes — sucht Neefe eher über die Klavierbegleitung: über die Harmonik, über zarte, flächige Begleitfiguren (T. 6-8=38-40, 13-20, 21-22=28-30=45-46=52-54) und über melodisch mit den Gesangspartien verwandte Zwischen- bzw. Nachspiele.

Glucks 1786 veröffentlichte Vertonung der *Sommernacht* verfolgt das Prinzip, einen prägnanten Deklamationsrhythmus beizubehalten, weit intensiver als das *Vaterlandslied*; sie rückt damit in die Nähe der Lieder *Schlachtgesang* und *Der Jüngling*, die trotz aller harmonisch-melodischen Änderungen in der zweiten bzw. in zweiter bis vierter Strophe den einmal aus dem Textmetrum gewonnenen Deklamationsrhythmus nicht mehr verlassen.[41] Allerdings umfaßt der konstante Rhythmus in der *Sommernacht* nicht wie in den beiden anderen Liedern eine ganze Strophe, sondern nur einzelne Sprachpartikeln: Jeder Hauptakzent wird mit einer auf der Takteins einsetzenden, fünf oder sechs Achtel gehaltenen Note verbunden, voraus- oder nachfolgende unbetonte Silben mit Achteln. Solch ein Rhythmus kann beliebig oft gereiht werden; Gluck stoppt ihn in der Mitte der Strophe, zwischen E und F, durch eine Pause, die allerdings in der Harmonik keine Stütze findet. Der große, bis zum Strophenende reichende harmonische Bogen und der nirgends stauende Rhythmus — die ganze Strophe über bringen Gesang und linke Hand des Klaviers, sich kom-

---

41. Diese konzeptionelle Ähnlichkeit der drei Lieder wird schon dadurch signalisiert, daß ihnen allen — dazu auch dem Lied *Die frühen Gräber* — im Druck von 1786 das Silbenmaß vorangestellt ist.

Die Sommernacht

Text: Friedrich Gottlieb Klopstock
Musik: Ignaz von Beecke

Wenn der Schim-mer von dem Mon-de nun her-ab in die Wäl-der sich er-gießt und Ge-rü-che* von der Lin-de in den Küh-lun-gen wehn.

So um-schat-ten mich Ge-

*) [mit den Düften]

Euch! Wie um-weh - ten uns der Duft und die Küh - lung, wie ver -

schönt warst von dem Mon - de du, o schö - ne Na - tur, wie ver -

schönt___ warst von dem Mon - de du, o schö - ne Na - tur,___ du o___

schö - ne Na - tur.

plementär abwechselnd, Achtel — verleihen dem Lied etwas schwebend Bewegtes.

In Beeckes Vertonung des Textes *Die Sommernacht* (s. Notenbeispiel[42]) ist das gleiche Orientieren der Musik an textlichen Sinneinheiten zu beobachten wie schon im *Vaterlandslied*. Die Hauptzäsuren der Strophen liegen — angepaßt an die jeweilige textliche Situation — an verschiedenen Stellen: in Strophe I zwischen E und F, in Strophe II zwischen D und E, in Strophe III zwischen F und G. Beecke verknüpft — und das erinnert, zumindest auf den ersten Blick, an Neefes Lied — in der letzten Strophe die beiden ersten Strophen miteinander. Doch er geht dabei ganz anders vor als Neefe: Er greift nicht auf einen melodisch und rhythmisch prägnant ausgeformten, gerundeten Abschnitt zurück, der variiert wiederholt würde, sondern erinnert sich nur schemenhaft an den melodischen Duktus einzelner Stellen der Gesangsstimme. So stimmt zwar die melodische Zeichnung in T. 30, 32-34 mit der in T. 5-8 und die in T. 34-35 mit der in T. 17-18 überein, doch erhält die dritte Strophe durch das Berücksichtigen der stärkeren textlichen Untergliederung der ersten Zeile und der deutlichen inhaltlichen Zäsur nach dieser Zeile ein recht andersartiges, anfangs sprechähnliches Aussehen. Solche eher versteckten melodischen Bezüge finden sich auch innerhalb der einzelnen Strophen: In Strophe I scheint T. 10 zunächst T. 5 aufzugreifen, springt aber schon in der zweiten Hälfte (nach der Textauslassung) nach T. 6, und bereits im übernächsten Takt ist der Anklang an den Liedanfang vergessen. Auch der Anfang der Gesangsstimme aus Strophe II wird einige Takte später (T. 21-23) wiederholt, nun aber nicht mehr als Anfang einer Phrase, sondern als zweiter bis vierter Takt. In beiden Strophen bewirkt das Nichtbeteiligtsein der Harmonik an den Wiederholungen, daß die ohnehin nicht sehr deutlichen melodischen Bezüge kaum mehr wahrnehmbar sind.

Innerhalb dieser weich konturierten Musik nimmt sich der Schlußabschnitt ab T. 36 recht eigen aus. Mit Hilfe einer Reihe von Textwiederholungen (G H I J G H I J I J) baut Beecke nun

42. Das Notenbeispiel stellt — von Hinzufügungen einiger Legatobögen und Vorzeichen abgesehen — eine diplomatische Wiedergabe des autographen Notentextes dar. Die eigenartige Wortschöpfung "lentando" (T. 28/29) auch im Druck.

plötzlich in festgefügten, symmetrischen Taktgruppen, von denen die beiden Viertakter durch ihre jeweils zweite Zweitaktgruppe aufeinander und auf die abschließende Zweitaktgruppe bezogen sind. Erstmals findet sich auch eine stringente Anordnung der harmonischen Zielpunkte der Taktgruppen (V^2, Trugschluß, Ganzschluß). Da symmetrische, melodisch weitausschwingende Formung in diesem Lied nur ein Kompositionsprinzip unter vielen ist, das zudem noch sehr sparsam eingesetzt ist, kommt ihr ein gewisser Stimmungswert zu: Symmetrische Ausgewogenheit und Abgerundetheit charakterisieren die Textstelle "Wie verschönt warst von dem Monde du, o schöne Natur."

Überhaupt spielt das Stimmungsmäßige — und darin liegt ein zweiter, konkreterer Berührungspunkt zu Neefes Vertonung — für dieses Lied eine wichtige Rolle. Beiträge hierzu leisten die Gesanglichkeit von Vor-, Zwischen- und Nachspiel, das flächige Beibehalten nachschlagender Begleitfiguren (T. 5-13, 16-23, 33-37, 41-43) und die Molltrübung der zweiten Strophe. Auf der anderen Seite zeigt sich in dieser Komposition auch der Autodidakt Beecke: Ungewöhnliche Klangfortschreitungen (etwa T. 7/8, 33/34), Quint- oder Oktavparalellen (T. 6/7, 10/11, 18/19, 42/43) und Terzverdopplungen (T. 6, 10, 21, 39) wären ohne grundlegende Eingriffe in das Konzept zu vermeiden gewesen.

Zu Klopstocks Ode *Die frühen Gräber* haben nicht nur die drei bei der *Sommernacht* genannten Komponisten Vertonungen beigesteuert, sondern auch Reichardt. Die Grundhaltung der Lieder sei nur ganz kurz umrissen. Glucks bereits 1775 im Göttinger Musenalmanach veröffentlichtes Lied[43] ist ein melodisch eher karges, in Zeile 1 und 2 mit regelmäßigen Deklamationsrhythmen arbeitendes Strophenlied. Reichardts Vertonung, 1779 in *Oden und Lieder von Klopstock, Stolberg, Claudius und Hölty* erschienen,[44] ist ein generalbaßbegleitetes Strophenlied mit aufeinander bezogenen, rhythmisch lebendigen, harmonisch gerundeten Melodiebögen, denen der Text zeilenweise gleichsam nachträglich eingepaßt ist. In Neefes Vertonung von 1785[45] wiederholen die beiden Strophen-

43. Besprechung bei Stoljar: Poetry and Song. S. 79.
44. Kurze Erwähnung bei Stoljar: Poetry and Song. S. 106.
45. Besprechung bei Stoljar: Poetry and Song. S. 105, 106 f.

versionen vom sechsten Takt ab einige der Textteile und verlassen von diesem Moment an die symmetrische Anlage; kleingliedrige sequenzartige Melodiebildung (T. 6/7, 8/9, 12/13; 21-24 in Augmentation) oder wörtliches Wiederholen (T. 25/26) bestimmen nun das Lied. Vielleicht ist das Verlassen der symmetrischen Gliederung die Ursache dafür, daß es Neefe in beiden Strophen nicht gelingt, den Schluß überzeugend einzufädeln; die gleichsam angeklebte Kadenz (T. 14/15, 27/28) hinterläßt den Eindruck von Banalität.

Die Haltung, die uns in Beeckes drittem Klopstock-Lied *Die frühen Gräber* begegnet, lernten wir schon in seinem *Vaterlandslied* und vor allem in der *Sommernacht* kennen: Durchkomposition des Textes — der in diesem Lied sehr viele Wiederholungen erfährt —, Wahl von Tongeschlecht, Taktart und Tempo in Abhängigkeit von der Stimmung des Textes, Ausrichten der Gesangsphrasen an den Sinneinheiten, häufiges melodisches Rückerinnern, ohne daß größere Phrasen konkret wiederholt würden. Mit Hilfe solchen eher schattenhaften Erinnerns gestaltet Beecke auch den Schlußabschnitt: T. 50-60 und 61-71 sind melodisch verwandt — wirklich identisch ist allerdings nur der Gesang über zweieinhalb Takte (T. 54-56 Mitte = T. 65-67 Mitte). Der zweite Abschnitt ist gegenüber dem ersten harmonisch angespannt. Bereits die ersten beiden Takte führen nicht nur über die Subdominante zur Dominante, sondern über IV, II^6 und einen doppeldominantischen Quintsextakkord, und der abschließende Harmoniegang findet nicht mehr nur, wie in T. 55-57, über Subdominante und Dominantvertreter, sondern über Subdominante und einen aufblühenden, über zwei Takte ausgekosteten neapolitanischen Sextakkord in den — die breite Schlußkadenz einleitenden — doppeldominantischen Akkord. Der zweite Abschnitt beruht zwar auf einer Textwiederholung — der Wiederholung der letzten beiden Zeilen der Ode "O! wie war glücklich ich, als ich noch mit euch sahe sich röthen den Tag, schimmern die Nacht!" —, doch wird der Text beim Wiederholen zunächst anders unterlegt als beim ersten Auftreten. Das um einen halben Takt verfrühte Erklingen der Worte "als ich (noch mit euch)" hat zur Folge, daß "noch mit euch" nicht mehr fließend, selbstverständlich, sondern pausenzerklüftet und zögernd gesprochen wird, mit diesem Stauen gleichsam vorbereitend auf das den Schluß einleitende harmonische Ereignis des Liedes, den

Neapolitaner. Beecke gelingt hier also — und das ist gerade vor dem Hintergrund der Schwierigkeiten Neefes mit Schlußbildungen bemerkenswert — eine auch unter rein musikalischen Gesichtspunkten überzeugende Schlußgestaltung.

Kehren wir zum Abschluß zu Schubarts und Metternleiters Äußerungen über die Lieder Beeckes zurück. Schubarts Kritik an Beeckes Vokalmusik scheint eine gewisse Berechtigung zu haben, wenn man die rein handwerkliche Seite der drei Klopstock-Lieder betrachtet: Nicht immer schreibt Beecke einen stimmführungsmäßig einwandfreien Satz. Daß Beecke "Empfindungen herauskünstelt", wie ihm Schubart vorwirft, läßt sich an den drei Klopstock-Vertonungen jedoch nicht verifizieren. Beecke steckt die Gesangsphrasen in Abhängigkeit von der Sinngliederung der Sprache ab, d.h., er behandelt die Sprache so, als sei sie als Prosa konzipiert; er folgt sensibel den syntaktisch-inhaltlichen Beziehungen zwischen den Phrasen, und er versucht, Stimmungen des Textes vor allem im Klaviersatz zu spiegeln. Aber die von ihm dafür eingesetzten Mittel sind so einfach und so unauffällig, daß eher der Eindruck eines ganz selbstverständlichen, natürlichen Mitgehens mit dem Text entsteht. Schubarts Meinung basiert vermutlich — wie bei manchem seiner Fehlurteile — nicht auf einer Betrachtung der Kompositionen, sondern auf dem Höreindruck von — möglicherweise sehr schlechten — Aufführungen. — Doch auch die von Mettenleiter gepriesene Kantabilität der Beeckeschen Lieder ist für die Klopstock-Vertonungen keineswegs charakteristisch. Beecke behandelt die Gesangsstimme sehr unterschiedlich; im Extremfall kann sie auch einzelne Worte scharf voneinander trennen oder auf einem Ton rezitierend sprechen. Wenn gesangliche Führung vorherrscht, so bedeutet das nur in den seltensten Fällen auch das Vorhandensein liedhafter Symmetrien. Viel eher beläßt Beecke dann die melodischen Konturen sehr weich, um sie bei einem späteren Rückerinnern ohne auffallende Eingriffe einer veränderten Situation anpassen zu können.

Daß die Vertonung der Klopstock-Oden durch Beecke als eine Reaktion auf die Klopstock-Lieder vor allem Neefes und Glucks zu sehen ist, steht wohl außer Frage; nicht minder deutlich aber dürfte geworden sein, daß hinsichtlich der kompositorischen Ziele Beecke ganz andere Wege geht als jene berühmteren Zeitgenossen.

Das Ernstnehmen der Sinngliederung des Textes schließt strophische Anlage eines Liedes ebenso aus wie durchgängige symmetrische Gliederung, verträgt sich aber auch nicht mit einem konsequenten Umsetzen des Versmetrums in musikalische Rhythmen; es verlangt dem Klavier — und sei es auch noch so zurückhaltend eingesetzt — an Flexibilität weit mehr ab, als eine Generalbaßbegleitung aufbringen kann, und läßt insofern das Klavier zu einem wirklichen Partner der Gesangsstimme werden. Mit seinen Klopstock-Liedern — und wohl mit allen seinen Liedern — steht Beecke außerhalb aller Liedtradition. Zu untersuchen wäre, ob nicht in einigen Liedern Joseph Haydns — etwa in dem zwischen 1781 und 1784 entstandenen Lied *Das Leben ist ein Traum* nach einem Text von Johann Wilhelm Ludwig Gleim — eine verwandte Haltung dem Text gegenüber zu erkennen ist, die freilich auf einem anderen kompositorischen Niveau zum Tragen kommt. Verwunderlich wäre solch eine Verwandtschaft nicht, hat doch Beecke Haydn von allen Komponisten am meisten geschätzt und als Intendant der Hofkapelle von Oettingen-Wallerstein dafür gesorgt, möglichst viele der Haydnschen Werke an den Hof zu bekommen.[46] Beecke ist selbst als Liedkomponist nicht schulebildend. Die in Süddeutschland wirkenden Liederkomponisten — Schubart, Rosetti und Rheineck — unterscheiden sich von Beecke nicht nur in der Wahl der Textvorlagen, sondern auch in der Art, mit dem Text kompositorisch umzugehen. Mit ihren schlichten Liedchen, die sich vorrangig an der Gliederung des Textes in Verse orientieren und allen anderen Aspekten des Textes kaum Aufmerksamkeit schenken, knüpfen sie an die Berliner Liederschule an.

---

46. Haydn ist in der Oettingen-Wallersteinschen Bibliothek mit einer großen Anzahl an Instrumental- und Vokalwerken vertreten. Auch einige Lieder sind vorhanden..

Walther Dürr

"HAGARS KLAGE" IN DER VERTONUNG VON ZUMSTEEG UND SCHUBERT: ZU EIGENART UND WIRKUNGSGESCHICHTE DER "SCHWÄBISCHEN LIEDERSCHULE"

Im Mai 1825 kündigte Peter Cappi, der Verleger von Schuberts Ballade *Der Liedler* (D 209), das Erscheinen des Werkes in der offiziösen *Wiener Zeitung* mit dem Hinweis an: "Diese Ballade ... reiht sich nicht nur würdig den gefeierten Balladen Zumsteegs an, welche zu ihrer Zeit allgemeinen Enthusiasmus erregten, sondern sie übertrifft diese noch an Lebendigkeit des Ausdrucks und Originalität".[1] Cappi glaubte offensichtlich, mit diesem Vergleich für Schuberts Komposition werben zu können; das aber heißt wohl auch: Nicht nur zu "ihrer Zeit" — ein Vierteljahrhundert früher —erregten Zumsteegs Balladen allgemeinen Enthusiasmus, sie galten auch 1825, vier Jahre nach dem Erscheinen des Schubertschen *Erlkönig*, ein Jahr nach dem der *"Müllerlieder"*, noch als Maßstab. Und weiter: Wenn in späterer Zeit von Einflüssen die Rede ist, die für Schuberts Liedkomposition bestimmend waren, dann spricht man im allgemeinen nicht von Reichardt und Zelter (die Schubert nachweislich studiert hat), sondern wiederum von Zumsteeg: In seinen *Aufzeichnungen über meinen Verkehr mit Franz Schubert* von 1858 berichtet Josef von Spaun, er habe Ende März 1811 den damals vierzehnjährigen Freund im Musikzimmer des Wiener Stadtkonviktes aufgesucht. Der Knabe habe "mehrere Päcke Zumsteegscher Lieder vor sich" gehabt, darunter *Colma* aus dem "Ossian", *Die Erwartung* und den *Ritter Toggenburg* von Schiller. "Er sagte", so heißt es dann weiter in Spauns *Aufzeich-*

---

1. Schubert. Die Dokumente seines Lebens, gesammelt und herausgegeben von Otto Erich Deutsch. Kassel etc. 1964. (Neue Schubert-Ausgabe VIII/5) S. 286.

310

nungen, "er könne tagelang in diesen Liedern schwelgen. Dieser Vorliebe in seiner Jugend verdanken wir wohl auch die Richtung, die Schubert genommen, und doch wie wenig war er Nachahmer, und wie selbständig der Weg, den er verfolgte. Er hatte damals schon ein paar Lieder versucht, so z.B. 'Hagars Klage'. Er wollte Zumsteegs Lied, das ihm sehr gefiel, in anderer Weise setzen".[2]

Was ist das Besondere an diesen Kompositionen? Was macht sie mehr als andere zu Vorbildern für den sich entwickelnden neuen Liedstil? Wir wollen diese Fragen an Zumsteegs und Schuberts Vertonung von *Hagars Klage*, dem von Spaun ausdrücklich erwähnten Lied, nachgehen. Der vergleichenden Analyse seien jedoch einige Bemerkungen vorangestellt, die die Besonderheiten der sogenannten "schwäbischen Liederschule" im zeitgenössischen Kontext thesenhaft umschreiben.

Wenn die Komponisten der "Berliner Liederschule" es sich — vereinfachend und zugespitzt formuliert — zur Aufgabe gemacht haben, Lieder zu schreiben, "in die jeder, der nur Ohren und Kehle hat, gleich einstimmen soll",[3] Lieder, die zugleich völlig im Dienst der Dichtung stehen und so in gewisser Weise mitwirken an dem auf Volksbildung — literarische und musikalische Volksbildung — gerichteten Programm der Aufklärung, wenn andererseits die Meister des Wiener Liedes sich am Vorbild der Ariette und des Singspiel-Liedes orientieren, bei ihnen die eigentlich musikalische Komponente des Liedes — der Klaviersatz, virtuose Gesangsornamente, Ausweichungen in fremde Tonarten — eine bedeutsame Rolle spielt,[4] dann nimmt die "schwäbische Liederschule" in

2. Schubert. Die Erinnerungen seiner Freunde, gesammelt und herausgegeben von Otto Erich Deutsch. 2/Leipzig 1966. S. 149. Zum Verhältnis Zumsteeg-Schubert vgl. auch u.a. Ludwig Landshoff: Johann Rudolph Zumsteeg (1760-1802). Ein Beitrag zur Geschichte des Liedes und der Ballade. Berlin (1902), und Gunter Maier: Die Lieder Johann Rudolf Zumsteegs und ihr Verhältnis zu Schubert. Göppingen 1971.
3. So in der Vorrede zu Reichardts *Frohen Liedern für deutsche Männer*, zitiert nach Max Friedlaender: Das deutsche Lied im 18. Jahrhundert. Quellen und Studien I,1. Stuttgart und Berlin 1902. S. 196.
4. Vgl. hierzu W. Dürr: Johann Rudolf Zumsteeg und Schubert. Von der "schwäbischen Liederschule" zum romantischen Klavierlied. In: Baden und Württemberg im Zeitalter Napoleons. Band II. Stuttgart 1987. S. 625-643.

gewisser Weise eine Mittelstellung ein. Auch die schwäbischen Komponisten — Zumsteeg und seine Freunde von der Karlsschule (ich nenne da nur etwa Ludwig Abeille, Johann Friedrich Christmann und Eberhard Friedrich Hübner) — nehmen Einflüsse vom Theater auf (das hängt mit ihrer Ausbildung zusammen: sie sind als Bühnenkomponisten geschult, die italienische Oper ist ihr Vorbild). Was damit gemeint ist, zeige ein Beispiel, Ludwig Abeilles Vertonung von Mignons Lied aus Goethes *Wilhelm Meister: Sehnsucht nach Italien.*[5] Es ist — anders als Beethovens und Schuberts, anders selbst als Zelters Vertonung des Textes — ein Strophenlied im engeren Sinne, und dennoch kein wirkliches "Lied": Wie viele Wiener Lieder der Zeit macht es den Eindruck einer Ariette. Tempowechsel sind angezeigt ("un poco sostenuto" — "stringendo il tempo"), die Melodieführung ist reich an Koloraturen, an großen Melodiesprüngen; dementsprechend groß ist auch der Ambitus der Singstimme: er umfaßt eine Undecime. Der Klaviersatz wiederum zeichnet sich durch Figurenreichtum und dynamische Differenzierung aus. (Beispiel 1)

5. Nr. 2 der wohl um 1800 erschienenen Sammlung *Acht Lieder mit*

Zeigt sich hier eine gewisse Nähe zu den Wienern, so unterscheiden die Schwaben sich von diesen doch wieder durch ihre innere, auch durch Personen geprägte Nähe zum Text, zur Dichtung. Die Verse einer Ariette, eines Singspielliedes sind für die Musik geschrieben; demgemäß machen manche Wiener Lieder den Eindruck, als suchten sich die Komponisten Vorlagen für eine Musik, für die sie bereits eine klare Vorstellung haben. Den Schwaben hingegen geht es zunächst um das Gedicht. Ihr Freundeskreis, in dessen Mittelpunkt zunächst der junge Schiller stand, war eben in erster Linie ein Dichterkreis — und die Texte, die sie vertonten, waren vielfach Texte von Dichtern, die entweder selbst zu diesem Kreis gehörten, oder die dort mit Enthusiasmus gelesen wurden.

So ließe sich also von einem Dreieck Berlin-Wien-Stuttgart sprechen? Im Bewußtsein der Zeitgenossen ganz sicher nicht. Eine Wiener Schule hat man als solche kaum wahrgenommen. Zwar nahm man die Lieder Mozarts und Haydns, später auch Beethovens als einzelne Werke sehr wohl zur Kenntnis (da stand das Gewicht ihrer Autoren dahinter), aber das Echo, das etwa Joseph Anton Steffans *Sammlung Deutscher Lieder für das Klavier* gefunden hat, läßt sich mit dem der Berliner kaum vergleichen.[6] Ähnliches gilt für die Stuttgarter. Das mag an dem nach Jomellis Ausscheiden schnell verblassenden Ruf Stuttgarts als Musikstadt gelegen haben, aber auch an der Anstellungspolitik des Herzogs Karl Eugen, an dem über seine Musiker verhängten Reiseverbot, das es ihnen erschwerte, andernorts bekannt zu werden. Selbst Zumsteegs Lieder erschienen zunächst nur verstreut in Zeitschriften und Almanachen — erst zwei Jahre vor seinem Tod brachten

---

Begleitung des Pianoforte (Breitkopf & Härtel, Leipzig); zur Datierung vgl. Kurt Haering: Fünf Schwäbische Liederkomponisten des 18. Jahrhunderts: Abeille, Dieter, Eidenbenz, Schwegler und Christmann. Diss. Tübingen (mschr.) 1925.

6. Man führt vielfach die Entstehung einer "Wiener Liederschule" auf die "durch Kaiser Joseph II. veranlaßte Gründung des Deutschen Nationalsingspiels im Jahre 1778" zurück; vgl. Ernst August Ballin: Das Wort-Ton-Verhältnis in den klavierbegleiteten Liedern Mozarts. Kassel etc. 1984. (Schriftenreihe der Internationalen Stiftung Mozarteum 8) S. 119.

Breitkopf & Härtel in Leipzig das erste Heft einer repräsentativen Auswahl *Kleine Balladen und Lieder* heraus, die dann allerdings ein unerhörtes Echo fanden. Nicht lange nach ihrem Erscheinen gab es bereits einen kompletten Wiener Nachdruck aller sieben Hefte — und das waren dann wohl die "Päcke Zumsteegscher Lieder", in denen Schubert "tagelang schwelgen konnte". Zu einem in weiteren Kreisen verbreiteten Eindruck einer eigenen, selbständigen Liederschule führte das dennoch nicht. Trotz allen Drängens nämlich konnte sich Zumsteeg nicht dazu verstehen, über seine Kompositionsweise theoretisch Rechenschaft abzulegen;[7] seine Freunde Abeille, Dieter, Eidenbenz blieben auch weiterhin ziemlich unbekannt. So erschien Zumsteeg den Zeitgenossen als ein zwar herausragender, aber doch Zelter und Reichardt in manchem vergleichbarer Repräsentant einer im wesentlichen recht linear verlaufenden Geschichte des Liedes.[8]

Einen Beleg dafür finden wir in Hans Georg Nägelis 1811 in der Leipziger *Allgemeinen Musikalischen Zeitung* erschienenem, grundsätzlichem Aufsatz "über die deutsche Gesangs-Cultur", speziell über die Entwicklung des deutschen Liedes im 18. Jahrhundert.[9] Auf Nägeli berufe ich mich, weil er einer der ganz wenigen Theoretiker seiner Zeit ist, die nicht versuchen, das Lied des frühen 19. Jahrhunderts mit der Ästhetik des 18. Jahrhunderts zu begründen, der vielmehr die Unterschiede betont. Er unterscheidet dabei drei Epochen deutscher Liedkunst. In der ersten dieser

7. Nur ein einzigesmal gab Zumsteeg den Bitten der Verleger Breitkopf & Härtel nach, für ihre 1789 gegründete *Allgemeine Musikalische Zeitung* eine Rezension zu schreiben — über "XXX. Gesänge mit Begleitung des Pianoforte, von W.A. Mozart" — eine "enthusiastische Hymne auf das Genie Mozarts" (Ludwig Landshoff a.a.O., S. 93), aber kein Beitrag zur Ästhetik des Liedes, der von Gewicht gewesen wäre.

8. In einem Brief an Christian Friedrich Daniel Schubart vom 15. September 1787 schreibt Zumsteeg: "Kennst Du H. Kapellmeister Reichardt? O daß ich auch in Berlin wäre! — Ein Seufzer aus der Wüste!! ..." (abgedruckt im Katalog der Auktion 11./12. Juni 1986, J.A. Stargardt, Marburg, Titel 846 = Kat. Nr. 636).

9. H.G. Nägeli: Historisch-Kritische Erörterungen und Notizen über die deutsche Gesangs-Cultur. In: Allgemeine Musikalische Zeitung XIII, 1811, Sp. 629-642 und 645-652.

Epochen habe man versucht, "dem Gange des Dichters im Allgemeinen zu folgen", ohne daß es jedoch gelungen sei, die Kunst
"bis zu einem speciel-passenden Wortausdruck zu steigern" (das
richtet sich vor allem gegen eine unbefriedigende Deklamation, die
"so beschaffen ist, dass ein Accent den andern gleichsam verdrängt
oder aufhebt"); als "Repräsentant dieser Liedcomponisten, ja über
alle wie ein Riese hervorragend" erscheint ihm Carl Philipp
Emanuel Bach. Die zweite Epoche ist dann, folgerichtig, eine
Epoche des "declamatorischen" Stiles. Ihre Vertreter — Nägeli
nennt neben Johann Abraham Peter Schulz und Reichardt auch
Johann Adam Hiller und Johann Heinrich Rolle — bemühen sich
um "Wahrheit des Wortausdrucks", der das "Gedicht bis auf seine
einzelnen Bestandtheile (Redetheile) in einer erhöhten Bedeutung
lebendig wiedergiebt".

In einer dritten Epoche aber, in der — mit Nägelis Worten — "wir
nun leben" — geht es um die "Vermählung der Musik mit der
Poesie". Hier komme nun die Musik wieder zu ihrem Recht, nicht
mehr nur richtige und angemessene Deklamation sei das Ziel der
Komponisten, sondern auch Kantabilität; und die Instrumente
gewönnen in Vor-, Zwischen- und Nachspielen wieder mehr an
Bedeutung. Einen charakteristischen Repräsentanten dieser Epoche vermag Nägeli nicht zu nennen. Da wäre Zelter, "der, selbst
unter dem glücklichsten Einflusse der Gesangscultur stehend, die
Requisite der zweyten und dritten Epoche wol am besten in sich
vereinigt", da wäre auch der spätere Reichardt "in seinem löblichen
Bestreben, mit dem Zeitalter fortzuschreiten, besonders aber sich
in Hinsicht der Cantabilität den Künstlern der dritten Epoche
mehr zu nähern" — vor allem aber verweist Nägeli mit Nachdruck
auf Zumsteeg: "Rein in der Harmonie, bedeutend in der Begleitung, im Moduliren gewandt und oft glücklich, sich mehr zum
Declamatorischen hinneigend, ohne die Cantabilität zu verscher-
zen, leistet er für die Cultur der Liederkunst ungewöhnlich viel".
Es ist von daher wohl fast natürlich, daß der junge Franz Schubert
in Wien zwar auch die Lieder Reichardts und Zelters aufmerksam
studierte, sich aber als Modell für seine eigenen die Gesänge
Rudolf Zumsteegs wählte. Was nun, so wollen wir uns fragen, hat
er von diesem übernommen — und worin unterscheidet er sich
bereits zu einer Zeit, als er sein erstes vollendetes Lied komponierte: *Hagars Klage*?   Clemens August Schückings umfangreiches

Gedicht *Hagars Klage in der Wüste Bersaba*, erschienen im
Göttinger Musenalmanach auf das Jahr 1781, ist eine Paraphrase
des Berichtes aus 1. Mose 21, 14-16 über die Vertreibung von
Abrahams Magd Hagar und ihrer beider Sohn: "Da stand
Abraham des Morgens früh auf und nahm Brot und einen
Schlauch mit Wasser und legte es Hagar auf ihre Schulter und den
Knaben mit und ließ sie von sich. Da zog sie hin und ging in der
Wüste irre bei Beer-Seba. Da nun das Wasser in dem Schlauch aus
war, warf sie den Knaben unter einen Strauch und ging hin und
setzte sich gegenüber von fern, einen Bogenschuß weit; denn sie
sprach: Ich kann nicht ansehen des Knaben Sterben. Und sie setzte
sich gegenüber und hob ihre Stimme auf und weinte."

Zumsteegs Vertonung des Textes zeigt wesentliche Züge seiner
Balladenkomposition — und es waren ja gerade die Balladen, mit
denen er Aufsehen erregt, an denen Schubert dann seine Liedkomposition orientiert hatte. Zumsteegs Ballade erinnert in manchem an die Solokantate des 18. Jahrhunderts, in der ein kurzer,
novellistischer Handlungsablauf in einer Folge kleiner Sätze, im
Wechsel von Rezitativen und Arien dargestellt ist. Anders freilich,
als in diesen Kantaten, die oft wie kleine Singspiele erscheinen,
deren einzelne Sätze den von der Bühne her vertrauten Satztypen
folgen, ergibt sich für Zumsteeg die innere Gestalt seiner kleinen
Balladensätze aus der poetischen Form; auf die Rezitative folgen
keine streng gebauten Arien, sondern freie Ariosi.

Schückings Dichtung ist nun freilich keine Ballade, sondern ein
Klagelied; an die Stelle eines Handlungsablaufs tritt die Beschrei-
bung eines Zustands, an die sich Gedanken, Klagen, Bitten
knüpfen. Für Rezitative ist daher hier kein Platz. So folgen in
Zumsteegs Vertonung die Ariosi unmittelbar aufeinander; die
Verbindung zwischen ihnen übernehmen Zwischenspiele (wir erin-
nern uns, daß nach Nägeli das neue, besondere Gewicht der Vor-,
Zwischen- und Nachspiele ein Charakteristikum seiner dritten
Epoche der Liedgeschichte ausmacht). Für ein Arioso faßt der
Komponist jeweils mehrere, inhaltlich verbundene Strophen der
Dichtung zu einem "Tableau" zusammen. Dabei scheint es, daß
ihm an einem ausgewogenen Verhältnis im Umfang der einzelnen
Bilder liegt. Man vergleiche die folgende Tabelle:

	ZUMSTEEG				SCHUBERT		
Strophe	Textbeginn	Takt	Tempo	Tonart	Takt	Tempo	Tonart
1	Hier am Hügel heißen Sandes	1-47	Langsam	c-moll	1-42	Largo	c-moll
2	Lechzt nach einem Tropfen Wasser						
3	Du mußt sterben, armes Würmchen!						
4	Säh ich eine Mutterlöwin	48-87	Rasch	Es-dur	43-87	Allegro	d-moll
5	Könnt' ich aus dem dürren Sande						
6	Kaum ein schwacher Strahl des Lebens	88-143	Langsam	Es-dur	88-117	Largo	modulierend, orientiert an d-moll
7	Hier am Busen komm und welke						
8	Nein, ich will mich von dir wenden		Geschwind		118-193	Geschwind	c-moll-As-dur
9	Ferne von dir will ich gehen						

#					
10	Noch zum letzten Klaggebete	144-185 Mäßig langsam - As-dur		194-222 Adagio	Des-dur
11	Blick auf uns herab, Jehova!			223-265 Largo/ più largo/ Allegro	C-dur
12	Ist er nicht von Abrams Samen			Rezitativ	
13	Rette deines Lieblings Samen			266-279 Allegretto	G-dur
14	Hab ich wider dich	186-210 Mäßig geschwind	f-moll	280-306/Allegro/ 307-312 Andante	g-moll-c-moll
15	Wär ich doch in Sir gestorben			313-341 Andante	As-dur
16	Nein, da kam ein holder Fremdling				
17	War der Fremdling nicht dein Engel?	211-218 Langsam und ma- jestätisch	f-moll-c-moll	Rezitativ	
18	Ha! wir liegen nun und welken	219-241 Langsam	c-moll	342-352 Largo	modulierend, an f-moll orientiert
19	Schrei zum Himmel, armer Knabe			353-369 Adagio	c-moll-As-dur

47 - 40 - 56 - 42 - 33 - 23 Takte umfassen die ariosen Abschnitte. Nur ein einziges kurzes Sätzchen hat überleitenden Charakter im Sinne eines vermittelnden Accompagnato-Rezitativs. Man bedenke hierbei: Das Gedicht selbst gliedert sich in 5 Abschnitte von unterschiedlicher Länge: Die Strophen 1-3 schildern einleitend die Situation; sie haben beschreibenden Charakter. Die Strophen 4-9 zeigen die Reaktion der Mutter, den Versuch zu helfen und den Entschluß, sich von dem Kind zu entfernen. In den Strophen 10-13 wendet sie sich an Gott im Gebet. Die Strophen 14-17 suchen nach der Ursache für ihr Schicksal. Die letzten beiden Strophen endlich legen beider Geschick in die Hände des "unschuld'gen Knaben": "Schrei zum Himmel ...". Zumsteeg nun untergliedert die längeren Partien und gelangt so — die ursprünglichen Zäsuren beibehaltend — zu sieben Ariosi oder Tableaus von in klassischem Sinne ausgewogener Dauer.

In ähnlicher Weise ausgewogen ist auch das Tonartverhältnis: Zumsteeg beginnt in c-moll, führt den Hörer dann in die parallele Dur-Tonart Es-dur, in deren Subdominante As-dur, in die parallele Moll-Tonart f-moll, die zugleich die Subdominante der Zieltonart c-moll ist. Ausgewogen im Sinne einer Vermeidung der Extreme sind schließlich auch akzidentelle, in den Bereich des Vortrags zielende Parameter wie Tempo und Dynamik. Der Komponist beschränkt sich auf f und p, gelegentliche Akzente und sforzati sowie ein einzelnes, ausgeschriebenes "forte assai" (zum Text "und im Taumel der Verzweiflung murre wider Gott"), in den Tempobezeichnungen auf "Langsam" (in einem Falle mit der zusätzlichen Affektbezeichnung "majestätisch") und "Geschwind" bzw. "Rasch", sowie die Zwischenstufen "Mäßig langsam" bzw. "Mäßig geschwind".

Zumsteeg rechnet mit einer routinierten, wenn nicht gar professionellen Sängerin: Was wir an Abeilles Lied beobachten konnten — Neigung zu Ornamenten und Koloraturen, Orientierung am Ambitus einer Undecime — bestätigt sich hier. Der Komponist fordert einen Umfang von einer Oktave und einem Tritonus (d'-as", mit deutlicher Betonung der hohen Lagen); er scheut auch vor ausgesprochenen Pasaggien nicht zurück. (Beispiel 2)

Der instrumentale Part des Gesanges ist reich bedacht; zu Beginn des Liedes steht ein ausgedehntes Vorspiel; Zwischenspiele modulieren nicht nur von Satz zu Satz — sie setzen auch Zäsuren zwischen den einzelnen Strophen innerhalb der Sätze. Nur dort freilich ist die Instrumentalstimme im engeren Sinne "charakteristisch", wo die Singstimme pausiert; sobald sie dann einsetzt, überläßt das Instrument ihr anstandslos die Führung. Es gibt den Ton an, bezeichnet den Affekt, und läßt sich von der Sängerin gewissermaßen bestätigen. Das Vorspiel möge das zeigen. (Beispiel 3)

Das Instrumentalvorspiel hat die Aufgabe, den Ton der Klage selbst anzugeben. Dazu dient die Tonart c-moll: Ihren Affekt beschreibt Zumsteegs Freund Daniel Schubart als "Klage der unglücklichen Liebe", als Schmachten, Sehnen und Seufzen[10]. Dementsprechend dominieren im Vorspiel Seufzer-Figuren und kräftige Dissonanzen — der erste Akkord des Vorspiels ist ein frei eintretender verminderter Septakkord —, ohne daß jedoch jemals die Tonart selbst infrage gestellt würde. Das Vorspiel beschreibt im Grunde eine weit ausholende Kadenz, die mit dem Eintritt der Singstimme in die Tonika führt. Dann aber tritt das Instrument zurück — Zumsteeg beschränkt sich im wesentlichen auf eine Art Generalbaßsatz, bei dem der Instrumentalist der Singstimme folgt wie in den auf zwei Systemen notierten Liedern seiner Zeit. Nur gelegentlich, wenn der Text es nahelegt, gewinnt das Instrument eine gewisse Eigenständigkeit zurück, etwa in fließenden Sechzehntelfiguren zur Darstellung des Wassers ("lechzt nach einem Tropfen Wasser"), gleichsam einer Halluzination, oder in drängenden Sechzehntelakkorden ("mich bedrängte Mutter an ..."), ohne dabei jedoch die Bindung an die Singstimme aufzugeben.

Die einzelnen Ariosi im ganzen schließlich erscheinen vergleichsweise geschlossen. Sie folgen zwar — das mag dazu im Widerspruch stehen — eng dem Wortlaut des Textes, vermeiden vor allem Wiederholungen (mit der für Lieder charakteristischen Ausnahme der unmittelbaren Replik eines Satzteiles oder Verses); auf die formale Struktur der Dichtung nehmen sie jedoch wenig Rücksicht: Der Komponist fügt beispielsweise unterschiedlich viele, nämlich jeweils zwei, drei, einmal gar vier Strophen zu einem Arioso zusammen — und dabei scheint der Gesichtspunkt einer ausgewogenen Proportionierung der einzelnen Sätze über den einer inhaltlichen Gliederung zu dominieren. So ist etwa im zweiten Arioso die kämpferische vierte Strophe ("Säh ich eine Mutterlöwin, ha, ich wollte mit ihr kämpfen, kämpfen mit ihr um die Eiter, daß ich löschte deinen Durst!") mit der eher elegischen fünften verbunden ("Könnt' ich aus dem dürren Sande nur ein Tröpfchen Wasser saugen! Aber ach, so mußt du sterben, und ich

---

10. Chr.F.D. Schubart: Ideen zu einer Ästhetik der Tonkunst. Hrsg. von Paul Alfred Merbach. Leipzig 1924. S. 262.

muß dich sterben sehn!'"); für eine solche Verbindung sprechen der
analoge Beginn beider Strophen ("Säh' ich" bzw. "Könnt' ich"),
vielleicht auch eine gewisse semantische Nähe — der Affekt aber
verlangte eigentlich eine antithetische Konzeption: für die fünfte
Strophe erscheint der "rasche" Alla-Breve-Satz unangemessen. Es
sind rein musikalische Erwägungen, die Zumsteeg hier leiten.

Betrachten wir etwa das erste Arioso: Es beginnt und schließt in
c-moll; Seufzerfiguren wie im Vorspiel charakterisieren die erste
Strophe; mit einer Seufzerfigur schließt der ganze Satz. Die erste
und zweite Strophe (die auch syntaktisch miteinander verbunden
sind: das letzte Wort der ersten Strophe ist das unterdrückte
Subjekt der zweiten) bilden eine Einheit —lediglich die neu
eintretenden Sechzehntelfiguren, von denen bereits die Rede war,
markieren eine gewisse Zäsur. Dann folgt nach einem längeren,
improvisiert anmutenden Zwischenspiel die dritte Strophe: "Du
mußt sterben, armes Würmchen! Ach nicht eine, eine Träne hab
ich in den trocknen Augen, wo ich dich mit stillen kann". Damit
ist das Thema angegeben; die Introduktion schließt deutlich in sich
gerundet, ein Lied im Lied. Die musikalische Struktur entspricht
hier also der des Textes. Die folgenden Ariosi, gleichsam die
Durchführung des Themas, sind teils ähnlich geschlossen wie das
erste — so vor allem das ausgedehnte, vier Strophen umfassende
Gebet in As-dur (Strophe 10-13) — teils enden sie zwar offen, in
den nächsten Satz bereits überleitend, doch dann etwa nach Art
eines weiterführenden Dominantschlusses mit ausgesparter Tonika
in einer in sich gerundeten Struktur (man vgl. die "ABA-Form"
der 14.-16. Strophe, T. 186-210). Nur dort, wo Zumsteeg gegensätz-
liche Affekte, unterschiedliche Bilder zu einem Arioso zusammenfaßt, zwingt der Text ihn zu freieren musikalischen Formen (etwa
in den Ariosi der 4.-5., 6.-7. und 8.-9. Strophe). Auch dann aber
heben sie sich nicht nur im Zeitmaß, sondern auch in Figuration
und Deklamation deutlich voneinander ab. In ihrer Folge allerdings erscheinen sie vergleichsweise beliebig, nicht in gleicher
Logik aufeinander bezogen, wie die Abschnitte des Textes.

Überraschend ist der Schluß: Das letzte Arioso ("Ha! wir liegen
nun und welken"), wieder in c-moll gesetzt, greift auf das erste
zurück, und zwar scwohl in Seufzerfiguren (die sich gelegentlich zu
expressiven Sprüngen weiten, so etwa zur verminderten Septime
für das Wort "Verfluchten", T. 224), als auch in den Sechzehntel-

figuren. Die letzten beiden Verse aber — "Gott, sein Herr! verschmäh das Flehen des unschuld'gen Knaben nicht!" — führen darüber hinaus: ein aufsteigender chromatischer Baß es-e-f-fis-g unterstützt die drängende Bitte. Dann freilich führt ein kurzes, viertaktiges Nachspiel mit einer gleichsam konventionellen, wenngleich als Antwort auf die Chromatik zuvor durch Alteration gefärbten IV-V-I-Kadenz schnell zum Schluß. Es scheint, als verweigere der Komponist die Auskunft darüber, ob Gott Hagars Gebet erhören wird. (Beispiel 4)

Wie sieht das nun bei Schubert aus? Der vierzehnjährige Schüler folgt seinem Vorbild getreulich. Auch er vertont das Klagelied als Kantate, in der auch er die Rezitative meidet. Auch bei ihm hat das Klavier in Vor-, Zwischen- und Nachspielen eine entscheidende Funktion. Anfangs orientiert er sich an Zumsteeg selbst im Detail, in der Melodiebildung, in der Deklamation, in der Bewegungsart. Aber: Schubert wollte Zumsteegs Lied eben auch "anders" setzen, und das bedeutete für ihn damals: Er wollte mehr aus dem Text herausholen. In späterer Zeit hieß das für ihn grundsätzlich poetische Durchdringung aller Elemente, die das Lied ausmachen — im Sinne einer vierten Epoche der Liedgeschichte, die Nägeli in einem ergänzenden Aufsatz von 1817 eher proklamiert als konstatiert hat.[11] Der junge Schubert hingegen verstand darunter wohl zunächst vor allem Ausschöpfen aller vorgegebenen Elemente. Das zeigt sich bereits an der Länge der Komposition: es sind 128 Takte mehr. Der Stimmumfang wird gesteigert: Bei Zumsteeg reicht er, wie gesagt, von d' bis as", bei Schubert von h bis b", das sind fast zwei Oktaven. Dabei sind die Spitzentöne von noch größerer Bedeutung; Schubert führt den Sopran häufig hinauf in große Höhen und verlangt doch zugleich volle, große Tiefe — er erwartet nicht nur eine ausgebildete Stimme, sondern einen dramatischen Bühnensopran. Dem entspricht auch die weit größere Spannweite der Dynamik — sie reicht, über alle möglichen Zwischenstufen, vom ppp bis zum fff.

Betrachten wir auch hier Beginn und Schluß des Liedes genauer. Erwartungsgemäß folgt im Vorspiel Schuberts Instrumentalpart zunächst auch hier Zumsteegs Vorgaben: Wie dort gibt das Vorspiel den Ton der Klage an und wie dort bestimmt die Tonart c-moll den Affekt. Seufzerfiguren dominieren und fügen sich zu mitunter scharfen Dissonanzen; selbst der verminderte Septakkord kehrt wieder. (Beispiel 5)

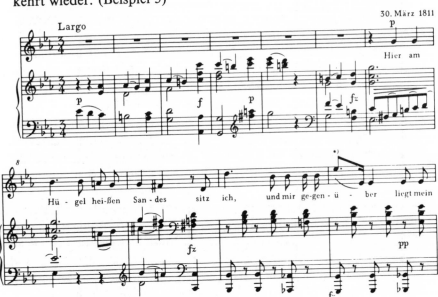

11. H.G. Nägeli: Die Liederkunst. In: Allgemeine Musikalische Zeitung XIX, 1817, Sp. 765 f.

Die Nähe zu Zumsteeg, so scheint mir, ist evident — evident sind aber auch die Unterschiede: Die Vorhaltsfiguren häufen sich, zunächst hören wir sie zu Beginn jedes Taktes, dann, nach Eintritt der Singstimme, diminuiert, zu jedem Taktviertel. Das führt — bei im Grunde einfacher harmonischer Struktur, einer wiederholten Folge Subdominante-Dominante unter Aussparung der Tonika — bereits zu einer gewissen Verschleierung der Tonart, die Schubert, im Gegensatz zu Zumsteeg, dann auch verläßt, sobald die Singstimme einsetzt: c-moll, die Haupttonart, kommt in dem ganzen ersten Satz kaum wieder vor; er beginnt in g-moll, führt über b-moll und Des-dur nach Es-dur zu einem ausführlichen, selbständigen Zwischenspiel (analog dem Zumsteegschen, das ja auch in Es-dur einsetzt). Dieses Zwischenspiel führt, gleichsam bemüht, nach c-moll zurück, doch mit dem Neueinsatz der Singstimme ist die Tonart auch schon wieder verlassen: über h-moll und Fis-dur erreichen wir am Ende D-dur, das das Nachspiel noch bekräftigt. Modulationen, chromatische Fortschreitungen, Tritonussprünge — all dies dient einer gesteigerten Expressivität der Deklamation (einem "speziellen Wortausdruck" würde Nägeli sagen, dem jeder Gedanke an innere Balance, an Zumsteegsche Ausgewogenheit weichen muß).

Intensive Textausdeutung bestimmt auch den Instrumentalpart als solchen. Er ist von Anfang an selbständig, führt die Seufzer-figuren des Vorspiels fort, übernimmt dann bereits mit dem zweiten Vers die drängenden Rhythmen, die bei Zumsteeg erst den Schluß der zweiten Strophe charakterisieren. Dabei steigert er die ursprüngliche Viertelbewegung über nachschlagende Achtel zu Sechzehntelfiguren. All das führt zu dramatischer Spannung, die auf die Singstimme zurückwirkt — ihre heftigen Ausbrüche haben hierin ihre Ursache.

Orientierung am Text ohne Rücksicht auf musikalisches Gleich-gewicht zeigt sich dann konsequenterweise in der Folge der Sätze. Die ersten orientieren sich in Tempo und Ausdehnung noch an Zumsteeg: 47 Takte und langsames Tempo dort, 42 Takte und Largo hier. Es folgen ein Allegro von 44 und ein Largo von 30 Takten. Je weiter aber die Komposition fortschreitet, desto weiter entfernt sich der Komponist von Zumsteegs Maß: 76 Takte - 29 - 19 - 11 Takte; in immer kleineren Gliedern setzt das Lied sich fort, immer wieder auch sind umfangreiche Rezitative eingeschoben, bis das Klagelied schließlich mit einem 17taktigen Adagio und einem ausgedehnten Nachspiel ausklingt. Auch die Tonarten scheinen wie willkürlich gewählt: auf c-moll, das aber, wie wir sahen, nach D-dur führt, folgt d-moll, As-dur auf g-moll. Wichtig ist Schubert offenbar der Ausdruckswert einer Tonart, ihr unmittelbarer Bezug auf den Text, weniger eine abstrakte tonale Ordnung. So kehrt Schubert zwar wie Zumsteeg am Ende des Liedes nach c-moll zurück — wie in zahlreichen "wechseltonalen" Liedern der frühen und mittleren Zeit (bis 1822)[12] fühlt er aber keinen Zwang zu tonaler Rundung; wenn der Inhalt eines Liedes einen Prozeß darstellt, eine zu einem Ziel führende Handlung, dann muß auch die Tonartenfolge dem entsprechen. Hagars letzte Worte — "Gott, sein Herr, verschmäh das Flehen des unschuld'gen Knaben nicht" — münden bei Schubert in einen gleichsam hymnischen Gesang in As-dur, den das ausgedehnte Nachspiel bestätigt. (Beispiel 6)

12. Walter Gerstenberg: Der Rahmen der Tonalität im Liede Schuberts. In: Musicae Scientiae Collectanea. Fs. K.G. Fellerer. Köln 1973. S. 147-155.

As-dur: bei Daniel Schubart bedeutet das "Gräberton", "Tod, Grab, Verwesung, Gericht, Ewigkeit liegen in seinem Umfange".[13] In späterer Zeit verwendet Schubert die Tonart durchaus nach Schubarts inhaltlicher Bestimmung,[14] freilich modifiziert, nicht im Sinne von Gericht, sondern von Erlösung. Der "hymnische" Charakter des Schlußgesanges legt es nahe, ähnliches bereits auch für Schuberts frühestes Lied anzunehmen. Schubert würde dann, anders als Zumsteeg, auf Hagars Bitte eine Antwort geben: nicht auf Rettung, wie im biblischen Bericht, zielt das Lied, sondern auf Aufhebung der irdischen Qualen im Tode.

Schubert führt das Lied damit über den von der Dichtung vorgegebenen Rahmen hinaus. Er will einen Text nicht nur vermitteln, er will ihn interpretieren. Das ist "die Richtung, die er genommen" — um noch einmal an Spauns Worte zu erinnern. Schubert greift auf, was Zumsteegs Lieder ihm an Neuem bieten: Musikalisierung der Deklamation, Verselbständigung der Instrumentalstimme bei strenger Observanz der poetischen Form (für "Hagars Klage" allerdings gilt dies noch mit Vorbehalt — Schubert fügt da nicht nur wie Zumsteeg Strophen vergleichsweise willkürlich zusammen, er bricht auch die Strophenform auf in Wort- und Verswiederholungen, die er von der Arie übernommen hat). Während aber Zumsteeg zugleich der musikalischen Form und ihren Gestaltungsmitteln selbständigen Wert beimißt (und so gewissermaßen zu einem Parallelismus der Formen gelangt), stellt Schubert seine Komposition ganz in den Dienst des Wortes, seines Inhalts, seines Affekts (die poetische "Form" ist ihm in "Hagars Klage" vielleicht nicht völlig klar geworden, da er, wie sich nachweisen läßt,[15] als Textvorlage keinen Druck des Gedichtes, sondern Zumsteegs Vertonung benutzt hat). "Dienst am Wort" allerdings bedeutet ihm nun nicht Unterordnung unter den Willen

13. Chr.F.D. Schubart: Ideen zu einer Ästhetik. S. 262.
14. Vgl. hierzu etwa W. Dürr: Schuberts Antikenlieder. In: Günter Brosche (Hrsg.): Beiträge zur musikalischen Quellenkunde. Katalog der Sammlung H.P. Wertitsch in der Musiksammlung der Österreichischen Nationalbibliothek. Tutzing 1989. (Publikationen des Instituts für österreichische Musikdokumentation 15) S. 362-373, bes. S. 366.
15. Vgl. W. Dürr, Vorwort zu: Franz Schubert. Neue Ausgabe sämtlicher Werke. Lieder Band 6. Kassel etc. 1969. S. XIII f.

eines Dichters, sondern Realisierung eigener Vorstellungen und Gedanken am vorgegebenen Text. Schubert läßt sich von Zumsteeg anregen, doch — und so schließe ich wieder mit Spaun — "wie wenig war er Nachahmer, und wie selbständig der Weg, den er verfolgte", bereits in seinem ersten vollendeten Lied. Was Schubert an Zumsteeg fasziniert, ist der zielgerichtete Gesang; das strophische Lied tritt daher in den Hintergrund, erscheint gleichsam als dessen Sonderform. Es ist bezeichnend, daß es in Schuberts frühen Liedern vor 1814 nur ein einziges Strophenlied gibt, dagegen zahlreiche lange Gesänge — nicht nur Balladen (wie etwa den *Taucher*, D 77), sondern auch lyrische Lieder von Matthisson (*Die Schatten*, D 50) oder Schiller (*Des Mädchens Klage*, D 6), deren poetische Gestalt eigentlich auf das Strophenlied zielte.

REGISTER

Franck, Johann 66
Frederik, Herzog von Dänemark 17, 19
Frensdorf, Martin 58-59
Freylinghausen, Johann Anastasius 98, 221
Friedrich III., Herzog von Schleswig-Holstein-Gottorf 7
Gellert, Christian Fürchtegott 256, 257
Gerhard, Christoph 137, 139
Gerstenberg, Heinrich Wilhelm von 272-273
Giovannini (Komponist, Vorname unbekannt) 237
Glasenapp, Joachim von 136
Gleim, Johann Wilhelm Ludwig 308
Gluck, Christoph Willibald 290-293, 295, 299-300, 305, 307
Göring, Johann Christoph 38
Görner, Johann Valentin 237-238, 253
Goethe, Johann Wolfgang von 237, 289, 311
Gøye, Falck 19-20
Gottsched, Johann Christoph 253
Gräfe, Johann Friedrich 223, 237, 254
Graupner, Christoph 223
Günther, Johann Christian 37
Händel, Georg Friedrich 227, 277, 279
Hagedorn, Friedrich von 235-246 ff.
Hainlein, Paul 139-140
Hammerschmidt (Hammerschmied), Andreas 39, 43-44, 46, 65
Harms, Johann Oswald 185
Harsdörffer, Georg Philipp 70, 133-134, 138, 144-145, 159, 164, 189
Hasse, Johann Adolf 292

Haude, Ambrosius 256
Haydn, Joseph 277, 283, 308, 312
Heinsius, Daniel 37
Herder, Johann Gottfried 289
Hermes, Johann Timotheus 272
Hertel, Johann Wilhelm 218
Hiller, Johann Adam 265-267, 273-274, 276-280, 282-283, 289, 314
Hölty, Ludwig Christoph Heinrich 289
Hofmannswaldau, Christian Hofmann von 199
Homburg, Ernst Christoph 43
Hooft, Pieter Corneliszoon 37, 107
Hübner, Eberhard Friedrich 311
Hunold, Christian Friedrich genannt "Menantes" 186-209 ff., 219
Jacobi (Jakobi), Michael 56
Joachim Ernst, Markgraf von Brandenburg-Ansbach 12-13, 25
Johann Friedrich, Herzog von Württemberg 12, 24
Johann Georg I., Kurfürst von Sachsen 7
Johann Georg II., Kurfürst von Sachsen 7, 11, 21
Jamelli, Niccolo 312
Keiser, Reinhard 185, 199
Kingo, Thomas 90-106 ff.
Kirnberger, Johann Philipp 260, 262
Kittel, Caspar 114
Klaj, Johann 82
Klopstock, Friedrich Gottlieb 269-286 ff., 289-308 ff.
Koch, Heinrich Christoph 269
Koch, Heinrich Gottfried 267
Köler (Colerus), Martin 139, 161
Körner, Stephan 131
Krabbe, Niels 19-20
Krause, Christian Gottfried 220, 247, 253-254, 259, 264, 267